中国铝业集团有限公司年鉴

2022

中国铝业集团有限公司　编

THE YEARBOOK OF ALUMINUM CORPORATION OF CHINA

方志出版社
Publishing House of Local Records

图书在版编目（CIP）数据

中国铝业集团有限公司年鉴. 2022 / 中国铝业集团有限公司编. —北京 : 方志出版社, 2023.8

ISBN 978-7-5144-5812-1

Ⅰ. ①中… Ⅱ. ①中… Ⅲ. ①铝工业－企业集团－中国－2022－年鉴 Ⅳ. ①F426.32-54

中国国家版本馆 CIP 数据核字(2023)第 181806 号

责任编辑：李静
责任校对：张玉霞
责任印制：梅中英
出 版 者：方志出版社
地　　址：北京市朝阳区潘家园东里 9 号（国家方志馆 4 层）
邮　　编：100021
网　　址：http://www.zgfzcb.cn
发　　行：方志出版社图书营销中心（010-67110500）
印　　刷：北京中科印刷有限公司
开　　本：889 毫米×1194 毫米　1/16
印　　张：22.25
字　　数：566 千字
版　　次：2023 年 8 月第 1 版
印　　次：2023 年 8 月第 1 次印刷
定　　价：180.00 元

《中国铝业集团有限公司年鉴（2022）》编纂委员会

编辑部

撰稿人

（排名不分先后）

编辑说明

《中国铝业集团有限公司年鉴（2022）》是中国铝业集团有限公司（简称中铝集团或集团）的第18卷年鉴。在中铝集团年鉴编纂委员会的领导下，年鉴编辑部（设在集团办公室）负责年鉴的编纂工作。

本卷年鉴坚持以马克思列宁主义、毛泽东思想、邓小平理论、“三个代表”重要思想、科学发展观、习近平新时代中国特色社会主义思想为指导，坚持辩证唯物主义和历史唯物主义的立场、观点和方法。全面记载中铝集团打造高质量发展新模式，坚持党的领导、加强党的建设，推行以价值创造为目标的管理提升，深化科技体制改革，加快建设世界一流优秀有色金属集团等重点工作。汇辑了2021年中铝集团的重要时事、文献和统计资料等，对于宣传、指导集团管理工作及所属企业工作具有重要参考价值。中铝集团所属企业在本年鉴正文中使用简称，后附全简称对照表。

本卷年鉴记述时限为2021年1月1日至2021年12月31日。

本卷年鉴共设7个篇目：

“影像篇”收录中铝集团2021年重大事件、重要活动在内的影像资料。

“特载篇”收录2021年中铝集团年度工作会议工作报告等重要文献。

“大事记”收录2021年中铝集团的大事、要事。

“综述篇”记述2021年中铝集团概况、党的建设、产业运营等方面的工作综述。

“企业篇”记述2021年各二级经营单元及实体企业的生产经营、企业管理与改革、科技创新、党建与企业文化建设、履行社会责任等内容。

“荣誉篇”收录中铝集团及所属企业2021年度获得国家级、省部级、集团级的综合性荣誉称号。

“附录”收录中铝集团所属企业全称和规范简称、主要经济指标表、主要指标数据对比图，全国氧化铝、电解铝、铝加工材、铜精矿、电铜、铜加工材历年产量等统计数据。

目　录

【影像篇】

【特载篇】

【大事记】

【综述篇】

【企业篇】

【荣誉篇】

【附　录】

Contents

SNAPSHOTS

SPECIAL FEATURES

Major Events

OVERVIEW

ENTERPRISES

LIST OF HONORS

APPENDICES

2022

中国铝业集团有限公司年鉴

The Yearbook of Aluminum Corporation of China

【影像篇】

Snapshots

上级关怀

2021年，国家有关部委、省市领导到中铝集团及所属企业调研指导工作，鼓舞了广大干部员工坚定信心、真抓实干，为建设具有全球竞争力的世界一流有色金属企业而奋斗的决心。

4月24日，国务院国资委党委书记、主任郝鹏（右二）到东南铜业调研

12月16日，中华全国总工会党组成员邹震（前排中）到广西华磊调研

2 月 24 日，甘肃省副省长刘长根（右一）到兰州铝业调研，现场察看固废处理中心、400 千安电解系列及炭素焙烧烟气处理系统

3 月 26 日，中国科学院院士谢华安（右二）到中铝瑞闽调研

4 月 12 日，国务院安全生产委员会办公室副主任、国家安全科学与工程研究院院长孙华山（前排中）到遵义铝业调研

4 月 16 日，贵州省委常委、省委秘书长吴强（中）到遵义铝业考察调研

4月20日，山西省委副书记蓝佛安（中）到山西中润调研

8月23日，广西军区政治委员、少将马辉（中）到广西华磊调研

8 月 26 日，广西壮族自治区政协副主席严朝君（中）到广西华磊调研

10 月 28 日，云南省副省长张治礼（前排中）到驰宏锗业就科技改革、创新发展等工作开展调研

合作交流

2021年，中铝集团加强与各利益相关方合作，构建多边合作共享战略平台，与国内外企业、跨国公司密切合作，积极参加多边、双边高端论坛，推广行业技术与理念，推动中国有色金属行业发展进步，推动伙伴间“命运共同体”更加紧密，实现共赢发展。

4月29日，集团党组书记、董事长姚林（左二）与广西壮族自治区党委常委、常务副主席秦如培会谈，双方就深化务实合作进行深入交流

5月21日，集团党组书记、董事长姚林（前排中）出席第三届中国西部国际投资贸易洽谈会，图为姚林在中铝集团展台详细了解展品的特点以及应用范围

1 月 22 日，中铝集团与国家电力投资集团有限公司签署战略合作框架协议

2 月 1 日，中铝集团与中国铁路工程集团有限公司签署战略合作框架协议

5 月 7 日，中铝集团与中国航天科工集团有限公司签署深化战略合作框架协议

5 月 27 日，中铝集团与中国钢研科技集团有限公司签署战略合作协议

9 月 29 日，中铝集团与中国石油天然气集团有限公司签署战略合作协议

10 月 13 日，中铝集团与中国兵器工业集团有限公司签署战略合作协议

10 月 21 日，中铝集团与宁德时代新能源科技股份有限公司签署全面深化战略合作协议

10月29日，中铝集团与长江三峡集团有限公司签署战略合作框架协议

11月6日，在第四届中国国际进口博览会上，中铝集团与俄罗斯、日本、新加坡等国家的17家供应商签署采购协议

5月11日，西南铝与英特尔FPGA中国创新中心在重庆签约，共同开发人工智能工业检测IT系统

7月21日，中铝瑞闽代表参加2021沃尔沃汽车亚太区可持续发展论坛暨供应商可持续发展技术展

党的建设

2021 年，中铝集团党组坚持党的领导、加强党的建设，推进党建与业务的深度融合，全面压实管党治党责任，为推动集团改革创新、转型升级、实现高质量发展提供更加有力的引领保障。

3 月 5 日，中铝集团党组召开党史学习教育动员部署大会

4 月 29 日，中铝集团召开 2021 年劳动模范和先进集体表彰大会暨先进模范事迹报告会

5月29日，中铝集团党组理论学习中心组到香山革命纪念馆和雄安新区参观学习

6月11日，中铝集团党组召开中心组专题读书班第四次集中学习研讨会

6 月 18 日，中央企业党史学习教育第四指导组进驻中铝集团开展指导工作

6 月 28 日，中铝集团直属党委组织开展“我想对党说”主题活动

6月29日，中铝集团召开学习贯彻习近平总书记重要批示精神、庆“七一”表彰大会暨2021年党建工作会

6月29日，中铝集团总部党员干部“七一”重温入党誓词

7 月 10 日，中铝集团总部党员干部参观中国共产党历史展览馆

7 月 14 日，中铝集团举办学习贯彻习近平总书记“七一”重要讲话精神研讨班

8 月 11 日，中铝集团党组召开第 27 次党风廉政建设警示教育大会

9 月 26 日，中铝集团召开宣传思想工作会议

4 月 26 日，中铝瑞闽到井冈山举办党史学习教育专题培训活动

9 月 23 日至 25 日，中铝高端制造开展党史学习教育现场交流会暨党务技能大比武活动

领导调研

2021 年，中铝集团党组以打造高质量发展新模式为牵引，围绕企业改革发展等各项工作，深入基层为各企业解决难题，倾听员工对企业发展的建议和民生诉求。

5 月 17 日，集团党组书记、董事长姚林（左二）到东轻调研

6 月 15 日，集团党组副书记、总经理刘祥民（右二）到中铝山东新材料与员工交流“一人一单”考核情况

5 月 20 日，集团党组副书记、董事敖宏（左一）到山西华兴调研

2 月 7 日，集团党组成员、纪检监察组组长许质武到中铝国际调研并参加领导班子民主生活会

6 月 16 日，集团党组成员、副总经理刘建平（左二）到东南铜业调研

5月20日，集团党组成员、副总经理陈琪（二排左二）到遵义铝业调研

7月22日，集团党组成员、总会计师叶国华（左二）到西南铝调研

9月9日，集团党组成员、副总经理董建雄（中）到广西华磊调研

改革发展

2021 年，中铝集团突出以科技创新和绿色低碳为支撑的战略导向，推行以价值创造为目标的管理提升，以更好的内涵式发展集聚各类资源，依托信息化、智能化手段，形成可复制迭代升级的发展方式，打造中铝高质量发展新模式。

1 月 4 日，中铝集团召开 2021 年安全环保质量暨依法治企专项工作会

1 月 25 日，中铝集团召开一届四次职代会暨 2021 年工作会议

5月11日，集团党组书记、董事长姚林（左），集团党组副书记、董事敖宏（右）出席中铝集团互联网采购平台启动仪式

7月15日，中铝集团举行战略单元任期制和契约化管理签约仪式

10月28日，中铝集团审计中心正式成立，审计体制机制改革全面落地

8 月 31 日，包头铝业投资建设铁路专用线和输煤系统，开辟了更为稳定、高效、便捷、绿色的电煤运输新模式

10 月 21 日，广西华昇 200 万吨氧化铝项目达产达标，该项目是集团“两海”战略的首个项目

11 月 26 日，国内铝产业获批筹建的唯一国家铝产业计量测试中心在中铝高端制造举行揭牌仪式

9月26日，由中色科技自主研制的国产首台套2800毫米冷轧机在西南铝投产

9月3日，长沙院设计的蒙古国额尔登特电厂改造项目竣工投产

3月20日，中铝几内亚博法项目首艘30万吨级铝土矿船靠泊日照港

科技创新

2021年，中铝集团召开第四届科技创新大会，深入贯彻落实党中央关于科技创新的重要部署，加快产业化技术攻关，强化原创性重大基础研究，加大科技体制机制改革力度，推动全产业链智能升级，为中铝集团高质量发展注入强劲动力。

11月30日，中铝集团第四届科技创新大会在北京召开

9月24日，中国有色金属绿色低碳发展创新联合体第一次代表大会暨第一届理事会在北京召开，集团党组副书记、总经理刘祥民当选理事

7 月 8 日，中铝集团申报“国家铝产业计量测试中心”通过批筹论证会

11 月 18 日，西南铝科研团队率先在国内开展先进航空航天铝合金材料工程化研制

1 月 29 日，中铝材料院专家团队联合山西新材料开发高性能铝合金棒材，高强超轻轮毂性能优于国外同类产品

8 月 26 日，驰宏锗业研制成功硫系镜片镀膜工艺，实现了硫系镀膜工艺“从 0 到 1”的突破

9 月 26 日，重庆国创轻合金研究院暨西南铝汽车轻量化生产线投产仪式

7 月 26 日，普朗铜矿 5G 智能矿山发布会在昆明举行，标志普朗铜矿成为全国首个实现 5G 工业应用的有色金属地下矿山

6 月 17 日，西南铝科技人员观看神舟十二号载人飞船发射电视直播

7 月 30 日，西北铝获庆祝中国共产党成立 100 周年大会用礼炮弹生产保障任务奖牌

社会责任

2021 年，中铝集团始终坚定履行央企社会责任，在公司治理、环境保护、职业发展、员工关爱、公益事业和境外履责中以身作则，以优异的成绩和高质量的产品服务推动经济社会进步和生态文明建设。

6 月 8 日，中铝集团举办第四届社会责任工作大会暨第五届降碳节活动，集团党组书记、董事长姚林（中），党组副书记、总经理刘祥民（左一）出席大会

6 月 23 日，集团党组副书记、总经理刘祥民（前排中）到湖北省阳新县调研指导巩固脱贫成果与乡村振兴工作

5 月 25 日，中铝集团举办生态环境法制建设暨环境风险防控专题讲座

1 月 20 日，云铝海鑫年处理 7000 吨炭渣资源化利用项目正式投产

2 月 4 日，遵义铝业对焙烧炉烟气排放进行严密监测

6 月 23 日，凉山矿业庆祝建党 100 周年，开展绿色环保活动

12 月 27 日，中铝秘鲁矿业特罗莫克生态保护区

10月20日，中铝集团举办2021年班组长综合管理技能培训比武，图为能量运输项目比赛现场

10月26日，西南铝首席技师刘永刚（右二）在生产现场为学员讲授模压工艺技术

3月8日，中铝山东企业安全管理人员对班组安全进行检查指导

4 月 22 日，中铝几内亚积极履行社会责任，对几方皮带运行工实习生开展现场培训

5 月 27 日，云铝文山工会开展“我为群众办实事”夏日送清凉活动

5 月 20 日，西南铝举办第八届职工运动会

6 月 23 日，山西新材料举办庆祝建党 100 周年文艺晚会

12 月 2 日，中铝员工徐立立（中）在 2021 年残疾人举重世锦赛获金牌

4 月 16 日，青海分公司向海晏县民族中学捐赠绿色环保全铝课桌

5 月 21 日，昆明有色院专家组到大理州漾濞县灾区开展抗震救灾

9 月 9 日，中铝集团向湖北阳新县贫困学生捐赠爱心助学金

10月29日，包头铝业基干民兵驰援地方抗疫一线

3月23日，驰宏会泽青年志愿者到云南曲靖会泽县九龙小学开展义务支教

9月22日，中铝几内亚负责人向博法省政府捐赠柴油发电新机组

【特载篇】

Features

CHINALCO

打造高质量发展新模式
奋进集团“十四五”新征程

——在中铝集团一届四次职代会暨2021年工作会议上的讲话（摘要）

党组书记、董事长　姚　林

2020年，集团党组坚决贯彻落实党中央、国务院决策部署，沉着应对各种风险挑战，坚持“三强化四提升”，取得了党的建设和经营改革发展重要成果，实现了“十三五”圆满收官。

高质量完成了2020年的各项目标任务。实现营业收入3685亿元，同比增长3.3%。实现利润总额67.5亿元，同比增长33.4%；净利润42.2亿元，同比增长39.4%；归母净利润18.8亿元。剔除主动消化历史遗留问题的影响，经营利润超过120亿元，盈利基础得到了根本性的改善。营业收入利润率达到1.80%，比上年提升了0.29个百分点；资产负债率控制在64.13%，较国资委债务管控目标低0.87个百分点；净资产收益率（ROE）达到1.82%；成本费用率98.59%，为13年来的最好水平；研发投入强度达到2.36%，承担的3个国家级重大专项涉及24项研制任务按计划推进。

强化战略引领，把方向、明格局，紧紧围绕“排头兵、主力军、引领者”的战略定位，落实“量力而行、尽力而为”的投资理念，资产结构得到优化。坚持深化改革，抓统筹、强管控，完善了“三纵三横三个全覆盖”管控体系，完成了总部机关化问题整改，制定了集团深化改革三年行动实施方案，推动改革走深走实。坚持底线思维，防风险、保安全，坚决落实中央生态环境保护督察整改要求，持续深化安全环保质量工作，法律审核把关作用有效发挥，维权创效工作成绩突出，构建了“大监督”管理体系，有效防范化解了重大风险。坚持党的领导加强党的建设，夯基础、正风纪，常态化开展“不忘初心、牢记使命”主题教育，推动党建与业务“双融合”，实现了党建与业务“双提升”，党建考核蝉联中央企业A级。

围绕做好2021年工作，我重点强调三个方面。

一、强化政治担当，坚决贯彻落实党中央新部署新要求

新年伊始，习近平总书记在省部级主要领导干部学习贯彻党的十九届五中全会精神专题研讨班开班式上发表重要讲话，进一步从理论和实际、历史和现实、国内和国际相结合的高度，分析了进入新发展阶段的理论依据、历史依据、现实依据，阐述

了深入贯彻新发展理念的新要求，阐明了加快构建新发展格局的主攻方向。把学习贯彻党的十九届五中全会精神与深入领会习近平总书记重要讲话精神紧密结合起来，对于集团上下进一步统一思想、凝聚共识、团结奋斗，坚决战胜前进道路上各种风险挑战，确保集团“十四五”发展开好局、起好步，具有十分重要的意义。

我们要全面把握进入新发展阶段、贯彻新发展理念、构建新发展格局的理论逻辑、历史逻辑、现实逻辑，进一步增强“四个意识”、坚定“四个自信”、坚决做到“两个维护”。要深刻领会中央经济工作会议总结的“五个根本”规律性认识，落实中央企业负责人会议精神，按照郝鹏书记关于坚定不移做强做优做大国有企业的八个方面工作要求，以强烈的政治担当，适应新要求，勇担新使命，加快建设具有全球竞争力的世界一流企业。

我们要立足进入新发展阶段的历史方位，胸怀两个大局，坚持党的全面领导，统筹发展和安全，抓住发展的重要战略机遇期，带头推进供给侧结构性改革，加快布局优化和结构调整，促使国有资本向关系国家安全、国民经济命脉的重要领域集中，向战略性新兴产业集中，在全面建设社会主义现代化国家新征程中发挥战略支撑作用，不断增强集团的竞争力、创新力、控制力、影响力、抗风险能力。

我们要全面贯彻新发展理念，增强从根本宗旨、问题导向、忧患意识把握新发展理念的思想自觉和行动自觉，全面落实深化改革三年行动实施方案，更加有力地推动质量变革、效率变革、动力变革，统筹推进主责主业和战略新兴产业，加快科技自立自强，加快绿色低碳转型升级，坚定不移地做强做优做大，实现更高质量、更有效率、更加公平、更可持续、更为安全的发展。

我们要服务和支撑国家重大战略，坚决履行“排头兵、主力军、引领者”的战略使命，立足国内大循环，主动适应和创造市场需求，推动上下游、产供销有效衔接、协调运转，涵养良好产业生态，带动构建新发展格局。要高质量参与“一带一路”项目建设，积极研判全球产业链布局重构趋势，拓展新的发展空间，不断增强集团作为行业头部企业的发展力、引领力、塑造力，在畅通国内国际双循环的新发展格局中贡献“中铝力量”。

二、坚持系统观念，积极应对面临的新机遇新挑战

今年是“十四五”开局之年，是我们党成立100周年，是我国现代化建设进程中具有特殊重要性的一年，也是中铝集团成立20周年。站在新起点上，我们必须清醒认识国内外环境发生的深刻变化。从国际看，世界百年未有之大变局加速演变，全球疫情扩散蔓延态势还在持续，疫情冲击衍生了各类风险，存在诸多不确定性。从国内看，经济运行基本恢复常态，但发展不平衡不充分问题仍然突出，深层次结构性矛盾和问题在外部冲击下逐步显现，各类挑战不容忽视。从行业看，有色金属市场仍然存在周期性波动和产品价格震荡的风险，绿色低碳循环发展推进“碳达峰”“碳中和”的新目标，将倒逼产业基础高级化和产业链现代化水平加速提升。

面对新机遇新挑战，我们更要认清集团的短板和不足。一是集团“大而不强、大而不优”的问题还未有效解决。战略落地执行存在差距，布局结构调整还不到位，制约集团可持续发展的瓶颈问题还没有得到根本解决。成费比的稳定性和可持续性还

不牢固，要素效率依然偏低。二是科技自立自强的战略支撑作用还没有充分发挥。创新体系和创新能力与行业头部企业的定位不相符。科技力量分散、管理运行机制不完善等问题未得到有效解决。缺少硬核技术、拳头产品、“单项冠军”。三是党建工作质量还有提升空间。标准化党建体系还不完备，在巡视巡察中还发现部分党组织“两带两创”项目没有实现两个全覆盖，存在项目“贴标签”等形式主义现象。个别干部作风不硬、标准不高、能力不强。这些不足亟待进一步改进。

2021 年集团工作的总体要求：以习近平新时代中国特色社会主义思想为指导，深入贯彻党的十九大十九届二中、三中、四中、五中全会和中央经济工作会议精神，全面落实中央企业负责人会议部署要求，坚持稳中求进工作总基调，立足新发展阶段，贯彻新发展理念，构建新发展格局，以推动高质量发展为主题，以深化供给侧结构性改革为主线，以建设世界一流企业为目标，坚持党的领导加强党的建设，坚持战略引领推进转型升级，坚持深化改革激活发展动力，坚持价值管理全面对标提升，坚持依法合规统筹发展安全，在聚力打造中铝高质量发展新模式的征程中，迈好第一步，见到新气象。

三、突出价值导向，聚力打造高质量发展新模式

贯彻习近平总书记重要讲话精神，落实国务院国资委中央企业负责人会议部署要求，转化为中铝集团的具体实际行动，就是要坚定不移地打造高质量发展新模式。

要充分认识和把握高质量发展新模式的内涵和要求。中铝高质量发展新模式，就是要坚持党的领导加强党的建设，突出以科技为支撑的战略导向，推行以价值创造为目标的管理提升，以更好的内涵式发展集聚各类资源，依托信息化、智能化手段，形成可复制的发展方式，加快建设具有全球竞争力的世界一流有色金属企业进程。

党的领导党的建设是根本保证，科技自立自强是战略支撑，价值创造提升管理是主攻方向，以更好的内涵式发展集聚资源是路径选择，信息化智能化既是更好内涵式发展的必由之路，也是快速复制推广的手段工具，出发点和落脚点是提高发展的质量和效益，建设世界一流企业。他们是相互依存、相互促进的，我们必须明确工作方向，系统思考、统筹谋划、一体推进。

（一）坚持党的全面领导

一要增强政治意识，提高政治站位。深入学习贯彻习近平新时代中国特色社会主义思想，更好地武装头脑、指导实践、推动工作。强化理论学习，常态化落实“第一议题”制度，把习近平总书记重要指示批示精神和党中央决策部署作为做好集团工作的根本遵循，不断增强“四个意识”、坚定“四个自信”、做到“两个维护”。

二要坚持不懈落实两个“一以贯之”。完善集团党组、各战略单元和出资企业党组织发挥领导作用的机制，认真落实党组《关于深入推进党委研究讨论前置程序的指导意见》，明确党组织在决策、执行、监督各环节的权责和工作方式，融入公司治理结构，落实董事会工作规则，正确处理党组织、董事会、经理层等治理主体的关系，按照权责法定、权责透明、协调运转、有效制衡的公司治理要求，推动党的领导融入公司治理制度化、规范化、程序化，将制度优势更好地转化为治理效能。

三要构建有机统一的深度融合格局。坚持党的

领导与公司治理有机统一、党管干部党管人才与市场化选人用人有机统一、党组织设置与企业组织架构运行有机统一、思想政治工作和企业文化建设有机统一、党内监督与出资人监督和企业内控机制有机统一、党建责任与经营责任有机统一，把国企党建优势转化为治理优势、竞争优势、发展优势，真抓实干把党中央决策部署贯彻落实到位。

（二）坚持科技为支撑的战略导向

一要做好顶层设计提高创新能力。围绕国家战略和高质量发展要求，落实中央研究院组建方案，建立集团科技创新专家咨询委员会，针对产业薄弱环节，聚焦关键核心技术研发应用，加大攻关力度。要积极参与国家重点实验室优化重组，主动承担国家重大科技任务，加强与科研院所、高校、各类所有制企业的科技合作，多渠道筹集创新资本、集聚创新资源，努力提高联合研发能力和水平。

二要发挥头部企业作用，探索创建创新联合体，联合行业上下游、产学研力量开展协同攻关，引领有色行业自主创新，勇当促进科技自立自强的国家队，成为畅通国内大循环的主力军和促进双循环的排头兵。

三要完善激励机制激发创新动力。系统推进科技领域改革，依托国家级研发平台和重大项目、重大工程建设特别是关键核心技术攻关任务，引进更多国际一流人才，着力培养急需紧缺的科技领军人才和高水平创新团队。用好国家出台的科技创新各项支持政策，继续全面推行科技型企业分红激励，落实“军令状”制度和“揭榜挂帅”等机制，健全以创新能力、质量、实效、贡献为导向的科技人才评价体系，进一步激发创造潜能，强化创新动力。

（三）坚持价值创造全面提升管理

一要强化对标一流，实现目标变革。找准定位，明晰产业生态规律和价值驱动要素，坚持问题导向、目标导向、结果导向，与行业先进企业对标、与优秀的企业家对标、与广大员工的期望对标，不断向标杆迈进。要加大全要素对标力度，健全管理制度，加快建立集团、战略单元、实体企业三级对标的标杆数据库，完善全要素对标的组织架构、管理体系等顶层设计，形成对标管理的长效机制。

二要增强市场意识，实现观念变革。深入推进市场化改革，置身市场就要感受市场，迎接市场的检验，增强市场主体意识。加大投资、资本运营、科技创新、考核评价等关键领域和关键环节的全过程市场化程度，以市场化竞争和激励约束机制激发活力，提高效益效率。要统一思想、凝聚共识，营造健康向上、正气充盈的价值管理氛围，为中铝集团打造高质量发展新模式贡献积极力量。

三要开展价值管理，实现行动变革。要强化市场配置要素资源的决定性作用，坚定不移构建中铝价值管理体系，有针对性地开展盈利能力和自由现金流创造能力提升、债务管控、税务筹划、减少营运资金占用及投资管控等管理提升活动，全力提升企业价值。各级管理人员要树立价值管理的理念，主动学懂弄通价值管理的知识体系和使用方法，改变要素投入型发展模式，关注效益、关注回报、关注长远，避免短期行为，杜绝“数字游戏”。

（四）坚持以内涵式发展集聚资源

一要聚焦战略引领内涵式发展。围绕主责主业，提高发展质量和效益，突出价值创造和资本回报导向，编制好集团“十四五”发展规划。加快形成关键矿产资源发现和跟踪机制，构建资源获取的实战化演练模式，将有限资金聚集到战略关键环节。推进核心产业布局优化结构调整，退出不符合战略方向的资产，建设产业链紧密型现代化基地，提升区域协同效应。坚持对标一流优化投资，努力做到新建项目单位投资最省、资源配置效率最高、成本竞争力最强。紧密围绕集团主业和发展战略，建立并购管理体系、市值管理体系，完善资本证券化体系，降低资产负债率，提升企业价值。

二要深化改革激发各级主体活力。抓紧落实集团深化改革三年行动实施方案，各战略单元要按照推进计划，签下“军令状”，将三年改革任务落实情况纳入业绩考核，确保今年完成三年改革任务的 70% 以上。要在国有资本投资公司改革方案总体框架下，找准各自定位，强化各层级权责，战略单元要做强管控能力，实施集中一贯扁平化管理，出资企业要瞄技术、强管理、降成本、带队伍，抓好瘦身健体。强化竞争性用工机制，严格控制用工总量，提高全员劳动生产率。坚持市场对标和效益导向，完善市场化薪酬机制，做好骨干员工精准激励。全面推行经理层成员任期制和契约化管理，强激励硬约束。要尊重基层创新，深入开展“学先进、抓落实、促改革”专项工作，指导推进“双百”“科改”“混合所有制”试点企业方案落实，使改革政策直达基层，让改革成效惠及基层，有效激发基层企业活力。

三要提质增效全面提高运营质量。坚持市场导向，打造提质增效“升级版”。向市场升级要效益，努力实现利润总额、净利润和净现金流量的协调增长。向管理升级要效益，加强成本精细化管控，明确成本费用压控重点和经济技术指标，各战略单元、各实体企业都要瞄准集团确定的目标实现同向应有的进步。要重点关注资金，“两金”要普遍压降，月均规模要压降 100 亿元以上，对现金流高风险重点企业要采取更加严格的管控措施。深入开展亏损企业治理，积极稳妥处置存量风险敞口。健全压缩管理层级、减少法人户数等长效机制。

四要全面依法合规严控各类风险。统筹发展和安全，强化底线思维，有效防范化解各类风险，坚决守住不发生重大风险底线。正视集团审计发现的管理漏洞和巡视整改的遗留问题，强化违规经营投资责任追究，严防国有资产流失。深入推进法治中铝建设，各单位主要领导要履行好推进法治建设第一责任人职责，加大法律纠纷案件“去存量”力度，加强涉外法律合规风险管理。严防投资风险，严禁超越财务承受能力的投资行为，严格参股投资和参股企业管理。严防经营风险，密切关注汇率波动可能衍生的风险。要加快中央生态环境保护督察发现问题的整改，推进绿色低碳转型。加强重要危险源管控，强化现场安全风险评价，确保生产安全稳定运行。

（五）坚持复制先进模型的方式方法

一要善于发现、提炼和迭代模型。在价值管理体系构建中，积极借鉴外部先进做法，学习华润集团、宝武集团的现代化管理成果，做到学以致用。善于发现内部典型，通过全要素对标，挖掘各战略单元和实体企业的先进管理方法。强化总结提炼，从成功中寻找规律，把握科学高效的资源配置原则，提炼形成投资压减的方法论。从失败中汲取教训，对于突出问题要细分类别，杜绝同类问题重复发生。要善于构建管理模型，通过制度规范、优化流程、强化执行，减少人为因素干扰，形成持续改进的迭代体系。

二要加快信息化建设提高数据运用水平。加强顶层设计，形成纵向贯穿、横向覆盖全集团的管理系统，加快财务共享中心建设。要加快基础数据标准体系建设，推进业务数据化、数据资产化、资产服务化相关工作，通过数据模型化、功能模块化、系统标准化，实现集团管理决策协同共享、运营业务一网通办。

三要加快智能化建设赋能产业提质升级。要构建项目管理和网络安全管理的双体系，搭建云应用和大数据双平台，助力智慧管理，保障系统基础牢固、资源共享、架构统一、数据融通。要推进智能化改造全面升级，以智能工厂建设为契机，打造智能物联、智能运营、智能装备，推进数字化车间、无人工厂建设，统一标准架构，规范管理流程，实现产业运行的全局优化。

（六）坚持全面从严管党治党

一要抓规范提质量，提升基层组织力。各级党组织要发挥思想引领作用，组织开展“赶超标杆我能干成什么”大讨论活动，立足岗位，落实到服务建设一流企业的具体行动中。要坚持“不忘初心、牢记使命”主题教育制度化常态化，狠抓基层党组织的基础建设，找准基层党建存在的重点难点问题，实行“菜单化”整改。在实体企业内设非独立法人单位开展配备基层党组织副书记试点，积极探索党建与业务深度融合的有效做法。要做精“双百分”考核，做优“两带两创”，做细党员“双提升”，扎实开展“双融合”，推动党建与业务相互促进、融合发展。要发挥群团宣传作用，做强“创新创意”，做实“劳模工匠”。围绕庆祝建党100周年、全国国企党建会议召开5周年、习近平总书记对中铝作出重要批示3周年以及集团成立20周年等重要节点，开展系列活动，营造爱党爱国爱中铝的氛围，激发爱企爱岗热情。要做好社会责任工作，继续开展援藏援青等工作，不断提高履责实践成效。

二要讲担当压责任，强化干部人才建设。坚持好干部标准，选强配优各级领导班子，大胆使用优秀年轻干部，打造“五个过硬”、具备“七种能力”的干部队伍。要加强科技人才队伍建设，对接国家重大人才工程，充分发挥首席工程师创新和人才培养的引领作用，立足“高精尖缺”，加大高层次人才引进力度，做好引才安全防护工作。要加快国际化人才培养，研究制定选拔培养方案，推进国际化人才遴选。要加强对干部的激励保护，以正确的用人导向引领干部创业导向，造就德才兼备的高素质人才。

三要严纪律抓监督，一体推进“三不”建设。各级党组织负责人要履行全面从严治党第一责任人职责，领导、检查、督促班子成员抓好分管领域的全面从严治党工作，筑牢“不敢腐、不能腐、不想腐”的防线。要持续抓好中央巡视反馈问题整改，做好规范领导干部亲属经商办企业专项工作。持续完善大监督体系，加强巡视巡察政治监督，着力提高巡视巡察工作质量，提升整改成效。要聚焦选人用人、市场营销、工程建设、财务金融、矿产资源等重点领域，严查失职渎职、吃里扒外、损公肥私和各种损失风险背后的腐败问题，巩固拓展境外腐败专项治理及3个专项整治工作成果。锲而不舍落实中央八项规定精神，持续纠治形式主义、官僚主义，切实为基层减负。坚持“三个区分开来”，贯通用好“四种形态”，严管厚爱结合，激励约束并重，保护干事创业的积极性。

四要扬正气树新风，强化干部作风建设。领导干部要发挥领头雁作用，始终做到作风硬、标准高、能力强。

在困难面前敢于碰硬。各级领导干部特别是主要领导要以身作则，发挥“关键少数”的作用，直面风险挑战，在大事难事中敢担当、善作为。强化执行力建设，严守规矩纪律，确保政令畅通，狠抓落地见效，一级带着一级干，带出过硬队伍。

在对标中诠释“山高人为峰”。时刻保持人无我有、人有我新、人新我深，不仅要见事早、行动快，脚踏实地抓落实，创造性地解决难题，更要看得远、想得深，精益求精创一流，决不满足于“差不多”“过得去”，做出经得起历史检验的成绩。

在实战中提升能力水平。要增强政治判断力、政治领悟力、政治执行力，不折不扣落实上级决策部署，做到政令畅通、令行禁止。通过思想淬炼、政治历练、实践锻炼、专业训练，在干事创业中提升政治能力、战略眼光、专业水平，开创工作新局面。

新征程召唤我们砥砺前行，新格局激励我们奋发有为。让我们更加紧密地团结在以习近平同志为核心的党中央周围，永葆初心、牢记使命，真抓实干、锐意进取，打造高质量发展新模式，奋进“十四五”新征程，谱写建设具有全球竞争力的世界一流企业新篇章，以优异的改革发展业绩向建党100周年献礼！

聚焦高质量　奋进新征程
坚决完成全年任务确保“十四五”开好局

——在中铝集团一届四次职代会暨2021年工作会议上的工作报告（摘要）

党组副书记、总经理　刘祥民

一、2020年主要工作回顾

一年来，我们战胜各种挑战，经营业绩再创新高。面对年初疫情带来的严峻挑战，集团党组统筹谋划，战略单元迅速行动，生产企业坚决执行，全体干部员工第一时间响应，有力有序推进疫情防控和复工复产，全面保障了员工和家属身体健康，经营业绩创国际金融危机以来新高。全年实现营业收入3685亿元，同比增长3.3%；实现利润总额67.5亿元，同比增长33.4%；净利润42.2亿元，同比增长39.4%；实现归母净利润18.8亿元；全年营业收入利润率达到1.80%，同比提升0.29个百分点；资产负债率控制在64.13%，较国资委债务管控目标低0.87个百分点；成费比98.59%，科技研发投入强度达到2.36%，为国务院国资委“两个力争”做出了积极贡献。

一年来，我们强化战略导向，产业布局日益优化。着力提升国家战略资源掌控能力，几内亚铝土矿项目实现达产达标，新增产能1200万吨；秘鲁铜矿二期一步、拉拉铜矿落凼矿建成投产，新增铜精矿含铜产能4.4万吨；中国稀有稀土历经六年努力成功取得广西花山采矿权，促进糯垌探矿权通过了自然资源部审批，境内可采资源量达10万吨。着力提升产业链供应链自主可控能力，广西华昇、云南文山水电铝、鹤庆二期等项目建成投产，产业集群化和绿色发展能力进一步增强，电解铝清洁能源占比达到47%。着力推进产业高端化，中铝高端制造引入战略投资52.5亿元，为铝加工产业升级创造了条件“航空铝材××××厚板质量过程控制技术”获全国质量技术奖二等奖，东轻与西南铝获得中国航天科技集团突出贡献供应商称号；国家绿色集成项目“离子型稀土矿绿色提取分离一体化关键技术与应用”通过工信部验收，服务国家战略能力系统增强。

一年来，我们全面从严从实，投资管理升级提档。突出价值创造导向，促进了资产结构优化，全年投资计划优化率达到17.3%，全集团初步形成了从严控制从严管理的氛围；坚持压小保大，集中资源向回报率高的重点项目配置，终止小项目45个，压减投资计划9.6亿元。对标行业先进，全流程优化投资，Boffa铝土矿和文山电解铝项目投资分别压减 4.8 亿元和 5.8 亿元。

一年来，我们发挥协同优势，资产质量明显提升。铝、铜、铅锌、稀有稀土等核心产业，强化运营管理职能，全面推进提质增效，以中铝国贸和驰宏综合利用公司为代表的一部分企业开展商业模式创新效果明显，资产运营质量和效率明显提升。工程技术、工服物业、资本金融、贸易物流等协同产业，服务集团主责主业，开拓外部市场取得积极进展，有效发挥了对内服务降本作用，市场盈利能力明显增强。中铝环保、中铝开投、中铝智能、中铝海外等新兴产业着力提升资质能力建设，赋能集团主责主业转型升级。

一年来，我们深化管理改革，发展动能有效激活。集团制定实施了深化改革三年行动方案，完成年度深化改革暨国有资本投资公司试点改革任务台账 58 项，“总部机关化”专项整改和职能机构岗位优化调整如期完成。完善公司治理体系，进一步厘清了党组、董事会、经理层各治理主体的权责界面和决策流程，建立了核心人才和战略单元领导人员市场化对标激励约束机制，47 户科技型企业制定实施分红激励方案，华中铜业开始试行职业经理人制度，郑州研究院、长沙院入选“科改示范企业”，中铝萨帕混改增资项目在上交所挂牌。

一年来，我们夯实管理基础，发展势能不断聚集。全面推进提质增效，30 项重点任务全部完成阶段性目标，集团整体成费比首次降至 99% 以下，为 13 年来最好水平。亏损企业治理成效明显，国资委监管的 9 户企业超额完成治亏目标，集团重点监管的 30 户企业实现了控亏目标。“两金”规模同比下降 6.3%，超额完成国资委总体管控要求。持续降杠杆减负债，优化长短期融资比例，消化人民币兑美元汇率升值因素，资产负债率控制在 64.13%。持续推进瘦身健体，全年压减控股法人 23 户、“两非”剥离 18 户、参股权处置 21 户。圆满完成企业办社会职能剥离工作，厂办大集体改革人员安置率超过 95%，移交退休人员 14.75 万人，移交率 99.4%。安全生产管理聚焦三个短板，深入开展作业前安全风险评价，强化重要危险源管控，实施安全风险抵押考核，杜绝了较大及以上事故，生产安全责任事故和工亡人数实现同比减半。生态环保工作经过中央生态环境保护督察全面体检，完成督察问题整改 166 项，集团 21 项环保标志性项目全部完成进度目标，全员绿色发展意识明显增强。风险防控能力持续增强，重大决策、经济合同、规章制度三项法律审核质量不断提高，及时化解疫情影响合同风险 215 项。落实推进法治建设第一责任人履职规定，深入推进法律纠纷案件“去存量、控增量”，挽回和避免经济损失 33.87 亿元，同比提高 46%，超额完成“双降”目标，法治央企建设取得好成绩。内部控制体系进一步健全完善，全年开展各类审计项目 180 个，投资项目审减额 2.43 亿元、帮促企业回收逾期应收款项 12.78 亿元、盘活清理闲置资产 3.59 亿元、挽回各类损失 2.58 亿元。集团在国际主体信用评级跟踪中被惠誉国际确认为 A−，保持了全球有色金属行业的最高评级。

一年来，我们坚持党建引领，三大责任充分彰显。集团坚决贯彻落实党中央重大决策部署和习近平总书记重要指示批示精神，全面坚持党的领导，持续加强党的建设，实现了从严治党更加有力，民主管理更加扎实，党建与业务工作融合更加深入，为全年生产经营、改革发展提供了坚强保障。援青援藏和定点扶贫共投入基础设施等项目资金 4750 万元，如期实现了脱贫攻坚目标。集团举办了第四届降碳节，社会责任报告连续第 7 年获评五星级，

1个社会责任实践案例入选全国首份《企业抗击疫情研究报告》。集团被评为中央企业维稳工作先进集体、国家网络和信息安全通报工作先进单位、中央企业保密工作对标管理标杆企业。荣获全国劳动模范7人、全国职工职业道德建设标兵1人。

在总结工作成效的同时，也要清醒地看到问题和不足。一是市场化竞争的意识不强。集团上下满足完成任务的观念仍然有一定的市场，自动自发创新管理创造价值的理念还未成为主流，部分单位依然迷信扩大规模的投资冲动，没有打破有规模没效益的“内卷化”，资产收益率低、经营效率不高，有的主营产品总成本高于竞争对手，净资产收益率还达不到行业平均水平，内涵式发展不自觉不充分。二是协同化运营的观念不牢。战略单元之间仍存在惯性思维，对关联服务的改革主动性积极性不高，通过协同运作实现价值创造的愿望不强烈，保护了落后，形成了“等靠要”。战略单元内部协同运作不够，信息化、数据化短板弱项“木桶效应”明显，优势产业的支撑力和带动力不够，产品的市场不可替代性较弱。三是精准化管理的能力不足。“励精图治、创新求强”的企业精神和“严细实”的工作理念未能真正落地，全要素对标一流的实劲不够、狠劲不够、深度不够，还存在一定的形式主义，日常管理不精细，基础不扎实，历史遗留问题解决缓慢，有的单位“两金”居高不下，涉诉案件多、金额大。

这些问题和不足，需要我们切实加以解决。

二、2021年形势和任务

2021年是“十四五”全面开启建设社会主义现代化国家新征程开局之年，我们将迎来中国共产党100周年华诞，也将迎来集团成立20周年，做好今年工作具有特殊重要意义。

立足新阶段新起点，我们要进一步提高政治站位。要从坚决做到“两个维护”的高度，深刻理解党的十九届五中全会的战略部署，全面把握中央经济工作会议“五个根本”规律性认识，认真落实中央企业负责人会议坚定不移做强做优做大国有企业的八项部署，坚持党的领导加强党的建设，胸怀“两个大局”，提高政治判断力、领悟力、执行力，立足新发展阶段、贯彻新发展理念，把握构建新发展格局的主攻方向，锲而不舍推动集团高质量发展，向建设世界一流聚焦聚力，切实担负起“大国重器”和行业引领的使命。

立足新阶段新起点，我们要进一步坚持底线思维。要清醒认识百年未有之大变局进入加速演变期，切实提高风险预见预判能力，统筹发展和安全的关系。世界经济有望出现恢复性增长，但疫情变化和外部环境存在诸多不确定性；我国经济持续复苏但基础尚不牢固，潜在风险和挑战依然较大。有色金属行业顺周期景气度近期有所提高，但存在需求疲软和疫情反复引发市场震荡的风险，必须严防“灰犀牛”“黑天鹅”事件。集团进入行业前四分之一的企业不多，夯实企业竞争的基础，防止重大判断失误，办好自己的事才是先手棋、主动仗。

立足新阶段新起点，我们要进一步加快建设一流。要坚守集团历届领导班子一脉相承的战略指向，保持战略定力，拓展战略远见，强化上游战略资源保障，提升中游技术支撑引领，加快下游高端产品供给，培育一批以先进技术为支撑的“隐形冠军”，努力实现产业基础高级化和产业链现代化。要立志实现科技自立自强，发挥科技创新的引擎和战略支撑作用，加快推进内涵式绿色低碳循环发展，以改革创新为根本动力，走实布局优化和结构调整的步子。

2021年集团工作的总体要求：以习近平新时代中国特色社会主义思想为指导，深入贯彻党的十九大、十九届二中、三中、四中、五中全会和中央经济工作会议精神，全面落实中央企业负责人会议部署要求，坚持稳中求进工作总基调，立足新发展阶段，贯彻新发展理念，构建新发展格局，以推动高质量发展为主题，以深化供给侧结构性改革为主线，以建设世界一流企业为目标，坚持党的领导加强党的建设，坚持战略引领推进转型升级，坚持深化改革激活发展动力，坚持价值管理全面对标提升，坚持依法合规统筹发展安全，在聚力打造中铝高质量发展新模式的征程中，迈好第一步，见到新气象。

2021年工作目标：

生产经营目标：围绕“两利四率”考核目标，全年实现营业收入3800亿元，利润总额85亿元，力争达到100亿元；净利润61亿元，力争达到70亿元；营业利润率提升至2%；资产负债率力争下降1个百分点；劳动用工压减不低于6%，全员劳动生产率提高5%以上；科技研发投入强度提高10%；“两金”月均规模压降100亿元；各战略单元ROE对标先进差距缩小20%~30%。

管理改革目标：集团改革三年行动实施方案落地见效，公司治理体系更加完善，新型管控模式运转顺畅，激励约束机制考核到位，科技创新体系、价值管理体系、资本运作体系运行有效，战略单元运营职能落实到位，出资企业竞争力明显增强。

风险防控目标：较大及以上安全生产事故、突发环境事件、职业病危害事故为零，生产安全责任事故工亡人数实现同比减半，不发生重大群体性上访事件。依法治企、合规管理、审计监管更加有力有效，经营风险实现有效防控。

三、2021年主要工作安排

（一）深入贯彻新发展理念，走好科技自立自强之路

——发挥行业引领示范，创建中铝绿色发展品牌。要认真落实习近平生态文明思想，把绿色转型作为推动集团高质量发展的内在要求，实现发展方式的革命性变革。要提高绿色能源使用比例，重点推进防城港核电铝、云南50万吨水电铝等项目论证审批。要加大重点难点技术攻关，推进低成本绿色矿山技术开发，推进铝铜铅锌冶炼产业节能减排和资源综合利用技术研发，推动大型高效节能稀土金属清洁生产技术研发。要建立碳排放绿色发展台账，发挥中铝环保平台作用，加快培育节能环保技术和环保产业，推进产业绿色化、循环化改造，在碳达峰碳中和“3060”行动中走在前列。

——加大核心技术攻关，创立中铝高端创新品牌。要坚持服务国家战略需要，全面落实国家重点专项工程和民机铝材研制任务，保证关键原材料产业链供应链安全，建设全球一流的先进铝材解决方案供应商。深入实施“红旗”工程，建立航空航天主干材料“数据库”，借助大数据推进精准高效自主研发，稳定过程质量控制，从原理上解决问题，坚决维护国家利益和国家安全。发力高纯、超高纯有色金属市场，推动“一个团队一个产品一个工厂”发展方式，深度挖掘精细氧化铝、镓、锗、稀土系列产品的创新潜力，实现有色金属高级产品迭代研发，布局世界一流竞争力产业生态。加快信息化智能化数据化与产业发展深度融合，在推进产业基础高级化和产业链现代化进程中，实现更高水平的科技自立自强。

——完善创新体系建设，打造中铝一流研发品牌。要贯彻习近平总书记关于“四个面向”的要求，全面部署科技创新，精准加大研发投入，高起点建设中铝中央研究院，加快完善国家重点实验室、国家工程技术研究中心、国家级企业技术中心建设，搭建世界一流研发平台。牵头组建“中国有色金属行业低碳绿色发展创新联合体”，共同研发更低能耗技术与装备，建成一批具有带动效应的应用、推广示范项目。聚焦行业高质量发展难点，加快布局有色金属低碳增值再生利用、深地资源安全高效开发等前瞻课题，着力解决海外铝土矿有机物去除、复杂铜矿资源高效分离利用、铅锌矿难处理氧硫混合资源利用等行业技术难题。要激发集团各院所的创新潜质，加强对铝电解连续阳极等先进冶金技术、电解铝柔性生产等经济适用技术、极大规模集成电路引线框架用铜合金等工程应用技术研发，以及中铝股份卓越中心等大数据开发应用。要全面弘扬工匠精神，进一步发挥好“五小”“劳模工作室”等平台功能作用。

（二）完善体制机制改革，走好市场竞争制胜之路

——突出现代企业制度这个重点，提升治理效能。深入贯彻落实“两个一以贯之”，坚持党的领导和完善公司治理相统一，修订完善公司章程，正确处理党组织和董事会、经理层等治理主体的关系，坚持权责法定、权责透明、协调运转、有效制衡的公司治理机制，确保党组织把方向、管大局、促落实的作用得到充分发挥，推动制度优势更好地转化为治理效能。完善集团“三横三纵三个全覆盖”新型管控模式，厘清集团、战略单元、出资企业三级权责及工作方式。要加强出资企业董事会建设，履行董事会定战略、作决策、防风险的职责，确保集团战略执行落地。要建立专职董监事库，战略单元及重要骨干企业专职外部董事全部配备到位，优化完善所属企业董事会评价体系。

——突出激励约束机制这个关键，激发机制活力。要以效率和竞争力为重点，完善市场化薪酬分配机制，唤醒蕴藏在职工队伍中的创新潜力和聪明才智，扩大创造价值的骨干面，形成以创造价值为荣的鲜明导向。坚持市场化改革方向，在集团所属子企业全面推行经理层成员任期制和契约化管理，扩大职业经理人制度试点范围，既要利益共享、更要风险共担，既能赢得起、也能输得起。严控用工总量，优化收入分配结构，确保集团劳动用工压减不低于6%，全员劳动生产率提高5%以上。坚持市场对标和效益导向，建立超额利润分享、上市公司股权激励、跟投、骨干员工持股等风险共担、利益共享的中长期激励机制，实现收入能升能降。

——突出精干主责主业这个难点，壮大发展动能。持续推进供给侧结构性改革，深化加减乘除，按市场化原则推进战略性重组和专业化整合，着力打造引领行业发展的“链主”企业。聚焦铝、铜、铅锌、稀有稀土资源获取，重点推进几内亚铝土矿项目挖潜提产，实现秘鲁铜矿二期全面投产，靶向资源获取实现重大突破。持续推动产业结构调整，推动“两海”战略向纵深发展，重点推进港口氧化铝、金鼎锌业综合治理、西南铜异地建设项目论证审批。要以价值导向修正完善商业运行模式，彻底改变“原料—生产—产品”的“线性思维”，着力发现全要素资源价值潜力，聚焦新技术、新产品、新产业和新的增长点，推进产业转型升级。要加快推动集团内部业务专业化整合，探索通过混改方式退出不符合战略方向的非主营业务，综合评估退出业务的市场价值，决不能卖出“白菜价”。持续推进“两非”剥离26户，法人户数压减30户工作，启动30户参股权处置工作。统筹管理非经营性土地开发，释放土地更大商业价值。

（三）全面推进价值管理，走好商业模式创新之路

——强化战略引领，编制实施“十四五”规划。围绕创建具有全球竞争力世界一流有色金属企业目标，精心编制实施集团“十四五”发展规划，提高集团的行业洞察力和引领力。要积极推动共建“一带一路”，加强与跨国公司产业链、供应链、价值链合作，优化国内国际市场布局，提升集团国际竞争力和影响力。抓住生产性服务业和服务贸易大发展的机遇，推进集团工程技术、现代服务、技术标准的对外输出，形成富有全球竞争力的生产服务网络。发挥战略投资导向作用，建立自上而下的战略评估体系，加大战略研判和优先项分析，完善战略执行管控考核机制，坚持系统观念，有所为有所不为，提升业务单元战略执行能力。

——强化资本运作，提高资产证券化资本化水平。借鉴跨国公司资本运作经验，构建与战略管理相匹配的资本运作协同机制，完善资本形成、运营、流转的管理体系，畅通融投管退闭环管理。要强化市值管理，分类动态管理集团所持控股、非控股上市公司股权，利用资本市场透明倒逼机制，提高上市公司规范运作水平。要以推进资产资本化、资本证券化为主要路径，完成云铝股份、中铝国际和其他上市公司再融资或申报工作，创造条件推进中国稀有稀土IPO材料申报和中铝高端制造IPO培育工作。加快推进存量铜、铅锌优质资产注入云南铜业、驰宏锌锗，持续提升上市公司的市场带动力，不断放大资本效应。做好精细氧化铝、锗业务在科创板、创业板上市论证。建立并购项目库，把准时机择优并购一批优质资源和成熟上市平台。

——强化价值管理，提升运营质量效率。全面启动中铝价值管理（CVM），加快构建“5C”价值管理体系，力争两年之内形成集团各层级的管理标准，实现同频共振。以全要素对标为切入点，完善强激励、硬约束考核机制，构建“经营业绩指标+负面清单管理+精准即时激励”考核评价体系，实施绿蓝黄红四色提醒警示和穿透监管，确保完成“两利四率”考核目标。全面提升战略单元运营管理和自由现金流创造能力，优化资源配置，撬动价值要素，实现ROE对标先进差距缩小20%~30%。要打造提质增效“升级版”，狠抓成费比优化，确保生产类企业下降1个百分点，贸易类企业不劣化，实现“三年降本增效”目标。坚定“两金”月均规模压降100亿元目标不动摇，攻克“两金”占用居高不下的顽疾，专题督导问责新增逾期账款企业整改清收。要敢啃硬骨头、打好治亏攻坚战，确保亏损户数减少50%、亏损金额减少30%，对重点亏损大户要形成可操作的扭亏方案，坚决止住出血点。加强对数据的收集和积累，推进资金中心和共享中心建设，合理开展税务筹划，实现财务良性循环。要提升协同增效能力，推进内部交易产品、服务与市场接轨，实现成本低、质量好、服务优，以高效的专业化运作对内降本增效，对外扩大市场。

（四）强化使命责任担当，走好安全健康发展之路

——发挥党建独特优势，提供坚强组织保障。要进一步压实党建工作责任，夯实基层党建工作基础，加强实践探索创新。优化完善“双百分”考核体系，以生产经营业绩检验党建工作成效，形成推动工作落实的强大合力。持续深化“两带两创”活动，不断增强各级干部抓工作落实的“七种能力”，保护干事创业的热情，促进难点重点问题解决。要推行实施“重大事项管理清单制”和“首问工作制”，分类分层围绕清单抓落实，解决影响集团效益、效率提升的若干关键问题。要把全心全意依靠员工办企业和关心关爱员工统一起来，办好“中铝爱心帮扶基金”。强化精准激励和即时奖励，树立鲜明导向，激发干部员工勇于担当、敢于挑战的激情。

——狠抓安全环保质量，夯实企业发展基础。要深入开展三年专项整治行动，突出落实安全生产责任制，完善安全环保管控体系，推进安全环保管理向自主机制转变。要聚焦作业前安全风险评价、重要危险源管控和员工依规作业，推广葡萄图等有效安全管理工具，培养员工良好作业习惯。要狠抓中央生态环境保护督察问题整改，及时回应群众关切，确保每项整改都经得起检验。坚持把质量作为立业之本和转型之要，加快完善质量管理和标准管理体系，夯实质量技术和工艺基础，全面提高产品、工程、工作质量，实现赶超升级，树立品牌标准。建立安全环保质量风险指标体系，梳理形成“风险清单”，对明知故犯、屡改屡犯的事故和风险“零容忍”，严肃考核问责。

——坚持依法合规经营，有效管控各类风险。要不断完善合规管理体系，全面开展规章制度梳理和“立改废”工作。狠抓案件“去存量”，多措并举“控增量”，强化考核约束，严肃问责追责。组织建立诚信黑名单数据库，建立重大案件动态管理和督导工作机制。丰富集团合同示范文本并形成刚性约束，开展合同管理办法执行情况检查。更加注重防范涉外法律风险，强化境外风险应急处置，确保国有资产安全。要推进集团“大监督”体系运行，建立横向覆盖和纵向穿透相结合的运行机制。建立“上审下”的监督格局，通过统一管控提高监督效能，做到令行禁止。扎实开展经济责任和投资项目审计，聚焦重点领域和关键环节开展专项审计调查。持续跟踪重大违规经营投资问题线索，有序开展违规追责。积极配合做好审计署企业审计三局的专项审计和监督检查工作。

新征程砥砺初心，新格局淬炼初心。要坚持以习近平新时代中国特色社会主义思想为指导，谋定后动、笃行致远，以改革的精神、奋斗的状态，坚决完成全年目标任务，奋进集团“世界一流企业”新征程，以优异成绩迎接建党 100 周年。

贯彻新发展理念　促进新格局构建
共同开创有色行业高质量发展新局面

——在有色金属工业协会会长高峰论坛上的发言（摘要）

党组书记、董事长　姚　林

首先，谈一下对行业形势的认识。在经历了去年极不平凡的一年后，中国稳步推进复工复产，经济发展形势持续向好，今年以来美国经济也逐步复苏。当前，有色行业呈现出了一片繁荣景象，大家对行业的发展形势都较为乐观，但我认为，仍然需要关注以下几个方面。

一是这种形势的可持续性。我认为，当前有色行业的向好趋势，一方面是中国稳步推进复工复产而带来的效应，另一方面则是国际量化宽松政策作为重要的推动力起到了决定性作用。但随着全球经济复苏，各国的量化宽松也开始有所收缩，而有关这两个方面“如何平衡”和“可持续多长时间”的问题，值得大家深入思考。

二是逆全球化造成的风险。新冠肺炎疫情全球蔓延，带来了各方对供应链安全的思考，同时本来就存在的西方贸易保护主义倾向，加剧的地缘政治紧张形势，这都可能导致未来的全球化会转向区域化。这对中国具有一定的挑战性，特别是对材料工业领域更具挑战，更加需要我们去积极应对，加快构建新发展格局。

三是行业发展的质量效率。这是行业持续发展的根本。关乎几个方面：一是有色行业仍然存在规模大效率低的问题；二是围绕市场需求和消费升级，特别是科技支撑方面，我们还处于“跟跑”阶段，何时实现“领跑”对行业来说才是重点；三是如何实现科技自立自强，支撑行业高质量发展和可持续性发展。

其次，围绕实现行业高质量发展的关键环节和任务，建议从以下五个层面入手。

一是要以科技创新攻克“卡脖子”问题。解决“卡脖子”问题是最关键的环节，但仅仅解决“卡脖子”的问题是不行的，还要面向未来进行前瞻性的创新性思考，并发力解决一些关键问题。行业协会和各企业都应该在建立创新联合体上“做文章”，瞄准未来，打造新技术、新产品。希望协会在行业发展的共性问题上，如轻量化、再生资源利用和标准化体系建设等方面，加大协调力度，发挥更大作用，以满足国家战略需要。

二是要以绿色低碳发展促进行业变革。总书记提出“双碳”目标承诺以来，全国上下积极响应，可以预见实现“双碳”将是未来中国发展的重要引擎之一。但从目前看来，针对碳达峰、碳中和，大家谈得更多的是勇气、决心和信心，实现目标的路线图还并不清晰，仍需要我们进一步努力。我认为，实现碳达峰、碳中和的目标，需要在宏观政策、产业政策、技术路线和碳资产管理等方面深入思考和研究。希望协会能进一步引导行业企业在推进碳达峰、碳中和上发挥更大的作用。

三是要以智能化赋能产业提质升级。随着检测技术、通信技术、网络技术、数据存储技术和运算能力的提升，智能化无疑是各行各业的发展方向。我进入有色行业后发现，有色行业的智能化还停留在局部亮点和“烟囱式”的信息化模式，这就需要行业加强顶层设计，统筹调动各环节、各层次的资源，推进全方位的智能化，实现真正的智能制造和智慧运营。

四是要确保产业链供应链安全自主可控。在产业链的建设方面，我们需要谋求安全、高效、联合的思路。目前有色行业的资源对外依存度很高，铝的对外依存度是50%，铜的对外依存度是70%，并且未来仍会增长，这对我国有色行业的安全发展是极大的威胁。为此，需要把有条件的企业联合起来，在共同构建安全高效、自主可控的产业链和供应链方面下大力气，不再单打独斗。

五是要通过改革攻坚推动高质量发展。希望协会更好地发挥建言献策的作用，促进与行业发展相关制度的完善。目前看来，有色行业仍然存在一定的无序竞争，应继续深化供给侧结构性改革，围绕扩大内需、消费升级和轻量化、绿色化发展等方面推进产业转型升级。对于中铝来说，除了做好深化供给侧结构性改革以外，落实国企改革三年行动方案也是下一步重要的任务。

最后，我倡议，在有色金属协会的指导下，各会员企业要进一步深化交流合作，共同抵制内卷化，拒绝零和游戏，以一种积极、向上、竞合的方式，构建产业生态体系，为中国有色金属行业的发展作出更大的贡献。

树牢真抓实干恒心　抓实开放创新重心
在国家高水平科技自立自强的征程上
展现中铝引领者风范

——在中铝集团第四届科技创新大会上的讲话（摘要）

党组书记、董事长　姚　林

一、总结成绩增信心，坚定实施创新驱动发展战略

“十三五”期间，集团坚持“自主创新，重点跨越，支撑发展，引领未来”的指导方针，围绕扭亏脱困、转型升级和高质量发展的重大需求，全面实施创新驱动发展战略，完善创新体系建设，深化体制机制改革，强化市场化导向，加快战略性、重大关键核心技术开发和重大技术成果的产业化应用与推广，科技工作取得较快发展。

——有力保障了国家战略需求。承担国家型号配套研制任务 50 余项，先后突破了超宽超厚预拉伸板、超大规格整体环件、新一代铝锂合金、高强高导铜合金、半导体用高纯镓等核心技术，实现了我国航空铝合金从三代跟跑到四代跨越，基本解决了铝合金“卡脖子”技术问题。为各类运载火箭、人造卫星、新型战机、载人航天和探月工程等重大工程提供了上百种合金、数千个品种的优质有色金属材料，年供应增长率 15%，实现了我国大运飞机用铝材 100% 自主保障，民机铝材可供率由首飞的不足 1% 提升至 30% 以上，彰显了集团作为“国之重器”的使命担当。

——引领破解了行业技术难题。突破了以超大型铝电解槽、新型稳流保温铝电解槽为代表的一批电解铝高效节能技术，并获得产业化应用，支撑了铝产业高效发展。铜冶炼全流程生产工艺优化技术实现产业化，大幅提高了铜资源综合利用率。航空航天、汽车轻量化、电子电工等铝、铜合金系列材料“高端化”研发取得积极成果，部分产品占据市场主导地位，发挥了行业头部企业的引领作用。

——建设完善了科技创新体系。成立并做实中央研究院，初步形成了以中央研究院、专业研究院、专业领域技术中心、群众性创新平台为主体的科技创新体系。积极推进国家级创新平台申报工作，新增 5 家国家级企业技术中心、1 家国家地方联合工程研究中心，高新技术企业数量增至 92 家，稳居有色金属行业第一名。与下游客户、科研院校建立长期合作关系，深化产学研合作，牵头组建了高端有色金属材料研制及应用创新联合体、中国有色金属绿色低碳发展创新联合体，进一步扩大了集团的行业影响力。

二、正视差距究根源，增强科技自立自强的责任感

在看到成绩的同时，更要清醒地认识到，集团当前的科技创新成效、体制机制、文化生态，与党中央赋予我们“排头兵、主力军、引领者”的定位相比，与抢抓新一轮产业变革和科技革命重大机遇、推动集团加快建成具有全球竞争力的世界一流企业的需要相比还有不小的差距，特别是科技创新管理存在着不少迫切需要解决的问题，主要体现为“三个不实”和“三个不足”。

（一）研发管理存在“三个不实”

一是科技研发投入不实。科研投入体现在报表上的多，落到重大课题上的少，集团真正用于重点项目和共性技术的经费投入占现有研发投入统计的比重不到15%。按照国企改革三年行动方案要求，从2020年到2022年，集团研发投入强度要从2%增加到3%，意味着集团要在现有基础上实打实增加40亿元的研发投入。科技投入确实存在经营困难不愿投的客观因素，但更根本的问题是视野不开阔、投不准。有些小投入的科技研发项目，见效是很快的，特别是在基础比较薄弱的状态下，精准投入可能两三年就能收回投资，但我们往往习惯于忙活于眼前的生产经营，没有在科研方向上花精力、动脑筋。

二是科技成果应用不实。集团的科技成果不少，但高水平成果不多、成果产业化进程缓慢，创新的“最先一公里”和“最后一公里”没能有效有机衔接。汽车板是金属板材中的高端产品，集团早在2006年就布局了汽车板研发，南山铝业汽车板销量已经突破了8万吨，但我们的汽车板主力生产企业中铝瑞闽今年的销量目标才是突破2万吨；集团在2009年就申请了惰性阳极电解槽技术专利，美铝今年7月已经开始商业规模化施工，而我们的“惰性阳极电解技术”还在“十四五”科技专项规划里“布局”着。这方面集团已经吃了不少亏，自主研发的技术自己还没用上，民营企业都已经用上了。说明我们未能有效发挥专利的屏蔽作用，知识产权的战略部署做得不到位，各层面的产权意识弱，对科研成果的认可、确权、应用、保护、激励都不严肃。大家一定要看到，我们以规模体量占据国家有色金属产业龙头地位，但行业技术领导地位已经明显下滑。

三是创新主体作用发挥不实。集团科技管理体制改革后，各级创新主体的定位还不够清晰，有的还处于错位状态。中央研究院统领科技研发的主体责任还未落到实处，战略前沿技术研发关键阵地的引领作用发挥还不充分。各战略单元还处于调整适应期，集团下放的职责还没能完全接稳、落实，科技统筹管理欠缺、业务管理能力不足。

针对“三个不实”，集团各层级都要深入剖析。

集团层面主要体现在：一是引领作用发挥不充分，支撑科技创新、激发人才活力的制度建设滞后，推动各级创新主体主要领导参与科技工作的力度不大。科技创新方向还不清晰，还停留在被动式、跟跑式的支撑性科技攻关，还习惯于得奖型、宣传型的面子类创新活动，对产业升级、结构调整、提升核心竞争力的重大创新引领不够。二是中央研究院刚刚起步，对集团架构设置的战略意图理解不够透彻，在代表集团调动科技资源、统筹协调各分院科研项目，总揽全局、把关定向、对外协作、对上协调的作用发挥不充分，亟需明晰思路定位、在运行中不断进步。三是考核评价过于粗放，对战略单元和企业的考核过于注重眼前效益，经济效益不好的企业不敢投入、经济效益好的企业投不

准，久而久之丧失科技创新活力，陷入恶性循环。

战略单元层面主要体现在：一是缺乏单元层面的顶层谋划，科技项目汇总批准多、整合统筹少。集团布局科研项目后，战略单元就通知实体企业、实体企业就通知各分厂，层层通知下去，最后集团的科研项目可能是某个技术员提出来的，眼界宽度和研究高度都不够。分析筛选、组织攻关还停留在表面，所属企业自主组织实施的科研课题有的滞后于产业技术前沿，有的不满足市场需求导向，有的需求多次重复、甚至就不属于科研项目。二是缺乏研发机构的统筹管理，不重视研发机构作用、不善用研发机构力量，各专业研究院为了生存自谋项目、高端人才陷入平庸项目的现象普遍，战略单元统筹领跑的作为不够，整体合力作用发挥不足。三是对科研院所的考核“功利化”，导致科研院所不能专注科研创新，分散过多精力服务生产经营，出现生产化、逐利化倾向。

实体企业层面主要体现在：一是安于现状、不思进取。有的企业认为科技研发投入大、周期长、风险高、见效慢，同样是花钱，投固定资产更容易产生当期效益，能够更好体现其任期业绩，“生产型”思维方式占据主导地位，宁愿“埋头拉车重复昨天的故事”。最近还出现一个新的倾向，集团压降固定资产投资，有的企业就打着科技创新的旗号，把固定资产投资变通到科技项目里实施，打出了“游击战”。二是奉行“拿来主义”。有的企业不向专家老师学习、不闻行业先进水平、不问自身存在差距，不做技术理论积累，坐等委托花钱解决方案，以我为主的进取精神不足，联合攻关的精神风貌不振，导致没钱的时候不敢投、有钱的时候不会投。

（二）创新发展存在“三个不足”

一是创新人才结构不合理。集团统计的科技人员有 8800 人，行政和技术岗位加起来占集团职工总数比例将超过 10%。这么大的基数，说明我们面临的不是创新人才数量问题，而是结构定位问题。开拓型的研发人才不足，生产型的技术人才过多，不同类型人才的创新定位不清，导致大都演变成了生产型人才。一方面，在国家层面有影响力、话语权的专家不多，行业领军人才和高端研发人才严重不足，科技创新人才流失问题突出。另一方面，论资排辈之风盛行，生产技术人才积压，“躺平”的越来越多。

二是创新活力不足。在项目选择上，与本职研究方向契合的可选项目范围窄、数量少，做与不做一个样，难以激活动力。在项目质量上，挖掘不出视野开阔、富有挑战性、能够做成行业领先的项目，大家做的都是同样平庸的事，难以激发兴趣。在研发回报上，集团承担国家重大科研任务的几乎都是原有军工体系下的单位，体系外单位科研人员在国家层面发声的主动性和积极性不足，难以做出成绩。在成果应用上，生产企业采用科技成果不积极，形成了“玻璃门”，难以做出效益，形成负向反馈挫伤了科研人员的研发积极性，集团上下想创新、敢创新、能创新的万众创新氛围还未形成。

三是协同创新不足。集团内部科技创新资源力量分散，战略单元各自为战的现象仍然存在，缺乏顶层设计和组织协同，搞低效重复研发。全产业链协同创新能力不强，共性技术研发项目的要素集成、实施路径不清晰。尽管中铝股份最近围绕高端制造的熔铸业务做了不少工作，支持参与材料院的协同研发有了进步，但战略单元协同不够的问题仍然突出，企业提重复需求、研究机构接重复研发、做出共性技术得不到推广的现象比比皆是。对外合作缺乏系统性考虑，还存在“拿钱请保姆”的习惯思维，简单把科研外包出去，共同研发的成分少，深度参与的意识弱，对知识产权不重视、管理上也不到位，项目团队里的“自己人”发挥作用有限，提高自身能力的成效欠缺。

创新发展存在“三个不足”，主要原因有三方面。

一是缺乏有力有效的科研人才队伍建设。人才引进的方向不清，是瞄着成果引才、瞄着团队引才、瞄着资质引才，还是为“引才”而引才？结合集团服务国家战略、高质量发展的内在需求思考得不深、计划性不强、侧重点不准。人才培养的方法不明，缺乏团队协同发展的意识，引进后没有从组织上系统培养跟踪的机制，引进的人才如何成长发挥作用就靠各自领导“拉扯”。现在是知识爆炸式发展的时代，只“栽树”不“浇水”，引进的高级人才也会跟不上形势。人才培养是永恒的大课题，人力资源部要着重跟进、要下真功夫。尊重人才的氛围不浓，对科技人才不重视，官本位思想严重，首席工程师话语权不强、待遇不落实，科研项目离不开行政领导协调的“拐棍”，不能由科研人员独立组织完成，运行效率偏低。科技人才、特别是科技骨干的收入水平整体比不上行政人员，工作中的尊严感不强，凝聚科技人才的组织能力没能强起来、强化科技创新的团队风气没能拢起来。

二是缺乏符合科研规律的市场化管理机制。尊重科研规律的意识不强，将科研工作视同生产工作，导致各环节上的不相匹配和不适应。在项目管理上，有的单元项目审批和资金落实程序复杂，审批用了大半年，立项后要求当年年底就要完成，资金也不落实、拨付缓慢。在成果转化上，缺乏科学准确的科技价值评价机制和效益分配方式，科研人员没有成就感、获得感。在激励机制上，没有形成“多劳多得”、按贡献分配的机制，干多干少一个样，缺乏系统的短、中、长期激励机制。在考评机制上，多以论文、专利、奖项等成果数量为标准，缺少体现科研绩效和实质贡献的硬指标。

三是缺乏对内统筹、对外开放的创新关联机制。“以我为主、开放创新”的思路不清、方向不明，主要创新主体对内统筹不够，科研资源整合推进慢，科技组织管理体系与技术创新体系的契合度不高。虽然与不少科研院校联合挂了牌子，但还停留在十几年来固有的模式上，产学研创新关联机制和有效模式没有形成，产学研联合“几层皮”现象普遍，引领性重大课题协同创新力度不强，主动与科研院校合作单位沟通不足，联合创新成果应用推进缓慢。特别是利用社会资源创新驱动发展的视野不宽，现在很多电动汽车、新能源汽车领域企业，是靠买科技成果、买科研团队在发展，完全闭门造车、封闭研发是跟不上市场需求的变化速度的。我们中铝不敢买、怕买错，但作为在有色行业“摸爬滚打”几十年的龙头企业，应该具备甄别的能力和底气，不光要买成果，还要买来能力和风气，买来一个研发团队看看别人是怎么干的，改变惯有状态和固有思维。

三、着眼未来开新局，展现中铝创新发展引领者风范

当前新技术、新变革正在以前所未有的速度推陈出新，技术突袭、技术压制、技术颠覆每天都在上演。集团各级党委、行政班子和科技工作者，必须从党和国家事业全局、从集团的战略定位中去领悟科技创新、领悟科技自立自强，坚决把创新作为

持续发展之基、市场制胜之道，争当创新驱动发展的先行军。要明晰集团科技创新的目标方向，打好市场牌、改革牌、成果转化应用牌，破除体制机制障碍，重塑集团科研生态，不断增强创新动力、创新活力、创新实力。

（一）明晰科技创新方向，提高集团核心竞争力

集团作为国家经济建设的主力军、有色行业的龙头企业，必须坚定打造原创技术“策源地”和现代产业链“链长”，坚决服务国家科技高水平自立自强的战略大局，掌握更多具有自主知识产权的关键技术，掌控产业发展的“命门”和主导权。

要进一步提高政治站位，强化集团的科技创新策源功能，努力实现技术新发明、产业新方向从无到有的跨越，成为创新理念的第一实践者、技术发明的第一创造者、创新产业的第一开拓者，切实担当起新型举国体制下创新协作平台重任。我们要通过产业龙头主体的定位，把平台作用发挥起来，把各类创新资源凝聚起来。

要放眼全球，加快构建领先创新体系，突破关键核心技术，打造国家战略科技力量，在扩大国际影响力，在国际标准、专利方面有所建树。集团“十三五”新增的 5 家国家级企业技术中心都在企业层面，在集团层面与国家的顶层联系没有强化到位。国家首批 9 个国家重点实验室已经重组完成，我们要借着国家完善创新体系的机会参与进去。科技创新部要扛起这项重任，提前布局，抓紧研究第二批国家实验室的重组方向，积极参与到相关项目中去。

要面向未来，加强产业技术基础研究和颠覆性技术研究，围绕战略性新兴产业和碳达峰碳中和的需求，布局 3D 打印、高端材料、氢能利用、资源高效利用、绿色循环低碳负碳、智能化等前沿技术，下好先手棋、打好先手仗。我要特别强调，铝行业作为高耗能行业，目前还没有找到碳中和的方案，钢铁行业提出要利用氢能冶炼，至少理论上是说得通的，但我们电解铝理论上的解决方案都没有。我们不仅要研究低碳技术，还要超前布局研究“负碳”技术，否则 2050 年达到碳中和就真的成了一句口号。

要聚焦当下，紧紧扭住成果转化关键环节，努力推动科技创新赋能产业发展，加强科技成果转化应用，加大金融对科技创新的支持力度，力争在新产业孵化、新产品开发上有所作为、有所突破，推动产业、产品向价值链中高端跃升。现在中铝资本、中铝开投都在积极研究有哪些成果可以转化、能够见效，希望有所突破。

（二）深化科技体制改革，夯实创新主体能力

纵向上落实各级责任，完善职责明晰的科技创新体系。

一是科技创新体系建设层面，要进一步明晰构成集团整体创新体系的四个层面的主要职责。中央研究院是代表集团公司统领科技研发方向、组织协调资源实施的单位，不是研究实体，需要的是开放视野，以及能够汇集众智和全球化配置资源的能力。中央研究院要切实增强创新自信，以咬定青山不放松的恒心推动战略落地，制定路线图、时间表、任务书，统筹评价各战略单元的科技研发工作并提出考核意见，严格落实重大项目节点的进度跟踪，切实承担起统领集团科技创新体系的重任。各战略单元专业研究院是研发实体，比如材料院就是高端制造领域的研发实体，郑研院就是铝冶炼的研发实体，昆明院就是铜单元的研发实体。各企业领域技术中心是新技术先行先试的主阵地，我们在传统体系中获得了多个地方授予的省级、国家级技术中心，今后这些技术中心将要面临一定的改革和整合，成为集团技术应用、工艺创新的关键环节。我们从前研发是外委行业研究院做的，研发费用需要企业承担，形成了强化企业技术中心的习惯思维，造成了中铝实体企业力量很强、二级公司力量薄弱的格局，这都是未来必须理顺和改革的环节。群众性创新平台是小改小革、破解现场问题的尖兵，是培养新人的阵地。作为集团公司，我们未来的科研是离不开生产现场的。各个研究院的研究人员从校园出来，一定要深入基层实践历练，最近材料院做了这样的尝试，绝大多数科技工作者还是很有收获的。集团未来的研发课题需要专业研究院研究员、技术中心研究人员和现场工程师三个层面人员的共同参与和协同研发，不能再各自割裂、形成孤岛。我今天着重讲解集团创新体系的四个层面，希望大家要有正确的理解，对今后的工作有一个清晰的定位。

二是集团层面，要进一步突出战略规划和考核评价职能，通过督促、检查、评价、考核集团科技发展战略的落实情况，支持引导集团创新要素向关键环节集聚，发挥创新激励企业发展的乘数效应。要做好科技工作的顶层设计和组织协调，帮助战略单元解决科技体制改革过程中遇到的发展方式、人才管理等问题，协调理顺战略单元之间、战略单元与科研机构之间的科技资源统筹工作，发挥创新合力。

三是战略单元层面，作为集团最主要的创新主体，要面向科技前沿抓实开放创新的重心，在对接国家科技战略需求、凝练产业共性技术课题、聚焦前沿科技集中攻关、整合优势资源推动迭代升级等科研关键环节上有所作为，努力实现优势领域、共性技术、关键技术的重大突破。要树立“一把手”抓“第一动力”的鲜明导向，科技创新关键靠人才、靠视野，这两条离开“一把手”都是做不到的。如果各单位主要领导不重视，集团开再多的会也没有效果。发挥科技人才作用还需要破解很多体制机制方面的问题，需要打破原有的利益格局，做决策的领导要懂行、要深入进去、要能发现问题并及时解决问题，这都是“一把手”才能做好的事情。要发挥专业委员会作用，狠抓创新体系建设，优化科技资源配置，克服分散、低效、重复的弊端。要坚持求真务实抓投入，强化顶层设计，加快重点项目布局和实施，保障项目经费投入，严格定责任、定人、定时间节点，把投入产出比作为一项重要考核指标，切实提高科研投入创新绩效，决不能让科研经费浪费了、挥霍了。要坚持市场化改革的大方向，建立灵活、务实、管用的科研制度体系，尊重科技工作的特点和规律，不搞“一刀切”。

四是实体企业层面，实体企业不是科研主体，而是集团技术应用的主阵地、是培养科技人才的前沿阵地，解决现场问题也有很多工作可以做，关键是应用的角度要选好。要把眼光放长远，进一步解放思想，增强创新意识，主动了解行业动态、主动参与科技研发应用，在集团和战略单元的领导下有序开展个性化技术攻关，以解决现场问题为导向加大科研成果应用，推进技术升级迭代，促使更多“科技之花”结出“产业之果”。

横向上集聚各类资源，健全以企业为主体、市场为导向、产学研相结合的技术创新体系。

一要畅通集团创新网络的内部资源共享渠道。集团科技战略咨询委员会、科学技术委员会要加强组织协调，建立集团总部抓统筹、中央研究院抓推进、优势单元牵头、相关单位参与，行政线、技术线协同的管理机制，把方向和重点搞清楚。科技创新部要发挥指导作用，各战略单元要发挥统筹作用，明确近期、中期、远期目标，分梯次、分阶段推进。中央研究院要承上启下、沟通内外、联系左右，做实集团重大项目管理平台角色，做好前瞻性、共性和跨界技术研发的引领工作，真正成为联结集团科技组织管理体系与技术创新体系的纽带和中枢，实现“技术创新、人才培养、成果转化、基础科研”一体化发展。

二要梳理形成产权清晰的项目管理链条。各战略单元要突出领先和实效相结合，构建开放、协同、高效的共性技术研发平台，坚持补齐短板、跟踪发展、超前布局同步推进，形成梯次接续的系统布局，努力实现关键核心技术的重大突破。要对单元内部的项目投入、研发、转化、产出各环节进行再细化、再落实，合理分配研发经费和人力资源，重大项目的跟踪问效要落实到具体领导、团队和个人头上。中铝国际要整合所属工程技术单位和研究院资源，主动对接其他战略单元协同研发，防止“内卷化”“打乱仗”，实现系统化的迭代升级。

三要健全完善与科研院校、产业链伙伴合作的创新链条。坚持“以我为主、开放创新”原则，加深产学研合作参与度，通过引进关键技术和关键人才，充实自有创新平台实力，绝不能把对外技术合作做成单纯的技术服务外包。在与产业链上下游企业合作中，要切实增强“主人翁”意识，以具体项目课题为载体，让我们自己的有关企业、创新平台、科研团队真正参与进去，向产业链两端拓展渗透，切实提升自身能力水平。只有自身足够硬气，合作才有底气，合作之路才会越走越宽、越走越好。

（三）加强管理机制创新，焕发科技创新活力

一要建立科学的科技成果经济性核算评价机制。中央研究院要会同相关部门加快构建分类评价量化模型，实施多维度的精细化核算和评价，对实验室研究项目、工业试验项目、产业化项目、技术改造项目等的价值贡献进行核算。各战略单元和企业作为支撑单位，要以价值贡献为导向加强科研布局，加强精细化管理，制定精准激励的相关措施。

二要坚持完善市场化的科研项目管理机制。在项目立项机制方面，要精简立项程序，简化审批手续，打破科研环节的等级制度。一方面，要用活用好“揭榜挂帅”“赛马”等竞争机制，各级科研单位、各级企业都有落实的空间，各个科研团队、工程技术人员如果能揭榜，能把方案给大家说透，我们就能投入。另一方面，为了扩大视野，我们鼓励科研人员毛遂自荐，主动“举手”提出项目，可以是从老师、同学、资料上学来的，只要对中铝发展有利，你就可以举手，只要论证让大家信服，我们也可以投入。通过这两个角度打破层级、打造扁平化的科研体制。在人才使用机制方面，全球长期积累的统计数据显示，科技创新出成果的年龄都在30多岁，我们30多岁的同志都在干什么呢？还在打杂，这显然是出了问题的，必须加快调整改变，让那些想干事、能干事、干成事的科技领军人才挂帅出征，做到不论资历、不设门槛，让有真才实学的科技人员有英雄用武之地，做到既发挥年长员工作用，也激发年轻人的活力。在成果转化机制方面，要构建科技成果数据库，推进动态跟踪与评价机制，促进创新成果加速培育和高效产出。

三要完善真正激发创新活力的绩效激励机制。建立科技激励工资总额单列清单和差异化工资总额确定机制，研究建立有别于行政序列的独立科研序列及薪酬体系，进一步加大奖励和精准激励力度，形成核心科研人员收入普遍高于行政领导的氛围，增强科研人员的自豪感。战略单元要把创新平台建设与企业专业化建设、经营能力建设、产业转型升级有机结合起来，加强对实体单位的差异化考核。绩效激励方面要有大动作，必须扭转技术序列变成“领导干部后备队”的态势，加快形成技术序列同样可以高收入、科研成果分享之后可以有更高收入的机制。

（四）强化党建引领保障，营造科技创新氛围

一是坚持党的领导，加强政治引领。坚持和加强党对科技工作的全面领导，在科技创新战略谋划、政策制定、创新人才培养、工作推进上不折不扣把党中央、国务院科技创新决策部署落到实处，始终与行业科技创新大局同频共振。要进一步发挥各级党组织在科技创新中抓重大、抓尖端、抓基础的重要作用，落实科技创新“一把手”负责制，对科研工作从“过问”向“参与”转变，解决好各级主要领导“懂不懂”的问题。要不断优化创新生态，构建起上下联动、齐抓共管的工作机制，汇聚关心创新、支持创新的强大合力。

二是坚持党管人才，打造创新人才高地。要把握“创新之道、唯在得人”的核心要义，发挥党组织在人才引进、培养、使用中的引领作用，着力完善人才发展机制，最大限度支持和鼓励科技人员创新创造。要以更加开放的视野引进和集聚“高精尖缺”人才，建设一支规模宏大、结构合理、素质优良的创新人才队伍，充分释放创新主体与创新个体的创新活力，形成唯才是举的用人格局。

——在人才队伍建设上，要坚持长远眼光，有意识地将战略单元和企业“一把手”培养成为高层次复合型人才，把分管领导、科技职能领导培养成为集团战略科学家。要依托“首席科学家 + 专业总师 + 卓越工程师”职业发展体系，按照技术体系绘制“人才地图”，建立人才能力素质评价标准。要积极倡导互联网 +、大数据等跨界创新理念，拓宽各领域复合型创新人才选用源头，注重挖掘和培养各产业领域的科技创新人才，增强科技人才队伍的层次与厚度。要实行重大专项“双负责人”制，有计划地让青年科技人才在集团科技一线和重大项目中挑大梁、当主角，为他们奋勇创新、脱颖而出提供舞台。

——在人才队伍保障上，各级领导干部要更加主动地靠前服务，支持科技人才从繁杂事务性工作中解脱出来。要切实提高科技人才待遇保障，提高整体薪酬水平，让科研人员通过创新工作真正有获得感。要增强科技人员话语权，赋予首席科学家、首席工程师和项目团队更大的技术路线决定权、经费支配权、资源调度权，让他们切身感到企业实实在在的支持与信任。科研团队的组建要实行扁平化，队伍要精干、研发方向要专注、考核评价要精准，让出成果的优秀团队获得源源不断的经费支持，实现良性循环。

三是坚持文化铸魂，弘扬科学家精神。大力弘扬胸怀祖国、服务人民的爱国精神，胸怀大局、心有大我，以为国家奉献为荣、以为人民贡献为福。大力弘扬勇攀高峰、敢为人先的创新精神，坚定敢为天下先的自信和勇气，永葆志在最高峰的心气、不畏挫折的胆气，挺起科技工作者的脊梁。大力弘扬追求真理、严谨治学的求实精神，敢于摆脱思维定式和路径依赖，不唯书不唯上，不盲目崇拜权威，在科研上下“真”功夫、“细”功夫。大力弘扬淡泊名利、潜心研究的奉献精神，耐得住寂寞、坐得住“冷板凳”，远离追名逐利、急功近利心态，让科研风气更加淳正。大力弘扬集智攻关、团结协作的协同精神，“首席”二字背后是合力攻坚的集体，要强化跨界融合思维，打造和凝聚团队精神，打开全球视野、汇聚更强力量。大力弘扬甘为人梯、奖掖后学的育人精神，集团各级领导、各位首席、总工和老一辈专家们，应有“功成不必在我”的胸怀，“慧眼识英才、用英才”的伯乐之能，在科研实践中做“传帮带”、当“铺路石”，为集团科技创新培养“后浪”新生力量。

创新是一条敢为人先、勇立潮头的奋斗之路。让我们树牢真抓实干的恒心，抓实开放创新的重心，用前进的目标激励自己，用比较的差距鞭策自己，汇聚创新资源、凝聚创新力量、集聚创新优势，在国家高水平科技自立自强的征程上展现中铝引领者风范，为实现中华民族伟大复兴的中国梦做出中铝新贡献！

贯彻党中央部署　扎实推进“十四五”规划 实践“高质量发展新模式”走深走实

——在中铝集团2021年发展战略研讨会上的讲话（摘要）

党组书记、董事长　姚　林

一、年度工作进展评估

今年以来，集团上下紧抓经济复苏、向好发展的重要契机，以推动高质量发展为主题，以深化供给侧结构性改革为主线，以建设世界一流企业为目标，聚力打造中铝高质量发展新模式，极大激发了企业经营活力，经营业绩创历史最好水平。

（一）集团总体经营业绩及各单元贡献情况

经营业绩创历史最好水平。营业收入5186.5亿元，首次突破5000亿元大关，同比增幅39.4%。两年平均增长率19.8%。经营性ROE约14.84%，创成立以来最好水平，远超国务院国资委确定的权益资本成本水平。经营性EVA超155亿元，在2020年由负转正（按照经营利润口径）基础上，同比大幅增长，价值创造能力显著增强。

高质量发展基础不断夯实。价值管理、全要素对标等管理理念深入人心；盈利能力、价值创造能力、资本回报水平站上新台阶；历史遗留问题基本处理干净；财务“一体两翼”的共享、资金两中心逐步试运行，标志着集团统筹一致的信息化和资源调配有了立足点，企业的经营发展能管得住了，对推进高质量发展有着重要的意义。

多数生产单元收入增长明显。收入占比排前四名的是中铝股份（57%）、中铜（29%）、高端（6%）、国际（4%），集中度很高。利润贡献占比的前三名是中铝股份（66%）、中国铜业（25%）和中铝资本（3%），各战略单元当期经营业绩实现转正。从各战略单元占有资产和获得利润贡献相比来看，中铝股份（资产占比40.7%，利润贡献占比66%）就不错，但有的单元占了更多资产，利润贡献却很低。集团作为国有资本投资公司，给战略单元投资就是给资源。资源是有限的，投资自然要投给能创出更多效益的单元，严格限制不会投、乱投的单元投资，把钱留着干更能赚钱的事。

（二）主要工作亮点

一是服务国家战略再添助力。保障了嫦娥、天和、天舟重大工程任务，实现了型号战机关键铝合金材料100%国产化，A类产品销量质量实现双提升。中铝股份博法项目达标达产达效。铜资源方面，西藏金龙项目与自治区初步达成协议，秘鲁二期扩建环评作为最后环节获得秘鲁政府批复，为二期扫平了道路。稀土资源方面，广西花山二期被列为国家首批离子型稀土矿山试点工程。这次稀土重组中铝集团发挥了关键骨干作用，尽管我们的中国稀有稀土有限公司不是上市公司，但业务很实，有全产业链、也有资源，花山的资源禀赋非常好，是很好的“嫁妆”。有我们的鼎力支持，相信新组建的中国稀土集团未来会更好。

二是科技创新和绿色发展支撑力逐步增强。顶层设计方面，制定发布了《新发展阶段加强科技创新工作的实施意见》《“十四五”科技发展规划》《“十四五”“双碳”专业规划》，在2021年底召开了第四届科技创新大会，调整了工作思路，努力解决关键瓶颈问题。体制机制改革方面，完成中央研究院的组建并启动运行，铝、铜、高端做实科研管理，组建领域技术中心，如何运行好、运行到位还要加大力度；在行业引领方面，成立了国家铝产业计量测试中心，是目前国家唯一批准的铝产业计量测试中心，集团首次获得全国质量奖。

三是价值管理应用成果显著。初步构建“四层两力”中铝价值管理体系，建立了5C价值评价模型。2021年“两金”月均占用均优于上年同期水平，剔除生产规模扩大及价格上涨因素，同比降低88亿元。深化全要素对标，中铝资本、中铝股份等5个单元ROE与标杆企业动态差距缩小20%以上。特别要提出，广西华昇年化ROE达到55%，山西中润年化ROE超过50%，成为了行业标杆，希望这个标杆要一直立得住。

四是深化改革取得重要进展。国企改革三年行动方案中97项改革任务完成70项，完成率72%。子企业董事会应建尽建完成94%，外部董事占多数完成83%，提出每个子企业董事会再选一个年轻干部培养，解决年轻干部经历单一的问题，这个模型得到了国务院国资委改革办的肯定，认为我们把公司治理和干部培养结合起来了。纳入任期制、契约化管理和职业经理人改革的企业实现100%签约。劳动用工总量优化减少1.86万人，较2020年末用工总量减少10.62%，工资总额较2020年增长1.46%，在岗职工平均工资增长6.98%；两商压减成效显著，中间商压减48%。试点班组台账优化幅度54%，班组填写台账总时间降低61%。中铝股份重组炭素相关企业12家，实现集团炭素产业专业化管理，产业化更关键的是专业化，专业化的目的是提高效率。中铜职业经理人制度改革成效显著，洛阳铜加工、华中铜业、昆明铜业扭亏为盈，全部超额完成考核目标，对市场的理解、占有率取得了长足的进步，产量翻倍增加，成本管理大幅改善，经营绩效全面提升。

五是重大风险得到有效防控。法律案件处置质量显著提升。截至2021年11月，共结案案件577件，涉诉金额××亿元，与2020年相比，分别下降了48.4%、50.3%，结案、诉讼各方面全面优化，2020年新增案件652件，2021年新增案件336件，进步确实很大，但这个数还是很惊人。中央生态环境保护督察问题整改有序推进，明确的205条整改措施已完成107条，330件信访举报案件已办结261件，阶段办结69件，进度是可控在控的，下一步要围绕整改质量，举一反三地做工作。亏损企业治理、压减法人户数和压缩管理层级成效突出。国务院国资委重点关注的9户亏损企业提前完成目标，“两非”企业剥离完成率达到90%。

六是数智化建设迈出步伐。财务共享中心、资金管理中心系统进入模块化运行和推广阶段，这是信息化建设和管理的核心，是高质量发展的重要基础。国资监管信息化平台、协同办公系统投入运行，实现了战略单元全覆盖。广西华昇、迪庆有色、中铝瑞闽等智能工厂模块化建设初步形成1.0版本，智能工厂建设刚起步，这方面力度还要加大，战略单元要有紧迫感，中铝智能要有紧迫感。

七是全面从严管党治党水平进一步提升。扎实推进党史学习教育，扎实开展建党100周年庆祝活动，扎实推进学习贯彻“七一”重要讲话精神走深走实，“两个维护”更加自觉。狠抓国务院国资委党建责任制考核反馈问题整改，深入开展全国国企党建会议精神贯彻落实情况“回头看”，深入推进党建与业务工作“双向融合”，创新开展基层党组织副书记试点，做精“两带两创”活动，基层组织力更加坚强。突出基层工作经历用人导向，45岁以下部门副职级干部较2020年提高2.7%，干部人才队伍更有活力。深入整治靠企吃企，梳理4方面40项任务，提前实现党的十九届中央任期内集团巡视全覆盖，查办了一批重点案件，处理处分部门副职级及以上干部68人次，追责问责22名党组管理干部和关键岗位人员，全面从严治党更加深入。

（三）存在的不足

一是战略性资源储备和获取能力不足，资源获取项目没有真正落地。2021年真正落地的是花山稀土项目，集团自身的资源增量不实。二是科技创新还存在“三个不足”和“三个不实”。三是碳排放可操作、可量化、可衡量、可考核的办法不多，高耗能产业低碳、负碳的理论路径尚未找到。四是全要素对标尚有5个战略单元ROE与标杆企业差距拉大，战略单元间“两金”管理、营运资金管理水平不尽平衡，尚未做到资金应收尽收。五是三项制度改革的质量、成效不明显，能下、能出、能减力度不大，干部队伍的活力有待激发。六是亏损企业治理工作仍有“硬骨头”要啃。七是安全形势不容忽视，发生10起生产安全工亡责任事故，比2020年增加2起，造成13人工亡。八是集团管控业务系统集成度及协同性不高，数据资产化程度和数据驱动业务能力不足，数据统一标准未完全建立，信息基础设施建设相对分散。

二、分析形势提高认识

（一）党中央及上级会议精神解读分享，从十个方面总结党的百年历史经验，非常有借鉴意义

1. 党的十九届六中全会

全会明确“中国特色社会主义新时代是我国发展新的历史方位”，激励全党全国各族人民意气风发踏上向第二个百年奋斗目标进军的新征程。对统一全党思想行动、在新时代更好地开创党和国家事业新局面，具有重大的现实意义和深远的历史意义。

坚持党的领导，坚持人民至上，就是要想清楚，无限发钱不是人民至上，把企业可持续地搞好才是真正的人民至上。坚持理论创新，就是要坚定建设中国特色现代企业的定位，搞好国有企业就是一种理论创新。坚持独立自主，就是要依靠自己的力量发展可持续发展，比如我们中铝有好几家上市公司，东方不亮西方亮，但前提是自己要有所作为，才能调动资本市场的力量。坚持中国道路，做强做优国有企业就是中国道路。坚持胸怀天下，就是视野问题，要有国际视野、全球视野，我们说要建成世界一流企业，“世界一流”不是我们自己封闭就能创建出来的，“麻将”打得好不算世界一流，“国际象棋”水平高才是世界一流。坚持开拓创新，就是要在国家高水平科技自立自强的征程上展现中铝引领者风范。坚持敢于斗争，国企改革就是一场斗争，大家作风上、观念上还不够硬，还要再加大力度。坚持统一战线，就是团结更多的人，把朋友搞得多多的、敌人搞得少少的。坚持自我革命，集团目前力度很大，要继续坚持。可以说，党的百年历史经验，都和我们有关系，我们号召大家学党史，就要借鉴这些经验，做好我们自己的事。

2. 中央经济工作会

会议深入分析当前经济形势，全面部署明年经济工作，提出明年经济工作要“稳字当头、稳中求进”，正确理解和把握共同富裕、反资本垄断、初级产品安全保障、化解重大风险、碳达峰碳中和五个重大理论和实践问题，对做好明年经济工作具有重大而深远的意义。

一是正确认识和把握实现共同富裕的战略目标和实践途径。我们党的执政理念就是共同富裕，总书记讲得很明确，共同富裕要通过全国人民共同奋斗把“蛋糕”做大做好，然后才是通过合理的制度安排把“蛋糕”切好分好，没有做大就说共同富裕，就是劫富济贫、平均主义、大锅饭。如何做大蛋糕，就是要有效率地发展。二是反对资本无需扩张，不是不用资本，而是要给资本设红绿灯。我理解这是对马克思主义政治经济学的发展，因为从前讲到资本就是资本主义，没有涉及社会主义时期的资本问题，现在我们处在中国特色社会主义的新阶段，既要把资本好的作用发挥出来，又要管住管好。三是初级产品安全保障问题，这一条与我们高度相关，总书记的讲话里特别提到铝、铜资源，特别提到初期产品的保障，这也是我们把资源获取作为国家战略来落实的使命所在，必须不遗余力坚持下去。四是化解重大风险，作为国有资本投资公司，集团投资战略单元是要收取回报的，战略单元投资企业也要收取回报，投资风险、债务风险不容忽视。五是碳达峰碳中和，总书记讲话有两个关键大家要关注，一个是考核上新增的新能源不纳入能耗总量，直接涉及我们的布局调整，各级战略部门、特别是股份等高耗能单元的战略部门要围绕这个环节深入思考，简单地推进“两海战略”不一定对了；第二是要严控高耗能产业盲目扩张，这两点和我们未来的发展密切相关。

3. 中央企业负责人会议

会议提出，2022 年“两利四率”要努力实现“两增一控三提高”，就是利润总额和净利润增速高于国民经济增速，控制好资产负债率，营业收入利润率、全员劳动生产率、研发经费投入进一步提高。我一直强调，今年劳动生产率大幅提高，主要是市场价格带来的，是“坐车”来的，明年还是要优化劳动定员、劳动人员、工资总额，从这些概念上来分析问题、解决问题。会议要求，2022 年各央企要突出生产经营和改革发展 8 个重点任务，明确国资央企党建工作 5 个方面的要点，大家要再深入学习贯彻。

（二）**形势分析**

一是宏观经济形势更趋复杂。我国面临需求收缩、供给冲击、预期转弱三重压力。需求收缩方面，全球需求格局在变化，疫情期间国外停产，我们的出口增长达到 30%，这是多年不见的，但随着国外复产，全球需求相对就会变弱。国内有效需求不足迹象渐显，我国消费和服务增长从 10% 降低为 6%，消费拉动比较弱；全球疫情冲击全球供应链和物流体系，中外研发、金融、贸易逐渐脱钩。供给冲击方面，疫情持续多点散发蔓延形成新一轮供给冲击，给经济发展和全球秩序带来更大挑战；国际大宗商品价格上涨，能源——上游高耗能原材料——产业链的涨价链条继续传导，一方面是美元宽松的结果，我们的现金流不那么充沛，就要相对收缩，要有过紧日子的自觉。预期转弱方面，供需两端同时发生变化给经济增长带来更大的不确定性，市场对未来增长的预期普遍下降。

二是双碳促使行业急剧变化。“双碳”政策开启新一阶段供给侧改革，碳达峰碳中和成为中长期发展的重要框架。生产函数发生变化，经济发展的要素条件、组合方式、配置效率发生改变，高能耗、低效益产能将被加速淘汰。

三是提高思想认识，贯彻党中央部署。建设具有全球竞争力的世界一流企业，必须坚持以习近平新时代中国特色社会主义思想为指导，把党中央决策部署与集团实际结合起来，以高质量发展的新成就更好地服务国家战略，以稳定增长的业绩不断满足职工对美好生活的向往，以更高的政治站位和艰苦奋斗不断创造积累更多财富、促进共同富裕。要把握新发展阶段、深化改革攻坚，贯彻新发展理念、强化创新驱动，融入新发展格局、打造核心能力，深化价值管理、夯实发展基本盘。

三、实践高质量发展新模式走深走实

做好 2022 年工作，要以习近平新时代中国特色社会主义思想为指导，全面贯彻党的十九大、十九届历次全会和中央经济工作会议精神，全面落实中央企业负责人会议要求，坚持将服务国家战略放在首位，扎实推进“十四五”规划节点任务，聚焦提高自身实力有针对性地制定措施，实践高质量发展新模式走深走实。

（一）集团层面落实“十四五”规划的工作重点

一要坚持党的领导，加强党的建设，建设世界一流的中国特色现代企业。集团党组要突出高质量党建引领保障高质量发展，切实履行好把方向、管大局、促落实职责，推动董事会和经理层更加积极地发挥作用。深化党史学习教育成果和全国国企党建会精神成果落实，把党建的好传统要保持下去；要牵头推动党建与业务工作“双向融合”提档升级，推进内设非法人单位配备党组织副书记试点单位全面过硬，开展专项验收考核，总结经验成效，实事求是地实施试点推广。要加大年轻干部储备和使用力度，把年轻干部作为破局关键之一，要在工作会上明确 2022 年提拔年轻干部的具体数量目标。要持续推进自我革命，纪检监察组、巡视办公室要牵头继续强化反腐败和监督力度，保持高压态势，有效发挥大监督体系合力。

二要紧盯关键环节，明确战略布局。要紧盯《新发展阶段加强科技创新工作的实施意见》落实，跟踪督促各战略单元不折不扣执行。要加快研究形成有效的低碳发展路线图。要围绕新一轮产业政策、新的能源格局、新的产业布局变化做出合理调整安排，进一步明晰业务拓展和结构调整的方向。

三要狠抓深化改革，确保落地见效。要进一步优化体制，全面落实在公司治理中加强党的领导各项要求，规范子企业董事会建设，完善中国特色现代企业制度。董事会建设到位是起步、运营到位才是难点，要从不同侧面下大力气落实工作要求。要进一步深化市场化机制改革，确保人岗相适、杜绝冗员，激励该激励的人。要做实经理层成员任期制和契约化管理、职业经理人制度，严格年度业绩考核，刚性兑现，根据考核结果落实“退出”；要实践同类企业排队和末位调整，单纯鼓励先进，激发内在动力的力度是不够的，必须“扫尾”。要研究有效的机制，末位淘汰就是一种很公平的机制，可以不用绝对数排位，设计一个变量“δ”，这样越是基础差的企业越容易实现提升，这就是事半功倍的办法。要督促各战略单元，决战决胜国企改革三年行动，确保各项改革任务在党的二十大之前基本完成。

四要聚焦现金流创造，深化价值管理。价值管理方面，要在设定2022年价值管理指标过程中，加大自由现金流、归母净利润的权重，引导各战略单元在ROE进一步追标基础上，实现自由现金流和归母净利润同步增长。自由现金流要满足偿还利息和投资的资金需求，集团整体带息融资规模要进一步下降。要确保战略单元对集团归母净利润的贡献正增长、对集团归母权益的贡献正增长，集团整体归母权益正增长。要加强培训宣贯，继续强化企业主要管理者价值管理系统概念。全要素对标方面，要做好要素分解，瞄准指标逐个追赶。

五要加快推进数智化建设落实落地。未来的信息化建设一定要围绕财务“一体两翼”体系展开，必须能说明白如何与财务系统嫁接，否则信息化项目就不能过审。今后每个职能都要评价一下产生了什么效用，要树立这样的思维模式，凡是接不到财务信息系统里的信息化建设都是无效的。战略投资部、财务产权部、中铝智能要完善财务共享中心、资金管理中心建设，围绕财务管理体系，加快建成信息化中心、大数据治理中心和网络安全运维中心，构建系统化的管理体系。战略投资部和中铝智能要推进5个智能工厂模块化建设落地，引导战略单元把标杆企业做成、做实。数据是一个要素、数字化是一种生态，有了数据和数字化，再加上网络，才有数智化，这个架构要想清楚，不能人云亦云。

（二）各战略单元高质量发展努力方向

1. 中铝股份

中铝股份要加强战略研究，紧跟“双碳”形势谋划下一步发展格局，加快研究水电和新能源。集团刚刚和三峡集团签了战略协议，有任何一家水电项目都应该去跟，前期就要介入。水电是最适合和电解铝搭配的，这是一个长远的战略。新能源各地都有，这是比较广泛的，还有新的阵地，也要前期介入、科学匹配，煤电尽管现在还不能被完全取代，但未来肯定是弱化的态势。要深化集中一贯管理，集中一贯是国有资本投资公司改革的应有之义，中铝股份企业的生产工艺大体相当，管理和业务模式非常适合做集中一贯，要加快解决氧化铝和电解铝企业各自为政的问题。要融入科技和信息化元素，围绕需求建立模板、树立典型，用信息化智能化手段打造可复制的模式，提高决策和运营效率。要发挥市场化机制作用，打破大锅饭、对标排序、激励约束，激发科研人员和创效团队的活力动力，对不同的企业一定要有分别，做得好的一定要提高收入，要鼓励大家挣正确的钱，同时约束甩尾。

2. 中国铜业

中国铜业要抓好资源工作，西藏金龙项目要加强紧迫感，现在编制落实计划排到了“十四五”末，我们对标的紫金矿业的西藏巨龙项目复工一年多一期已经投产，将形成16万吨产能，马上要规划到60万吨，紫金矿业把指挥部从拉萨搬到矿区现场指挥，有很多行动、很明显的成效。巨龙项目铜金属量是1072万吨，我们金龙项目是1200万吨储量，他们也是在高海拔地区，这个态势对我们来说是很大的挑战，要有紧迫感。要深化专业管理，向专业化转型、进而走向智能化。要围绕挑战性指标建立激励约束机制，全要素对标和专业化管理一体推进。要强化安全责任落实，补上安全基础管理短板。要处理好与地方的关系，在自强自立的基础上开展沟通，建立有侧重的共赢机制，开诚布公、积极争取支持。

3. 中铝国际

中铝国际总体经营业绩转好。但管理模式太粗放，风险防控能力低，从风险事件反映出层层管不住、现金不断外流等问题。发展思路过于宏观笼统，理念层面多、具体项目可量化性不够。一个新业务要反复剖析，企业是要赚钱的，铝建筑是我们的亮点，但该算的账还是要算清楚。要重点关注业务整合，有所为有所不为，贵阳院、沈阳院整合现在理念上还没有统一；要树立严格执行的风气，不落实的必须严肃处理。

4. 中铝高端

中铝高端今年有了点现金，企业就纷纷借贷，应收账款不断增多，现金都流出去了，这个态势是不对的。企业是要分红的，不是找“父母”借贷的。要落实上市规划、计划和年度任务，上市是死任务，必须想方设法完成。在科技研发、高端材料、工艺引领方面要加大投入，解决“卡脖子”问题。

5. 中铝资产

中铝资产两个关键是土地资产盘活和生产性服务业发展。生产性服务业的发展要以科技为支撑，现在的乳化液、耐磨材料等业务可能还不错，但没有科技，市场是走不远的，不能吃老本，要坚持不断研发。土地盘活收入要上交集团，集团可以给予考核上的鼓励。中铝资产必须坚持市场化导向，建立有效的激励约束机制，同时与中铝股份协同，合规落实存量和存续业务的管理责任，杜绝“两层皮”。

6. 中铝资本

中铝资本的产融结合是根本。要在科技孵化上支撑中央研究院体系，在金融助力主责主业低碳发展上闯出新路子，围绕定位培育专业化人才，既要懂业务又要懂金融，才能产融结合融合得好，同时要协助市值管理筹划，做好产业资本的纽带，吸引有实力的产业资本。

7. 中铝环保

中铝环保要把科技作为核心竞争力，把产业化发展作为核心要义。不能只看一年的销售收入和利润，要做到在某个方面“没有人能跟我比”的产业化发展，比如市场占有率达到 30%，这才是产业化，不能以内部渠道为支撑，要以科技为支撑，才能把产业化做实、才能迭代升级，哪怕只做水处理或者某个污染物的治理，要先做精 3—5 个环节。现在中铝环保有一点业绩，但真正要活下去，技术洞见是发展的根本。

8. 中铝开投

中铝开投要扎实推进主业相关业务，推进学科交叉和跨界融合。近期做了一番优化调整，扭转了原来“大撒网”的态势。我们成立中铝开投，是要把和主业相关的产业走深，或者走出一方天地。比如铝家居，铝的应用走深可以拉动铝的消费，进而拉动主业；再比如铝挂车、铝拓网，做出了规模也能走出一方天地。我们不能做散，投得太散就不可能产业化，变成了私募基金，这与我们设立开投的初衷不符。产业化的实现度是关键，实现度有两个维度，一是商业模式，二是产业市场占有率，要经常回答两个标志维度的变化情况。

9. 中铝海外

中铝海外在找、跟新项目方面比较积极，是良好的开端。要加强对旧项目的动态评价，反复收集项目信息，提升辨识能力。现在的市场变化还有点剧烈，我们目前的实力尚不具备赌一赌的资本，能力要再加强，激励机制也要跟上，否则大家就没有积极性了。要建立开放的信息共享机制，与战略单元结合共同作战，中铝海外不是实体，是资源的发现者，即使独自投一个锂项目，将来也是要剥出去成立新的战略单元。战略单元也要开放，专业能力不强的，要尊重别人介绍的项目，减少内耗，战略投资部要发挥协同作用。大家要善于替别人着想，以“办成事”为终极目标共同奋斗。

10. 中铝智能

中铝智能定位、创业、奋斗需要进一步匹配，目前是定位高、使劲不够。要按照有色行业数智化模块、智能化工厂、智慧化管理，分层级从易到难寻找机会，精准业务定位，迅速打成样板。华昇数字化工厂一定要打出来，2022 年必须要有个样子，要明确牵头领导带着军令状上。要加强运营维护模型的探索，成为公司业务的坚实基础和人才培养的摇篮，有说服力地创效，一方面要努力开拓，另一方面要有固定的阵地，发挥好中铝的优势。要打造专业化的团队、事业部，瞄准一个产品不断迭代进步，由自动化向数智化转变，未来才能有更多的职能，发展就有无限的空间。产业化要有开放度，很多技术都是现成的，比如厂区里走指定路线的无人驾驶车、物流货运滴滴系统，这都是早就过关的技术，买来集成也是创新的一种形式，要善于集成已有技术，把别人的东西拿来组织好为我服务，由重渠道转为重技术、重品牌。

11. 中央研究院

中央研究院是管方向、管进步的，不是管人的，要进一步提升开放度、提升学习、研究能力，善于接受信息，一定要组织大家来研究，要有高度，定位要准。要敢评价、敢考核，善用考核和动态评价的“指挥棒”。要发挥理事会作用，协调战略单元共同配置资源，聚焦有引领力带动力的项目，形成与行业龙头地位相匹配的成果。要引进培养与以我为主的“我”相匹配的人才，引导集团外部、集团战略层、技术中心、车间技术人员等各层级研发团队发挥各自优势协调运转。

（三）稳字当头稳中求进，严防各类重大风险

要严控经营风险，高度关注市场变化，动态研判，做出相应的预案，提升自身实力，时刻关注资金风险，对重点战略单元和实体企业要下大力气整治。严控债务风险，强化资产负债率约束，有序压减永续债规模，推动分主体的负债核算监测，负债高的单位不允许投资，每一个市场主体、法人代表、法人单位都要有这种意识。严控安全环保风险，坚决防止重特大安全事故，助力打好污染防治攻坚战，抓好中央环境保护督查整改。完善全过程、全链条完善风险防控工作体系和工作机制，充分挖掘审计成果和法律风险典型案例内在价值，突出责任约束，有效放大监督成效，守住不发生重大风险底线。

牢记国之大者　奋力拼搏创新 在打造中铝高质量发展新模式中笃行不怠

——在中铝集团 2021 年发展战略研讨会上的讲话（摘要）

党组副书记、总经理　刘祥民

一年来，集团踔厉奋发，取得了积极进展，主要表现在：坚持党的领导加强党的建设、学习党的百年奋斗历史实现全面深化，沉着应对把准市场节奏，生产经营创出历史新高；国有资本投资公司管控模式得以初步实践，战略单元承接利润中心和对成本中心的管控能力得到检验；全要素对标管理和国企改革三年行动深入推进，包括劳动生产率在内的全要素生产率全面提升，“两非两资”“两金”“两商”治理明显见效；以创造价值为目标的中铝价值管理体系、以担当链长责任打造人才高地为标志的科技创新体系、以筑牢底线为目的大监督体系构建成型开始发力；积极实践“一带一路”倡议，稳妥应对几内亚军事政变和海外疫情防控，海外项目资源保障能力和利润成效显著；专业化管理、专新特精“小巨人”、问鼎全国质量奖、国家优质工程奖、国际质量管理小组金奖，包括精细氧化铝高纯超纯产品在内的中铝“高端制造”走深走实；五标一控、阿米巴等可复制管理模式走上舞台。但从实践的效果来看，还存在不平衡、不协调、不深入的问题：有的工作缺少统筹谋划，有的还没有搞清楚新模式的底层逻辑；特别是制约高质量发展的深层次矛盾还没有根本解决，创新能力较弱，内生活力不足，产业链供应链竞争力还不强，优势互补、协调发展的产业格局还未完全形成，防范化解风险隐患的体制机制仍需完善。

因此，贯彻落实党的十九届六中全会精神和中央经济工作会议精神，完整准确全面贯彻新发展理念，深度思考高质量发展新模式的内涵，梳理清楚各要素的关键因果链，坚持问题导向，在新的一年稳中求进、行稳致远，取得更好的实践成果，就是这次研讨会的主要任务。

下面，我结合大家的发言和自己的思考，讲三个方面的意见。

一、牢记初心使命，增强服务国家战略的使命感

党的十九届六中全会强调，全党要牢记中国共产党是什么、要干什么这个根本问题，把握历史发展大势，坚定理想信念，牢记初心使命，始终谦虚

谨慎、不骄不躁、艰苦奋斗，从伟大胜利中激发奋进力量，从弯路挫折中吸取历史教训，不为风险所惧，不为利诱所惑，决不在根本性问题上出现颠覆性错误，以咬定青山不放松的执着奋力实现既定目标，以行百里者半九十的清醒不懈推进中华民族伟大复兴。

国有企业在党和国家事业发展全局中具有重要战略地位，是中国特色社会主义的重要物质基础和政治基础，是党执政兴国的重要支柱和依靠力量，也是党领导的国家治理体系的重要组成部分。中铝集团作为具有红色血脉和报国传统的中央企业，作为中国有色金属行业的领军企业，作为服务国家战略的重要依靠力量，使命光荣、责任重大。在新的赶考路上，我们必须始终牢记国有企业是什么、要干什么这个根本问题，始终牢记党中央赋予集团“排头兵、主力军、引领者”的战略使命，全面考虑百年未有之大变局深刻演进、美国等西方国家对我国的发展全面遏制打压、全球新冠疫情影响及其次生的金融风险等重大因素，切实将集团党的建设、改革发展等各项工作放在中华民族伟大复兴历史进程、放到党和国家工作大局中谋划和推动，以高质量发展的优异成绩彰显新担当、新作为，为中华民族赢得更加伟大的胜利和荣光持续贡献中铝力量。

总的要求：就是要立足新发展阶段，完整、准确、全面贯彻新发展理念，服务构建新发展格局，推动实现高质量发展，以打造中铝高质量发展新模式为牵引，深化战略谋划、增强战略定力，坚决落实国家重大战略决策，加快建设世界一流企业步伐，不断增强集团的竞争力、创新力、控制力、影响力及抗风险能力。

具体要求：就是坚持以集团“十四五”战略规划为引领，结合国际国内经济形势和行业市场竞争态势，不断充实完善中铝高质量发展新模式的内涵，明确可落实、可衡量、可考核的实施路径和举措，打造具有鲜明特点的中铝管理创新品牌，闯出独具特色的中铝高质量发展之路。

2022 年集团工作要坚持好 2021 年以来在打造中铝高质量发展新模式中形成的基本理念基本方法基本措施不动摇，集中聚焦以改革创新为动力、全面提质增效，增进新模式的厚度，在以下方面加力提升。

——坚持党的领导加强党的建设。这是集团高质量发展的根本保障。要深刻理解“两个确立”的决定性意义，坚定不移做到“两个维护”，常态长效落实好“第一议题”制度和“两个一以贯之”要求，把党对经济工作的全面领导转化为推动高质量发展的组织力，把各级党组织的战斗力凝聚力转化为创新攻坚能力，把以人民为中心的根本立场实化为推动高质量发展的原动力。着力建立完善中国特色现代企业制度，决战决胜改革三年行动，担负起成为国家战略科技力量的责任，推进公司治理体系和治理能力现代化，在将党的创新理论转化为推动集团高质量发展的实践成效中勇于探索，探索形成可复制推广的方法经验。

——价值创造管理提升。这是集团高质量发展的坚实根基，也是经济增长的基本规律，是全年工作的基线。要全面贯彻党中央提高全要素生产率的要求，持续完善价值管理体系，促使价值创造理念落地生根，夯实履行经济责任、业绩稳中有进的根基，统筹考虑资源布局、资本运作、风险防控等关键环节，推动管控模式、人才开发、管理创新全方位提质增效，致广大而尽精微，深入推动“中铝价值管理体系”更加高效管用。

——科技创新驱动发展。这是集团高质量发展的核心引擎和第一动力。作为中央企业，创新的着力点要充分体现“国家所需、企业所能”，瞄准提升综合国力、服务国家战略、引领行业发展的关键材料、核心技术攻关突破，在为党尽责、为国分忧中锻造集团高质量发展“桥头堡”和“制高点”。要主动扛起原创技术策源地和现代产业链链长的重任，保障国家航天军工需求，推进行业关键共性技术攻关，培育若干“拳头”产品和“专精特新”产业，构建创新人才高地和万众创新创业生态，增强科技创新引领能力，争当科技自立自强先行军。

各级第一责任人要扛起贯彻落实集团第四届科技创新大会精神的责任，加快建立健全创新体制机制。各战略单元要切实强化科技创新主责意识，形成具体可操作、可量化、可考核的行动项，促进创新工作当下立即有行动、长远有安排。科技创新的关键在人才，各级领导要在创新人才培养、引进、使用、激励上大胆创新，对科研成果应用转化要用活机制。要坚持科技创新提升现场工艺水平和生产管理效率，从根本上锻造价值创造能力。

——决战决胜改革三年行动。聚焦构建更加高效的内生机制，拓展丰富中铝高质量发展新模式内涵。

完善中国特色现代企业制度。坚持党的领导和完善公司治理相统一，确保企业党组织在重大生产经营事项中把得了关、掌得了舵、使得上劲。加快规范子企业董事会建设，提升专职董事履职能力，更好地发挥董事会“定战略、作决策、防风险”的作用，切实增强子企业改革发展活力。落实国有资本投资公司改革，要聚焦国有资本的投向、运作和安全，坚持授权和监管相结合、放活与管好相统一，实施精准授权和差异化管控，最大限度激发出资企业活力。通过改革实现管理向治理的跃升，全面提升集团治理能力现代化水平

持续深化三项制度改革。向纵深推进国企改革三年行动，要在去年改革成果的基础上，再深一层、再上层楼，构建起富有活力和效率的内生机制。抓住经理层成员契约化管理和职业经理人制度改革的关键，做到“一岗一责一单一薪”，确定有挑战性有针对性的“责”，只有差异化才可能有针对性，坚决防止千人一面走过场；同时建立预警机制，既跟踪问效提质，也总结解决问题，确保“刚性兑现”；努力把探索形成经验，把“试点”办成“示范”，巩固和扩大改革成果。对新启动的改革举措或改革试点，要加大组织和协调力度，特别是中铝股份、中国铜业新启动的事业部制改革，一定要先把机制规划设计好，确保取得成效。对需要长期抓落实的项目和任务，必须以抓铁有痕、踏石留印的劲头，坚持不懈抓下去。

同志们，“小舢板绑在一起成不了航空母舰”。熊彼特在1912年所著《经济发展理论》中说：“一万辆马车还是马车，这叫做增长；而由马车变成蒸汽机车，发生了质的变化，这才叫发展。”在新的一年里，希望各战略单元把技术创新力强、经营业绩优摆在更加突出的位置，坚持以创新增动力、以改革激活力，在稳健中求进步，在发展中求质量，在变革中求创新，朝着技术水平一流、盈利水平一流、市场竞争力一流的目标奋进，逐渐实现从大到卓越的内涵式有机发展。

二、聚焦集团战略，增强全方位高质量发展的紧迫感

在“十四五”开局之年，集团编制了以“11336”为主要内容的内涵式高质量发展战略规

划，董事长姚林在去年年中工作会议上也做了系统解读，阐明了“做强做优”的方向和着力点。集团上下要增强战略规划实施落地的执行力，各部门要紧盯瓶颈问题、聚焦关键环节，在“深度”上下功夫，对照新形势新任务，增强各自专业规划的逻辑关联，优化资源和要素配置，以上率下协同推进集团战略目标落地见效。各战略单元要坚持目标导向、机遇导向，在“高度”上下功夫，结合服务国家战略，将集团战略蓝图变成各自领域的施工图，精准定位、率先领跑，培育“杀手锏”，展现专业精神专业能力，提升各自领域的行业引领力。

在此，对战略单元的重点工作提出一些建议。

中铝股份碳排放占集团排放总量90%以上，必须扛起责任，在碳达峰碳中和进程中走在前列，使减碳降碳成为基本语言。要抓紧组织碳达峰基准情景分析，绘制未来碳排放地图，制定行业绿色低碳发展标准，加大战略性、颠覆性的先进绿色低碳技术布局和研发，实施存量产能节能提效改造，组织实施清洁用能替代，深入参与碳市场交易，加强碳资产经营管理，支撑集团实现碳达峰碳中和规划目标。

中国铜业要把增强资源获取能力、建设标准化矿山作为重心，加大矿山资源勘探找矿力度，加快现有矿山智能化建设，以矿山本质安全能力和成本竞争能力体现专业化水平，稳住利润“基本盘”，形成竞争优势。铜铅锌冶炼确保全部赢利，加大有价元素综合回收力度，打造综合利用品牌。材料企业的改革要向科技创新、产品创新方向深化，为集团加工产业深化改革提供范本。

中铝国际要加快推进设计院所的改革重构，加快推进监理等专业整合，充分发挥人才优势，增强市场开拓创效能力。要强化区域“根据地”建设，推进“阵地战”攻坚，提高子企业核心竞争力和闯市场能力，重塑中铝有色金属施工“铁军”品牌，为高水准实践“一带一路”倡议奠定坚实的基础。充分利用数字化、信息化手段，加快BIM平台和标准体系建设推广。

中铝高端要进一步增强服务国家战略的使命感，下大气力攻克难关，以更高质量保障航天军工需求。加大三项制度改革力度，突出市场导向，开发更多高品质、引领行业的品牌产品，以领先稳定行业地位，为推进IPO上市做好准备。

中铝资产要强化创业心态，下定创业决心，增强创业动力，构建激发全员“二次创业”的体制机制，培育形成新的利润增长点。要围绕集团核心产业布局工业服务新产品研发，增强市场开拓能力；要结合国家区域发展战略，加速实现集团不动产资本化。

中铝资本要积极为集团产业结构调整、科技创新和碳达峰碳中和赋能，设立运作产业基金、“双碳”基金、创新基金，孵化新产业新业态；主动参与集团上市公司市值管理，服务中铝高端IPO运作，为推进集团资产证券化做出贡献。

四大新兴平台要强化精耕细作理念，加快形成符合自身业务特点的商业模式。中铝环保要加快锻造废水、废气治理和固废综合利用的核心技术，持续提升市场创效能力。中铝智能要加速智能工厂建设推广和铝电解数字孪生项目迭代升级。中铝海外要加大海外项目信息获取研究力度，协同战略单元为集团布局战略资源和新兴产业提供支持。中铝开投要前瞻性布局新兴产业领域，加速落地项目的业务拓展，实现铝拓网稳健运营，推动集团产业互联网平台建设，充分发挥集团转型升级加速器的作用。

需要强调的是，各战略单元都要立足主责主业为落实“11336 战略”想招，共同集成为集团高质量发展的合力，要始终在坚持集团利益最大化原则中奋勇争先。在同质化业务、新兴产业布局等方面，各战略单元之间要主动加强沟通、建立协同机制。集团相关部门一要把关负责、加强指导、做好服务，二要深入研究持续调整结构等重大问题，齐心协力打造协同发展、整体发展的“中铝联合舰队”。

三、奋力拼搏创新，增强落深落实落细的责任感

奋力增加高质量发展的内涵，就必须激发内在动能，以初心如磐、使命在肩的姿态勇于担当作为，在新征程上继续拼搏创新。各部门、各战略单元要坚持使命导向、战略导向、问题导向，理清打造中铝高质量发展新模式中亟待解决的关键问题，紧紧把握稳与进、破与立、质与量、继承与创新四个关系，更加坚定地把思想和行动统一到党中央的决策部署上来、统一到集团的战略要求上来，以更加奋发有为的态度、攻坚克难的勇气，以“钉钉子精神”推动相关工作落实。

在此，重点强调三个方面的工作。

（一）坚持稳中求进，推动经营业绩争冲 A

稳字当头、稳中求进，绝不是对粗放低水平的容忍，而是有发展的“稳”。要以持续提质增效为导向，实施跨周期调节增强产业链稳健性。

集团初步确定了 2022 年的经营业绩目标，要实现经营性利润 200 亿元以上，力争进入国资委考核 A 级。这是基于各战略单元“ROE 对标差距累计缩小 60%~80%”考量的，也考虑了国有资本保值增值的基本需求，市场趋势对此也有一定的支持。只有经营业绩迈上 200 亿元的台阶，才能为集团高质量发展赢得主动。

一是全面深化价值管理稳步提升经营质量。紧紧围绕价值创造的核心目标，进一步完善 ROE 市场化对标的科学性和引导力，促使各战略单元主动对标、敢于立标、勇于超标，做出更多贡献。持续完善考核评价体系，实施战略单元间的差异化考核。优化完善财务指标、管理指标和负面清单考核体系评分规则，财务指标要更加注重对完成质量的考核评价，管理指标要更加注重当年必须完成的重点事项，将禁止性事项、重点事项、必须突破的痛点、难点问题等纳入清单管理。

二是坚持精细化成本管控稳步蓄积竞争优势。要实施基于价值管理的全周期成本管控，推动成本管理从制造阶段向战略成本和资源成本延伸，分层分类开展成本全要素对标。持续优化“三步走”成本精细化管控模式，启动第二个“三年降本增效计划”，加强对成本竞争能力和盈利能力的动态监控，提高产品核心竞争力。要综合运用集中采购、精益管理等手段，注重一企一策研究能源结构和能源成本，建立“两金”评价模型，消化生产要素价格上涨风险。持续推进“两商”压减工作，切实推动市场化用工改革。继续推进班组减负，让班组长从无效事务中解放出来。

三是增强现金流创造能力稳步优化财务目标。要夯实从追求“账面利润”转向追求“有现金、高价值的利润”的价值追求。强化财务硬约束，实现资本结构和融资结构“双优化”，融资规模和融资成本“双下降”，信用评级和授信规模“双提升”、自由现金流和归母权益“双增长”，确保集团负债率稳步有序下降，财务弹性进一步增强。今年是“一体两翼”财务体系建设的关键时期，全集团都要积极努力，以资金管理中心为平台加快集团司库体系建设，强化资金的穿透管理，实现金融资源共享、资金运转高效、资金信息可视、资金风险可控。

四是推动重点专项攻坚稳步改良资产结构。要做好供给侧结构性改革这篇大文章，强化亏损企业治理，按照“一企一策、分类治理、量化排名、穿透监管、协同推进”的工作模式，将全级次“两非两资”控制在5%以内，亏损总额再减半，加快出清低效无效存量资产。继续提高投资管控能力，加强投资事前事中管理和事后评价，探索投资收益与设计费用挂钩机制，用好投资决策“终身负责”制；“需求收缩、供给冲击、预期转弱”意味着将出现产能重构机会，加强行业发展趋势研究，坚决杜绝出现“短视”增量资产。

（二）增强战略定力，全方位推动高质量发展

加强行业研究。作为行业领军企业，应该对行业发展现状了如指掌，深入研究行业中各企业的发展举措、对行业的影响，深刻了解全行业的长板痛点，在为全行业提供精准服务中升华行业思想高度，要加强对竞争伙伴长期持续的研究，绝不能临阵抱佛脚。领军企业不是一个个新项目的堆砌，而是通过对行业的整合改造提升全行业的发展前景。建议集团注重培养中铝资本在企业并购中的桥梁作用，组织集团资源对收购目标进行改造合格后并入有关单元，避免对各单元经营业绩的冲击。

加快低碳转型。这是发展权和发展方式的重大转变。绿色低碳发展时不我待，有色低碳发展大有作为。要坚持开放视野和跨专业合作，坚决落实国家“双碳”战略和能耗“双控”要求，加快再生有色金属产业布局，形成产业结构调整、绿色低碳技术攻关、清洁能源替代使用、节能减排降耗、再生循环利用、绿色产融结合的体系化行动方案，在绿色发展竞争中抢得先机、占据优势，扛起行业引领者的使命。

加大数字化赋能。既是新机遇、也是大趋势。在数据资产上无所作为要错失历史机遇，碎片化的数据也成不了资产，全集团联合起来，着力提升集团数字治理统筹能力，系统开展有色金属产业应用软件开发，通过数字化智能化加快对集团业务、流程、组织的重构，优化业务执行和运营效率，提高全员劳动生产率和资产创效能力，形成协同共享、风险预控、智慧决策的机制。利用全面互联广泛集成内外部数据，着力建设“数字中铝”“智慧中铝”“共享中铝”，积极打造有色金属产业链供应链工业互联网生态圈。

（三）守牢底线红线，管控各类风险稳根基

要坚持统筹发展和安全，牢牢守住不发生重大风险的底线。

一要提高风险管控的系统性。要以“问题”顺摸“风险”，注重从共性到个性、从量变到质变、从整体到局部三条轴线来科学研判，推动风险防控工作走深、走实、落到实处，培育各级管理人员辨识防控风险的习惯。要发挥集团大监督体系的作用，狠抓风险管理体系建设，发挥内部审计的经济体检效能，落实“抓在日常、严在日常”的要求，实现监督检查整改的闭环提升。要按照国资委开展专业化体系化法治化监管专题推进会的要求，防范化解各类法律风险，维护集团合法权益，提升集团依法治企能力。

二要强化管控金融业务风险。严格落实中央“增强产业韧性和抗冲击能力，筑牢防范系统性金融风险安全底线”的精神，各战略单元、直管企业要按照国资委和集团公司要求，进一步强化金融衍生、基金等金融业务的风险管理；不追求没有利润的“大”，全面禁止空转贸易、融资性贸易，禁止风险“敞口”的期货业务，确保期货只用于产品和存货保值；持续做好担保、内部借款等规模管控，防范金融风险交叉传导，充分用好资本市场平台，防范化解债务风险和经营风险，促进主业稳健发展。

三要严格安全环保风险管控。要坚守中铝人“严、细、实”的工作作风，全面加强安全生产标准化建设，扎实开展安全生产专项整治三年行动，持续提升安全基础管理能力和本质安全水平。同志们要认真思考钟俊董事关于安全绩效是企业管理的综合体现的论断，呼伦贝尔驰宏一段时间里领导班子不健全，管理上不向内发力，对企业脱困意见不统一，最终体现在安全生产中就是一个令人痛心的案例。一个是队伍安全防范能力的进步，一个是流程装备本质安全的水平，一个是励精图治敬畏生命的精神，本质上就是企业管理的境界，安全生产专项整治三年行动的初心就是系统提升这种境界，就安全抓安全只能事倍功半。生态环境保护方面，要聚焦中央生态环境保护督察提出的205条整改措施勠力攻坚，坚持系统治理，坚持举一反三，拓展广度，延展深度，保持力度，显著提升集团高质量发展模式的基本内涵。

最后，对各级领导干部提出几点要求：各级领导干部要把集团“十四五”规划蓝图装在心里、扛在肩上、握在手中，事不避难、义不逃责，大胆、坚决地干，科学、踏实地促进，如临如履、如切如磋，走好新征程的每一步。

要主动干。进一步增强赶超意识，自觉定位一流、主动对标先进，实行公开晾晒成绩、公布目标举措等机制，营造你追我赶、争先创优的浓厚氛围。

要靠前干。大力弘扬“脚上有土、心中有谱”的工作作风，积极践行“一线工作法”，坚持在一线指挥协调、在一线解决问题、在一线推动工作。

要创新干。思想上要走出去，行动上要跨出去。坚信有盾必定有矛，在困难面前不退缩，问题面前不推诿，敢于“啃硬骨头”、做到“功成不必在我，功成必定有我”。

要合力干。要胸怀集团战略大局，正确处理局部与全局的关系，分工不分家，补位不缺位，心往一处想，劲往一处使，形成齐心协力、同向发力干事创业谋发展的强大合力。

让我们大力弘扬伟大建党精神，勿忘昨天的苦难辉煌，无愧今天的使命担当，不负明天的伟大梦想，坚决把思想和行动统一到党中央对当前形势任务的判断上来，统一到党中央的决策部署和集团公司的具体要求上来，主动识变应变求变，努力化险避险除险，切实推动集团实现更高质量、更有效率、更可持续、更为安全的发展，以优异成绩迎接党的二十大胜利召开！

【大事记】

Major Events

2021年中铝集团大事记

1月

4日 中铝集团召开2021年安全环保治理暨依法治企专项工作会议。

8日 中铝股份广西分公司、遵义铝业、山西新材料、云铝涌鑫、云铝阳宗海和云铝润鑫6家企业入选工业和信息化部符合铝行业规范条件第一批企业名单。中国铜业驰宏会泽矿业、云南澜沧铅矿和驰宏会泽冶炼、驰宏综合利用4家企业入选符合铜冶炼行业规范条件第一批企业名单。

12日 中铝集团召开2020年第一轮巡视整改汇报会。

13日 中铝集团召开2020年度基层党委书记抓基层党建述职述责述廉会议。

15日 中铝集团召开2020年度总部述职考评会议。

22日 中铝集团党组书记、董事长姚林参加中央经济工作会议。

是日 中铝集团与国家电力投资集团有限公司签署战略合作框架协议。

25日 中铝集团荣获2020年全国企业员工全面质量管理知识竞赛优秀组织奖，综合得分位列中央企业第二名。

25—26日 中铝集团召开一届四次职工代表大会暨2021年工作会议。

29日 中铝集团召开2020年集团党组领导班子民主生活会。

2月

1日 中铝集团党组领导班子参加中央第四生态环境保护督察组督察中铝集团情况反馈会。

是日 中铝集团与中国铁路工程集团有限公司签署战略合作框架协议。

21日 福建省委书记尹力到东南铜业调研。

22日 习近平等党和国家领导人会见嫦娥五号任务参研参试人员代表，集团党组书记、董事长姚林作为国家重点军品配套单位代表应邀出席。

23日 中铝集团党组书记、董事长姚林，集团党组副书记、总经理刘祥民出席2021年中国有色金属低碳绿色发展暨集团科技战略高端研讨会。

3月

1日 中铝集团党组书记、董事长姚林会见中金公司投资银行业务委员会副主席白英姿。

是日 中铝集团党组领导班子参加国务院国资委党史学习教育动员视频会。

是日 中铝集团召开期货工作专题会议。

2日 中铝集团召开法治工作部署暨总法律顾问述职会。

3日 中铝集团党组书记、董事长姚林，集团党组副书记、总经理刘祥民到中铝中央研究院调研。

4日 中铝集团全级次企业财务共享中心项目建设启动，集团党组书记、董事长姚林出席会议。

5日 中铝集团召开党史学习教育动员部署大会。

是日 中铝集团党组书记、董事长姚林通过视频方式与力拓集团董事长陶慕森会谈。

是日 中铝集团党组副书记、总经理刘祥民会见生态环境部环境工程评估中心主任谭民强。

8日 国家发展改革委经济运行调节局对全国经济运行调度系统信息报送先进单位和个人进行表彰，中铝集团获有色金属行业重点联系企业第1名。

9日 中铝集团党组副书记、总经理刘祥民出席有色金属行业碳达峰碳中和路径研究务虚会。

是日 中铝集团召开2021年军工配套工作会议。

10日 中铝集团党组书记、董事长姚林在兰州会见甘肃省委常委、兰州市委书记李荣灿，副省长李沛兴。

是日 中铝集团召开第26次党风廉政建设警示教育大会。

11日 中铝集团党组副书记、总经理刘祥民出席高纯及超高纯高技术产业发展工作启动会。

12日 中铝集团党组书记、董事长姚林会见徐州工程机械集团有限公司董事长王民。

是日 中铝集团党组副书记、总经理刘祥民会见重庆市副市长郑向东，河南焦作市市长徐衣显。

18日 中铝集团召开集团深化改革三年行动一季度评价会。

是日 中铝集团党组书记、董事长姚林会见中银国际首席执行官李彤。

是日 中铝集团党组领导班子参加国务院国资委暨中央企业党史学习教育宣讲报告视频会。

是日 内蒙古自治区党委常委、包头市委书记孟凡利一行到包铝调研智能工厂建设情况。

是日 中铝集团召开中央巡视反馈问题整改推进会。

19日 中铝集团党组副书记、总经理刘祥民视频会见力拓集团总裁石道成。

22日 中铝集团党组书记、董事长姚林到青海企业调研，并会见青海省委书记王建军、省长信长星。

是日 中铝集团党组副书记、总经理刘祥民会见湖南衡阳市常务副市长毛朝晖。

是日 中铝集团党组副书记、总经理刘祥民到有研稀土新材料股份有限公司调研。

25日 青海省委副书记、省长信长星，省政协副主席张晓容到青海分公司调研。

26日 中铝集团党组书记、董事长姚林会见辽宁省工信厅厅长苗治民。

29日 中铝集团党组领导班子参加国务院国资委党委和中央企业党委（党组）理论学习中心组联学会。

是日 中铝集团党组副书记、总经理刘祥民拜访中国驻赞比亚前大使。

30日 中铝集团党组书记、董事长姚林，党组副书记、总经理刘祥民出席中铝股份推进电解铝"五标一控"管理模式工作会。

是月 中铝国贸集团获上海浦东新区2020年度财政扶持资金2056万元。

4月

1日 中铝集团党组副书记、总经理刘祥民出席全国剥离国有企业办社会职能和解决历史遗留问题工作电视电话会议。

2日 中铝集团党组副书记、总经理刘祥民会见中信证券党委书记、董事长张佑君。

6日 中铝集团党组书记、董事长姚林出席中国有色金属工业协会四届一次会员代表大会暨理事会换届会议。

7日 中铝集团召开2021年全面风险管理工作总结交流会。

9日 中铝集团举办碳达峰碳中和专题讲座。

是日 中铝集团党组副书记、总经理刘祥民会见山西吕梁市委副书记、市长张广勇。

12日 中铝集团党组书记、董事长姚林，党组副书记、总经理刘祥民在重庆会见重庆市市长唐良智。

12—13日 中铝集团在重庆召开2021年财务工作会议。

是日 中铝集团党组副书记、总经理刘祥民到西南铝调研。

13日 国务院安委会副主任、国家安全科学与工程研究院院长孙华山到遵义铝业调研。

是日 中铝集团党组副书记、总经理刘祥民到云铝海鑫调研。

14日 中铝集团党组书记、董事长姚林会见东方电气党组书记、董事长俞培根一行。

是日 中铝集团党组副书记、总经理刘祥民到彝良驰宏调研。

是日 云南铜业迪庆有色荣获“2020年度绿色矿业突出贡献奖”。

14—17日 中铝集团外部董事赴河南企业调研。

16日 中铝集团党组领导班子参加中央企业一季度经济运行情况通报暨2021年度经营业绩责任书签订视频会。

22日 中铝集团党组书记、董事长姚林，党组副书记、总经理刘祥民会见国家电力投资集团有限公司董事长钱智民、总经理江毅。

23日 中铝集团召开改革工作推进会。

24—25日 中铝集团党组书记、董事长姚林到东南铜业、中铝瑞闽调研，并出席福建省与中央企业项目合作座谈会。

29日 中铝集团党组书记、董事长姚林会见广西壮族自治区常务副主席秦如培。

是日 中铝集团召开2021年劳动模范和先进集体表彰大会暨先进模范事迹报告会。

29—30日 中铝集团党组书记、董事长姚林到广西华昇调研。

30日 中铝集团党组副书记、总经理刘祥民出席中欧企业领袖交流会。

5月

7日 中铝集团与中国航天科工集团有限公司举行战略合作签约仪式。

8日 中铝集团党组书记、董事长姚林，党组副书记、总经理刘祥民会见云南省省委常委、常务副省长宗国英一行。

是日 中铝集团举办中铝大讲堂——党史学习教育系列讲座。

10日 中铝集团党组书记、董事长姚林参加中央企业贯彻落实京津冀协同发展战略支持雄安新区发展暨央地合作座谈会。

11日 中铝集团“铝约益采”互联网采购平台上线。

是日 中铝集团党组副书记、总经理刘祥民到中铝润滑调研。

12—13日 中铝集团党组副书记、总经理刘祥民到山西九冶、河南六冶等企业调研。

17日 中铝集团党组书记、董事长姚林会见哈电集团董事长斯泽夫。

20日 中铝集团党组书记、董事长姚林到重庆中铝高端制造调研。

21日 中铝集团党组书记、董事长姚林到重庆出席第三届中国西部国际投资贸易洽谈会。

是日 中铝集团党组书记、董事长姚林，党组副书记、总经理刘祥民以视频方式与力拓集团首席执行官石道成会谈。

是日 中铝集团成功发行8亿美元境外高级债券。

27日 中铝集团与中国钢研科技集团有限公司签署战略合作协议暨钢研稀土股权划转协议。

29日 中铝集团社会责任报告再获“五星佳”评级。

6月

3日 中铝集团召开所属企业经理层成员任期制契约化管理暨职业经理人改革专题推进会。

是日 云铜压铸成为我国首家完成电机IE5能效标识认证企业。

是日 中铝集团党组书记、董事长姚林，党组副书记、总经理刘祥民在上海会见中国商飞董事长贺东风、总经理赵越让。

是日 中铝集团党组副书记、总经理刘祥民到杭州中铝智能调研。

4日 中铝集团党组书记、董事长姚林到上海中铝国贸集团、中铜国贸、上海铜业调研。

是日 生态环境部碳市场数据质量指导帮扶工作组到包铝调研。

5日 中铝集团举办第四届社会责任大会暨第五届降碳节。

10日 上海市副市长宗明到中铝国贸集团调研。

14—17日 中铝集团党组书记、董事长姚林到宁夏能源调研。

15—16日 中铝集团党组副书记、总经理刘祥民到山东沂兴碳素、中铝山东等企业调研。

17日 中铝集团党组副书记、总经理刘祥民会见兰州市委副书记、市长张伟文。

是日 国务院发展研究中心党组书记马建堂一行到云铝涌鑫调研。

18日 中铝集团党组副书记、总经理刘祥民出席中央企业助力甘肃乡村振兴和高质量发展座谈会。

21日 中铝集团党组书记、董事长姚林到中铝资产调研。

是日 中铝集团党组全体成员参加国务院国资委党委整治中央企业靠企吃企问题工作推进视频会议。

23日 集团党组副书记、总经理刘祥民到湖北阳新帮扶点调研，出席集团向阳新捐赠“中铝爱心助学金”仪式，并会见黄石市委书记郄英才。

24日 中铝集团党组副书记、总经理刘祥民到湖北华中铜业调研。

28日 中铝集团举行“永远跟党走，祝福献给党”送祝福主题活动。

29日 中铝集团召开学习贯彻习近平总书记重要批示精神、庆“七一”表彰大会暨2021年党建工作会议。

7月

6日 西藏金龙项目首钻开工。

12—13日 中铝集团党组书记、董事长姚林参加国务院国资委中央企业负责人学习贯彻习近平总书记“七一”重要讲话精神研讨班。

14—15日 中铝集团在陕西照金举办中铝集团学习贯彻习近平总书记“七一”重要讲话精神研讨班。

16日 中铝集团党组副书记总经理刘祥民会见中国有色金属工业协会党委副书记范顺科。

22日 中铝集团党组副书记、总经理刘祥民出席青洽会暨主旨论坛，并到青海省海晏扶贫调研。

是日 河南郑州、焦作等多地发生水灾，集团驻豫企业积极开展抗洪救灾。

22—23日 中铝集团党组副书记、总经理刘祥民到青海省中铝青海分公司、桥头铝业、国鑫铝业、平安高精、西部水电调研。

25日 中铝集团党组副书记、总经理刘祥民赴河南现场指导抗洪救灾和恢复生产工作。

是月 中铝集团工会获中国机械冶金建材工会全国委员会表彰。

是月 西北铝为庆祝中国共产党成立100周年大会提供所用礼炮弹所需关键件原材料。

是月 驰宏锗业被工信部认定为国家专精特新“小巨人”企业。

8月

6日 中铝集团董事会召开2021年第四次会议。

是日 中铝集团召开集团数字化转型、智能发展“十四五”规划研讨会。

10日 中铝集团党组副书记、总经理刘祥民出席财务会计信息质量相关工作部署会。

11日 中铝集团党组召开第27次党风廉政建设警示教育大会。

12日 中铝集团党组副书记、总经理刘祥民听取北京科技大学教授吴爱祥关于中国铜业（云南）骨干矿山调研情况汇报。

17日 中铝集团召开集团安全生产视频会议。

是日 中铝集团党组副书记、总经理刘祥民会见三一重工总裁向文波。

18日 中铝集团召开资金管理中心项目建设启动会。

是日 中铝集团党组副书记、总经理刘祥民出席中铝几内亚项目海运费人民币跨境结算云签约仪式。

20日 中铝集团党组书记、董事长姚林应邀出席鞍钢重组本钢大会。

是日 中铝集团举办中铝大讲堂——学习贯彻习近平总书记“七一”重要讲话精神宣讲报告会。

25日 中铝集团党组副书记、总经理刘祥民会见《中国有色金属》杂志社社长何水金。

是月 中国铝业连续三年获上交所信息披露A级评价。

是月 谦比希铜冶炼有限公司成功入选国务院国资委国有企业企业管理标杆创建行动标杆企业。

9月

3日 中铝集团党组副书记、总经理刘祥民出席“国家服务业扩大开放综合示范区”和“北京自贸试验区”建设合作峰会。

是日 贵州省人大常委会党组书记慕德贵到贵州华仁及贵州分公司合金化事业部调研。

6日 黑龙江省委常委、哈尔滨市委书记王兆力到东轻调研。

7日 河南省委常委、洛阳市委书记江凌到洛阳铜业、洛阳铜加工调研。

8日 中铝集团党组书记、董事长姚林会见银河证券董事长。

是日 学习强国——“中铝集团学习强国”号上线。

是日 中央纪委监委驻工信部纪检监察组组长、工信部党组成员郭开朗到包头铝业调研。

9日 中铝集团顺利通过国家档案局企业数字化档案馆建设试点验收。

16日 中铝集团党组书记、董事长姚林在拉萨会见西藏自治区主席齐扎拉。

16—17日 中铝集团党组书记、董事长姚林到西藏参加中央企业援藏工作会议暨国资央企助力西藏高质量发展会议，并与集团援藏干部座谈。

18日 中铝集团党组书记、董事长姚林到昆明出席深化央地合作，融入“一带一路”助力辐射中心建设——云南省与中央企业项目合作座谈会。

23—24日 中铝集团党组书记、董事长姚林到上海调研，并出席中国商飞董事会会议。

24日 中铝集团党组副书记、总经理刘祥民出席中央企业高质量参建未来科学城座谈会。

26日 中铝集团召开宣传思想工作会议落实意识形态工作责任制，推进学习贯彻习近平新时代中国特色社会主义思想进企业。

29日 中铝集团党组书记、董事长姚林会见中国石油党组书记、董事长戴厚良并出席中铝集团与中国石油战略合作签约仪式。

是月 中铝股份国际评级由“展望稳定”调升为“展望正面”。

是月 中国铝业入选“央企ESG.先锋50指数”。

是月 贵州省委常委、贵阳市委书记胡忠雄到中铝贵州企业检查国庆节期间安全生产工作。

10月

10日 中铝集团党组副书记、总经理刘祥民会见河南省政协副主席，郑州大学党委书记、校长刘炯天。

11—12日 中铝集团党组副书记、总经理刘祥民会见山西运城市委书记丁小强，并到山西企业调研。

13日 中铝集团与中国兵器工业集团有限公司签署全面战略合作协议。集团党组书记、董事长姚林会见兵器工业集团党组书记、董事长焦开河。

是日 中铝集团党组副书记、总经理刘祥民出席“2021中国铝业周”开幕式并致辞。

14日 中铝集团党组副书记、总经理刘祥民会见贵州省委常委、贵阳市委书记胡忠雄一行。

15日 中铝集团党组副书记、总经理刘祥民会见北京科技大学原党委常委、副校长吴爱祥。

18日 中铝集团党组书记、董事长姚林参加中央企业董事会建设研讨班。

19日 中铝集团党组书记、董事长姚林主持召开集团党组2020年度选人用人工作民主评议反馈结果通报会。

21日 中铝集团与宁德时代签署战略合作框架协议。集团党组副书记、总经理刘祥民会见宁德时代董事长曾毓敏。

28日 中铝集团召开审计中心成立大会。

29日 中铝集团与三峡集团签订战略合作协议。

是日 中铝集团党组副书记、总经理刘祥民与力拓集团首席执行官石道成视频会谈。

是月 中铝集团高纯氧化铝项目获工信部产业链协同创新重点攻关项目支持，国家财政拨付资金3136万元。

是月 中铝集团2个项目在国务院国资委第三届中央企业熠星创新创意大赛总决赛中获奖，“高强韧铝合金开发及锻造轮毂轻量化技术”获二等奖，“轻质铝材装配式房屋创新应用探索”获优秀奖。

是月 “中铝”商标维权案终审取得全面胜诉。

是月 中铝集团在“中国铝业杯”第十四届全国有色金属行业职业技能竞赛中获多项奖。

11月

4日 中铝集团党组书记、董事长姚林出席第四届中国国际进口博览会开幕式。

5日 中铝集团党组书记、董事长姚林出席加入世贸组织20周年高层论坛，并拜访上海浦东新区区委书记朱芝松。

10日 中铝集团召开第28次党风廉政建设警示教育大会。

16日 中铝集团党组副书记、总经理刘祥民会见国务院国资委改革办常务副主任尹义省一行。

18日 中铝集团党组副书记、总经理刘祥民出席2021亚洲铜业周线上CEO首脑会议。

23日 中铝集团党组副书记、总经理刘祥民出席第四轮中欧工商领袖和前高官对话会。

29日 国家铝产业计量测试中心在中铝高端制造挂牌。

30日 中铝集团召开第四届科技创新大会。

是月 中铝集团荣获2021年中国人力资源科技企业奖。《基于互联网＋人力资源管理创新实践》荣获工业企业管理创新优秀成果特等奖。

是月 中国铝业再次入选中国品牌500强，位列159位。品牌价值较上年增加53.1%。中债资信将中国铝业主体评级由AA+提升至AAA−，评级展望为稳定。

是月 工信部发布公告，中铝集团牵头起草的《精细氧化铝分类及牌号命名》行业标准将于2022年2月1日正式实施。

是月 中铝集团网络安全预警平台入选中央企业“十三五”网络安全和信息化优秀案例。

12月

2日 中铝集团党组领导班子参加国务院国资委党委学习贯彻党的十九届六中全会精神国资国企系统宣讲报告会。

3日 中铝集团党组副书记、总经理刘祥民与力拓集团首席商务官白睿明视频会谈。

是日 中铝集团召开资金管理中心试点上线启动会。

6日 中铝集团党组副书记、总经理刘祥民会见河南省委常委、副省长费东斌一行。

7日 中铝集团党组书记、董事长姚林参加中央经济工作会议。

14日 中铝集团党组副书记、总经理刘祥民到内蒙古包头调研，会见自治区党委副书记、包头市委书记孟凡利，陪同自治区党委书记石泰峰到包头铝业高纯铝事业部调研。

15日 中铝集团党组书记、董事长姚林出席中央企业党史学习教育第四指导组中铝集团学习贯彻党的十九届六中全会精神座谈会。

16日 中铝集团召开2021年财务决算布置培

训视频会。

20 日 中铝集团党组领导班子、外部董事参加国务院国资委有关视频会议。

22—23 日 中铝集团党组书记、董事长姚林，党组副书记、总经理刘祥民到广西赣州出席中国稀土集团有限公司成立大会。

27—30 日 中铝集团召开年度发展战略研讨会。

30 日 中铝集团召开 2021 年度基层党组织书记抓基层党建述职评议考核工作会。

是月 中铝集团申报的 2021 年度科技部重点研发计划专项“民机特种构件用铝合金材料制备关键技术”项目获批，总经费 2.4 亿元，其中国家财政拨付资金 1.2 亿元。

是年 第十三届《中国企业社会责任蓝皮书》发布会暨 ESG 中国论坛 2021 冬季峰会上，中铝集团获评有色金属行业三强，位列 2021 中国企业 300 强社会责任发展指数第 13 名，获得“责任金牛奖 · 责任供应链奖”，并成为首批入选“中国 ESG 示范企业”的 10 家企业之一。中国铜业获“责任金牛奖 · 公益慈善奖”。

是年 中铝集团《2020 企业社会责任报告》获评“金蜜蜂 2021 优秀企业社会责任报告 · 长青奖三星级”。

【综述篇】

Overview

集团概述

一、基本概况

中国铝业集团有限公司（简称中铝集团）成立于2001年，是中央直接管理的国有重要骨干企业，主要从事矿产资源开发、有色金属冶炼加工、相关贸易及工程技术服务等，是全球第一大氧化铝供应商、第一大电解铝供应商，铜业综合实力位居全国第一，是经国家相关部门备案的大型稀土企业集团之一，截至2021年底，集团注册资本252亿元，资产总额6244亿元，从业员工14万人，全级次企业494户，拥有6家上市公司。连续14年入选《财富》“世界500强”，2021年排名第198位。

中铝集团领导班子成员一览表

表1

姓名	职务	备注
姚　林	党组书记、董事长	
刘祥民	党组副书记、总经理、董事	
敖　宏	党组副书记、董事	
冯贵权	党组成员、副总经理	2021年11月免职
许质武	党组成员、纪检监察组组长	
刘建平	党组成员、副总经理	
陈　琪	党组成员、副总经理	
叶国华	党组成员、总会计师	
董建雄	党组成员、副总经理	

二、重点工作简述

（一）坚持高质量发展，经营业绩创造历史新高

2021年是党和国家历史上具有里程碑意义的一年。中铝集团坚持以习近平新时代中国特色社会主义思想为指导，坚决贯彻落实党中央决策部署，紧抓经济复苏、向好发展的重要契机，以推动高质

量发展为主题，以深化供给侧结构性改革为主线，以建设世界一流企业为目标，聚力打造中铝高质量发展新模式，真抓实干、锐意进取，激发企业经营活力，奋力完成改革发展任务，经营业绩创历史最好水平，实现了“十四五”良好开局。

2021 年中铝集团主要产品产量产能一览表

表 2

序号	名称	单位	产量	产能
1	氧化铝	万吨	1967.70	2226
2	电解铝	万吨	672.06	805.5
3	铝加工材	万吨	176.73	174.5
4	自发电装机容量	兆瓦	9780	9780
5	铜精矿含铜量	万吨	33.5	36.6
6	精炼铜	万吨	134.73	128
7	铜加工材	万吨	36.55	44.5
8	铅精矿含铅量	万吨	11.24	55
9	锌精矿含锌量	万吨	35.73	
10	电铅产量	万吨	10.92	16
11	电锌产量	万吨	56.16	60.4
12	稀土矿产量	吨	2500	2500
13	稀土分离产品产量	万吨	1.74	1.74

集团以提高全要素效率为目标，内抓提质增效，外抓市场机遇，高质量完成 2021 年的各项目标任务。实现利润总额 263 亿元、净利润 199 亿元、归母净利润 90 亿元，同比分别增长 287.80%、376.95% 和 307.56%，均创历史最好水平。经营性 ROE（净资产收益率）超过 15%，创 2008 年以来的最高水平；经营性 EVA（经济增加值）超 300 亿元，在扭转多年为负基础上实现大幅增长，呈现稳中有进、稳中向好、稳中提质的良好态势。

（二）服务国家战略，资源掌控能力持续提升

聚焦服务国家战略，明确提出打造中铝高质量发展新模式：坚持党的领导、加强党的建设，突出以科技创新和绿色低碳为支撑的战略导向，推行以价值创造为目标的管理提升，以更好的内涵式发展集聚各类资源，依托信息化、智能化手段，形成可复制迭代升级的发展方式，加快建设具有全球竞争力的世界一流有色金属企业进程。落实党中央部署，编制完成集团“11336”内涵式高质量发展战略和“十四五”时期主要目标任务，发布科技发展等 8 个专项规划和 11 家战略单元发展规划。积极响应国家稀土产业整合，顺利完成钢研稀土并购，不讲条件、全力支持中国稀土集团成功组建，为维护国家战略性产业安全自主可控做出贡献。牵头与中远海运推动博法项目海运费人民币结算，突破国际海运业务结算由美元完全垄断的局面。持续提升国家战略资源保障能力，获取广西花山稀土矿、宁夏能源王洼煤矿采矿权，新增离子相稀土 13.6 万吨、优质动力煤 4.4 亿吨；勘查新增或升级铜金属资源量 131 万吨，铅锌金属资源量 62 万吨，金龙矿权取得新勘查许可证。积极响应“一带一路”倡议，几内亚博法铝土矿达产达效，秘鲁铜矿二期一步顺利投产、二步环评获得批复。集中资源配置战略性项目，形成具有中铝特色的价值投资方法，云南建水、防城港核电铝、西南铜异地新建等项目完成可研审查。

2021 年中国铝业集团有限公司主要经济指标

表 3

项目	单位	2020 年	2021 年	增长（%）
资产总额	亿元	6324.04	6244.43	−1.26
所有者权益	亿元	2275.45	2291.29	0.70

续表 3

项目	单位	2020 年	2021 年	增长（%）
营业收入	亿元	3670.20	5186.48	41.31
利润总额	亿元	67.83	263.04	287.80
净利润	亿元	41.88	199.75	376.95
归属于母公司所有者的净利润	亿元	22.14	90.23	307.56
技术开发投入	亿元	65.24	103.63	58.84
利税总额	亿元	190.70	454.36	138.26
应交税金总额	亿元	122.87	191.31	55.70
全员劳动生产率	万元 / 人 · 年	36.32	56.94	56.77
净资产收益率（不含少数股东）	%	3.64	8.79	增加 5.15 个百分点
总资产报酬率	%	3.09	6.05	增加 2.96 个百分点
国有资本保值增值率	%	100.64	130.23	增加 29.59 个百分点

说明：2020 年、2021 年国有资本保值增值率均为报送数据

（三）聚焦自立自强，科技创新取得重要突破

强化科技创新实现自立自强，全年研发投入 98.8 亿元，投入强度达到 2.93%。坚持“国家所需、中铝所能”，突破系列关键核心技术，保障多项国家重大工程高性能材料供应，实现了关键铝合金材料 100% 国产化。组建中国商飞—中铝集团民机铝材联合实验室，10 项民机铝材获得中国商飞合格供应商认证，其中 8 项打破国外垄断，民机铝材可供率达 33.3%，相当于飞机全部用铝量的 52.9%。全年 A 品销量 9.6 万吨，同比增加 20%，实现了“量”“质”双提升。召开第四届科技创新大会，制定《关于新发展阶段加强科技创新工作的实施意见》，构建了中央研究院、专业研究院、领域技术中心、群众性创新平台的创新体系。成功研发系列高纯材料，一批高端材料项目建成投运，产品结构迈向高端化、绿色化。牵头组建中国有色金属绿色低碳发展创新联合体，全行业唯一的国家铝产业计量测试中心获批筹建。实施质量指标穿透管理，14 项质量指标累计值达标率 100%，集团首获全国质量奖、国际质量管理小组金奖、中央企业 QC 小组成果一等奖。

（四）坚持价值导向，价值管理体系成效显著

坚持把价值创造作为提升集团竞争力的基本盘，初步构建具有中铝特色的“四层两力”价值管理体系，不断完善全要素对标管理提升行动体系，有效提升了集团经营质量和运营效率，广西华昇、山西中润成为国际国内行业新标杆。实践预算管理“五步法”、成本管理“三步走”、债务约束“双管控”价值管理方法，集团主导产品消耗指标实现同比优化，实现降本增效收益 20 亿元；剔除生产规模扩大及价格上涨因素，“两金”月均占用同比降低 88 亿元；累计利息支出实现同比大幅下降。

强化资本运作能力，提升市值管理水平，六家上市公司市值较年初增长 45% 以上，云铝股份募集权益资金 30 亿元。积极推进“两商一台账”压减工作，承包商压减 25%，中间商压减 57%，班组台账数量减少 53%。

（五）纵深推进改革，发展引擎动力更加强劲

坚持把深化改革作为提升集团内生动力的关键，扎实推进国企改革三年行动，制定的 97 项改革任务已完成 80 项，完成率达 82%。完善中国特色现代企业制度，全面制定和修订集团基本管理制度，进一步明晰各治理主体权责，推进公司治理体系和治理能力现代化。集团子企业董事会 100% 应建尽建，100% 实现外部董事占多数；354 户纳入任期制契约化管理和职业经理人制度改革的企业 100% 签约。深化审计体制机制改革，构建“上审下”审计监督格局。加速财务“一体两翼”建设，实现财务共享中心、资金管理中心试点上线。完成中铝股份炭素资产整合，制定精细氧化铝整合方案，确定铝合金发展方式，打造单项冠军、推进专业化管理迈出新步伐。超额完成国务院国资委下达的“两非”企业处置目标，稳妥处置 15 户低效无效参股股权，完成 5 户混合所有制企业改革。

（六）强化底线思维，风险防控治理更加有效

推动企业举一反三加快中央生态环保督察问题整改，205 条整改措施完成 163 条。一批废气提标改造、堆场封闭、污水治理、矿山生态修复、渣库改造等环保项目建成投运。强化内部审计作用，发现问题整改率 97.10%，促进企业修订完善制度 217 项，促进增收节支和化解重大风险 18.32 亿元。坚持依法合规治企，持续夯实法治建设第一责任人职责；规范商业合作伙伴管理，制定集团涉诉黑名单 335 项限制类、284 项禁止类目录；全级次企业推广常用合同示范文本，推进法治中铝向“做精”转变。超额完成案件“去存量、控增量”双降目标，避免和挽回经济损失 32 亿元。集团保密工作连续获得中央企业保密管理对标标杆企业称号，人民防线建设工作经验获得国家安全部肯定。

社会责任绩效数据一览表

表 4

序号	指标	单位	2021 年
1	建设项目环保投入	亿元	13.64
2	环保培训人数	人次	195638
3	新建项目执行环境与社会影响评估的比率	%	100
4	一般工业固体废物综合利用率	%	31.3
5	新增矿山复垦面积	亩	35228
6	较大及以上重大环境事件	件	0
7	安全生产事故数	起	4
8	社会保险覆盖率	%	100

（七）全面从严治党，以高质量党建引领保障高质量发展

认真贯彻习近平总书记关于国有企业改革发展和党的建设的重要论述，连续 3 年召开深入学习贯彻习近平总书记对中铝党建重要批示精神会议；深入学习习近平总书记“七一”重要讲话精神，在陕西照金举办学习习近平总书记“七一”重要讲话精神专题研讨班，热烈庆祝建党 100 周年。扎实推进党史学习教育，坚持高站位部署、高标准督导、高质量办实事、高力度宣传，党中央决策部

署有序落实。深入推进党建与业务工作双向融合，开展国资委党建责任制考核反馈问题整改和全国国企党建会精神贯彻落实情况“回头看”，统筹推进基层党组织副书记试点，做精“两带两创”，做实党员“双提升”。突出基层工作经历用人导向，“以德为先、事业为上”的选人用人标准更加鲜明，大力选拔优秀年轻干部，突出科技人才队伍建设，严管厚爱狠抓干部监督，激发了干部人才队伍的动力活力。坚定不移深入推进全面从严治党，深入整治靠企吃企，梳理4个方面40项任务，提前实现党的十九届中央任期内集团巡视全覆盖，惩贪治腐取得重大阶段性成果，党建政治优势进一步彰显。

撰稿 / 韩　露

党的建设

2021年，集团党组认真贯彻落实习近平总书记重要指示批示精神和党中央重大决策部署，深化全国国企党建会议精神和贯彻落实情况“回头看”，深入推进党建与业务工作双向融合，认真履行全面从严治党主体责任，党风廉政建设和反腐败斗争取得新成效，管党治党意识显著增强，党的建设和全面从严治党走在央企前列，为集团高质量发展提供坚强的政治保证。

一、党的政治建设不断加强

（一）落实“第一议题”制度

集团党组制定《贯彻落实“第一议题”制度工作方案》，对习近平总书记最新重要讲话、重要指示批示精神，做到组织学习第一时间、谋划工作第一步骤、落实任务第一要求、督查考核第一内容。全年党组中心组集中学习研讨17次、组织专题读书班5次、开展宣讲报告会6次，梳理出针对性意见建议40条，有力推动中央决策部署转化为中铝的战略目标、工作举措、重点任务，确保正确政治方向。

（二）落实重要指示批示精神

集团党组连续3年召开深入学习贯彻习近平总书记对中铝党建重要批示精神会议，建立推进落实长效机制。梳理习近平总书记关于全面从严治党、全面深化改革、党的建设等8个方面与国有企业密切相关的重要指示批示77条，制定具体措施150个。严肃查处14家单位党委贯彻落实新发展理念不到位问题，问责76名干部。

（三）落实“两个一以贯之”要求

制定集团在完善公司治理中加强党的领导的实施办法，修订完善党组会议事规则等加强党的领导系列制度，修订完善党组（党委）会前置研究讨论重大经营管理事项清单，党组（党委）领导作用发挥更加规范。

二、党的理论武装更加深入

（一）推动习近平总书记重要讲话精神落实

集团党组带头做好召开专题学习会、座谈交流会，上专题党课等规定动作，在陕西照金举办三级及以上企业主要负责人参加的学习贯彻“七一”重要讲话精神专题研讨班，进一步明确集团“十四五”规划内涵式高质量发展战略。围绕深入学习贯彻五中全会精神，在全体干部员工中扎实开展“赶超标杆我能干成什么”大讨论活动；围绕学习宣传六中全会精神，召开专题研讨会、宣讲报告会，举办发展战略研讨班，更好地谋划集团2022年及未来的改革发展，研讨实现路径和具体举措。扎实开展“线上”“线下”专题培训，累计培训5.5万人次。

（二）开展建党100周年系列庆祝活动

以“爱党爱国爱中铝”为主题，认真组织歌咏比赛、知识竞赛、读书征文等“七个一”活动。“五一”前夕，集团以“永远跟党走，奋进新时代”为主题，表彰劳动模范和先进集体，举办先进事迹宣讲报告会。“七一”前夕，走访慰问老党员、老干部等2089人；集团召开庆“七一”表彰大会，表彰示范党组织100个、党员标兵100名、优秀党务工作者100名。7月1日，党组向全体党员发出《慰问信》，集团党组领导积极参加“我想对党说”主题活动、“中铝人永远跟党走”经典诵读会，庆祝活动浓重热烈、催人奋进。

三、党的基层工作更加夯实

（一）推进中央企业党建考核反馈问题整改

召开集团党组会专题研究整改方案，逐条细化40条措施，强化监督销号。严格落实党组主体责任，夯实以签订年度党建目标责任书、A类重点工作清单、季度通报等为主的责任落实体系。

（二）落实国企党建会议“回头看”

集团党组和二级企业党委自查党建短板问题607个，制定改进措施1394条，问题整改90%以上。深入开展“对标新要求”系列活动，完善工作机制。认真落实国有企业基层党组织工作条例等制度，深入开展党建全要素对标，深入推进境外党建工作，积极解决混合所有制企业党建难题。

（三）党建与业务工作双向融合

精选50个内设非独立法人单位，创新开展配备党组织副书记试点。制定党建与业务工作双向融合指导意见，做精“两带两创”活动，立项6400余个，直接创效近10亿元。严格落实动态评价管理机制，以“小积分”形成“大效应”。

四、党的作风建设进一步强化

（一）抓好中央八项规定及其实施细则督查

全面从严治党，驰而不息纠治“四风”，持续抓好中央八项规定及其实施细则精神督查，对顶风违纪典型问题露头就打，对违规收送礼品礼金、违规发放津补贴等3起案件严肃问责，保持高压震慑。

（二）持续整治形式主义、官僚主义问题

紧盯群众反映强烈的老问题和新变异，继续保持督查检查考核的统筹规范。基层减负三年紧盯一抓到底，推行班组共性记录模版，77家企业5367个班组台账数量同比压减53%、填写时间同比压降50%。“当日报、隔日报、多头报”等“指尖上”的负担得到有效治理。特别是对“包装式”落实、“洒水式”落实、“一刀切式”落实等形式主义精准施治。

（三）督促中央生态环保督察反馈问题整改

对贯彻落实中央生态环境保护责任不力问题核查责任，问责警示76名领导干部。开展“治‘四风’树新风”调研督导，全级次自查梳理典型案例26个，推动治理防范常态化“回头看”。

五、管党制度转化治理效能

（一）正风肃纪取得显著成效

2021年，收到信访举报件254件，同比下降6%。开展案件大起底、大排查、大梳理，长期未办结案件办结率达90.72%，超期未处置线索完成率达100%。三年累计办结问题线索923件，处理处分集团部门副职级及以上干部68人，留置12人，移送司法机关12人。严肃查处了李某某政治问题、经济问题交织的严重违纪违法案件。对滥用职权、失职渎职导致国有资产重大损失的王某某、张某、米某某、路某4人采取留置措施。

（二）重拳直击矿产资源领域腐败

严查王某某、吕某某等人甘于被承包商“围猎”、靠企吃企严重违纪违法问题。对中铝国际、中铝国贸、十二冶等企业原班子成员不正确履职、失职，造成重大经济损失风险和严重不良影响等问题从严处理，问责22名党组管理干部和关键岗位人员。有力惩治失职失责，部分清除企业腐败土壤，净化政治生态，取得良好的政治、纪法、社会和经济综合效果。

（三）完善“大监督”体系

建立典型问题季度通报机制，深化监督成果集成拓展运用。完善以案促教机制，督促案发企业召开班子反思会，拍摄以李某某、王某某案为原型的警示教育片2部。全级次组织警示教育活动3014次，通报案例280个，20余万人次参加。

六、强化纪检监察队伍建设

（一）纪检监察体制改革持续推进

2021年，坚持以铁纪打造铁军，坚决防范“灯下黑”，以高质量“三转”推动基层监督治理效能提升。督导各级党组织围绕《关于进一步加强和规范各单位纪委工作的实施意见》自查自纠。督促对长期不轮岗、机构单设不实、人员兼职多、纪检干部过多参与部门业务监督等70项问题完成整改，聚焦主责主业。

（二）建设高素质专业化队伍

协同金融等机构、总部职能部门、基层企业、监督中心的“五联动”办案模式，实现政策、纪法、力量、资源等互通共享，一批“靠企吃企”典型案件得到有力查办。结合日常履职，提名考察9名纪委书记，轮岗交流10名纪委书记。印发规范“走读式”谈话工作指导意见等制度11项，推动工作规范化、精准化、长效化。坚持“以干代训”，选送优秀干部参加中央纪委国家监委专项工作，42名基层骨干参加集团专案组“以案代训”，纪检监察干部能力不断强化，高素质专业化队伍逐渐形成。

七、党史学习教育取得实效

（一）扎实开展党史学习教育

2021年，以更加务实的作风推进党史学习教育，及时制定实施方案、42项重点任务推进清单等47个文件，先后召开研讨交流会、工作推进会等全系统会议9次，确保党中央决策部署系统推进、有序落实。聚焦阶段重点工作，对企业进行6轮督导，确保各项规定动作不走样、不变形。

（二）用活红色资源开展党史学习教育

集团党组开展“重温赶考路、聚焦高质量、全力开新局”主题活动，集体赴香山革命纪念馆、雄安新区、中国共产党历史展览馆、陕甘边革命根据地现场学习。组织广大党员就近走进红色教育基地，开展主题党日活动5万余人次。扎实开展“我为群众办实事”实践活动，集团党组牵头完成两批共23类民生项目，企业10147项办实事项目已完成98.4%。持续为基层减负，班组台账数量、记录时间同比大幅度优化52.5%、45.5%。在“报网号端屏”开设学习专栏、组建“党史资料库”、建立宣传平台，在“学习强国”学习平台、人民网等媒体刊发稿件480余篇。中央企业第四指导组到中铝现场指导17次，对集团党史学习教育工作给予高度肯定。

撰稿／米金　李哲　李野

产业运营

2021年，中铝集团党组坚决贯彻落实习近平总书记重要指示批示精神和党中央决策部署，高质量完成各项目标任务，实现“十四五”良好开局。

2021年，集团实现营业总收入5186.5亿元，同比增加41.3%；净利润200亿元，同比增长4.5倍；净资产收益率（ROE）达到8.97%，同比提升7.2个百分点；经济增加值（EVA）155.3亿元，同比增加188.5亿元，扭转了连续多年为负的局面。营业收入利润率5.3%，同比优化3.6个百分点；研发经费投入总额103.6亿元，同比增加58.8%；研发经费投入强度达到3.03%；经营现金净流入524.4亿元，同比增加70.8%；资产负债率63.31%，较年初下降2.0个百分点，低于央企平均水平1.6个百分点，经营业绩时隔13年重获国务院国资委考核A级评价，实现中铝集团成立以来首次经营业绩和党建工作责任制考核“双A级”。

一、全面预算管理持续创新

（一）以价值管理为统领，构建预算管理新模式

按照基于ROE市场化对标的“五步法”编制预算，科学规划年度经营目标，抓住“应有利润”和“应有现金流”两个指标，推动预算严执行。

（二）以成本管控为引擎，强化预算管控力

创新性地建立完善成本精细化管控“三步走”模式，实现管理标准化、抓住重点成本要素、实现成本与报表的闭环管理。在2021年面对超预期的市场形势，集团紧盯降本不松劲，克服纯碱、电、阳极炭块等价格上涨冲击以及能耗双控对生产组织带来的不利影响，全年成费比控制在94.5%，较2018年末优化4.5个百分点。

二、债务管理成效显著

（一）集团主体评级保持“惠誉A−”

通过优化融资环境，重塑资金生态，强化内部融通，促使债务管控措施有效落地，资产负债率、带息融资规模、永续债规模、融资成本等核心指标全面优化，集团整体资金效率与效益持续提升。集团主体评级保持“惠誉A−”，独立信用评级从B提升到B+，融资环境持续改善，发行境外债8亿美元，融资成本创集团境外债历史新低。集团平均带息融资成本同比降低0.19个百分点；利息支出同比下降19.1亿元，降幅14.1%；融资期限结构长短期比例在7∶3的基础上继续优化，资金集中度达到62%；资产负债率连续3年持续优化。

（二）发行集团内首支碳中和债券

中铝股份的中债资信主体评级由AA+提升至AAA−，发行了中铝集团内部首支碳中和债券和其成立以来规模最大、利率最低的10亿美元境外债，资金池票据池带动资金周转率同比提高6次。中铝物流完成博法项目海运费跨境人民币结算，开创了央企合作使用人民币跨境结算海运费的先河。

三、价值驱动提效能

（一）中铝价值管理总体思路

围绕“可持续的价值创造”这一企业经营根本目标，探索形成了以价值评价、价值诊断、价值提升和价值分享4个管理行为为主要内容的中铝价值管理总体思路。

（二）构建“四层两力”价值管理体系框架

建立以折现现金流模型为技术手段的价值评价模型，围绕核心价值指标和关键价值驱动因素，通过全要素市场化对标和体现价值链的价值地图实施精细化管控，引领推动各类要素和各项管理活动向价值创造聚焦。中铝集团价值管理改革创新工作经验在中央企业2022年预算布置会上作了交流发言。

四、“一体两翼”建设实质推进

（一）财务管控体系基本形成

积极适应国有资本布局优化、国企改革持续深入的需要，优化集团财务一体化战略管控，聚焦价值创造，在降成本、控风险、创效益和增价值等方面持续发力，完善“穿透管理、分级负责”的财务集中统一管理机制，实现财务管控从上到下的全级次覆盖，财务管控的穿透力和执行力全面提升。

（二）财务共享中心建成运营

聚力打造管控有力、集约高效、权责清晰的财务组织架构，“一体两翼”建设取得实质性进展。2021年5月正式启动财务共享中心，10月正式启用天津办公区，11月完成首批84家企业的费用报销模块、中铝股份所属20家企业的全业务模块上线运行，顺利完成年度结账。

（三）中铝司库规划初步落地

2021年8月，正式启动资金管理中心项目，中铝司库规划初步落地。财务数智化转型迈出坚实的第一步，财务管理体系和能力建设取得显著成绩，财务管理功能不断深化拓展。

五、财务管理功能深化拓展

（一）全面夯实会计信息质量

围绕“强基础、提质量、拓功能、创价值”的思路，全面夯实会计信息质量，得到国务院国资委、财政部的一致肯定。集团财务决算工作连续四年获得国务院国资委通报表扬。在财政部最近一次通报表扬央企决算的排名中，集团位列第12名，为历史最好成绩。

（二）三大税种税务筹划成效明显

围绕增值税、所得税、资源税三大税种的税务筹划成效明显，高新技术企业税收优惠和增值税进项留抵退税政策得到充分应用，超额完成节税清单各项目标，税务价值创造作用得到进一步发挥。

（三）践行绿色金融理念

贯彻新发展理念，在“碳达峰、碳中和”背景下，中铝集团提出设立中铝绿色低碳基金的倡议，以服务集团产业基础升级和提前布局双碳时代为首要目标，拟以节能减排、能源消费结构优化等产业为投资方向，预计基金总规模将达到300亿元，通过引入金融机构、地方政府、产业资本、国家级基金等，充分发挥基金工具的杠杆作用和资源整合作用，推动实体产业低碳绿色高质量发展，助力集团树立有色行业践行绿色发展的典范。

（四）提高资本收益上缴比例

夯实分级分类管理责任，收取全资及控股企业国有资本收益 4.7 亿元，同比提高 17.5%。积极申请国有资本经营预算，获批国资预算资金 3 亿元，补充了集团资本金，国有资本功能效益继续放大。

六、深入推进全要素对标

2021 年，集团将全要素对标作为落实国务院国资委对标世界一流管理提升行动的中铝方法，引入 5C 价值管理理念，实施全领域、全过程、全级次、高标准、严细实的对标管理，价值创造能力显著提升，《中铝集团构建全要素对标管理新模式，推动对标提升行动做真做实做深》在国务院国资委国有企业改革动态 2021 年第三期发表。

（一）构建全要素对标“2W3H”推进体系

探索建立具有中铝特色的以“与谁对、对什么、怎么对、怎么赶、怎么检验（2W3H）”为主要内容的全要素对标推进体系。11 个战略单元以同类上市公司为重点，选择 14 家标杆企业，144 家实体企业以集团内部最优和外部最优上市公司为标准，确定外部同类企业 59 家、内部企业 45 家为“双标杆”；根据各层级间与 5C 价值关键要素的关联度，分别建立战略单元、实体企业及实体企业内部价值要素、成本要素、生产要素三个层级对标指标体系，通过提升关键要素竞争力推动管理优化升级；统一对标指标口径和基期，以年度净资产收益率与标杆企业差距缩小 20% ~ 30% 为总目标，确立标杆值、基准值、目标值并对目标值实施市场化动态管理；围绕价值创造目标，制定战略单元和实体企业两级追标事项清单，逐级月度跟踪，确保工作措施和业务事项清单全面落地。

（二）提升全要素对标理念能力

开发《深入推进全要素对标，提升价值创造能力》课件，对各战略单元和实体企业开展专题培训、工作沙龙等线下宣讲 7 次，近 900 人次；制作视频课件纳入中铝党校标准教学课程，1300 多人通过中铝党校网络学院学习平台进行学习，覆盖战略单元、实体企业骨干及部分班组长；在《中铝报》组织两期“赶超标杆我能干成什么”专题大讨论专版。

（三）动态分层跟踪评价对标效果

以资产负债表、利润表、现金流量表等财务报表及追标事项完成情况为基本依据，明确月度、季度、年报跟踪通报机制，建立评价汇总模板，动态分层跟踪对标效果。主要战略单元对标指标与基准值比优化率达到 80%，追标事项完成率达到 86%，56 家实体企业跑赢标杆企业；对标战略单元标杆企业 2021 年度业绩公告，8 个战略单元中 7 个跑赢标杆。

七、全面完成提质增效目标任务

2021 年，集团深入贯彻国务院国资委《2021 年度中央企业提质增效专项行动工作方案》精神，提质增效专项行动取得显著成效，“两利四率”全面完成提质增效计划目标，被国务院国资委选为 10 家典型企业进行交流发言。

（一）坚持“四个结合”，强化顶层设计

集团在全面响应国务院国资委提质增效 6 个方面 27 项工作部署基础上，坚持提质增效与“全要素对标、国务院国资委考核指标体系、A 类事项清单、三年改革行动”全面结合，以全要素对标为主要载体，制定 7 类 34 个项目为主要工作内容的提质增效方案。各战略单元、实体企业结合自身实际，以全要素对标价值创造为主要工作载体，明确对标标杆，建立对标指标体系，明确对标标杆值、基准值、目标值，制定了追标清单，强化分析评

价，确保提质增效目标实现。

（二）建立提质增效事项清单，压实责任

集团将34项提质增效关键举措分解落实到10个部门、11个战略单元，做到“工作目标、工作措施、工作节点、责任部门、责任人”五落实；将重点工作事项纳入集团A类事项清单，目标及时间节点调整必须经集团主要领导批准。

（三）建立闭环工作机制

一是强化组织领导，充分发挥集团提质增效工作领导机制作用，强化工作协调，抓住提质增效的关键点，协同推进。二是建立工作机制，按季对任务完成情况进行跟踪，建立提质增效强激励硬约束工作机制，将战略单元净利润确保目标平均完成进度、对标标杆企业ROE差距缩小结果，分绿、蓝、黄、红四色标识，按季度提醒警示。三是制定精准激励方案，对在提质增效中作出超额贡献的团队及个人实施重奖，最大限度激发全集团干部员工提质增效潜能。

撰稿／高国平　孙雯雯

安全环保

2021年，在集团党组坚强领导下，以开展党史学习教育为契机，深入推进安全生产专项整治三年行动，统筹开展中央生态环境保护督察问题整改，严格落实常态化疫情防控各项措施，未发生重大及以上安全环保事故事件，为推动集团高质量发展做出了积极贡献。

一、安全生产

（一）高度重视、系统部署安全工作

2021年1月4日，新年上班第一天集团党组组织召开安全工作大会，对2021年安全工作进行系统部署。集团党组中心组组织收看学习《生命重于泰山——学习习近平总书记关于安全生产重要论述》电视专题片、新《中华人民共和国安全生产法》等，要求集团上下认真贯彻党和国家有关安全生产要求，进一步细化各级领导班子成员职责范围内的安全生产责任，建立风险分级防控、隐患排查治理双预警制度，实现规范化、制度化。集团党组研究部署在全集团开展为期三个月的重大安全风险隐患专项排查整治和有毒有害气体、易燃易爆危化品、有限空间安全隐患专项排查治理等工作。集团每月召开安委会会议对安全工作进行系统总结部署。各战略单元、企业每月追踪分析安全工作，增强安全生产督查力度，推进集团安全生产各项工作。

（二）有效开展安全生产专项整治

集团严格落实《中国铝业集团有限公司安全生产专项整治三年行动实施方案》部署，扎实开展矿山安全专项整治，每座矿山、尾矿库均明确1名企业领导班子成员包保负责，每月对表检查。扎实开展为期四个月的有毒有害气体、易燃易爆危化品和有限空间专项排查整治，排查出有毒有害气体、易燃易爆危化品岗位5968个、有限空间28495个，整治效果明显。组织建立矿山、尾矿库、深井铸造、有毒有害气体、易燃易爆危化品、有限空间和重要危险源管控清单，强化安全管控责任和技术管理措施落实，安全风险进一步受控。集团成立4个督察组，全年对64家企业安全专项整治工作落实情况进行专项督察，并对发生安全事故的企业进行专项督察。全集团896个重要危险源企业均指定一名企业领导班子成员担任“源长”，“源长”每季度至少到现场检查一次，保障重要危险源安全管控措施落地。

（三）持续提升安全基础管理能力和水平

多轮次组织班组开展岗位“三大规程”、安全风险及应急处置措施安全培训及考试96.2万人次，做到全覆盖。组织6800多个班组推行作业前现场安全风险评价和“葡萄图”安全工具，落实作业风险管控措施，对班组员工每班履行安全职责进行评

价，激励员工养成正确和规范的安全行为。分类编制管理人员和基层员工有色冶炼、非煤矿山安全生产通用考试题库，提高管理人员和基层员工安全知识能力和水平。组织积极参加第三届全国应急管理普法知识竞赛，排名位居中央企业第七位，顺利进入决赛，并获得优胜奖；组织参加全国矿山普法安全知识竞赛，获得优胜奖；组织参与安全生产月全国安全知识网络竞赛活动，排名位居中央企业第八位。加强安全队伍能力建设，鼓励员工积极参与注册安全工程师考试，集团内注册安全工程师由年初的1269名增加至1686名，增加33%。

（四）扎实推进安全生产标准化建设

修订集团职业健康安全精准管理体系，与安全生产标准化紧密衔接，形成更为实用的职业健康安全生产标准化体系。各战略单元、实体企业按照集团职业健康安全生产标准化体系规范日常安全管理，有序开展体系自评和审核，安全管理水平进一步提升。2021年，集团已有8家企业通过应急管理部安全生产标准化一级企业现场评审，有安全生产标准化企业二级47家、三级33家，安全生产标准化矿山二级43座、三级16座，安全生产标准化尾矿库二级21座、三级6座，5553个班组通过安全生产标准化班组验收，占全部班组的80%。加强操作标准化工作，组织企业修订完善操作规程3.5万个，制作规程口袋卡3.3万个。

（五）扎实做好新冠疫情防控

集团深入贯彻落实党中央、国务院和国务院国资委关于新冠肺炎疫情防控工作的一系列重要部署，集团应对疫情领导小组坚持每周召开疫情防控例会，集团疫情防控办公室坚持每日疫情防控零报告制度，动态研究疫情发展，遇有异常情况及时跟踪指导处置；落实“两稳两争两保”要求，强化境外企业疫情管控，坚持“非必要不派出，派出人员均接种疫苗”，组织对境外应轮换未轮换、确有困难等急需回国人员作出稳妥有序回国安排；中铝几内亚项目人员100%接种疫苗，按照国务院国资委指导意见要求完成标准化医务室建设；东轻公司与遵义铝业、华昇铝业、昆明铜业等地处风险地区企业管理人员与员工驻厂保生产；集团境内外单位均未发生过聚集性疫情，打赢疫情防控阻击战。

二、环境保护

（一）全力抓好中央生态环境保护督察问题整改

集团坚持以习近平新时代中国特色社会主义思想为指导，深入贯彻习近平生态文明思想，牢记“国之大者”，以强烈的政治担当，将督察整改工作融入集团绿色低碳发展的方方面面，加快形成生态环境保护治理新格局，全面提升集团高质量发展水平。

集团成立由党组书记、董事长任组长的中央生态环境保护督察问题整改领导小组（以下简称整改领导小组），统筹研究、部署、推进生态环境问题整改工作。8月30日，集团向社会公开《中国铝业集团有限公司贯彻落实第二轮中央生态环境保护督察报告反馈问题整改方案》，从制度体系建设、具体问题整改、长效机制建设及责任追究警示等方面共制定205条整改措施。2021年完成整改163条，整改措施完成率79%，完成2021年60%的年度目标；330件信访举报案件办结262件，阶段办结68件，均按计划有序推进整改。经集团党组研究，公开通报中央生态环境保护督察移交问题问责情况，按照管理权限对14个单位党组织、77名责任人提出问责建议，并按照相关规定对环保绩效进行考核。

（二）攻坚克难深化末端提标改造

持续开展大气污染防治攻坚战。对中州铝业、云铜锌业等工业窑炉废气治理设施进行提标改造；对中铝山东、青海分公司、重庆分公司、包头铝业、富民薪冶五华分公司、云铜锌业、西南铜业、金源稀土、平果铝业等企业开展无组织废气治理；淘汰玉林稀土烘干车间2台煤气发生炉和窑体等落后工艺和设备。

深入开展工业废水治理。完成贵州分公司龙头山矿井水、青海分公司雨污分流、重庆分公司母猪溶洞渗滤液治理及赤泥库防渗修复、斗南锰业白姑矿段矿坑涌水、郝家河铜矿菠萝依箐尾矿库渗滤液、云南澜沧铅矿矿井涌水、贺州稀土预处理快渗池等水污染防治工程。

规范固废全过程管理。中铝股份通过开展标准化管理提升活动，强化精细操作，逐步延长电解槽槽龄，2021年电解槽平均寿命达2442天，从源头上减少大修渣产生量；山东华宇、广西分公司、甘肃华鹭、包头铝业、斗南锰业对历史遗留固废进行合规处置，中铝山东第一赤泥库完成闭库，西南铝对大塘污水处理站危险废物贮存场升级改造。

加强土壤和地下水环境风险管控。青海分公司、包头铝业、中铝山东完成土壤或地下水环境风险评估；西南铜业、富民薪冶五华分公司、云铜锌业对危废贮存场所防渗系统进行修复；梧州稀土修复地下水监测井。深入开展矿山生态修复，完成中铝矿业2020年剩余的矿山治理任务、广西分公司三矿11-11号采场越界区域复垦复绿工作、贵州分公司坛罐窑铝矿植被恢复。积极有效推动18个与生态红线重叠的采探矿权的整改工作。

绿色技术创新取得新成效。中铝股份成立电解铝节能专项工作组，将电解槽节能降耗工作纳入全要素对标管理中，存量电解铝企业原铝液交流电耗和存量氧化铝企业综合能耗均实现年度目标；熟料窑协同处置二次铝灰技术项目转交生产，炭渣综合利用研究成果显著；废铝利用率明显提高。

（三）污染物排放情况

2021年，主要特征污染物二氧化硫、氮氧化物、化学需氧量和氨氮排放量同比分别下降了11.1%、13.5%、16.1%和4.0%，一般固废综合利用率提高1.35个百分点，矿山复垦应复尽复率、危险废物合规处置率均达到100%。

撰稿／赵寅宇

节能低碳

2021年，中铝集团立足全球视野，系统研究发展与减排、整体与局部、短期和中长期的关系，提出以全面绿色转型为引领，以低碳技术的突破为支撑，以产业结构升级和能源结构转换为抓手，坚定不移地走生态优先、绿色低碳的高质量发展之路。

一、规划先行，设定目标

2021年，集团印发《2021年碳达峰碳中和专业规划》，对外发布《2021年碳达峰碳中和行动方案》，确定“力争2025年前实现碳达峰、2035年降碳40%，持续发展低碳冶金技术，优化能源结构，率先在有色行业实现碳中和”总体目标，确立创新驱动、结构调整和生态优先三条基本路径，制定“创新驱动，突破关键技术实现产业升级”“调整结构，全面绿色转型实现清洁低碳”“生态优先，拓展新兴产业实现绿色发展”等十项重要推进措施，并将降碳、碳资产、研发降低电解铝电耗的技术、电解铝能源利用绿色低碳转型、赤泥综合利用、再生金属循环利用等绿色发展指标纳入绩效考核体系，推动碳排放管理工作可衡量、可考核、可检验、能落地。

二、建章立制，顶层设计

2021年，集团坚持“源头控制、过程削减、末端治理、综合利用”原则，将节能降碳与生态环境保护、科技创新、产能规划、资源节约（节能）和综合利用、清洁生产密切结合，协同推进减污降碳；健全碳排放管理体系，提出中铝特色的碳排放管理体制——统一管理、统一核算、统一开发和统一交易的碳排放“四统一”集中管控模式，制（修）订《碳排放管理办法（试行）》《关于成立集团碳资产管理办公室的通知》，进一步优化中铝集团降碳工作的顶层设计，从制度层面理顺降碳管理职责和工作流程，为全面落实降碳目标责任制和节能、降碳考核评价制度奠定坚实基础。

三、创新年度“2114N碳排放任务体系”

初步提出构建“2114N碳排放管理格局”的思路：围绕碳达峰、碳资产管理两条主线，锚定年度量化的降碳目标，采用纳入绩效考核的办法，持续细化碳排放“四统一”集中管控模式，根据年度工作重点任务，从加大关键技术研发强度、发展低碳高端制造产业、实现全产业链智能制造、加强创新体系协作力度、扩大清洁能源使用比例、优化布局构建产业集群、动态监控淘汰高碳产能、发展低碳经济新兴产业、提高再生资源利用效率和扩大铝产品的应用领域等十方面深入推动开展N项碳排放工作。

四、实施节能减排

2021 年，集团修订《中国铝业集团有限公司节约能源管理办法》，制定节能减排和应对气候变化目标计划，对资源能源消耗大、环境污染重、产业层次低、技术装备水平低的落后产能进行彻底淘汰，推广节能减排技术创新应用，提升污染物治理水平；投资 4.9 亿元实施雨污分流工程，强化废水处理设施建设和生产过程用水管理，新增 6 家企业实现雨污分流，保持工业废水近“零”排放。

2021 年，集团万元产值综合能耗（2020 年价）实现 0.9543 吨标准煤 / 万元，工业产值节能量达到 25.8 万吨标准煤；氧化铝综合能耗降低 3.53%，电解铝综合交流电耗降低 0.78%，铝加工材单位产品耗电降低 11.69%，精炼铜综合能耗降低 4.24%，锌冶炼综合能耗降低 0.78%，二氧化碳排放量同比降低 11.1%，氮氧化物排放量同比降低 13.5%，氨氮排放量同比降低 4.0%，超额完成国务院国资委下达的任期节能考核目标。

五、组建绿色低碳发展创新联合体

坚持“以我为主、开发合作”，牵头 25 家单位组建中国有色金属绿色低碳发展创新联合体，涵盖有色金属行业企业、高校、科研机构等优势研发力量，为解决共性关键技术问题、推进行业尽早实现“双碳”目标提供支撑。组织召开“2021 年中国有色金属低碳绿色发展暨中国铝业集团科技发展战略高端研讨会”，邀请 30 余位行业知名院士专家，围绕有色金属工业低碳绿色发展、加快攻克“卡脖子”关键核心技术等进行了交流研讨。落实中铝力拓高层会晤安排，共同组织 6 场线上技术研讨会，围绕中铝电解铝“三废”处理、赤泥综合利用技术、再生铝业务等进行交流，累计与会超过 100 人次。

撰稿 / 高国平

科技创新

2021年，集团科技创新工作重点围绕深化科技体制改革、提升军品保障能力、加快突破一批关键技术、加快培育未来技术等工作，科技创新各项工作稳步推进。全年累计开展科技研发项目1850项，研发投入强度3.03%。全年共申请专利1477件，其中发明专利553件；开展标准制修订180项（其中国际标准2项），获得中国有色金属工业科学技术奖一等奖12项。

一、“十四五”科技创新谋篇布局

制定并印发《“十四五”科技发展规划》（简称《规划》），重点面向国家重大需求，解决有色金属关键基础材料“卡脖子”问题，确保成为国家战略资源和材料保障的主力军；聚焦“双碳”等时代命题，发挥科技创新引擎作用，打造原创技术策源地，成为行业创新和绿色发展的引领者；聚焦资源开发、低碳冶金、高端材料、数字化智能化转型等领域形成16个重大专项。

二、中铝集团第四届科技创新大会胜利召开

2021年11月30日，中铝集团在北京召开第四届科技创新大会，会议深入学习贯彻党中央国务院关于科技自立自强的决策部署，发布《中国铝业集团有限公司关于新发展阶段加强科技创新工作的实施意见》，对全面实施“十四五”科技发展规划作出战略性安排，提出在国家高水平科技自立自强的征程上展现中铝引领者风范的新要求。会议对集团科技创新杰出成就奖2个项目进行表彰，5名科技代表作交流发言。

三、科技研发与成果转化

铝冶炼领域。围绕电解铝“三废”处理、电解节能、赤泥综合利用等共性难题进行布局。实现二次铝灰资源化利用，示范规模30吨/天处理量；启动电解铝12300项目，并进入工业试验阶段；围绕赤泥利用，完成硅铁粉、硅铝粉示范流程建设，拓展水泥、陶瓷制作领域的应用，发布5项企业产品标准，递交2项行业标准申请；成功开展阳极导杆组自动焊接示范以及立式阳极焙烧炉中试试验。

铜铅锌领域。围绕氧硫混合矿世界性选矿难题，开发了高效清洁低成本的“浮选—消泡酸浸—低能焙烧”联合工艺技术路线，现场实现浮选日处理规模1200吨/天；开展秘鲁特罗莫克铜矿高铁型和高氧化型堆存矿选矿新技术研究；开发高抗应力松弛铜带、电子信息用蚀刻框架材料、高纯无氧铜靶材、造币带新合金等新产品。

稀有稀土领域。承担2021年国家重大技术装备攻关工程专项——中重稀土资源绿色开采技术项

目，优化镁盐及其复合体系原位渗流控制开采—离心萃取连续化高效富集工程技术与装备，构建离子型稀土矿绿色开采工程化技术及标准规范体系，巩固在离子型矿绿色高效方面的领先优势，推动行业绿色持续健康发展。

高纯及超高纯技术领域。研究制定集团高纯及超高纯技术产业发展的整体思路和实施路径，建立集团—战略单元—企业三级领导和工作体系，确定高纯氮化铝、高纯硒、高纯锗等八个重点产品推进方案。完成5N高纯氧化铝、高纯氮化铝、6N高纯锌、5N高纯镉产品研发，以及5N高纯氧化铝、高纯氮化铝、5N高纯锌、6N高纯锌、5N高纯镉、7N高纯镓的生产线建设，加快向下游市场拓展。“高纯氧化铝粉体及陶瓷基板项目”获得工信部项目支持，“超高纯锗材料制备关键技术研发”“3N−5N高纯硒产业化应用研究”等项目获得地方科技项目支持。

智能制造与装备开发领域。中色科技自主研制的国产首台套2800mm六辊铝带冷轧机组顺利通过验收，标志着集团在宽幅铝带冷轧设备上实现重大突破，打破了外国公司在该领域的技术优势，向攻占有色金属行业高端装备市场，实现企业高质量发展目标迈出了重要一步。

四、创新体系与能力建设

完善激励机制提升创新活力。深入贯彻落实党中央、国务院关于科技激励等系列政策，印发《中国铝业集团有限公司关于新发展阶段加强科技创新工作的实施意见》，实施涵盖科技人员职业发展通道和薪酬、引进高层次人才保障、项目激励、分红和股权激励、科研自主权、容错机制等20条措施，做到科技创新激励政策“能给尽给、应给尽给”，充分激发科技创新活力。

实现科技创新体系的重塑。2021年4月，正式组建并启动运行中铝集团中央研究院，新设立中铝绿色冶金研究院、中国铜业工程技术研究院两个专业研究院；9月，印发《中国铝业集团有限公司关于组建专业领域技术中心的指导意见（试用）》，依托战略单元组建22个专业领域技术中心。形成以中央研究院、专业研究院、专业领域技术中心、群众性创新平台为主体的新型科技创新体系，全面提升科技创新的价值创造能力。截至2021年底，集团拥有1个国家重点实验室、2个国家工程技术研究中心、11个国家级企业技术中心、1个国家地方联合工程研究中心、1个国家计量测试中心、83家高新技术企业。

五、质量与标准

深化质量指标对标，增强质量品牌意识。实施质量指标穿透管理，全年14项质量指标累计值达标率100%，全年未发生A类质量事件。首次获得全国质量奖，包头铝业获得第十九届全国质量奖，驰宏锌锗获得全国质量奖提名奖；中国铝业广西分公司获得第46届国际质量管理小组会议（ICQCC）最高奖项—金奖，这是中国有色行业今年唯一获奖企业。全国唯一的国家铝产业计量测试中心于2021年7月16日获得国家市场监督管理总局批准筹建。

2021年中铝集团主导的2项国际标准正式发布、3项国际标准获得批复立项，双双刷新集团国际标准年度立项和发布的新纪录。主导的52项国家和行业标准完成发布，58项国家和行业标准通过验收，51项国家和行业标准得到立项。争取到4项国家强制性标准制修订权，获得全国有色标委会技术标准优秀奖一等奖1项，16人获得优秀个人称号。

撰稿／李　浩

投资发展

2021年，集团紧紧围绕战略目标，加强顶层设计，优化资产配置，统筹安排战略性项目投资，合理安排一般性项目投资，调整资本结构，促进公司价值的持续增长，推动集团高质量发展。

一、年度投资及完成情况

2021年，集团经董事会决策并上报国务院国资委备案的投资规模为152.2亿元，全年持续贯彻落实集团党组“量力而行、尽力而为”的投资理念和投资管控新要求，加强投资控制，强化投资跨周期调节，全年实际下达投资计划96.82亿元。实施过程中持续加强管控，对于未履行完决策程序、投资优化不到位的项目，不下达投资计划；关键条件未落实、不具备开工条件的项目不开工实施；全年实际完成投资63.4亿元，完成下达计划的65.48%，结余部分用于偿还负债，资本结构进一步优化。

二、重大投资项目管理

（一）进一步完善投资管控体系

深入开展投资对标，借鉴宝武、鞍钢、华润等央企先进投资管理经验，修订境内外投资管理办法、固定资产投资管理实施办法，明确集团资源优化配置原则，厘清各层级投资管理职责，优化业务流程，进一步明确可研报告编制审查、全过程投资优化、开工审批、联合试车和（预）转固、竣工验收、项目考核等具体要求和管理流程，规范投资管理。制定固定资产投资控制业务指引，从项目前期、可研、实施、招投标的各阶段、各重点环节提出投资优化控制具体方法和目标要求，突出价值创造，严控项目投资，提高项目竞争力。强化项目价值创造分析，加强对NPV（净现值）项目的价值评估，按照集团期望投资回报率、资金综合成本、行业基准收益率等不同折现率测算项目价值，作为项目决策主要依据。

（二）加强投资项目过程管控

组织季度投资分析，建立重点项目清单，通报重点项目关键外部条件、投资优化、达产达标等情况，协调解决问题，分享经验做法，督促战略单元、项目单位压实责任，推动集团投资管控要求落地执行。对集团重点项目关键建设条件落实和关键节点持续进行跟踪，近年投产的24个重点项目达产达标23个，重点项目达效率95.8%。组建2个检查组开展投资项目定点抽查，通过战略单元交叉检查，对7家企业14个重点项目检查，查找问题督促整改，借鉴经验做法，提升投资管控水平。

（三）推动重大投资项目落地

完成云南建水项目可研审批，完成防城港核电铝、西南铜异地新建项目可研审查和投资优化；完成港口氧化铝项目投资优化。云铝海鑫昭通二期项目二三段建成，新增绿色水电铝产能25万吨，绿色水电铝比例不断提高；铝锂合金、航空薄板等项目建成；高纯锌镉、特种铜合金、高端微粉阻燃填料等项目建成投运，推动集团产业结构持续优化。落实中央环保督察问题整改，推动污染物排放满足生态环境保护排放标准，一批堆场封闭、脱硫脱硝除尘、污水治理、渣库改造等环保项目建成投运，集团生态环境治理水平显著提升。

（四）加强建设项目招投标管理

2021年，集团紧扣“一个服务平台、两级管理决策、三重监督管理”要求，全力压实战略单元监督管理职责、企业主体责任、中铝招标服务监督职责，进一步规范招投标行为、提升招投标管理水平。一是搜集、整理国家招投标相关法律法规，结合集团规章制度形成招投标管理文件制度汇编，对招投标管理体系进行完善、梳理，明确体系相关性、效用，审核体系的保障措施，为下一步招投标管理提供高效便捷指导依据。二是持续开展建设项目招投标督察，督察关口前移，对招标前期准备、前期调研、招标过程进行监督指导，对中铝国际、驰宏锌锗等6个单位和项目开展督察，发现39项问题，严抓督促整改，严把整改质量关，企业招投标规范性显著提高。三是持续开展工程建设承包商评价，2021年列入优秀承包商名录54家、预警名单40家、负面清单14家，压缩承包商数量，提升承包商质量。

三、海外发展及项目进展

2021年，集团境外资产总额2058亿元，占总资产的33%，境外营业收入939亿元，占总营业收入的18.1%。

（一）秘鲁特罗莫克铜矿二期扩建项目

项目计划总投资13.19亿美元，扩建后年产铜精矿含铜提高至30万吨（前6年）。2020年，扩建项目一期工程建成投产，释放产能约4万吨，2021年，秘鲁特罗莫克铜矿共生产铜精矿含铜23.6万吨，待项目全部投产后，大幅降低集团铜矿山生产成本，提升项目整体竞争力。

（二）几内亚博法铝土矿项目

集团积极响应国家“一带一路”倡议，实施全球化发展布局，不断提升可持续发展能力。2018年9月，项目正式开工，一期建设1200万吨铝土矿产能及配套港口，2020年项目全面建成投产并实现达产达标，2021年全年生产铝土矿1230万吨，全部运回国内。该项目的顺利实施为集团乃至国内铝工业发展提供有力资源保障。

四、矿产资源基本情况

集团及所属企业拥有及合作的矿业权共计337处，其中采矿权184处、探矿权153处，按矿种铝土矿148处、铜矿55处、铅锌矿103处、铁矿1处、煤炭5处、其他25处。集团保有资源量为：铝土矿27.19亿吨、铜2956万吨、铅锌4607万吨、铁矿石28.19亿吨、煤炭20.60亿吨、金216吨、银20187吨、锗448吨、钼312万吨、锰矿475万吨、锑3万吨、镓48138吨、石灰石16693万吨。

五、信息化发展及项目进展

（一）加强网络安全和信息化建设

2021年，集团进一步优化管控体系，健全信息化工作顶层治理体系。绘制集团“十四五”数字化转型、智能化发展规划蓝图，明确以智慧管理和智能工厂双轮驱动，推进集团数字化转型升级。制修订网络安全工作责任制实施办法、网络安全审查检查实施细则、办公信息化设备配备及软件使用管理实施细则等制度，集团网络安全体系建设和保障能力明显提升。“有色行业基于大数据技术的网络安全等保预警与工业互联网安全统一管理平台”获选国务院国资委2021年中央企业网络安全和信息化优秀案例，多项创新场景入选工信部2021年度智能制造试点示范工厂揭榜单位名单和智能制造优秀场景名单，信息化、数字化、智能化在提质增效、创新赋能等方面作用明显。

（二）以信息化手段提升监管能力

集团财务共享中心建设项目。首批试点企业完成上线试运行，通过与业务系统贯通，进一步提升业财一体化水平。完成蓝信系统、主数据平台升级改造，进一步明确主数据标准规范，实现主数据共享。以数据赋能提升业务管控效率，夯实智慧中铝建设基石，助推集团数字化转型。

集团国资在线监管指标报送平台建设项目。按照“大系统、大平台、大数据”系统建设理念，整合已建监管类系统，统筹构建逻辑统一的在线监管指标报送平台，与国务院国资委端平台互联互通，实现监管数据统一汇聚和上报，满足国务院国资委监管要求，也为集团以信息化手段提升监管能力奠定基础。

集团总部视频会议系统升级改造项目。以安全、稳定、可靠为目标，以自主可控、技术先进、性价比高为原则，全面完成集团总部视频会议系统升级改造，提升系统兼容性，增大数据承载能力，增加视频交互功能，提高系统稳定性、安全性、时效性和便捷性，满足参加国务院国资委视频会议、视频巡检等工作需要。

集团国资在线网络安全数据报送项目。将集团二级单位互联网出口纳入安全监管范围，并将二级单位互联网出口网络安全数据接入国务院国资委端安全监管平台，实现网络安全数据的集中汇聚。同时与国务院国资委端初步建立起网络安全风险报告、研判处置的协作机制，提高网络安全防控能力。

集团智能制造标杆工厂示范项目。按照集团“十四五”数字化转型、智能化发展规划路径，根据业态打造氧化铝、电解铝、铜矿山、铜冶炼五大智能工厂标杆，对六大模块进行标准化开发，在同业态推广复制。2021年，广西华昇、云铝文山、迪庆有色、中铝瑞闽等智能工厂模块化建设初步形成1.0版本，部分应用具备复制推广条件。

六、资本运作项目

（一）上市融资

完成云铝股份非公开发行股票，募集资金30亿元，助力云铝股份绿色低碳水电铝材一体化项目落地，降低上市公司资产负债率5.4%，进一步优化股权结构。

（二）并购重组

推动国家稀土产业整合。完成钢研稀土44.76%股权无偿划转并注入中国稀有稀土，有效提升集团在稀土行业的影响力，为后续集团参与稀土资源整合奠定基础；牵头制定稀土行业高质量发展方案，充分分析境内外稀土行业现状、问题和挑战，形成有针对性的发展战略，助力国家稀土产业整合。

优化调整炭素产业布局。完成中铝股份炭素资产整合，重组相关企业12家，涉及产能385万吨、资产49.9亿元、人员6604人，实现集团炭素产业专业化管理，提升行业引领力和市场竞争力。

“两资”“两非”企业治理。2021年集团超额完成国务院国资委下达的“两非”企业剥离目标任务，完成率达到90%，超过央企平均完成率67.5%，进一步聚焦主责主业。同时，自加压力，统筹推动亏损企业治理、压减法人户数和压缩管理层级工作，分类管理“两非”企业117户，计划在2022年底前退出72户，截至2021年底完成退出24户，有效推动集团高质量发展走深走实。

稳妥处置低效无效参股权。2021年完成15户处置任务，实现处置收益1.1亿元，超额完成年初制定的13户目标任务。

撰稿／费　凡　曹　鹏

深化改革

2021年，集团以推进改革三年行动为主线，以国有资本投资公司试点改革为牵引，全面深化各项改革，努力打造集团高质量发展新模式，集团深化改革三年行动实施方案确定的6个方面97项具体改革任务，总体超过进度计划，集团上下经营机制得到了转换，职工活力动力得到了较大激发。

一、改革的组织领导得到全面加强

集团领导高度重视深化改革三年行动推进工作，多次专题听取改革进展情况汇报，对改革工作作出指示批示。集团层面建立推进改革工作例会制度，每月召开1～2次会议，每次选取重点改革议题，及时跟进督办、答疑解惑。集团改革办公室对97项具体改革任务实行色带化管理、挂图作战，每月汇总改革进展情况，对于进度滞后的改革工作及时向相关单位发布提醒函。11个战略单元全部结合实际制定深化改革三年行动实施方案，所有改革措施做到任务、措施、责任单位和责任人、标志性成果及时间“五明确”，确保集团各项改革措施的有效推进。

二、中国特色现代企业制度加快完善

2021年，根据中央最新有关现代企业制度文件精神，集团层面对《“三重一大”决策制度实施办法》《董事会授权管理办法》《总经理工作规则》《决策事项清单》等制度重新进行修订，规范党组前置研究讨论重大经营管理事项的要求和程序，强化党组在决策、执行、监督环节的责任担当，厘清各治理主体的权责边界。加快集团所属董事会建设步伐，纳入应建范围的234户子企业全面实现应建尽建且外部董事占多数。把董事岗位作为培养年轻干部的平台，确定首批39户由集团选派专职董事的重要子企业，每户选派两名，一名由专业技术过硬、管理经验丰富的集团总部部门副职级以上领导担任，另一名由40岁左右、工作经历单一但具有较好培养前途的处级干部担任，27名专职董事全部到任，其中年轻专职董事11名。加强专职董事培训管理，举办集中培训班、“专董讲坛”，组织参加国务院国资委国企改革三年行动月例会及集团改革工作月度例会，深入任职企业调研，将组织关系统一转入运营优化部党支部，加强日常和年度考核评价，提高董事履职能力，提升董事会规范运行水平。

三、任期制契约化管理全面加速

紧紧抓住经理层成员任期制契约化管理这一深化改革的“牛鼻子”，集团层面重点抓好顶层设计，制定管理办法，召开专题推进会，统一思想、明确目标、压实责任，形成梯次展开、纵深推进、全面落地的改革新局面。303 户企业的 922 名经理层成员全部签约，实现任期制契约化管理全覆盖。各战略单元自加压力，制定有挑战性的考核指标。其中中铝高端制造围绕 2023 年上市目标，制定 10 家三级企业的任期制契约化考核指标，力争 2023 年实现净利润 10 亿元。

四、职业经理人制度改革迈开新步伐

畅通现有经营管理人员与职业经理人的身份转换通道，51 户企业 149 名职业经理人完成选聘。实行职业经理人制度改革的企业，转换经营机制，提升经营业绩。中国铜业对 3 家长期亏损的铜加工企业，率先实行以职业经理人制度为总牵引的一系列改革措施，3 家企业经营业绩均实现大幅度好转，职工深受鼓舞，信心倍增。中铝高端制造选取经营困难的中铝沈加、贵州彩铝、浙江中铝等 6 家企业开展职业经理人试点，并成立工作组，以职业经理人制度改革促进扭亏脱困。中铝资本以实施职业经理人制度改革为契机，倒逼企业深化改革，大胆使用年轻专业人才，激发职业经理人干事创业热情。

五、推进用工市场化取得初步成效

针对劳动生产效率低等顽疾，各战略单元全面对标行业先进企业，严格控制劳动用工，采取压减总量、盘活存量、严控增量等多项措施，提升劳动生产率。从集团总部到各级企业，紧盯劳动生产率，各基层企业通过转岗培训、跨企业安置、置换劳务派遣用工等多种方式，全面加大员工优化配置力度，截至 2021 年底，集团劳动生产率达到 56.94 万元 / 年，相较 2020 年提高 56.8%，相关改革经验被国务院国资委改革办主办的《国企改革三年行动简报》刊载。

六、对标世界一流管理提升行动成果丰硕

集团以价值管理为核心，强化全要素对标，以净资产收益率与标杆企业年度差距缩小 20% ~ 30% 为总目标，确定年度对标赶超目标，实行动态对标，倒逼管理提升得出“最优解”。比如，中铝股份净资产收益率 2021 年度目标与标杆企业（中国宏桥）差距缩小 20%，但随着标杆企业 2021 年一季度、上半年、三季度经营业绩不断的优化，中铝股份净资产收益率目标值也随之调整，以全力实现比标杆企业更大的优化，跑赢标杆。2021 年，中铝股份通过对标追标，净资产收益率、成费比、营运资本占用率、运营现金流保障倍数、资金周转次数、股东投入增值率 6 项指标跑赢中国宏桥，通过全要素对标实现收益 67 亿元。

七、混合所有制改革稳步推进

对具备实施混合所有制改革条件的第一批企业名单进行梳理，15 家企业“一企一策”研究制定混改初步工作方案，其中中铝环保充分发挥新兴产业灵活高效的优势，完成与江苏海光、湖北生态等合资设立公司的总体方案。加大资本运作力度，有序推进“昆仑项目”，完成“朝阳项目”“两江项目”立项，积极推进精细氧化铝分拆上市、锗产业和铝灰业务上市。统筹制定集团存量非控股上市公司股票盘活方案，积极盘活集团各单位 14 亿元存量股票。

八、专项改革工程取得实效

西南铝、华中铜业两家“双百企业”进一步深

化综合性改革，其中西南铝在下属企业积极推进经理层成员任期制和契约化管理、职业经理制度，初步形成干部能上能下的机制；华中铜业从 2020 年 7 月开始全面实施职业经理人制度改革以来，产销规模快速年化达产，经营指标持续向好，截至 2021 年 6 月底，已超额完成第一年任期考核目标。中铝股份、中铝国际积极履行改革的主体责任，推动郑研院、长沙院健全现代企业制度，规范公司治理，加大市场化选人用人力度，完善市场化激励约束机制，激发两家“科改示范企业”的科技创新动能。

撰稿／高国平

合作交流

一、国内交流合作

集团重要签约、走访调研活动顺利实施。集团领导克服新冠肺炎疫情不利影响，根据工作需要，一方面积极开展合作交流，集团与兵器工业、中石油、宁德时代等合作伙伴签署8份战略合作协议；另一方面适时开展到哈尔滨、西藏、云南、雄安新区等省、自治区、市（地区）走访调研活动25次。

细致周密开展到访接待工作。顺利完成中组部、国家发展改革委、国家环保评估中心、云南省、河南省、重庆市等有关领导到集团调研拜访13次，做好中信建托、魏桥集团、中国商飞、徐工集团、中银国际、东方电气等有关企业到集团拜访接待活动26次。

利用展览展会拓展对外合作。牵头组织筹办第三届中国西部国际投资贸易洽谈会、2021中国国际铝工业展暨亚洲汽车轻量化展览会，积极配合参与2021年中国国际铝业周、2021中国国际矿业大会等重要展会，切实做到以展览为媒介，架起密切政企关系、企地合作的桥梁，为企业业务拓展、技术推广搭建平台。

积极开展扶贫帮扶工作。健全机制，优化方式，打好产业、智力、就业、人才及消费帮扶等“七大组合拳”，持续巩固“两不愁三保障”成果。投入1000万元帮扶资金，进一步深化在产业发展、民生改善、教育就业、智力支撑等多领域的帮扶措施。在湖北省阳新县各镇区慎重推荐、帮扶干部实地考察、县政府讨论研究基础上，制定《2021年度定点帮扶项目计划情况表》，涵盖特色产业发展、基础设施改善、公共服务提升、智力帮扶、救助帮扶、消费帮扶等重点领域19个帮扶项目，项目化、表单化推进乡村振兴。

二、国际交流合作

主动适应疫情防控新常态，积极通过“云端”“线上”开展国际交流合作。全年审批办理因公出访团组204个、865人次。审核邀请来华团组9个，实际来华2人次。集团领导出席外事活动近20次。

通过第四届中国国际进口博览会等活动，与来自澳大利亚、俄罗斯、智利等10余个国家的供应商开展合作洽谈，签署合作协议。

继续严格执行《关于做好赴境外人员新型冠状病毒感染的肺炎疫情防控工作的紧急通知》，压实各单位防疫责任，确保出国人员完成疫苗接种并做好沿途防护工作，严格遵守我驻在国及转机国使领馆的防疫要求，同时敦促各单位持续跟踪关注回国人员隔离情况，出现问题及时上报并妥善处理，做到闭环管理。

撰稿／凡青平

人力资源开发

2021年，在集团党组的坚强领导下，紧紧围绕集团中心任务和总体部署，加强高素质专业化干部人才队伍建设，大力选拔优秀年轻干部，强化干部监督，全面推进各层级企业用工市场化改革，干部人才队伍更有活力，“德才兼备、以德为先、事业为上”的选人用人导向更加鲜明。聚力“三项制度”改革攻坚，354户企业开展任期制契约化管理和职业经理人制度改革，市场化选人用人改革迈出新步伐。完善市场化薪酬分配机制，优化人员配置，提升人力资源效能，集团全员劳动生产率提升56.8%，市场化用工优化配置的做法作为优秀案例在2021年《国企改革三年行动简报》第61期刊登。推进“双百行动”和“科改示范行动”，华中铜业职业经理人改革、长沙院科改分别入选国务院国资委优秀案例。

一、聚焦选育管用，着力锻造高素质干部队伍

（一）建强优化领导班子

聚焦选用“关键少数”，加强战略单元和实体企业领导班子建设，对7户战略单元和48户实体企业领导班子进行调整补充；选优配强“一把手”，对36户实体企业正职进行调整充实。统筹用好各年龄段领导人员，强化70年代、80年代优秀年轻干部选用，集团部门级领导干部中，45岁以下占比同比提升3.8%。畅通“能下”渠道，2名工作不力的干部被调整职务，11名业绩不佳干部退出领导岗位，2名干部降级使用，让工作业绩突出，能干事、干成事的干部脱颖而出，做到“干与不干不一样、干好干坏不一样”，树立起“能上能下”的鲜明用人导向。

（二）做到四个“突出”

一是突出基层导向。全年提拔62人中，45人具有一线工作经历。要求各级党组织将“职能部门负责人提拔晋升必须具有基层一线工作经历”要求写入干部选拔任用制度。二是突出干部交流。全年交流集团部门级领导干部72人（其中45岁以下10人）。突出董事会建设，建立184名董事监事人才库，遴选16名集团部门副职级以上干部担任专职外部董事，遴选11名1980年左右出生的处级干部担任专职外部董事，锻炼成长。三是突出年轻干部培养。调整优化经营管理“合金”“锋刃”“飞跃”三大人才计划，形成1000人左右的干部储备池，打造集团领导干部“第二梯队”，将4名80后“锋刃”“飞跃”计划人选安排到实体企业总经理助理岗位丰富管理经验。遴选2名偏远地区企业优秀年轻处级干部到集团内处于改革发展一线的先进企业挂职锻炼。遴选集团总部8名年轻干部到实体企

业基层一线、8名企业年轻干部到集团总部工作，“补课”学习，历练成长。

（三）强化干部监督

一是抓细“日常”监督。对6户战略单元、35户实体企业党委开展2020年度干部选拔任用“一报告两评议”工作。对9户企业党委选人用人工作进行专项检查，发现存在6类74个问题，督促相关企业党委完成整改。二是抓好“专项”督查。出台集团《规范领导干部配偶、子女及其配偶经商办企业行为规定（试行）》，对459名集团部门级领导干部进行全覆盖查核；对4个境外公司、10个境外单位领导职务进行提级备案管理，从严管理监督力度更强。

二、聚焦激发活力，三项制度改革走深走实

（一）深化三项制度改革

一是印发《关于进一步深化三项制度改革的重点任务及推进措施》，进一步明确集团三项制度改革的目标和重点任务，细化12项推进措施。二是加大管理人员退出，指导企业健全完善劳动用工和绩效考核制度，将考核结果与合同续签、岗位聘任挂钩，推行末等调整和不胜任退出。三是加强重点改革任务检查督导，在企业自查整改基础上，开展“穿透式”抽查。四是加大改革工作宣传，每月总结实体企业改革的经验做法，印发各企业学习借鉴。2021年，退出管理人员127人，占比3.67%；公开招聘率100%，员工市场化退出率2.17%。

（二）大力推行任期制契约化管理

紧紧抓住经理层成员任期制和契约化管理改革这个“牛鼻子”，签订《岗位聘任协议》和《经营业绩责任书》，明确具有挑战性的任期目标，建立“红黄牌”岗位退出机制，实施刚性考核、刚性兑现；职业经理人按照“市场化选聘、契约化管理、差异化薪酬、市场化退出”要求，明确责权利，实现身份转换。2021年，集团纳入改革范围的354户企业，实施任期制和契约化管理303户、职业经理人管理改革企业51户，激发经营班子成员的积极性和主动性。

（三）优化员工配置、降低人工成本

一是印发《关于严控用工总量有序压降人工成本的工作措施》，从用工总量逐年优化、人工成本有序压降、工资分配精准激励和建立健全监测机制等四个方面，细化12项工作措施。二是建立动态监控机制，明确年度目标、分解目标、按月跟进完成进度。2021年，集团劳动用工总量优化1.8万人，较2020年末用工总量优化10.3%。

（四）健全完善市场化薪酬激励机制

一是优化战略单元工资总额决定机制，在工资总额与效益挂钩基础上，建立人工成本投入产出效率对标调节机制，工资分配向效益好、效率高的战略单元倾斜。二是实施市场化对标激励，以ROE市场平均水平为起点、领先水平为追赶目标，分档设置超额激励目标，按照薪酬标准0～2倍给予分档激励并建立约束机制。三是共享改革发展成果，在集团经济效益和劳动效率双提升的基础上，研究制定降本增效特别奖励方案。2021年分两次实施奖励，共奖励3.29亿元、涉及11.36万人，人均2892元。四是持续推进科技型企业分红激励，对符合条件的科技型企业的科技项目实施分红激励。2021年，科技型企业分红激励新增3户企业、4个项目；对以前年度审批同意的14户企业、19个项目实施首年分红激励，兑现3048万元、激励1286人、人均2.37万元。

三、完善制度体系，加强人才队伍建设

一是贯彻中央人才工作会议精神，根据集团《关于新发展阶段加强科技创新工作的实施意见》，建立首席科学家制度和“首席科学家 + 技术专家 + 卓越工程师”的职业发展体系，建立完善科技人才培养、引进、使用、评价、激励等制度。二是落实国家对职称评审工作的新要求，对现有职称评审办法进行修订完善，出台《职称评审管理办法》《思政工作人员专业职务任职资格评定办法》。三是加强高端人才引进，做好高层次人才选拔推荐。根据集团高层次科技人才队伍建设的要求，结合集团重点研发领域和各战略单元业务方向，先后联系 10 名海外高层次人才，引进 2 名海外高层次青年人才；立足集团科技攻关重点领域 6 个类型共 13 个岗位方向，编制 100 名高层次人才引进计划。四是推荐 6 名国家重大人才工程候选人，申报正高级经济师、正高级会计师 6 人。五是加强高技能人才队伍建设。制定集团 2021 年度“五级技师”聘用计划和高技能人才培养计划，新聘用“五级技师”2101 人，新培养技师、高级技师等高技能人才 674 人，新建 10 个集团技能大师工作室。

四、聚焦素质能力提升，加强干部人才培训

一是组织网络专题班。在中国干部网络学院开展党的十九届五中全会精神网络培训、“党史百年”网上专题班，共计 3587 名集团副处级以上干部完成网络学习。二是办好中铝大讲堂。围绕党的十九届六中全会精神、习近平总书记“七一”重要讲话学习宣贯，以及党史学习教育、“双碳”工作、智慧能源、生态环保等专题，邀请知名教授、党校名师、高级学者、企业专家等举办 9 次讲座，集团副处级以上干部及相关人员累计参训 3 万余人次。有关党的十九届六中全会精神、党史学习教育讲座的新闻报道被中宣部“学习强国”学习平台转载。三是举办有色金属行业青年科技英才创新能力提升高级研修班，共计 64 人参加；举办国有企业三项制度改革、数字化智能化转型、碳达峰、碳中和绿色发展等专题网络培训班，集团各战略单元及所属实体企业 2480 人参加网络学习。四是发挥中铝党校作用，全年共组织 1110 期各类培训班，培训 9.8 万余人次，其中党员理论学习和党性教育专题培训班 82 期 3.2 万余人次，党务干部、基层党支部书记党建业务能力提升专题班 13 期 1000 余人次，面向企业的各类专题选学班 14 期 900 余人次，承担企业委托的技能人才、专业技术人才等培训班 560 余期 3.9 万余人次，送教上门服务 16 期 1900 余人次。

五、积极做好集团各项工作

（一）多渠道开展西藏等地高校毕业生招聘

一是配合西藏自治区国资委、西藏央企合作办公室，组织所属具有招聘西藏籍高校毕业生需求的企业，做好线上招聘。二是组织企业参加西藏自治区人社厅等多部门在自治区人力资源市场举办的“2021 年中央企业助力西藏高校毕业生就业大型招聘会”。三是协助中智集团做好中央企业西藏籍高校毕业生市场化促就业项目的调研及方案设计。四是组织所属企业开展西藏、青海、新疆等三地高校毕业生专场招聘。2021 年，集团面向西藏籍高校毕业生提供岗位 100 个，面向西藏、青海、新疆三地高校毕业生提供岗位 91 个。

（二）完善集团总部考核分配

一是加大考核分配改革力度。完善总部部门绩

效考核方案，细化考核指标体系，加大量化考核，缩短考核周期，实行“季度预考核＋年度综合考评”的动态考核模式，季考核、季通报，年度综合考评。二是实施强制分布和末等调整机制，部门及员工的考核结果按照强制分布确定优秀、良好、合格或不合格的考核等级。强化结果应用，对部门内部年度考核得分排名末位的，视情况调整工作岗位、降级降薪或安排专业培训。考核结果算积分，累计考核积分与员工薪酬、职务或岗级提升、绩效分配等挂钩。三是建立总部员工薪酬与集团整体效益挂钩的同向联动机制，引导总部员工关注企业发展、关注企业效益，与企业同发展。

（三）认真开展档案专项审核工作

认真贯彻中组部关于深入开展干部人事档案专项审核工作通知的要求，制定工作实施方案，明确工作任务目标和具体要求。组织召开全集团组织人事部门员工参加的干部人事档案专项审核工作动员部署会、推进会。截至2021年末，全集团新纳入审核范围档案人数8596人，已审核人数8502人，占比99%。

撰稿／胡　瑛

监督管理与风险防控

2021年，集团持续深化纪检监察体制改革，党风廉政建设、巡视巡察、审计督查、合规风控和内控体系建设重点工作取得新成效，治理体系和治理能力现代化水平不断提高，集团政治生态持续向好，实现“十四五”高位开局。

一、强化理论武装，体现实践成果

2021年，纪检监察机关以党的创新理论武装头脑、指导实践，更加自觉坚定扛起责任担当、不断增强斗争意志和本领。坚持和完善组务理论学习机制，把学习习近平总书记“七一”重要讲话和六中全会精神摆在突出位置，发挥领学促学作用，以实际行动践行伟大建党精神。深学笃用结合，理论实践贯通，组织4项课题调研、3次专题交流，各级纪检监察机关围绕服务中心破题、推动改革发展解题，精准监督。党组成员调研企业75次，全级次办实事9985项，推动党史学习教育成果转化为“为群众办实事、为企业解难题”的创新改革发展实效。

二、强化政治监督，体现政治担当

坚守纪检监察机关作为党内监督和国家监察专责机关的职责定位，聚焦“国之大者”精准有力监督、保障贯彻落实。印发《贯彻落实“第一议题”制度工作方案》，坚决让“两个维护”在集团一贯到底。认真落实中央政治局常委、中央纪委书记赵乐际调研中铝广西企业的工作要求。督促中央巡视反馈问题100%完成阶段性整改，交出一份质量高、成色足的巡视整改答卷。聚焦疫情防控、特大汛情等急难险重突发任务精准跟进靠前监督，督导扛实责任，问责疫情防控履责不力者7人。制定《纪委请示报告事项管理办法》，完善领导班子“画像”评价机制。印发《关于加强对“一把手”和领导班子监督的实施意见》，并将其纳入巡视巡察监督重点。集团党组巡视工作坚持政治定位，坚持巡视巡察联动、有形覆盖与有效覆盖相统一、境内与境外相协同、发现问题与整改问题并重，巡视力度和效果持续增强。多措并举，贯通协同，推动政治监督具体化常态化。

三、深化审计体制机制改革

一是进一步强化审计的监督职能。将管理类职能调出，将风险管理与后评价等管理类职能划出，增设违规追责处，配备专职人员3名。二是改革审计组织架构，提升审计监督级次。将主要审计资源向总部及战略单元两级集中，组织战略单元、实体企业通过内部划转、竞争上岗等方式集结审计人员87人，进一步提升审计监督级次；设立直属集团总部的审计中心，实现“管办分离”。三是建立统一管控的内部审计管理体制。建立审计工作垂直报告机制。四是完善考核机制，确保审计独立性。

四、审计监督质量效果双提升

2021 年，坚持以监督强化治理、以内控提升价值，共完成经济责任审计、项目审计和专项审计等各类审计项目 378 个，审计发现问题 810 项。推进审计成果应用，督促企业实现到期整改率 100%，重大风险关注事项建议采纳率 100%；投资项目审减额 2.73 亿元，审减率达 5.13%，较 2020 年同期提高 1 个百分点，审计成效明显。

为持续提升审计效率与质量开展系列工作，一是聚焦改革与发展主题，推进国企改革三年行动落地见效情况跟踪审计；二是聚焦科技强企战略，实施科研专项审计；三是聚焦提质增效精准性，开展集中采购、金融衍生业务等专项审计；四是任中经济责任审计常态化；五是聚焦境外国有资产管理，实现审计全覆盖、常态化；六是优化强化工程项目审计管理；七是加强内控体系监督评价，提供良好内部控制环境。

五、违规追责加强震慑

一是完成基本制度和工作配套制度建设。印发《违规经营投资问题线索查处工作细则》《中国铝业集团有限公司经营投资免责事项清单》《中国铝业集团有限公司责任约谈工作规则》等制度，编制《中铝集团违规经营投资责任追究工作制度解读》，丰富违规追责的工作手段。二是积极开展违规追责工作。2021 年度，组织各级责任主体对 16 件问题线索进行核查和责任追究，完成责任追究 11 件，追责问责 59 人次，涉及责任人员 45 人，其中组织处理 35 人次、扣减薪酬 7 人次（涉及 30.1 万元）、党纪处分 6 人次、政务处分 7 人次、纪律审查和监察调查 4 人次。

2021 年，中铝集团狠抓审计整改与结果运用，做好审计“后半篇文章”，不断强化审计整改监督。通过审计“回头看”等整改措施，强化审计整改，相关企业修订或新建规章制度 217 项，清回逾期等款项 13.09 亿元。

六、落实责任完善法律工作体系

一是开展实体企业法治建设第一责任人应知应会法律合规在线闭卷考试，共计 142 人参加，并作为 2021 年领导干部考核的重要参考。深入开展普法宣传教育活动，完成集团统一的律师库建设。二是按照国有投资试点公司的有关特点，充实区域法律中心的力量，确保法律审核 100% 全覆盖；加强对重大项目提供法律支撑，集团法律合规部为和泽基金风险处置、美元债发行等重大项目全程提供法律支持服务，高质量起草、审核有关法律文件，确保风险可控。

七、不断压实案件纠纷处置能力

2021 年，通过强化案件管理，案件处置质量明显提升。一是集团全年实现结案 665 件，涉诉金额 68 亿元，胜诉率达 73%；存量案件同比下降 50% 以上、金额下降 30% 以上，新增案件数量和金额均下降约 40%，超额完成“双降”目标任务。二是挽回和避免经济损失 32 亿元。其中，集团诉恒美铝业商标侵权案获得全面胜诉，执行回款 300 余万元；集团华鑫水电破产案件清收黄河再生铝股权转让款 1.98 亿元，实现“以案创效”合计 2 亿元。集团法律人员自行代理案件 286 件，节约律师费支出约2870万元，法律维权成效显著。

八、持续完善知识产权管理体系

2021年，集团持续完善知识产权管理体系，不断强化商标管理工作，分两批对16件、160件商品上冒用“中铝”商标的行为提出异议，13件得到国家知识产权机关支持，有效维护集团的商标权益；开展商标专项维权工作，就某企业商标侵权事件向苏州中院提起诉讼，获得胜诉，并执行回款300万元。

九、强化风险管理，进一步完善规章制度

2021年，集团修订《2021年全面风险管理暂行办法》，编发《2021年全面风险管理典型案例汇编》，印发《关于开展集团2021年风险监测与报告工作的通知》。将合规管理纳入“十四五”规划体系，并在经营业绩考核中加大合规考核力度。集团保密工作连续获得“中央企业保密管理对标标杆企业”称号，人民防线建设工作经验获得国家安全部肯定。集团规章制度制定工作计划的完成率达到96.2%，实现大幅提高。完善集团规章制度体系，通过实时动态维护，在制度平台上传基本制度2000项、业务类制度11305项、实施细则1601项。开展集团总部规章制度清理和电子汇编工作，印制的纸质版汇编2631页，约167万字。

十、深化内部控制制度体系建设

一是明确制度分级分层管理机制。集团各部门在内控项目组提供的制度分级建议基础上，按基本管理制度、业务管理制度、业务实施细则维度对制度进行分类分层管理，对480余项制度进行梳理。二是强化内部控制建设与监督管理制度。根据国务院国资委《关于做好2021年中央企业内部控制体系建设与监督工作有关事项的通知》（国资〔2020〕307号文）、《关于加强中央企业内部控制体系建设与监督工作的实施意见》（国资发监督规〔2019〕101号）、《关于加强中央企业资金内部控制管理有关事项的通知》（国资发监督〔2021〕19号）等文件要求，基于国务院国资委“1+N”内控体系框架，印发《中国铝业集团有限公司内部控制建设与监督管理办法（试行）》《中国铝业集团有限公司资金内部控制监督细则（试行）》，以内控体系建设与监督制度为统领，将内部控制与风险管理与合规监督相融合，明确监管工作程序、标准和方法，形成风险防控合力。

十一、协同优化内部控制流程体系

一是建设覆盖全级次、全业务的内控流程体系。集团总部内部控制体系更新建设划分公司层面、业务流程层面、基础支撑层面三类流程，共覆盖35个一级流程，131个二级流程，超过300个三级流程。各战略单元在本次内部控制体系建设中完成1945个一级流程、3000余个二级流程的优化梳理。直管企业内部控制体系侧重对股权投资全生命周期管理流程的更新优化，覆盖投资、预算、资金支出管理3个一级流程的更新完善。

二是遵循管理实际，精益内部控制建设方法。确立了制度和流程（内部控制手册）同步规划、同步修编、同步审议的管理机制，将制度与其内部控制流程作为规范业务处理和实施监督检查的依据。集团各部门、战略单元与直管企业及其所属企业新立或修订制度时，对纳入内部控制流程范畴的管理制度，须编制配套的流程图作为制度附件；同时与制度相关的内部控制流程手册经制度管理部门和内

部控制建设管理部门审核后，该制度才能提请相关决策会议审议。内控体系建设与管理实践、全要素对标相结合，对照国务院国资委有关中央企业内控体系有效性抽查评价情况的要求，并结合行业实践及战略单元、各主要实体企业的全要素对标，寻找与标杆企业在管控流程上存在的差距优化内部控制流程，通过前置管理防范业务风险；内控体系建设与全面风险管理、合规监督相协同。总部内控体系更新建设，参考集团风险事件库提炼风险场景，推进内部控制与全面风险管理要素的有机衔接、协同建设。

撰稿／李　野　温　彪　高国平

文化建设

2021年，中铝集团企业文化品牌软实力、影响力持续提升，以“励精图治　创新求强”企业精神为核心，启动“中铝精神谱系”梳理提炼工作；“用新闻建设中铝”，讲好中铝故事，传播中铝声音，为打造中铝内涵式高质量发展新模式提供强大精神动能。不断构建企业竞争软实力，以高质量文化建设助推集团高质量发展。

一、加强宣传思想品牌建设

（一）树立中铝形象，扩大市场影响

2021年，集团企业文化工作对外树立中铝形象，扩大市场影响。西南铝3万吨模锻水压机图片材料入选中国共产党历史展览馆，《关键一“环”》获评中央企业优秀作品，《第二个家》获评国有企业优秀品牌故事。“东北轻合金加工厂”和“洛阳铜加工厂”两个项目入选中央企业工业文化遗产。启动提炼中铝精神谱系工作，评选表彰“最美中铝人”，开展企业文化专项对标，提高企业竞争力，在集团企业深化企业文化示范基地建设，编纂“中铝故事——庆祝中国共产党成立100周年专刊”系列企业文化丛书。

（二）凝心聚力，促进集团健康发展

确定2021年宣传思想工作重点，下发任务分解清单。落实意识形态工作责任制，建立与新闻中心的联系机制，定期研究重要事项。深入开展“赶超标杆我能干成什么”大讨论，推进学习贯彻习近平新时代中国特色社会主义思想进企业、进车间、进班组。开展庆祝中铝集团成立20周年在线答题、微视频大赛、我为中铝送祝福等系列活动。

深入学习贯彻中国共产党统一战线工作条例，督导各级党组织对标找差距、定措施、补短板，组织党外代表人士认真学习“七一”重要讲话、六中全会精神，积极撰写主题征文，畅谈心得体会。扎实开展“庆百年、爱企业、献良策、做贡献”等主题活动。

采纳提案建议17条，职工代表对提案办理满意度为96.4%。举办“中国铝业杯”第十四届国家级竞赛。开展“金点子、银点子”合理化建议活动，征集合理化建议1.37万条，采纳0.84万条。建成各级创新工作室338个，完成创新项目925个，推动实现创效5.6亿元，累计获得专利870个。

认真履行党建带团建责任，定期研究团的工作，印发党建带团建实施方案和“青马工程”实施方案。团组织认真开展“学党史、强信念、跟党走”学习教育、“党旗飘扬团旗红、我为中铝做贡献”青年大实践、青年新媒体大赛、号手岗队、志愿服务等活动，有关活动情况多次在党史学习教育简报、“学习强国”学习平台刊发。集团和所属企

业通过开展丰富多彩、有益身心的文艺和体育活动，展示集团的企业风貌和员工风采。

二、强化企业竞争软实力

始终坚持“用新闻建设中铝”的工作主线，聚焦“强化凝心聚力、强化宣传引导、强化融合创新、强化能力建设”，对标行业先进，创新工作思路，围绕集团高质量发展重点任务目标抓好新闻宣传各项工作，不断构建企业竞争软实力，以高质量宣传工作助推集团高质量发展。

（一）提升集团对外影响力

科学规范推动外宣工作。不断强化新闻宣传工作沟通力度，打造融媒体宣传矩阵，与《人民日报》《光明日报》等央媒保持联系，夯实大媒体格局。全年累计在国内主流媒体主动策划刊登各类正面宣传稿件220余篇，在《中国有色金属报》发稿800余篇，在“学习强国”学习平台发稿340余篇。

（二）做好《中国铝业报》编发工作

发挥新闻宣传主阵地作用。提升《中国铝业报》内容质量、增加载体分量、夯实受众基础下大气力，切实发挥集团新闻宣传主阵地作用，把做好集团宣传服务工作摆在首要位置。2021年共编辑出版报纸98期，刊登稿件4000余篇，照片800余幅，设置栏目30余个，全年出动采访报道150余人次。

充分发挥新媒体技术优势。开设中铝报视频号，围绕疫情防控、社会责任履行，立足主责主业，发挥融媒体特色，树立企业品牌形象，扩大集团影响力。刊发原创报道38期，阅读量超过40万人次，新媒体传播取得良好效果。多篇文章在中国产经好新闻和河南省好新闻评比中荣获奖项，报纸差错率持续低于3‰，蝉联一级报纸称号。

（三）整合平台资源，凝聚新闻工作合力

落实新媒体工作的新要求。制定新媒体工作运营短期规划，理清宣传重点、创新宣传方式，聚焦贯彻落实新发展理念、推动高质量发展、构建新发展格局。

加强中铝“中央厨房”建设。新增中铝报视频号、中铝集团强国号宣传平台，打造“一报”（中国铝业报）、“一网”（中铝集团官网）、“三端”（“今日中铝”公众号、“中铝集团”强国号、“中铝新闻”客户端）、“一微”（“中铝报”视频号）、“一刊”（《舆情参考》）等七大平台构成的企业立体媒体工作矩阵，推动媒体融合向纵深发展。集团网站群上传稿件1200余篇，“今日中铝”公众号、“中铝新闻”客户端累计发稿2300余篇，粉丝突破9.6万人，融媒体平台已经成为宣传的重要力量。

三、社会责任工作质效不断提升

（一）企业社会责任报告中的典范

编制发布《中国铝业集团有限公司社会责任工作专项规划（2021—2025）》。举办中铝集团第四届社会责任工作大会暨第五届降碳节，发布集团社会责任报告、降碳报告。社会责任报告获评“五星佳”最高评级，并被中国企业社会责任报告评级专家委员会评价为“企业社会责任报告中的典范”。

（二）定点帮扶和对口支援工作

云南、青海发生地震，河南遭受暴雨后，集团第一时间协调相关战略单元，捐款捐物，共计捐助款1700万元。抓好定点帮扶和对口支援工作，牵头制定工作计划，落实拨付资金3750万元。组织召开援青工作专题对接会、湖北阳新县定点帮扶座谈会。组织捐赠爱心助学金47.85万元，召开消费帮扶座谈会14场，累计采购农产品802万元，

紧急联购滞销农产品109万元。在2020年中央单位定点扶贫工作成效评价中，集团获得最高等次“好”的评价，2人获“全国脱贫攻坚先进个人”表彰。集团帮扶支援工作案例入选《中央企业“我为群众办实事”实践活动百项特色项目汇编》。

（三）**积极做好信访工作。**

制定《信访维稳工作任务清单》，涉及27项基础管理和一个重大信访事项（负面清单），将检查考核结果纳入年度党建考核体系，以顺应集团管控模式改革，进一步压实战略单元和实体企业的责任；全年化解、结案国务院国资委化解专项工作案件6件，并经国务院国资委审结，化解率为75%，超额完成国务院国资委70%的目标要求。编制中铝集团建党100周年庆祝活动信访安全保障方案和应急预案，协调组织召开集团专题会议，明确部署、落实责任，保障集团拥有一个稳定、健康的发展环境。

撰稿／陈一新　米　金　李　哲　蔺　健　凡青平

2022

中国铝业集团有限公司年鉴

The Yearbook of Aluminum Corporation of China

【企业篇】

Enterprises

中国铝业股份有限公司

一、基本情况

中国铝业股份有限公司（简称中铝股份）成立于2001年9月10日，注册资本170亿元，员工总数（在岗）62107人（含云铝股份），资产总额2302.14亿元（含云铝股份），资产负债率59.30%（含云铝股份）。

主营业务范围：铝土矿、石灰岩的开采，铝镁矿产品、冶炼产品、加工产品的生产和销售，碳素制品及相关有色金属产品的生产、销售，材料检验分析，自动测量控制、网络、软件系统的设计、安装调试，发电。产能规模：氧化铝产能2226万吨，精细氧化铝产能180万吨；电解铝产能805.5万吨；铝基合金产能380万吨；炭素产能392万吨（含云铝股份）。办公地址：北京市海淀区西直门北大街62号。

2021年，在中铝集团党组的坚强领导下，中铝股份以推动高质量发展为主题，以提升价值创造能力为统领，以深化全要素对标为抓手，转作风、抓落实、提效能、创一流，高质量发展取得新成效，实现"十四五"良好开局。经济效益大幅增长，全年实现营业收入3113亿元、净利润120亿元，同比增长44%、3.3倍；经营性净现金流342亿元，同比增加72%，创历史最好水平。运营质量显著改善，净资产收益率13.5%，同比提高10个百分点；成费比92.6%，同比优化4.9个百分点；在收入同比增加44%的情况下，"两金"占用月均降低8亿元，实现逾期应收款零新增；货币资金周转率24次，同比提升6次；债务结构大幅优化，带息融资规模同比降低218亿元，资产负债率同比降低4.77个百分点，均为近十年来最好水平。

二、市场分析

（一）价格走势

2021年，电解铝需求稳步增长，供需错配格局加剧，全年库存低位运行，对铝价形成利好支撑，电解铝生产成本不断抬升，进一步推高价格支撑重心。2021年沪铝与伦铝价格均创近十多年新高，成为年内有色金属中备受关注的品种。2021年沪铝主力合约平均价为18940元/吨，较2020年上涨35.2%；伦铝年均价为2486美元/吨，较2020年上涨43.5%。

（二）市场供求

截至2021年底，中国电解铝建成产能为4325万吨/年，较年初增加93万吨/年；运行产能为3770万吨/年，较年初下滑近200万吨/年；2021年中国电解铝产量约为3890万吨，较2020年上涨

4.3%。2021年，由于国内强劲的需求支撑，全年铝锭进口数量处于历史高位，全年净进口量为157万吨，较2020年增加52万吨，增幅约49%。与此同时，国储在6月至9月4次抛储28万吨，也对国内供应作出补充。截至2021年底，国内电解铝社会库存约为79.9万吨，较年初增加15.5万吨，库存处于近年低位水平。

三、生产经营

（一）企业对标追标成效明显

中铝股份采取多项措施推进全要素对标，全年实现管理降本20亿元，净资产收益率与标杆差距加快缩小，氧化铝、电解铝成本竞争力前进10个百分点，25家企业跑赢标杆，被国务院国资委确定为“标杆企业”。氧化铝、炭素产能利用率同比分别提高2.5、16个百分点，铝土矿、氧化铝、电解铝、炭素、精细氧化铝（含氢铝）、合金产量分别完成2977万吨、1968万吨、672万吨、284万吨、416万吨、254万吨，同比分别增长11.1%、11.1%、3.1%、11.5%、5.6%、11.4%。电解铝综合交流电耗、氧化铝综合能耗同比分别优化0.31%、0.8%；氧化铝一级品率、铝液99.85以上槽占比、阳极一级品以上率同比分别提升11.8、12.2、4.4个百分点。包头铝业在有色行业首次问鼎“全国质量奖”，广西分公司获得国际质量管理小组金奖。

（二）专业管理、经营能力持续提升

中铝股份总结推广山西中润电解铝“五标一控”（即大宗原材料标准化、焙烧启动标准化、启动后期管理标准化、正常生产工艺技术标准化、生产操作标准化，数据化管控生产）管理模式，初步形成广西华昇氧化铝“三化一提升”（即标准化、生态化、智能化，提升核心竞争力）管理模式，塑造了管理品牌新形象。中铝国贸创新商业模式，强化市场运作，氧化铝、电解铝、精细氧化铝市场占有率分别提升0.5、0.8和2个百分点，完成进口矿贸易113万吨，国际贸易额同比增长34%；中铝物资加快采购数字化转型，建成“铝约益采”采购平台，推行“双赛马”机制，创新备件共享管理，全年采购成本降幅达7.1%，外部业务同比提升6个百分点；中铝物流建设网络货运平台，整合云铜和中铝高端物流业务，拓展海运及港口服务，物流降本降幅达10.3%，外部业务占比同比提升8个百分点。

主要经济指标一览表（含云铝股份）

表5

项目	单位	2020年	2021年	增长（%）
资产总额	亿元	2360.73	2302.14	−2.48
工业产值	亿元	1211.85	1738.44	43.45
营业收入	亿元	2155.64	3114.17	44.47
利润总额	亿元	35.46	148.67	319.28
净利润	亿元	28.33	120.01	323.62
税收贡献	亿元	62.99	120.70	91.60
全员劳动生产率	万元/人·年	47.04	72.61	54
资产负债率	%	64.00	59.30	降低4.7个百分点
净资产收益率	%	3.34	13.43	增加10个百分点
总资产报酬率	%	1.17	5.15	增加4个百分点
研发投入强度	%	1.29	3.16	增加1.87个百分点

四、安全环保

（一）不断加强安全生产标准化建设

2021年，中铝股份深入学习习近平总书记关于安全生产的重要论述，不断加强安全生产标准化建设，安全生产形势保持平稳。持续深化“三敬畏、

反三违”专项行动，消除装置性违章，大力推进葡萄图安全管理工具，狠抓作业前风险评价工作，强化安全重要风险和危化危爆品管控，重新梳理形成重要风险清单，制定落实重要危险源安全包保责任制，实现地下矿山作业点视频全覆盖。编制《电解铝企业岗位风险辨识手册》，细化电解铝企业风险防控；开展危化危爆品安全排查、重点企业交叉互查以及有毒有害气体、有限空间作业专项整治，对排查出的隐患全部整改。云铝涌鑫、包头铝业、青海分公司等5家企业通过国家安全标准化一级企业验收，王洼二矿被认定为安全生产标准化二级企业。

（二）不断完善环保标准和管控体系

成立中央生态环境保护督察问题整改领导小组，针对重点难点问题细化关键节点按周督办，推进问题整改，第二轮第二批督察整改措施完成率84%。制定《生态环境管控强制性要求》，修订《职业健康安全环保督察工作规定》，统一生态环境保护管理标准，完善管控体系，一批企业历史欠账得到彻底解决；协同开展减污降碳升级改造，主要污染物排放量持续下降，温室气体排放同比减少190万吨，完成土地复垦1.28万亩，复垦率保持100%，累计有8座矿山纳入国家绿色矿山名录，未发生环保事件。

五、科技创新

（一）坚定实施科技驱动战略

编制“十四五”科技发展规划，制订科技创新方案，明确12个重点科技攻关方向；创新体系全面重构，整合内部资源组建中铝绿色冶金研究院，成立电解铝节能降碳等9个技术中心，构建中铝股份本部协同中央研究院开展科技研发布局、专业研究院负责前沿突破、技术中心负责工业试验和产业化示范、实体企业实施成果转化的科技创新体系。不断优化创新工作机制，制订实施《科技工作管理办法》等4项管理制度，改革重大项目组织管理方式，建立“揭榜挂帅”攻关机制；新承担政府科研项目4项，争取到政府经费支持1.02亿元。郑州研究院“科改示范行动”进展顺利，成果转化和技术服务创效1.56亿元。技术攻关取得突破。实施重大科技研发项目44个，新增授权发明专利48件，“一种大直径6063铝合金圆铸锭坯的生产方法”获中国专利优秀奖。国家“1025”专项高纯超细氮化铝项目完成攻关，解决了电子行业关键材料“卡脖子”问题，中铝山东新能源车用氢氧化铝、云铝股份连铸连轧铝合金焊材实现进口替代；5N超细氧化铝示范线建成投产，氧化铝腐殖质脱除、湿法氧化脱硫脱碳等一批新技术得到推广应用。云铝文山获得中国创新方法大赛全国一等奖，云铝浩鑫荣获中国铝箔创新奖，“高纯度微晶氧化铝关键技术”获中国有色金属协会科技一等奖，“超大型绿色节能铝电解成套技术”获中铝集团科技创新杰出成就奖。

（二）推进数字化转型、智能化发展

结合集团“十四五”信息化专项规划，完成信息化专项规划编制；按照氧化铝、电解铝智能工厂顶层设计方案，完成包头铝业智能工厂试点项目验收，氧化铝广西华昇、电解铝云铝文山两家标杆企业建设初步取得成效；围绕生产经营，有序推进重点管理信息化系统规划和建设，卓越技术中心“数据服务平台”精益管控系统，涵盖矿山、氧化铝、电解铝、铝基合金、炭素、发电、煤炭7大业务，实现质量、产量、工艺指标、库存、设备等主要指标对标分析，入选工信部“2021年大数据产业发展试点示范项目”。

六、改革发展

（一）不断强化战略引领

立足新发展阶段、践行新发展理念，确定产业发展新格局，坚定做现代铝产业链“链长”和全球铝工业原创技术“策源地”，擘画高质量发展蓝图。有序推进重点项目。几内亚铝土矿产运销全流程贯通，扩产工程全面建成；广西教美铝土矿开工建设，王洼煤矿成功取得采矿证，获取煤炭资源4.3亿吨。中铝山东铝基新材料一期、宁夏能源阿拉善风电等5个项目获评有色金属工业优质工程。加快布局绿色低碳产业。编制新能源、再生铝、赤泥综合利用、电解铝“三废”处置等专项工作实施方案，高纯超细氮化铝工业试验线、中铝山东20万吨高铁赤泥资源化利用生产线以及山西新材料二次铝灰熟料窑协同处置示范线建成投产。

（二）落实国企改革三年行动任务

深化国企改革三年行动任务完成率83%。不断完善治理体系，制（修）订党委前置研究讨论重大经营管理事项、“三重一大”决策事项、董事会和经营层决策事项清单，落实董事会授权管理制度和职权实施方案，治理主体的权责边界、议事决策程序更加完善；80户企业实现董事会应建尽建、外部董事占多数，15户重要子企业配备专职董事；健全法治合规管理体系；压减5户法人、5户“两非”企业，清退3家经营亏损及投资回报低的参股企业，进一步精干主营业务。构建新型管控模式，持续优化经营机制，全级次77户企业推行任期制契约化管理，8户子企业开展职业经理人试点，持续优化劳动用工，清理业务外包，全年用工总量压减9.5%，氧化铝、电解铝、炭素劳动生产率同比分别提高32%、17%、39%。持续优化考核分配，将工资总额与成本、利润、劳动生产率挂钩，加大降本奖励和利润提成力度，实行科技型企业项目分红；研究制订上市公司股权激励方案报国务院国资委审核。完成兰州铝业、连城分公司、甘肃华鹭3家企业管理整合，贵州分公司和贵州铝厂一体化管理改革以及中州铝业、中铝矿业矿山扁平化改革。

七、党建与企业文化

（一）坚决落实党中央决策部署

一是抓深抓实专题学习研讨、专题培训、专题党课。贯彻坚持党的领导、加强党的建设，压实党建工作责任，着力推动党史学习教育成果扩大转化并建立长效机制。二是以实际行动做到“两个维护”，发挥“把管促”领导作用。召开第二次党员代表大会，制定《中国铝业股份有限公司党委党建与业务双向融合实施方案》，推动党建与业务深度双向融合。三是制定《中国铝业股份有限公司宣传工作管理办法》，用好报网号端，创新性开辟党史学习教育音视频展播等宣传阵地；加强统战工作，答复职代会立案提案，抓好普惠慰问和精准帮扶。四是紧盯重点监督执纪，加强重点领域监督整治；健全巡察工作制度，督导企业抓实巡视反馈问题整改。深化党风廉政建设警示教育，围绕重要时间节点，严明纪律要求。

（二）提升社会责任五大领域的实践水平

修订《中国铝业股份有限公司社会责任管理实施细则》，向西藏自治区昌都市察雅县、卡若区对口支援1540万元，向青海省海晏县对口支援450万元，向云南省、青海省地震灾区捐款各50万元，向河南省捐款700万元、向郑州市捐款500万元，全力支持抗洪救灾和灾后重建，向中国版本图书馆捐赠180吨铝锭。积极投身国家重大项目建设，聚焦“双碳”战略、ESG发展、绿色低碳、乡村振兴、企业公益为责任目标，进一步提升社会责任公司治理、员工权益、环境保护、公平运营、社区支持五大领域的实践水平，实现五大履责领域与主要业务全覆盖。中铝股份连续三年获得上交所信息披露A级评价，标准普尔首次将中铝股份国际信用评级从“BB-”调升至“BB”，位列“央企ESG·先锋50指数”第四名，入选恒生可持续发展企业指数，美国明晟指数ESG评级由“CCC”提升到“B”。

撰稿／贺胜利

中铝山东有限公司

一、基本情况

中铝山东有限公司（简称中铝山东）始建于1949年2月13日，1954年7月1日建成投产。2015年1月16日改制为中铝山东有限公司。注册资本40.53亿元，员工总数（在岗）4482人，资产总额85.89亿元，资产负债率34.78%。

主营业务范围：铝土矿、铁矿、煤矿采掘，道路普通货物运输，氧化铝系列产品、高温氧化铝系列产品、氢氧化铝系列产品、建筑铝型材、铝锭、碳素制品、蒸压粉煤灰砖、工业水、电、汽、净水剂（不含危险品）等。产能规模：氧化铝267万吨，精细氧化铝120万吨。办公地址：山东省淄博市南定镇五公里路一号。

2021年，中铝山东围绕价值创造、全要素对标及年度契约化考核目标，对标广西华昇、贵州华锦、兴安化工，明晰差距，确定“考核、奋斗、军令状”三级递进赶超指标。在考核指标基础上，上浮10%～20%确定奋斗目标，再提高5%确定军令状指标，推进“管理下沉，一人一单”实现考核利润9.1亿元，处理历史遗留问题后，报出利润5.75亿元，圆满完成年度经营任务。

二、生产经营

主导产品氧化铝、精细氧化铝产量分别完成278.90万吨和119.21万吨，同比分别增长4.51万吨和11.79万吨，增长率分别为1.64%和10.98%，同时创历史最好水平。

动力能源保障。自备电厂供电量7.54亿千瓦·时，供汽量544.31万吨，同比分别降低4.14亿千瓦·时和60.36万吨，降低率分别为35.43%和9.98%，降低原因为8月#5机组停运。

企业效益增长。企业冶金级氧化铝全口径成本完成2027元/吨，稳居中铝股份前列。新材料公司实现市场化利润9588万元，创历史新高。沂兴炭素成功实现扭亏，圆满完成国务院国资委治僵脱困目标，为企业效益增长做出贡献。

主要经济指标一览表

表6

项目	单位	2020年	2021年	增长（%）
资产总额	亿元	81.43	85.89	5.48

续表 6

项目	单位	2020 年	2021 年	增长（%）
工业产值	亿元	77.64	97.80	25.97
营业收入	亿元	79.01	92.84	17.50
利润总额	亿元	3.08	5.75	86.69
税收贡献	亿元	2.82	3.77	33.69
全员劳动生产率	万元 / 人·年	954	1081	13.31

三、安全环保

“五查五严”专项排查。对 59 个重要危险源重新进行风险辨识评价，对排查 523 项重要危险源安全隐患全部整治完毕，实行闭环管理；规范完善员工手册，按照细化、量化、具体化要求，修订 26 个三大规程，并实现人手一册；严把准入关，强化承包商一体化管理，完善智能化人像识别系统，每季度对承包商队伍进行一次安全评价，采取优胜劣汰措施，对承包商队伍进行压减。

综合能源消费量降低。全年综合能源消费量完成 142.5 万吨标准煤，同比降低 4.6 万吨标准煤，2021 年单位拜耳法氧化铝综合能耗为 279.04 千克标准煤 / 吨，达到《氧化铝单位产品能源消耗限额》（GB 25327—2017）中拜耳法氧化铝单位产品能耗综合能耗 400 千克标准煤 / 吨的 I 级要求。上半年实施 6#、7# 机组节能升级改造项目，本项目通过对排汽管道、汽轮机通流改造，充分提高 6#、7# 机组发电效率，降低供电标煤耗。2021 年停用淘汰高耗能变压器 6 台，额定容量合计 3630 千伏安；停用淘汰高耗能电机 46 台，额定功率合计 2369.6 千瓦。

树立节能创效理念。围绕 8 月 23 日至 8 月 29 日节能宣传周活动，广泛开展节能和绿色低碳宣传活动。在企业《前进之声》报纸上开设节能宣传周专栏，各单位征集节能主题征文，提炼总结节能先进案例，进行经验分享，让节能创效理念深入人心。热电厂 5# 炉机于 3 月停运，年减少原煤消耗 21 万吨，相应减少碳排放总量。

四、科技创新

科技研发与成果。全年公司实施中铝科技研发项目 4 项，高纯超细氮化铝试验线、5N（牛顿）超细氧化铝示范线建成投产；面向产业链终端、价值链高端，加氢裂化用拟薄水铝石、3 安培等 7 个新产品产业化，变压吸附用 13X 分子筛工业扩试成功，实现进口替代。研发投入 36001.4 万元，占比 3.88%；中铝山东有限公司、中铝山东新材料有限公司成功被认定为高新技术企业。获得专利授权 15 项，其中，发明专利 4 项，实用新型专利 11 项；获得省部级科技成果 2 项。

科技人才队伍。本部研究院下设 4 个研究团队，培养全职工作的高层次人才有：中铝精细氧化铝首席工程师、山东省泰山产业领军人才、淄博市英才计划杜善国，山东省泰山产业领军人才、淄博市金牌工匠、张店区英才计划高建阳，淄博市杰出工程师赵善雷，张店区英才计划王少武等。

五、改革发展

深化管理改革。2021 年 10 月，中铝山东坚持精简高效原则，进行职能部门改革，与山东铝业有限公司合署办公部门由5个增加至7个。提升企业职能部门专业管理效能，巩固优化管理流程成效，进一步推进全要素对标提升市场成本竞争力。截至2021年12月底，企业管理层级共分2级，下设8个职能部门，12家二级单位，3家全资子公司，1家控股子公司。中铝山东管理下的独立法人单位有4家，分别为：中铝山东新材料有限公司、中铝青岛轻金属有限公司、中铝山东环保科技有限公司、山东沂兴炭素新材料有限公司。

重点项目实施。重点实施矿场全封闭环保改造及储运优化项目，批复总投资19650万元，控制投资额19500万元，以矿石原料制备降耗为切入点，新建氧化铝原料磨及矿石仓、缓冲槽系统，停运原有耗能高流程，铝土矿由汽车变为火车运输量210万吨/年，总计火车运输能力占比达到100%。第二赤泥堆场南区优化及生态修复项目批复总投资8783万元，控制投资额5217万元。

六、党建与企业文化

党建工作规范化推进。坚持落实“第一议题”制度。在第一时间学习传达习近平总书记的重要讲话、重要指示，企业党委中心组集体学习17次，召开党委常委会会议55次，编发《山铝学习》简报19期，确保习近平总书记重要指示精神在企业落实落地。着力践行“两个一以贯之”，完善公司党委工作议事规则、决策权限管理办法和“三重一大”决策程序，建立党委前置研究讨论重大经营管理事项清单，确保党组织作用发挥制度化。持续完善党建工作体系，编制《大党建工作基本法》2.0版，党建工作规范化持续推进。

深化文化宣传品牌。开展“党旗引领——绿化赤泥堆场”专项行动，种植树苗1.1万余棵，绿化面积1万多平方米；在赤泥堆场覆盖防尘网50余万平方米。传承和挖掘红色基因，策划党史教育基地“光辉历程展览馆”、拍摄《山铝老兵工精神》专题片，大力弘扬以“不忘初心、不怕困难、不吃老本”为核心的老兵工精神谱系，《新时代老兵工精神引领企业转型升级》获得山东省企业文化优秀成果二等奖。

撰稿/刘绪睿

中铝矿业有限公司

一、基本情况

中铝矿业有限公司（简称中铝矿业）始建于1958年，前身郑州铝厂，1992年组建为中国长城铝业公司，2002年1月，重组长城铝业氧化铝和电解铝板块资产，成立河南分公司。2010年河南分公司托管中铝矿业。2017年12月完成中铝矿业与河南分公司资产重组，成立新的中铝矿业有限公司。注册资本40.29亿元，员工总数（在岗）3459人，资产总额99.59亿元，资产负债率42.52%。

主营业务范围：铝土矿、耐火黏土的开采，铝镁矿产品、冶炼产品、加工产品、碳素制品及相关金属产品的生产、销售，煤炭批发经营，铝土矿、石灰石矿、铝镁矿及相关有色金属矿产品的加工、收购和销售。产能规模：全年可供矿230万吨，生产氧化铝140万吨、炭素制品22万吨、金属镓40吨，自发电量5.8亿千瓦时，拥有铝土矿资源保有储量约9955万吨。办公地址：河南省郑州市上街区厂前路22号。

2021年，中铝矿业在中铝集团和中铝股份的正确领导下，克服“7·20”暴雨、新冠疫情等不利因素带来的经济下行压力，紧扣全年任务目标，围绕价值创造，聚焦全要素对标、改革创新、降本增效等方面开展工作，经全体干部职工开拓进取、攻坚克难，完全成本、利润总额、现金流全面完成总部考核指标，实现本质盈利，生产经营整体呈现持续向好发展态势。

二、生产经营

2021年，中铝矿业完成氧化铝商品产量138.56万吨，同比提高4.26万吨，实现完全成本2194元/吨（对比2046元/吨的年度奋斗目标，同口径完成2005元/吨，降低41元/吨）；完成炭素制品22.02万吨，实现利润4067万元。中铝矿业改革创效、质量提升分别荣获中铝股份“总裁特别奖”。

矿山挖潜增效。自采矿产量完成200.12万吨，连续两年突破200万吨；顺利完成山神庙探矿权转让，实现中铝股份2018年实施矿权“留退转”方案战略以来的首次突破。生产指挥保障中心围绕年度目标，实现“E+2”模式稳定运行，月计划完成率100%；持续开展设备管理长效机制，推行“三级”网格化管理，实施智能点巡检，设备非停同比减少11次，设备事故同比减少19次，设备稳定性明显提升。

对标贵州华锦。完全成本跑赢155元/吨；氧化铝厂实施技师和技术骨干挂指标、带项目，所挂指标合格率达到87%以上，循环效率、工艺能耗、碱耗等关键指标得到持续优化；热电厂调整燃煤结构，严格控制新系统入炉煤指标，实现全年平均热值4515大卡/公斤，原煤成本同比降低514万元；镓生产紧抓市场机遇，及时调整吸附塔树脂更换周期，提高电解回收率，累计完成40吨，增利2905万元，创近三年新高。

主要经济指标一览表

表7

项目	单位	2020年	2021年	增长（%）
资产总额	亿元	99.65	99.59	−0.06
工业产值	亿元	35.91	48.70	35.62
营业收入	亿元	38.20	51.51	34.84
利润总额	亿元	0.38	−5.70	−1600
税收贡献	亿元	2.07	3.10	49.76
全员劳动生产率	万元/人·年	21.9	19.37	−11.55

三、安全环保

落实“三年行动”实施。开展企业级重要危险源“源长”履职检查，全年查出隐患53232项，全部完成整改，隐患整改率100%；扎实开展安全生产专项“国企改革三年行动”整治，持续加大污染减排力度，全年共排放污染物631.38吨，同比减少6.3%；狠抓2021年第二轮第三批中央环保督察整改问题，办结举报案件10件，整改发现问题10项；完成突发环境事件应急预案和赤泥库环境应急预案修订、备案工作。全年实现轻伤及以上生产安全事故为零、环境突发事件为零、新增职业病为零。

四、科技创新

推进科技创新项目。获得省部级QC成果10项，申报获批中铝股份揭榜挂帅项目2项，申请专利23项，授权专利21项；赤壁炭素通过湖北省高新技术企业审批，预焙阳极生产关键工序智能装备开发与应用项目荣获有色金属行业协会科技进步二等奖。

五、改革发展

深化三项制度改革。积极推进机构调整、人员优化、转岗安置，激发企业的内生动力。压缩科级机构4个，优化分流人员448人，完成氧化铝劳动生产率1207吨/人·年，超额完成总部考核任务；制定“基薪+绩效+激励”的市场化薪酬改革方案，完善收入分配能增能减的激励机制，提高职工基本生活保障和工作积极性；制定《中铝矿业有限公司推行任期制和契约化管理工作方案》《赤壁炭素职业经理改革试点方案》，完成赤壁炭素试点改革。

六、党建与企业文化

坚持党建引领。持续推进党建与生产经营深度融合。以“两带两创”为载体，围绕生产经营、全要素对标开展课题297项，创效7240余万元，取得“看得见、有效益、评价好”的实效。坚持党建带群建，焕发群团组织新活力。持续开展合理化建议活动，全年征集合理化建议6034条，采纳实施4909条，获得中铝集团和中铝股份“金点子”“银点子”合理化建议3项；结合“三敬畏、反三违”安全专项行动，组织开展安全干净优秀班组现场观摩交流活动，达标率在98%以上。强化从严治党，完善巡视巡察格局，构建大监督体系，充分运用四种形态，提升干部底线思维和红线意识。

实施“四项工程”。围绕生产经营开展岗位练兵和技能竞赛活动，营造比学赶超的竞赛氛围；

策划开展以庆祝建党100周年、庆祝中铝集团成立20周年为主题的文艺演出和书画摄影展；举办“三八节”趣味活动比赛、软排等文体活动，倡导全员加入“健步走”，营造健康文明、昂扬向上、全员参与的企业文化氛围。

积极履行社会责任。狠抓矿山土地复垦，累计复垦土地2606亩。主动配合开展环保督察整改，完成郑州区域事业部1820亩生态修复专项工作的整改验收。深化温暖工程，全年救助企业各类困难职工176人次，累计发放救助金22.56万元；开展“学党史，办实事，工会进万家”慰问活动，救助市级以上困难劳模11人，企业困难职工24人，“7·20”暴雨受灾职工家庭72户。节日期间为困难职工家庭和生产一线职工送去组织的关怀，实现困难职工帮扶与常态化送温暖有效衔接，彰显央企担当。

撰稿／车淑娜

中铝山西新材料有限公司

一、基本情况

中铝山西新材料有限公司（简称山西新材料）由中国铝业股份有限公司山西分公司和山西华泽铝电有限公司于2017年8月合并重组成立中铝山西新材料有限公司。注册资本42.58亿元，员工总数（在岗）5773人，资产总额104.57亿元，资产负债率83.92%。

主营业务范围：矿山、氧化铝、电解铝、铝加工。产能规模：氧化铝251万吨、电解铝42万吨、铝合金棒14万吨、阳极炭素44万吨。办公地址：山西省运城市河津市清涧街道办事处铝都大道263号。

2021年，山西新材料抓实全要素对标，深化管理改革，狠抓自身管理降本，抢抓市场有利机遇，生产经营取得较好成绩。氧化铝系统优化实施“3+4”生产组织方式，各项指标优化提升，运营效果良好；电解铝二系列复产启动，综合电耗水平进一步降低。2021年实现工业总产值103.18亿元，销售收入104.34亿元，净利润−7.41亿元，生产经营净现金流13.73亿元，上缴税费4.45亿元。

二、生产经营

2021年，山西新材料矿山系统最大程度发挥自采矿优势，紧盯市场寻找最佳矿源，优质优价保供满足氧化铝生产需要。全年供矿285.53万吨，综合供矿成本实现382.32元/吨，A/S 4.65，其中自采矿完成213.42万吨，超计划13.42万吨。

氧化铝以“成本消耗最优”为原则。生产组织方式进行调整，全年生产氧化铝160.75万吨，同比减少18.54万吨；建立四级指标对标看板，在重点岗位实施《氧化铝单元轮班竞赛考核办法》，加强质量管理，11项指标同比优化，7项指标大幅优化，每吨氧化铝消耗费用较2020年降低54元，氧化铝累计完全成本2488元/吨。电解铝以“效益利润最大”为原则，降低用电成本，抢抓市场机遇，启动电解铝二系列复产，全年生产铝液29万吨，同比减少1.7万吨。

全面推行“五标一控”管理模式。实现电解槽各项工艺技术条件平稳有序运行。A+B类槽占比率提升到80%以上，铝液综合交流电耗持续降低，电解铝累计完全成本14422元/吨。阳极炭素对标先进，强化管理，全年生产焙烧块45.8万吨，同比增加12.4万吨，增长率37%。合金产品持续提档升级，高端产品累计销售2800余吨；积极开展再生铝生产，累计采购消化废铝2557吨，创效126万元。

主要经济指标一览表

表 8

项目	单位	2020 年	2021 年	增长（%）
资产总额	亿元	124.13	104.57	−15.76
工业产值	亿元	76	103.18	35.76
销售收入	亿元	76.88	104.34	35.72
利润总额	亿元	−4.27	−7.14	−67.21
税收贡献	亿元	3.16	4.45	40.82
全员劳动生产率	吨 / 人・年	氧化铝 787	氧化铝 822	4.45
		电解铝 264	电解铝 361	36.74
		炭素阳极 586	炭素阳极 603	2.90
		铝土矿 4615	铝土矿 4704	1.93
		铝加工 508	铝加工 815	60.43
		热电 920195 千瓦・时 / 人・年	热电 652778 千瓦・时 / 人・年	29.06

三、安全环保

严格落实安全责任，积极推进环保项目，实现重伤以上事故为零、环保事件为零、行政处罚为零。

安全管理。着力“五个突出”，抓牢“两抓两查严监管”活动，开展全员“三敬畏、反三违”安全专项行动，推行“葡萄图”安全管理工具，全面完成三级 23 项提质增效指标阶段目标，顺利通过国家安全生产标准化一级企业验收。严格做好辖区疫情防控工作，积极组织人力、物力投入汾河河津段防汛抢险，赢得地方政府和社会各界的一致肯定和赞扬。

环境保护。整改中央环保督察问题 3 项，年度计划整改完成率 100%；突破工业炉窑协同处置危废技术瓶颈，取得电解资源化项目环评批复，电解废弃物资源化利用项目建成并进入试生产阶段，建成 2×300 兆瓦发电机组火车煤场封闭改造项目，实施氧化铝熟料窑脱硝改造、电解二系列烟气净化脱硫改造两个环保项目；厂区新增树木 18179 棵，撒草籽 30800 平方米，新增绿化面积 68045 平方米。

四、科技创新

2021 年，研发投入总计 31737.77 万元，研究开发经费占当年总销售额的 3.04%。科技项目资本性支出总计 889.96 万元。研发项目实施涉及研发人员 295 人，其中专职研发人员 75 人，本科以上学历 103 人。

科技研发项目。共有三项重大科技专项研发。“二次铝灰协同熟料窑综合利用示范（一期）”项目，建成具备年处理二次铝灰 15000 吨能力的熟料窑火法协同处置综合利用示范线，利用现有熟料窑，将二次铝灰、碱粉和石灰石粉送入回转窑进行烧结处理。9 月正式投运，将企业自产铝灰通过烧结法氧化铝生产系统协同利用。“商用车锻造棒料质量提升及高强合金棒料推广”和“手机中框用高强 6xxx 系合金圆锭制备技术开发”两个合金化项目，完成 φ254mm 规格油气化平台优化，已生产出符合需求的 φ254mm/6061 锻造棒；完成项目技术方案与设计、设备工程招标、环评和职评，开始工程实施。

专利与标准。专利申请 8 件，其中发明专利

2 件；企业共拥有有效专利 106 件，其中发明专利 28 件。参与标准修订 7 项，其中国家标准 5 项，行业标准 2 项。

参与 5 项国家标准的修订。参与修订的 GB/T 14849.1-2020《工业硅化学分析方法第 1 部分：铁含量的测定》和 GB/T 14849.3-2020《工业硅化学分析方法第 3 部分：钙含量的测定》，经审批后由国家市场监督管理总局、国家标准化管理委员会于 2020 年 3 月 6 日发布，2021 年 2 月 1 日实施；参与修订的 GB/T 20975.20-2020《铝及铝合金化学分析方法第 20 部分：镓含量的测定丁基罗丹明 B 分光光度法》、GB/T 20975.33-2020《铝及铝合金化学分析方法第 33 部分：钾含量的测定火焰原子吸收光谱法》和 GB/T 20975.34-2020《铝及铝合金化学分析方法第 34 部分：钠含量的测定火焰原子吸收光谱法》，2020 年 11 月 19 日发布，2021 年 10 月 1 日实施。

参与 2 项行业标准的修订。YS/T 575.28-2021《铝土矿石化学分析方法第 28 部分：氧化锂含量的测定火焰原子吸收光谱法》，2021 年 3 月 5 日发布；YS/T 285《铝电解用预焙阳极》，2021 年 12 月 28 日已审定。

五、改革发展

深入落实国企三年改革行动方案，大力推进市场化改革，转换经营机制，压缩管理层级，优化员工配置。

推进管理改革。制定下发《中铝山西新材料内部市场化管理改革方案（暂行）》，对 7 家支持保障单位实施内部市场化结算。全年累计优化用工 1798 人，氧化铝、电解铝、炭素劳动生产率较上年度分别提升 200 吨 /（人・年）、122 吨 /（人・年）、237 吨 /（人・年）。

改革分配制度。制定下发《中铝山西新材料有限公司员工收入分配管理办法》，强化“价值创造决定薪酬分配”的理念。在主体生产单位实行吨产品工资制，超产提奖、降本提成；服务保障单位实行费用总控，节支奖励；事业部单位实行利润包干，超额提成；同时设立技术攻关、政策创效专项奖。

六、党建与企业文化

政治建设更加强化。党史学习教育工作被中央和国务院国资委党史学习教育简报多次报道，举办庆“七一”千人歌咏比赛。常态化落实“第一议题”制度。开展“赶超标杆我能干成什么”大讨论，电解厂荣获第三批中铝集团企业文化示范基地。

党建强基更加夯实。修订完善《党委会议事规则》等工作制度。全年确定“两带两创”活动项目课题 330 项，产生直接经济效益 2000 余万元。创新开展“党员价值创造”管理实践活动，开发网络评价系统，把党组织建在“云上”，把党员管在“线上”。举办党建工作“大比武”，提升党务人员的业务技能。

党风廉政建设更加深入。坚持日常廉政教育和廉政警示教育相结合，召开党风廉政建设警示教育大会，通报查处的典型案例，发挥警示震慑作用，筑牢思想防线。全年开展两轮常规巡察，发现问题 136 项，提出整改建议 22 条，巡察利剑作用进一步发挥。深化监督工作，形成党内监督和专业监督相结合的“大监督”体系。

群团活力更加彰显。承办“中国铝业杯”全国有色金属行业职业技能竞赛。举办“晋铝杯”员工篮球友谊赛、第十届员工文化艺术节等大型活动。

撰稿 / 张学涛

中国铝业广西分公司

一、基本情况

中国铝业广西分公司（简称广西分公司）成立于 1987 年，员工总人数（在岗）2511 人，资产总额 155.69 亿元，资产负债率 18.78%。

主营业务范围：铝土矿、氢氧化铝、氧化铝、铁精矿、炭素制品及有关金属产品的生产与销售。产能规模：年产铝土矿 580 万吨、氧化铝 243 万吨、铁精矿 70 万吨、炭素 13 万吨。办公地址：广西壮族自治区百色市平果市城西。

2021 年，广西分公司围绕“低成本、高质量、机制优、效益好”的工作思路，强管理、抓落实，深化从严治党、深化全要素对标、深化改革创新，提升企业管理、提升价值创造、提升风险防范，全年实现工业总产值 73.33 亿元，销售收入 76.35 亿元，利润 18.02 亿元，上缴税费 7.72 亿元。

二、生产经营

推进全要素对标。以价值创造为导向，构建平果铝企业全要素对标体系，54 项对标指标中，48 项优于年度目标、35 项优于标杆值；累计缩小对标劣势 43 元 / 吨、扩大对标优势 82 元 / 吨、消化新增成本 109 元 / 吨，氧化铝完全成本在剔除煤、碱价格上涨影响后呈逐月下降趋势，竞争力进入行业前 1%。通过落实 19 项降本专项工作创效 9040.76 万元；推进降低氧化铝焙烧成本、降低新水消耗、降低蒸汽管损、降低检修费用专项工作共节约成本 7242.34 万元；加强财务管理，实现累计财务费用同比节约 4766 万元；超计划销售氢氧化铝和铁精矿增利 1429 万元；压降备件辅材库存 5790.96 万元，较年初降低 66.5%；争取到矿山临时用地复垦退税、氧化铁退税、直购电优惠共计增收 6634.6 万元。

生产技术指标管控。通过全流程加强生产技术指标管控，25 项指标位列中铝前三，其中铝土矿产量中铝位列国内第一，氧化铝循环效率、氧化铝一级品率、炭素阳极一级品率等 9 项指标位列中铝第一。实现中铝股份管控及公司监控的质量指标全部优于目标值，其中氧化铝一级品率 100%、炭素阳极一级品率 78.53%，位列中铝第一；氧化铝厂风帆 QC 小组荣获国际金奖。

设备管理持续优化。精准推进消除“跑冒滴漏”和消灭设备“非停”工作，持续提升设备稳定运行周期。全年企业“跑冒滴漏”治理率 99.8%，同比提升 0.6%；累计设备“非停”同比下降 57%，下属矿业公司保持零“非停”。

现场管理持续优化。优化整合 421 个区域现场管理状态评价机制，实现现场精准管控；创新开展“新建项目现场管理达标验收”等专项活动，实现投资项目竣工投产即现场达标等，现场管理自评同比提升 0.052 分。

协同管理持续提升。坚持“独立运营、资源共享、互帮互助、和谐发展”的协同原则，实现协同效益创投产以来新高，全年稳定向广西华磊新材料有限公司供应氧化铝 73.32 万吨、预焙阳极 14.81 万吨；推进企业部分电力负荷转移至广西华磊新材料有限公司，较使用南网电价降本 705.8 万元。

主要经济指标一览表

表 9

项目	单位	2020 年	2021 年	增长（%）
资产总额	亿元	155.69	174.7	12.21
工业产值	亿元	57.76	73.33	26.95
营业收入	亿元	58.96	75.15	27.46
利润总额	亿元	9.76	18.02	84.63
税收贡献	亿元	6.22	10.50	68.81
全员劳动生产率	万元 / 人・年	86.79	152.12	57

三、安全环保

安全生产。党委高度重视安全环保管理，定期召开党委会扩大会议专题研究部署安全环保工作。以 CAHS 和 CAE 精准管理体系为主线，以风险辨识为核心，紧盯“三个现场”，做到“四个严禁”，规范人员作业行为；开展 4 轮安全环保专项巡察，实现问题数量和严重程度“双下降”；严抓安全生产履职，形成安全生产履职标准化；邀请国内知名安全管理专家为各层级负责人开展安全能力提升专题讲座；按照“五个一样”标准要求，强化相关方管理。全年轻伤及以上事故为零，荣获“中铝股份安全生产先进单位”称号。

节能减排。以中央生态环境保护督察问题为导向，提升环保管理水平，开展锅炉和气化炉用煤的单位热值含碳量实测，氧化铝碳排放纳入履约，确保主要污染物达标排放，二氧化硫、烟尘、氮氧化物、氟化物排放优于国标。加强固体废物综合利用，防治土壤污染，推进绿色矿山建设。全年突发环境事件为零。

四、科技创新

2021 年，实施科技研发项目 34 项，其中总部研发项目 3 项，自主研发 31 项（其中承担广西壮族自治区科技厅项目 4 项）。全年 12 项科研项目进行结题，其中 10 项达到预期工作目标，科技研发投入 13950.46 万元，研发投入强度 1.91%，科技人员占比 11.24%。开发新产品研究项目 1 项，3 项新技术成果实现产业化转化，年化经济效益 23155 万元以上；开展新产品、新材料、新设备试用 20 项，已完成的 5 项降低生产成本约 15.03 万元。全年获得专利申请授理 6 件，获授权 11 件，截至 2021 年 12 月，有效专利 97 件，其中发明专利 44 件，实用新型专利 53 件。荣获省部级科技二等奖 1 项、三等奖 1 项，有 5 项成果在广西科技厅进行成果登记。

五、改革发展

推进企业改革。全面停止使用并退回剩余劳务派遣用工 180 人，在集团内率先实现劳务派遣用工“清零”；有序推进合同制用工优化工作，累计减少合同制用工 281 人，氧化铝实物劳动生产率提升至 1832 吨 / 人・年，超额完成总部下达的 1700 吨 / 人・年任务，创下历年新高。推进炭素模拟市场化运行，炭素实物劳动生产率由 430 吨 / 人・年提升到490吨/人·年，较总部下达的目标提高了10吨/人·年。实施外包费用“双控”机制，压降外包费用4411万元。荣获中铝股份“改革创效”“压减业务外包费用”两项总裁特别奖。

矿山项目建设。全力推进教美矿山项目建设，积极优化教美矿山项目投资，通过组织持续优化投资方案，提出和采纳投资优化建议措施300多条，项目投资达到41%。在8月18日全面开工，各标段按期完成建设进度，工程质量达标、安全环保事故为零。

六、党建与企业文化

党史学习教育。成立党史学习教育领导小组及4个巡回指导组，列出8个方面重点学习任务、33项具体工作，推动学习教育深入开展。组织中层及以上领导干部、车间主任和党支部书记分赴湘江战役旧址等地开展党史学习教育现场教学。各基层党组织开展党史故事分享交流会、党史百年天天读等活动，组织24批次1107名党员前往百色起义纪念公园、田东县革命遗址、靖西烈士陵园等地现场教学，完成“我为群众办实事”项目502项，推动党史学习教育走深走实、见行见效。

党的建设。深入推进党建与业务工作双向融合，建立“1510+N”的“双融合”模式。扎实开展党组织副书记试点工作；研究制定党建对标提升实施方案，形成螺旋上升的良性循环。创新开展“一党委一品牌”“一支部一特色”活动，总结提炼推广11个二级党委特色品牌、22个党支部工作法。企业党委2个党建创新案例荣获《国企》杂志庆祝建党百年“双百”征文活动优秀案例。

纪检监督。筑牢党风廉政建设防线，紧盯重要节点，强化监督执纪问责，着力构建完善“大监督”体系。开展“反腐倡廉宣传教育月”，巩固发展风清气正的企业政治生态。企业作风建设和党风廉政建设工作得到中央政治局常委、中央纪委书记赵乐际的充分肯定。

社会责任。开展职工思想动态调研、济困帮扶等关爱员工办实事活动；加强辖区保卫、矿山护矿、道路交通管制，促进生产经营和职工生活稳定；定点帮扶百色三个贫困村，助力脱贫攻坚；开展与平果市贫困学生结对帮扶志愿服务活动；坚持绿色发展，完成矿山采场复绿6372亩。

撰稿/阳　洁

中铝中州铝业有限公司

一、基本情况

中铝中州铝业有限公司（简称中州铝业）始建于 1987 年 11 月，前身为原中州铝厂，2015 年 3 月 29 日，中州分公司完成“分转子”工作，成立中铝中州铝业有限公司。注册资本 50.71 万元，员工总数（在岗）3488 人，资产总额 99.66 亿元，资产负债率 42.74%。

主营业务范围：常用有色金属冶炼；采选矿；热力生产和供应；机械设备研发；工程和技术研究和试验发展；土地、区域及设备设施租赁服务等。产能规模：氧化铝年生产能力 265 万吨。办公地址：河南省焦作市修武县中铝中州铝业有限公司。

2021 年，中州铝业以全要素对标为主要抓手，紧盯成本管控、深化管理改革、狠抓科技创新，全面提升价值创造能力，实现营业收入 75.4 亿元，考核利润完成 3.57 亿元，实际盈利 6.8 亿元，氧化铝实产完成 271 万吨，同比增加 5 万吨；持续优化产品结构，全年自由现金流完成 5.19 亿元，同比增加 2.07 亿元，累计年化 ROE 完成 5.51%，降低带息负债规模 2.01 亿元；“两金”占用完成 15.997 亿元，较年初降低 2.55 亿元，资产质量得到进一步夯实。

二、生产经营

2021 年，中州铝业氧化铝实产完成 271 万吨，非冶金级产品实物量完成 93.04 万吨，占比 31.1%，同比升高 2.6%。其中，精细氧化铝完成 44.5 万吨，同比升高 13.4%；非铝完成 48.5 万吨，同比升高 9.0%。机组进料量提升并稳定在 2710 立方米 / 小时，创历史新高；一级品率完成 78.01%，同比提高 13.15%，单月最好水平达到 93.7%。

建立并完善进口矿用矿经济模型。提升生产流程稳定性，矿耗、碱耗分别较计划降低 4.7%、9.9%。熟料窑（3 台）连续运转率达 87%，同比提升 11%；汽轮机连续运行，全年发电量达 8.8 亿千瓦 · 时；1#、4# 焙烧炉改造后台时产能大幅提升；熟料净溶连续 6 个月稳定在 90% 以上；全年减少碳排放 5619.2 吨，同比降本近 2000 万元，其中蒸发、溶出合格回水接收量提高到每天 1.3 万立方米，创历史最高纪录，余热采暖改造，每小时节约蒸汽 13.3 吨，年创效 350.24 万元。

烧结法依据市场调结构。高附加值产品产销量大幅提升，其中高白、干白产量同比增加 5.91 万吨、3.23 万吨，分别增利 786 万元、727 万元；立足实际，各单位加强业务联动，拜耳法“双五、中性、刚玉”各项非铝产品合计实现产量 48.5 万吨，环比增加 4.02 万吨，增利 909 万元；矿山系统努力克服历史沉重包袱、环保和疫情管控等一系列不利因素影响，累计净利润完成 127 万元，完成全年扭亏脱困目标。

主要经济指标一览表

表 10

项目	单位	2020 年	2021 年	增长（%）
资产总额	亿元	89.81	99.66	10.97
工业产值	亿元	58.49	71.33	21.95
营业收入	亿元	63.07	75.38	19.52
利润总额	亿元	0.56	1.96	250
税收贡献	亿元	2.89	4.16	43.94
全员劳动生产率	万元 / 人·年	957	1203	25.71

三、安全环保

提升安全管理建设。中州铝业结合企业实际提出了“以我为主、狠抓管理”的理念，全面推广葡萄图管理工具，引导全体员工提高安全自觉意识，同时利用“天眼”、微安全 App 等智能平台，抓好各类作业安全，全年累计查处各类违章行为 213 项，召开违章警示会 70 次，全年共发现问题点 867 项，全部得到整改。持续促进企业标准化建设。

强化生态环境建设。中州铝业强化有组织和无组织污染治理的技术提升和过程管控，全年污染物排放总量同比下降 58.11%，上缴环保税同比下降 57.49%，实现环保、效益双丰收。全面落实中央生态环境保护督察组反馈问题，实地督办，确保限时办结。扎实开展矿山复垦工作，全年实现复垦面积 1103 亩，完成率 100%；现场治理持续提升，全年累计平整土地 34400 余平方米，栽种各类苗木 10 万余株、草坪 8 万余平方米，同时，适时对 8# 路等路段进行整体修复，厂区环境焕然一新，得到广大职工的一致好评。

四、科技创新

依据市场调结构。烧结法高附加值产品产销量大幅提升，其中，高白、干白产量同比增加 5.91 万吨、3.23 万吨，分别增利 786 万元、727 万元；立足实际，加强业务联动，拜耳法“双五、中性、刚玉”各项非铝产品合计实现产量 48.5 万吨，环比增加 4.02 万吨，增利 909 万元；对不合理流程工艺及时纠偏，配料煤比例及电厂用煤结构均得到优化，降低过程损失，企业效益得到提升。

围绕产业链创新。优化无定型氢氧化铝制备研究项目，完成 3000 吨 / 年无定型氢氧化铝生产线设计和设备采购工作；利用烧结法碳分工艺，成功开发催化剂用特种氢氧化铝；成功开发销量 2000 吨 / 月的干氢新市场，有望成为企业新的利润增长点；高端微粉项目和熟料窑脱硝改造项目的建成，标志着公司产品结构逐步迈向高端化、绿色化。强化科技成果评定，中州铝业两项科技成果分别获得中国有色金属工业科学技术一等奖、科技进步三等奖。

五、改革发展

进一步深化企业改革。全年完成矿山系统、生产系统、营销系统、机关部门以及中州企业一体化等系列改革。累计减少处级机构 6 个，科级机构 20 个，中层管理人员、基层管理人员、一般管理人员分别减少 18%、22% 和 45%。劳动生产率由 957 吨 / 人 · 年提高至 1203 吨 / 人 · 年，同比提高 246 吨 / 人 · 年，超额完成年度劳动生产率目标任务。

完善干部选人用人机制。干部队伍进一步年轻化，中州铝业70年代及以后中层干部占比69%，80年代及以后中层干部占比25%；持续加大不胜任干部调整力度，截至2021年底，末位淘汰中层干部9名；38名后备干部在纪检、安环部门挂职轮训，13名基层管理人员参与轮岗交流、十批骨干“走出去”对标学习，多层级开展操作比武、技能竞赛，培养了一支眼界宽、理念新，懂安全、重环保，守规矩、作风好的干部员工队伍。

六、党建与企业文化

贯彻落实“第一议题制度”，中州铝业党委班子集中学习18次、开展党史学习教育读书班12次，重点学习内容120余项，学有所得持续推进。坚持将中铝集团成立20周年作为加强企业文化建设的中心工作贯穿始终，组织开展“砥砺二十载、奋进新征程”“颂歌献给党”等职工文化活动，进一步凝聚精神力量；以人为本，持续强化后勤服务提升，员工幸福指数显著提高。坚持将强化党建和业务双向融合作为准则，各级党组织深入开展了“赶超标杆我能干成什么”大讨论。围绕“八个聚焦”，确定一级对标指标31项、二级对标指标88项，形成赶超标杆重点项目清单71份。同时优化“两带两创”活动，2021年立结项121项，创效8200余万元。坚持扎实开展党员“双提升”活动，2021年公司成功推举河南省党代会代表1人、焦作市党代会代表2人、焦作市委候补委员1人，进一步提升了企业社会影响力。

撰稿／左金枝

中国铝业重庆分公司

一、基本情况

中国铝业重庆分公司（简称重庆分公司）成立于 2006 年 7 月 7 日，员工总数（在岗）19 人，资产总额 20.49 亿元，资产负债率 97.02%。

主营业务范围：铝土矿开采、冶金级砂状氧化铝产品的生产与销售。产能规模：氧化铝 80 万吨 / 年。办公地址：重庆市南川区水江镇南陵大道水江镇政府东侧。

2021 年，重庆分公司深入学习贯彻习近平总书记“七一”重要讲话精神，扎实推进党史学习教育，强化党建引领、党的建设。经营工作取得新成效，基础管理、安全环保和绿色发展实现新进步，合资合作、经营合作和价值创造得到新提升，全面完成全年目标任务，“十四五”开局之年实现良好起步。

二、生产经营

重庆分公司坚持合资合作不动摇，以落实补充协议为着力点，全面督促合作方共同落实好协议补充条款，完成蒸发器系统、溶出系统等工艺流程优化和技术改造投资 1.5 亿元，实现氧化铝生产线优化和平稳运行，推进合资合作的稳步发展。

主要经济指标一览表

表 11

项目	单位	2020 年	2021 年	增长（%）
资产总额	亿元	24.54	20.49	−16.51
工业产值	亿元	—	—	—
营业收入	亿元	1.86	1.63	−12.36
利润总额	亿元	0.02	−4.15	—
税收贡献	亿元	0.16	0.14	−12.50
全员劳动生产率	万元 / 人 · 年	—	—	—

三、安全环保

以制度建设为抓手。修订完善《安全环保管理办法》《危险废物管理办法》《固体废物管理暂行规定》等 8 项制度，印发环保管理制度汇编，夯实安全环保规范监管基础。根据合资合作的经营实际，制定《2021 年度安全环保监管工作实施方案》《安全环保监管检查跟踪计划总表》。以规范日常监督为基础，扎实推进安全生产专项整治三年行动，积极实施和推广“两抓两查严监管”“三敬畏、反三违”安全专项行动，开展日常监督及专项检查 193 次，与地方政府安全环保管理部门协调联动检查 4 次，汇聚监管合力、增强监督实效，促进了安全生产形势整体向好。

强化矿山基础管理。综合运用人防、物防、技防措施，完善关键部位视频监控设施 65 处，加固各采区硐口保护 38 处，增加重要路口车挡 7 处，增设安全警示标识 140 余处，实施供电系统改造优化，保障矿山资产安全。建立健全安全风险分级管控和隐患排查治理双控机制，严格执行重要危险源源长制，对照《矿山部日常安全巡查表》规范视频监控和现场巡查，组织开展矿山地质灾害、防洪防汛抢险应急演练 2 次，全面抓实矿山安全管理。

反馈问题整改。扎实做好中央环保督察反馈问题整改，按照《边督边改工作实施流程》和《落实中央生态环境保护督察反馈问题整改方案》实施督促，逐项落实治理措施、规范现场施工、严格监管验收，对反馈的各项问题均按要求完成整改，切实提升企业绿色生产能力。开展矿山生态修复，推进矿山地质环境保护与土地复垦方案编制、评审，为治理施工奠定基础。

四、科技创新

2021 年，重庆分公司对 10 项专利缴纳维护年费 0.53 万元。

五、改革发展

发掘闲置房屋、土地等资产的盘活效能，取得租金收入 50.31 万元；落实精细化管理，开展债务豁免、历史事项清理等增利 24 万元，取得地方政府税收优惠政策返还落地 70.98 万元。完成库存物资的转让盘活，两金压降 2200 万元。有效解决历史遗留问题，完成矿山长期资产减值 3.75 亿元，为经营发展减轻包袱。

六、党建与企业文化

坚持党建引领。重庆分公司以庆祝建党百年为契机，深入开展党史学习教育，以习近平新时代中国特色社会主义思想武装头脑、指导实践、推动工作，不断从党的百年奋斗重大成就和历史经验中汲取智慧和力量，以高质量党建引领企业高质量发展。以“三会一课”为载体，利用“学习强国”“中铝集团学习强国号”“中铝在线”等学习平台，组织开展党员集中学习，不断加强党的政治建设。利用重庆市红色教育资源优势，组织党员干部到重庆红岩革命纪念馆开展主题党日活动。坚持党建与业务深度融合，发挥国有企业党支部核心作用，开展“两带两创”、“赶超标杆我能干成什么”大讨论、“互学互进同发展”结对共建活动，将党的领导贯穿企业合作经营管理全过程。

以党规党纪为准绳。开展经常性的廉洁教育，组织“反腐倡廉宣传教育月”活动，通过定期开展廉洁谈话、组织全员签署廉洁从业保证书、节假日发送廉洁短信、反腐倡廉警示教育等方式，把严的要求贯彻到管党治党全过程、落实到经营管理各方面，维护企业风清气正的良好环境。

关心关爱员工。开展“我为群众办实事”系列活动，依法合规开展节日慰问活动，为偏远矿山地区配置电冰箱等生活用品，采购发放防护口罩、消毒液、酒精等防疫物资，组织体检 14 人次，保障员工健康安全。

撰稿／王　震

山西华兴铝业有限公司

一、基本情况

山西华兴铝业有限公司（简称山西华兴）成立于2010年7月，注册资本185亿元，员工总数（在岗）1092人，资产总额57.99亿元，资产负债率51.58%。

主营业务范围：铝及相关矿产品、冶炼产品、加工产品、碳素产品及相关有色金属的生产、销售；机械设备制造；相关技术开发、技术服务。产能规模：年产180万吨冶金级氧化铝。办公地址：山西省吕梁市兴县瓦塘镇。

2021年，山西华兴以习近平新时代中国特色社会主义思想为指导，落实中铝集团内涵式高质量发展战略，以打造北方氧化铝标杆企业为目标，团结带领广大干部员工艰苦奋斗、真抓实干，价值创造统领全局，开展全要素对标，聚焦关键业绩指标，统筹推进提质降本，全年实现营业收入46.01亿元，同比增长54.55%，利润9.6亿元，超年度预算9.6亿元，净资产收益率ROE完成30%，经营净现金流9.7亿元，超年度预算目标6.9亿元，资产负债率同比降低18.9%。

二、生产经营

抢抓市场机遇，把尽快满产、发挥规模效益作为全年工作核心，孙家沟项目大规模出矿，8月26日奥家湾1#矿复产复工，成为吕梁市第一家复工复产的非煤地下矿山，通过自采矿增产保供、外购矿合理配吃、进口矿科学组织，保持满产运行，全年氧化铝产量163.9万吨，超预算13.9万吨，同比增加29%，氧化铝一级品率90.08%，二级品率100%，氧化钠含量平均0.35%。发挥区域优势，推行“大宗直供＋战略合作”的采购模式，走出去对接客户，巩固战略直供，破解大宗量缺价涨的不利局面，实现保质、保量、稳价供应。大宗原料采购好于同行并跑赢大市，合计增效11470万元。创新管理手段，强化生产经营管控的抓手和载体，生产组织向方案化、标准化、清单化方向转变。夯实设备管理，严格管控动力系统启停，严控非计划停车，溶出、焙烧运转率同比提升6.8%和10%。

主要经济指标一览表

表 12

项目	单位	2020 年	2021 年	增长（%）
资产总额	亿元	58.52	57.74	−1.33
工业产值	亿元	27.36	47.99	75.40
营业收入	亿元	29.77	46.01	54.55
利润总额	亿元	0.23	9.6	4073.91
税收贡献	亿元	2.27	4.23	86.34
全员劳动生产率	万元 / 人 · 年	50.53	128.47	154

三、安全环保

丰富安全环保管控手段，引入“葡萄图”管理工具，加大安全绩效考评力度，安全绩效实行领导责任、管理责任、直接责任“三责”挂联考核。落实安全生产责任制，重要生产操作实行领导干部到岗监护。启动安全生产标准化建设，严格落实承包商管控，组织重大风险隐患“五查五严”专项排查，开展全员“三敬畏、反三违”专项行动，排查隐患全部整改到位。加快环保隐患治理，全年环保设施稳定运行，达标排放。严格用能管理，借鉴先进企业做法，积极推进管理节能和技改节能，氧化铝综合能耗同比下降 9.7%。

四、科技创新

加大科技投入力度，无人检斤计量升级项目和人脸识别厂区全封闭项目完工投用，实现了预约进厂、检斤、取样、制样、送样、化验全流程信息化。针对影响生产效率的问题，开展 6 项攻关项目，获得 2 项授权实用新型专利。着眼煤下铝开发，参与国家重点科技项目“煤与共伴生战略性金属矿产协调开采理论与技术”的研究。

五、改革发展

全面落实国企改革三年行动方案，加强顶层设计，推进“三项制度”改革取得实效。完善法人治理结构，落实董事会职权实施方案，明确各治理主体权责边界、决策程序和议事规则，配备专职董事，全面推行任期制和契约化管理。整合管理职能，缩减二级组织机构，实现生产、质量、技术、装备、能源等工作的统一管理。精简用工数量，清理业务外包，用工总量同比减少 26%，完成总控定员目标，实物劳动生产率同比提高 100%，承包商数量和外包合同发生额同比减少 8%、10%。拓宽人才晋升渠道，阶段性完成基层管理人员选拔，提高年轻员工的工作积极性。

六、党建与企业文化

以高质量党建引领保障企业内涵式高质量发展。执行“第一议题”和中心组学习制度，深入开展党史学习教育，举办庆祝建党 100 周年大会暨“颂歌献给党”演唱会，开展“两带两创”和党员“双提升”活动，夯实党建工作基础。坚持全面从严治党，建立企业党委落实全面从严治党主体责任清单，推动“两个责任”和“一岗双责”贯通联动。扎实推进巡视反馈问题整改，逐条研究分析，制定针对性措施179项，全过程跟踪销号管理，完成巡视整改任务。开展重大廉洁风险点防控及措施梳理，对招标采购、项目建设、矿石取样化验、废旧物资处置等重点领域加强监督管理，开展对“中间商”专项巡察，一体推进“三不”建设，提升廉洁风险防控能力和水平。强化思想政治引领，推动群团工作在服务生产经营、改革创新发展方面发挥重要作用。

撰稿／孟晓峰

广西华昇新材料有限公司

一、基本情况

广西华昇新材料有限公司（简称广西华昇）成立于 2017 年 6 月 30 日，注册资本 17.42 亿元，员工总数（在岗）628 人，资产总额 51.97 亿元，资产负债率 52.58%。

主营业务范围：铝矿产品、石灰石和产品生产及销售，氢氧化铝、氧化铝、铝水等铝冶炼产品及铝合金、铝加工产品的生产及销售，热电联产、碳素产品及其他有色金属产品的生产及销售，码头生产和经营及港口贸易，工业用水、电、汽的生产及销售，煤灰渣、赤泥及综合利用产品的生产及销售，从赤泥中回收有价金属，煤炭脱硫副产品的生产及销售，机械设备、备件、非标设备的制造、安装及修理，勘察设计，普通货物道路运输，氢氧化铝、氧化铝、电解铝、铝合金、铝加工等冶炼工艺技术咨询及技术培训，相关技术开发、技术服务，工业和科研所需的原辅材料及备件的生产及销售。产能规模：氧化铝 200 万吨 / 年。办公地址：广西防城港市港口区企沙镇赤沙中路。

广西华昇紧扣高质量发展和中铝集团党组、中铝股份党委所提出的定位和要求，坚定实施成本领先战略，探索总结“三化一提升”管理模式，以创建世界一流企业为目标，以夯实党建、稳定生产、全要素对标、价值创造、管理变革、科技创新、保障监督为抓手，超额完成生产任务，经营业绩优于预期。

二、生产经营

实产氧化铝 216 万吨，商产氧化铝 218 万吨，发电量 4.89 亿千瓦·时，分别超出考核任务 5.5%、6.4%、12.2%；销售氧化铝产品 218 万吨，货款回收率 100%；氧化铝完全成本 1715 元 / 吨，利润总额 13.8 亿元，净资产收益率（ROE）达 52.6%，实现自由现金流 15.2 亿元，均明显优于考核要求；氧化铝一级品率 100%，吨氧化铝碱耗 40 千克，相对溶出率达 96.5%，吨氧化铝天然气单耗 79.6 标准立方，吨蒸汽标准煤耗 99.8 千克，技术质量指标实现领先。

主要经济指标一览表

表 13

项目	单位	2020 年	2021 年	增长（%）
资产总额	亿元	51.97	61.53	18.40
工业产值	亿元	7.15	51.76	623.92
营业收入	亿元	6.84	51.81	657.46
利润总额	亿元	0.12	13.76	11366.67
税收贡献	亿元	0.04	1.54	3750
全员劳动生产率	万元 / 人·年	21.70	295.62	1262.30

三、安全环保

着力优化环保整体解决方案，加大环保设备设施投入，不断完善监测系统，全面提高环境预警和应急处置能力；污染物排放浓度值低于广西壮族自治区排放标准，厂容厂貌绿色、整洁；安全环保管理能力全面提升，实现安全零事故、环境零污染、疫情零感染、职业病危害零发生。通过推行全员安全员，理念深入人心，实现从“要我安全”到“我要安全、我会安全、我能安全、我为安全”的转变。

四、科技创新

通过矿石溶出率、系统有机物、压滤机产能、溶出系统工艺操作检修清理等方面的攻关，各项关键技术指标持续优化；通过优化运行方式、提高系统产能、能源梯级利用、加强管道保温、减少自用汽量等措施，推动工艺汽耗、锅炉煤耗、工艺电耗、天然气单耗持续降低；生产数据实现自动汇总统计和分析，设备点巡检、缺陷上报、工作票填写等电子化广泛使用，“葡萄图”信息化覆盖率100%；取得一批纯几内亚铝土矿生产氧化铝的独有创新成果和技术专利，12篇专利申报全部获得国家知识产权局受理；联合沈阳铝镁设计院、郑州有色金属研究院共同实施攻关，解决一批技术难题，创效5500万元以上。

智能工厂一期投资6558万元，初步建成IT支持服务中心、园区管理应用、生产管理应用系统，形成12项可复制内容；综合自动化覆盖率达到90%，综合数据采集率达到89%，生产管控主要数据采集率实现100%；较之可研，定员减少140人，成本降低10%以上。

五、改革发展

深化管理改革。成立法治建设与合规管理工作领导小组，制定并下发《主要负责人履行推进法治建设第一责任人职责实施办法》《合规管理实施细则》，有效防控风险，保障依法合规经营；不断完善内控制度，规范运作，提高治理水平；股东会、董事会、党委会、监事会及管理层已形成较为规范、科学的经营决策机制。通过实施组织机构整合，优化管理、操作、检修等岗位，实行全员契约化岗位考核等措施，精简机构30%，劳动生产率提高到3470吨/人·年。实行“管理岗位员工到生产一线锻炼”“生产一线员工到管理部门参与管理”，实现业务跨界融合、人员跨界培养，促使员工管理能力快速提升、工作质效明显提高，职业发展通道更宽、更畅通。打造“政治+专业+管理”学习型组织。

二期氧化铝项目。广西华昇积极推动二期氧化铝项目前置条件落实，一是参股防城港赤沙码头有限公司（持有7%股权），完成第二次2100万元注资，加快1#、2#泊位建设，确保投运后拥有一个相对固定的泊位；二是加强与政府相关部门沟通协调，推动赤泥堆场（二期）基本农田的调出、划补工作；三是持续优化建设方案，对主体工程、卸矿皮带、铁路线等建设方案以及蒸汽、天然气等供应方案进行多次研究论证，单位投资控制在1200元/吨以内。

智能化工厂二期项目。规划建设26个子项，经过50次研讨后确定建设方案，投资优化至0.85亿元，明确选择技术成熟、生产急需、经济效益突出、强化安全环保的项目予以优先实施，确保实现产品达标100%、安全环保100%、原煤降耗0.5%、劳动生产率提高6.4%、工作效率提高25%等目标。

上思县石灰石项目。成功获取上思县三化矿区北矿段4926万吨石灰岩资源，规划采矿规模250万吨/年，可采年限约20年，已取得项目备案，正在开展环评、能评、用地等报批工作。

赤泥综合利用项目。一是与华润水泥、台泥水泥联合开展技术攻关，水泥熟料中赤泥配比量由最初的1.5%提高到4%；二是协调推进中铝环保130万吨赤泥选铁综合利用项目，完成用地审批等手续；三是探索赤泥选铁尾渣在建材、土壤改良、路基材料等方面的应用，力争在“十四五”期末实现赤泥近零排放。

六、党建与企业文化

深入破解党建与业务工作“两张皮”，推动党性根植于心、党风力促于行，是2021年党建工作最大的收获。一是研究确立党建工作新思路，与企业发展相适应。二是制订完善45项党建制度，开展党建业务培训。三是10个基层党支部全部通过标准化党支部达标验收，增强党建规范性。四是探索丰富党建和业务工作融合载体，深入开展党员先锋岗、党员突击队、“两带两创”、党建共建、特色党支部建设，让党建与业务工作同频共振、双促共赢。五是扎实开展党史学习教育，传承红色基因，赓续红色血脉；对标学习党建先进单位，促进党建工作见成效；深入开展“我为群众办实事”，2021年人均工资环比增长18.6%，以最高比例为全体员工缴纳社保并新增缴纳企业年金。

撰稿/陈家作　钟燕红

中国铝业贵州分公司

一、基本情况

中国铝业贵州分公司（简称贵州分公司）始建于1958年，原名贵州铝业公司，1972年更名为贵州铝厂。2002年2月，原贵州铝厂正式分离为上市公司和存续企业两个单位，上市公司为中国铝业贵州分公司。员工总数（在岗）1706人，资产总额51.41亿元，资产负债率99.81%。

主营业务范围：铝土矿、石灰石矿的勘探、开采；铝、镁矿产品，冶炼产品加工产品，碳素制品及相关有色金属产品的生产、销售；机械设备制造。产能规模：铝土矿年产能225万吨；合金化年产能34.8万吨。办公地址：贵州省贵阳市白云区同心东路2号。

2021年，贵州分公司生产经营盈利9161万元，因处理历史问题投入67483万元导致亏损58322万元。其中，矿业公司实现利润21717万元，利润首次突破2亿元，连续四年利润过亿。合金化事业部实现利润582万元。多种经营中心创收325万元，完成创收目标。

二、生产经营

2021年，中国铝业贵州分公司主要业务为铝土矿开采及铝合金生产加工，其中铝土矿开采能力195万吨，2021年实际完成铝土矿开采196.28万吨，同比降低1.89%；销售铝土矿201.71万吨，同比减少4.27%。合金化事业部边建设边投产，6月份实现所有生产线全部建成投产。铝合金设计产能34.8万吨，由于华仁新材料公司政策性限产限电导致原料铝水供应不足，实际完成产品产量28.48万吨，同比增加80.08%，产能利用率达到81.84%；销售28.57万吨，同比增加81.82%。

矿山运营再创新高。全年采矿196.28万吨，销售201.71万吨，矿石生产经营创造利润1.58亿元，劳动生产率2102吨/人·年，生产经营创近4年新高。

合金生产超标领标。劳动生产率890吨/人·年，火耗1.01%，天然气消耗30.67立方米/吨，达到行业优秀水平。

积极开展资金回收。全年清收贵金古高速路压覆补偿款、大岩矿段补偿款、土地征收成本返回款等共计5981万元。积极抓住各类政策机遇，争取帮扶资金、稳岗补贴、税收优惠等政策奖励。争取政策资金2381万元。

主要经济指标一览表

表 14

项目	单位	2020 年	2021 年	增长（%）
资产总额	亿元	34.67	51.54	48.66
工业产值	亿元	28.60	57.99	102.78
营业收入	亿元	29.56	58.96	99.46
利润总额	亿元	−2.39	−5.83	−143.93
税收贡献	亿元	0.96	1.43	48.96
全员劳动生产率	万元 / 人・年	21.16	87.64	314

三、安全环保

总体目标实现。实现安全零重伤、环保零事件、职业健康零职业病的目标，疫情防控工作处于良好可控状态。

体系审核提升。贵州分公司自评价 CAHS 得分 76.47，CAE 得分 80.78。成绩同比提升。

专项行动扎实。集中攻坚安全生产专项整治三年行动，全年共查纠一般违章行为 412 起，排查治理一般隐患 4344 项，修订三大规程 671 个，组织安全培训 1.67 万人次。

环保督察有效。龙头山水处理和坛罐窑铝矿占用林地问题已挂网公示销号完成整改，并彻底解决了坛罐窑铝矿非法占用林地和未来采矿用地问题。合金化事业部创建成为国家绿色工厂。

建设健康企业。落实主体责任，安排 603 名接触有毒有害岗位人员参加职业健康体检，实检率 99%，顺利完成年度职业健康申报。

四、科技创新

自主研发项目。全年分两批共申报自主研发项目 10 个，科研经费投入 1391.06 万元，研发投入强度 0.24%。重大科技专项“废石胶结充填系统设计及充填材料的试验研究”已完成前期初步设计、可行性论证。第二批申报项目紧扣增强矿山盈利能力及合金化新产品开发，对 7 个项目进行立项。

成功申报专利。“一种用于凿岩台车上的油路支撑装置”等 3 件实用新型专利获得授权，3 件发明专利正在评审中。

市场投入新品。合金化事业部累计开发 17 款新产品，新品创效 60 余万元。

整合开发应用。对贵州铝厂、贵州分公司两套信息平台进行整合，分别对 5 个应用平台、10 个应用进行优化。整合后平台用户数增加 1100 个，流程审批总量 1.2 万条，平台访问次数超过 8 万。

五、改革发展

现代企业制度更加完善。全年新增、修订《“三重一大”决策制度实施细则》等基础性管理制度 6 个。完善合同、项目等方面管理规定 27 个。召开党委会 40 次、总经理办公会 32 次。企业议事决策规范严谨，经营行为有章可循，过程管控流程清晰。

三项制度改革有序推进。2021 年 8 月 23 日，启动管理改革，共减少机关职能部门 50%，中层干部职数减少 19%，优化管理人员 64.4%，降低机关人工成本 37%，二级单位管理机构精简

17% ～ 67%。贵州分公司用工总量压减 284 人。

任期制契约化管理实施。与 10 家生产经营单位主要负责人开展业绩沟通，设立“基础性 + 成长性 + 约束性”三类指标体系。2022 年 1 月 5 日，贵州铝厂和分公司召开深化改革动员大会，执行董事、总经理与 10 家单位签订任期制契约化责任书。

六、党建与企业文化

高质量推进党史学习教育。扎实开展“八个一”系列活动，举办先进座谈会、建党 100 周年庆祝大会，推动党史学习教育走深走实。认真开展“我为群众办实事”实践活动，两级党组织为群众办实事 117 项。围绕庆祝建党 100 周年开展系列活动宣传，在外部媒体上发表稿件 210 篇。

党建工作融入生产经营。全年 98 个“三重一大”事项由党委会决策或前置研究，完成贯彻国企党建会精神“回头看”30 项问题整改。落实党建对标，推进党员“双提升”，开展“赶超标杆我能干成什么”大讨论，坚持党建“双百分”考核，“两带两创”立项 90 个。全年发展新党员 33 名，支部星级达标率 100%。

执纪监督提供坚强保障。完善“三不”体系建设，修订《贵州铝厂党委构建“大监督”体系实施意见》及三个工作规则。提升政治巡察质效，全年开展常规巡察 2 次，专项巡察 4 次，持续推进中铝集团巡视反馈问题整改，累计完成整改 60 项，完成率 95.23%。强化廉洁警示教育，两级党委、纪委开展各类约谈 900 人次。

群团构建纽带桥梁。职工集体福利费同比上涨 14.65%。全年帮扶慰问 4075 人次，使用帮扶资金 135.94 万元，争取上级工会政策资金 170.64 万元。青年志愿者为周边居民办实事 545 人次。“铝合金扁锭铸造活动溜槽预热系统的节能优化”荣获中铝集团合理化建议“银点子”奖，游勇等 10 位员工获评贵州省“最美劳动者”。

撰稿／阳文鸿

中国铝业青海分公司

一、基本情况

中国铝业青海分公司（简称青海分公司）成立于2002年4月4日，注册资本76.55亿元，员工总数（在岗）2438人，资产总额54.21亿元，资产负债率85.88%。

主营业务范围：铝冶炼产品、加工产品、碳素制品及相关有色金属产品的生产、销售；机械设备制造及相关技术开发、服务。产能规模：原铝40万吨；铝合金扁锭10万吨；铸轧卷10万吨；阳极21万吨；阴极2.3万吨。办公地址：青海省西宁市宁张公路28公里处。

2021年，青海分公司认真贯彻落实集团党组和中铝股份的决策部署要求，强化“算着干、干着算”的成本控制理念，积极应对新冠肺炎疫情带来的不利影响，深入推进全要素对标、极限降本、三项制度改革等重点工作，保证安全平稳生产，经营业绩创下近十年来最好成绩：全年共生产铝产品40.34万吨、销售铝产品40.34万吨，累计盈利5.93亿元。

二、生产经营

2021年，青海分公司克服疫情影响、电价及氧化铝等原材料大幅上涨等困难，全年共生产铝产品40.31万吨，阳极31.19万吨，阴极1.43万吨，实现利润总额17.41亿元，较全年考核利润翻了两番；总资产收益率达到42.78%，缴纳税金3.43亿元，创建厂以来最好水平。

“做赚钱的合金化”思路。共销售绿色85铝2.67万吨，多创利709万元；销售扁锭、铝棒、铸轧等合金26.11万吨，多创利1530万元。

炭素产量再创历史新高。全年阳极总产量达到31.19万吨，其中外销生阳极产量达到11.53万吨，实现利润6662万元；销售阴极产品1.17万吨，实现利润258万元。

主要经济指标一览表

表15

项目	单位	2020年	2021年	增长（%）
资产总额	亿元	34.88	54.21	55.41
工业产值	亿元	54.62	72.48	32.87
营业收入	亿元	54.89	73.16	33.28
利润总额	亿元	5.93	17.41	193.6
税收贡献	亿元	1.89	3.43	81.48
全员劳动生产率	万元/人·年	53.3	106.2	99.25

三、安全环保

安全管理。进一步厘清各级管理人员安全职责，明确了直线责任和监管责任；严格落实“两抓两查严监管”，认真执行重要危险源管理制度和“源长”责任清单，持续开展全员风险辨识，完善风险数据库。针对班组、岗位等安全管理重点，全面建立 CARC 表、班组“葡萄图”，并在全员中推广“口袋卡”，推动 CAHSE 精准管理体系运行与日常安全管理深度融合。12 月 7 日，公司顺利通过国家安全标准化一级企业验收。

环保管理。以抓好中央环境保护督察整改为契机，完成初期雨水收集池建设和厂区雨污分流、雨水处理系统的建设；如期完成大狼沟渣场风险评估报告和周边环境调查报告，顺利进入治理阶段，全面降低环境污染风险。完成电解 9 套在线监测系统技改，通过保证环保设施平稳运行、狠抓环保设施同步运转率，实现重点污染源监督性监测 100% 达标，环境污染事故为零的目标。

四、科技创新

2021 年新获得授权专利 17 件。截至 2021 年底，青海分公司有效专利 125 件，其中发明专利 57 件，实用新型专利 68 件。

五、改革发展

提升企业现代化治理。按照国务院国资委和集团关于三年改革行动要求，制定公司三年改革行动方案，压实责任、督办推进，累计完成 50 项任务，完成进度 89.3%，提升企业内生活力。在分公司、青海铝业公司、铝板带公司全面推行任期制和契约化管理，提升企业现代化治理水平。

不断深化各项改革。制定并实施《青海分公司提高劳动生产率加强人工成本管控实施方案》。各单位进一步增强主动改革的意识，通过优化机构设置、实行产量承包、改革分配制度、推行一岗多责和一职兼做等措施，全年精简科级机构 2 个，合并调整班组 5 个。

强化考核结果应用。持续加强干部和技术技能人才队伍管理，选拔 14 名“80 后”和“90 后”进入中基层管理岗位，低聘、解聘基层管理人员、专业技术（技能）人员 33 人。继续坚持将人员减少结余的绩效分配给贡献大和苦、累、脏、难的岗位，完善收入能高能低的机制。

六、党建与企业文化

学史崇德、学史力行。党史学习教育开展以来，企业党委坚持“规定动作”做到位、“自选动作”有特色，举办专题读书班 4 期，督导基层党组织开展集中学习达 300 余次。深入开展党史知识竞赛、征文等活动，建立为群众办实事项目清单，各级党组织及党员已经累计为身边群众、企业解决问题难事 180 余项，开展“环境美化”“疑难攻坚”“创新创效”等专项行动 90 余次，真正做到学史明理、学史增信、学史崇德、学史力行。

党政双向深度融合。大力推广“党建 +”工作模式，围绕企业生产经营中心工作，推动党建与生产经营“融入、内嵌”有机结合，开展“两带两创”项目 117 项，累计创效达 500 余万元；积极开展“迎百年华诞、促百分百达标”以评促建活动，各基层党组织累计自查和整改问题 162 项，25 个基层党支部顺利通过省委验收。

撰稿 / 韩　涛

包头铝业有限公司

一、基本情况

包头铝业有限公司（简称包头铝业）成立于2008年5月22日，注册资本22.46亿元，员工总数（在岗）4764人，资产总额179.67亿元，资产负债率40.56%。

主营业务范围：电力生产、电力供应，铝、铝合金及其加工产品、高纯铝、热能、炭素制品的生产销售。产能规模：电解铝产能130万吨（含内蒙古华云新材料有限公司，以下简称内蒙古华云）、高纯铝产能5万吨，阳极产能12万吨，2台33万千瓦自备机组、3台35万千瓦自备机组（内蒙古华云）。办公地址：内蒙古自治区包头市东河区毛其来。

2021年，包头铝业坚决贯彻集团工作会议精神及各项工作部署，围绕全年奋斗目标，坚持“聚焦战略、提升管理、改革创新、稳健发展”工作主线，沉着应对疫情持续反复、政策剧烈变化、市场跌宕起伏的多重考验，凝心聚力，务实笃行，连续第六年获评“全国文明单位”称号，获得“全国设备管理标杆企业”“国家安全标准化一级企业”“内蒙古百强品牌”等多项荣誉，问鼎“全国质量奖”，经营业绩持续提升，创历史最好纪录，实现“十四五”良好开局。

二、生产经营

（一）经营生产完成情况

2021年，包头铝业（含内蒙古华云）铝产品产量127.54万吨，同比增长2.07%，其中高纯铝6.28万吨，同比增长17.9%；自供电量114.67亿千瓦·时，同比增长15.19%；炭素产量61.68万吨。营业收入、利润总额、净利润分别达到224.85亿元、26.04亿元、22.19亿元，分别同比增长39.11%、40.08%、41.53%；总资产收益率（ROA）15.87%、净资产收益率（ROE）21.5%，分别同比提高8.09和11.94个百分点；资产负债率40.56%，较年初降低2.79个百分点；电解铝人均劳动生产率达328吨，同比提高18.84%。

主要经济指标一览表

表16

项目	单位	2020年	2021年	增长（%）
资产总额	亿元	175.77	179.67	2.22
工业产值	亿元	156.82	210.85	34.45
营业收入	亿元	161.63	224.85	39.11
利润总额	亿元	10.85	26.04	140
税收贡献	亿元	5.43	10.51	93.55
全员劳动生产率	万元/人·年	45.65	74	62.1

（二）生产经营亮点

紧紧围绕年度生产经营目标，通过紧盯政策变化、抢抓市场机遇、强化精细管理三方面举措，保证市场创效取得显著成果，一是网购电价创优势。在全年网购电价五次上调的情况下，实现网购电价始终保持地区同行业最优。二是营销创效做贡献。充分发挥“双赛马”机制，4500大卡电煤价格跑赢市场42元/吨，大宗原燃材料采购降本2.8亿元。灵活调整销售策略，铝液销售同比增长17.83万吨；缩短调价周期、推行分级协商评审和加价销售，创效102.3万元；抢占国内外高纯铝市场，开发电子铝箔、医药领域客户14家。三是颗粒归仓增效益。加强预算管理，压减贷款11.84亿元，降低财务费用8746万元；获得参股单位分红1809万元；梳理处置低效无效资产550项3140万元，提升存量资产质量。

获全国质量奖。12月，包头铝业获评中国质量协会“第十九届全国质量奖组织奖”荣誉称号，为中铝系统捧回第一个全国质量奖荣誉，包头铝业成为该奖设立以来首个获此殊荣的铝冶炼行业企业。

电解全系列平稳运行。2021年，包头铝业克服118次限电影响，发挥自备电厂避峰填谷优势，主动调整工艺参数，启动电解柔性生产模式，实现综合能源消费总量同比降低14万吨标准煤，圆满完成能耗“双控”任务，顺利通过能源体系审核认证，确保电解全系列平稳运行。

智能工厂1.0版本基本建成。包头铝业上线行业首个铝电解大数据平台、高精人机定位网络和首个5G+铝电解智能化管控集群，生产集中调度和应急指挥得到强化，顺利通过智能工厂1.0版验收，全工序全流程智能控制和能源质量协同优化，同时被工信部列为2021年度智能制造试点示范工厂。

三、安全环保

（一）安全管理方面

2021年，包头铝业将标准化班会嵌入智能平台，实现“台账电子化、培训视频化、隐患随手拍、绩效随时查”线上考评，培训合格率、班组安全考试通过率同比提升10.8%、45.3%；强化承包商一体化管理，通过建立“日检、周汇、月评价”工作机制，排查承包商安全隐患68项，同比减少49.1%；推行“安全卫士”和“葡萄图”安全工具，开展“三敬畏、反三违”“五查五严”专项行动和重要危险源管控工作，整改排查隐患72708项，事故率同比降低69.6%。2021年，包头铝业保持轻伤及以上无事故的良好纪录，安全风险总值降低12.3%。

（二）环保整改方面

2021年，包头铝业认真贯彻落实中铝集团、中铝股份环保整改工作要求，一是建立督查问题“一案一档”管理机制，整改完成“企业自查、中铝督察、中央督察”三个层面99项问题，形成整改档案105份，全部履行整改销项手续。完成危废合规化处置清零，治理噪声超标点位43个，二氧化硫同比减排881.8吨，顺利通过内蒙古自治区第二批绿色制造示范名单复核。二是公转铁项目建成投运，实现80%电煤“绿色换乘”，大幅减少粉尘污染。三是规划中长期环保提升工作，邀请中国环科院对包头铝业环境问题开展全面体检，完成“水、气、声、渣、土、管”六个方面评价报告和治理方案编制工作，推进打造绿色和谐新企业。

（三）能耗双控方面

2021年，包头铝业突出能耗强度和总量双控目标，建立完善的调度和预警考核机制，推进在线计量监测，采取机组停机错峰和危险槽、高能耗、高龄槽停槽检修等措施，协调政府统一核算口径，完成能耗双控目标，同比降低 14 万吨标准煤，顺利通过能源体系审核认证。

四、科技创新

2021 年，包头铝业以打造高水平研发平台和原创技术策源地为目标，组建电解铝节能降碳和高纯铝技术中心，电解铝大修渣炭渣处置与综合利用技术、电解铝智能制造技术以及电解铝清洁能源综合利用技术分中心，形成“2+3”技术创新体系，开展攻关项目 37 项，获得授权专利 16 项，“铝钢焊接新技术”“均流阳极钢爪”“炭素阳极焙烧烟气深度净化与废物循环利用”等技术达国际领先水平，获评内蒙古自治区“创新方法推广应用先进单位”。

新技术应用。启动实施电解铝节能降碳集成技术工业试验项目，开展全石墨化、插铜钢棒、FHEST2 阴极组合技术单槽试验，形成铝钢直焊、低阻钢爪等阳极组合技术推进计划，实现 7 台试验槽全部启动完成，初步达到直流电耗“12450”和“12200”阶段试验目标。

合金化技术开发。开展铸造铝合金锭连续化生产技术和高附加值合金化产品研发，持续推进产品中试；优化 AlSi7 系铸造铝合金工艺流程，形成一套完整的铝硅系铸造铝合金快速合金化工艺技术，缩短熔硅时间 10% 以上，提高合金化生产效率 15% 至 20%。

高纯化方面。包头铝业成立高纯铝专项推进组，引进技术合作院校，形成 5N 高纯铝研发技术路线，主辅设备订货、洁净厂房施工等前期工作全面启动。

五、改革发展

（一）推进改革改制

一是强化顶层设计赋能改革。贯彻落实《中铝股份深化改革三年行动台账》，改革总体实施路径更加明晰。二是加快三项制度改革实施。22 名中基层干部退出管理序列，5 名 80 后优秀年轻干部走上中层岗位。压减用工 812 人，逐步实现精准薪酬绩效分配。三是不断推进机制优化完善。推行经营责任双抵押，推动由点及面市场化改革，高纯铝、合金事业部实施契约化承包经营，分别压简机构 22%、25%；炭素厂模拟事业部运营盈利 306 万元；修理厂压简机构 57%，以竞标形式实施铝钢焊业务承包制改革。

（二）重点项目建设

印发“十四五”规划，形成新能源发展等 15 项目标、双碳和能耗双控等 10 类具体措施，明确未来五年的发展思路。围绕“建设 300 万千瓦新能源、年发电 80 亿度、总用电占比 40%”新能源项目推进计划，与达茂旗、固阳县分别签订 120 万千瓦、100 万千瓦新能源项目相关协议，获取 1.2 万千瓦厂内分布式光伏发电指标。

六、党建与企业文化

包头铝业在形成“引领方向、融入生产、嵌入管理、创造价值”的党建工作理念，打造卓越党建体系。扎实开展党组织副书记试点工作，完成 217 项“两带两创”项目。上线运行“智慧党建”信息化管理平台，实现公司线上线下“大党建”工作格局。承办中铝股份“大学习、大比武、大落实”党建竞赛，包铝代表队荣获一等奖。圆满完成纪检监察和巡察工作三年百人“以干代训”计划，打造新时期理解改革、适应改革、支持改革的人才梯队。

持续推进作风建设再聚焦，专项治理采购、项目建设、窗口服务等领域24个突出问题。出台执行力问责管理办法，确立鲜明改革导向，保障改革工作顺利推进。

包头铝业持续深入开展“助学帮扶”工作，为50多名贫困学生购买学习用具、生活用品和衣物，捐助帮扶金额5.7万元；通过“爱心基金”“送温暖”等活动，救助困难职工278人，发放救助金94万元；通过金秋助学帮扶12个职工家庭，发放助学金3.6万元。

撰稿／张智鹏

兰州铝业有限公司

一、基本情况

兰州铝业有限公司（简称兰州铝业）成立于1958年，注册资本15.94亿元，员工总数（在岗）2368人，资产总额72.83亿元，资产负债率57.59%。

主营业务范围：常用有色金属冶炼、有色金属合金制造、有色金属合金销售、金属制品销售、金属制品研发、有色金属铸造、石墨及碳素制品制造、石墨及碳素制品销售、热力生产和供应。产能规模：电解铝产能45万吨、发电装机90万千瓦、炭素制品23万吨、合金产能39万吨。办公地址：甘肃省兰州市红古区平安镇河湾村。

2021年，兰州铝业统筹推进新冠疫情防控和企业生产经营改革发展，抢抓市场机遇，强化工作落实，坚决履行责任，完善推进机制，制订甘肃企业管理整合实施方案，全年生产铝产品45万吨，同比增加1.75%；生产阳极炭块20.52万吨，同比增加2.05%。发电9.01亿千瓦·时，实现产销率、货款回笼率两个100%。累计实现营业收入71.68亿元，实现工业总产值71.17亿元，利润总额12.84亿元，生产运营净现金流15.75亿元。净资产收益率（ROE）达到28.52%，带息融资规模、财务费用、成费比进一步降低。运营质量持续提升，经营业绩创历史最好水平。

二、生产经营

兰州铝业以价值创造为核心，以优化消耗指标为重点，深化全要素、全级次对标，扎实推进极限降本，推广“五标一控”管理模式，电解铝液99.70以上率达到100%；铝液电流效率同比提高0.80%；阳极炭块毛耗同比降低5.86公斤；铝液交流电单耗同比降低193千瓦·时。炭素一级品率同比提高6.96%；煅后焦实收率全年保持76%以上；磷生铁消耗保持较好水平。

主要经济指标一览表

表17

项目	单位	2020年	2021年	增长（%）
资产总额	亿元	72.83	67.85	−6.84
工业产值	亿元	52.85	71.17	34.64
营业收入	亿元	53.93	71.68	32.91
利润总额	亿元	4.27	12.84	200.70
净利润	亿元	3.13	9.52	204.15
税收贡献	亿元	2.55	7.55	196.08
全员劳动生产率	万元/人·年	51.48	85.49	66.06
资产负债率	%	57.59	47.10	−10.5
净资产收益率	%	10.69	28.52	17.83
总资产报酬率	%	7.56	19.31	11.75
研发投入强度	%	1.19	2.90	243.69

三、安全环保

安全管理。兰州铝业深入推进 CAHSE 体系运行，积极开展全员“三敬畏、反三违”、“五查五严”、持续推进“葡萄图”和 CARC 表等安全管理工具的落实及安全生产专项整治等各类安全专项行动。2021 年兰州铝业未发生生产安全工亡事故，未发生较大及以上生产安全事故；危险作业审批率达到 100%，全员培训持证上岗率 100%，接触职业危害因素作业员工职业健康体检实检率 98.25%，全部达到目标。

环境治理。兰州铝业加强环保设备和在线监测设施的运行维护，规范开展监督性检测和第三方环保监测，周边环境、无组织排放满足《铝工业污染物排放标准》及《环境空气质量标准》限值要求；危险废物管理通过地方生态环境部门考核，污染物排放满足总量控制指标要求，全年未发生突发环境事件。

四、科技创新

科技成果应用。2021 年，兰州铝业科技创新投入 20630 万元，围绕工艺优化、设备改造、软件开发、管理提升等内容，大力推进技术创新和科技成果应用，为企业提质增效提供有力支撑。一是开展两个轮次的含碳固废综合利用项目实验工作，通过确定危废属性鉴定技术方案编制、属性鉴定测试分析、属性鉴定报告编制单位，签订相关合同，完成《实验分析测试报告》《危废属性鉴定技术方案》等编制工作，并根据专家组的评审意见，继续开展掺烧最高控制线比例实验，丰富完善相关实验数据；依据最高控制线实验检测结果，确定最佳综合利用比例，按此比例开展属性鉴定工作，最终通过专家评审并取得兰州市生态环境局的批复。二是 400 千安全石墨化阴极磷生铁浇铸技术应用为降低电解槽炉底压降和铝液综合交流电耗，利用 400 千安电解系列电解槽大修时机，组织开展全石墨化阴极磷生铁浇铸技术的实施工作。三是积极开展高新技术企业认定工作。兰州铝业先后与多家咨询服务机构交流，了解熟悉认证流程和条件。严格按高新企业认定相关要求和节点完成相关工作，10 月 22 日获得甘肃省科技厅、甘肃省财政厅、国家税务总局甘肃省税务局联合颁发的高新技术企业证书。

专利情况。发明专利 5 项；申请专利 4 项，其中，发明专利 1 项，实用新型专利 3 项。授权计算机软件著作权 1 项。有效授权专利 14 项，其中发明专利 11 项，实用新型专利 3 项。

五、改革发展

2021 年，深化企业改革与企业管理，推进深化三项制度改革，按照国家政策要求，稳妥完成 2735 名退休职工的社会化移交工作。自主开发安全“口袋卡”“峰谷平”电量统计报表、退休职工信息采集系统、违章系统管理、通勤车评价、设备系统管理等 App 项目，提升了量化融合水平。全面落实中铝集团法制建设工作和法制建设第一责任人职责，提升了企业依法治企的水平。

积极了解国家碳排相关政策，掌握碳排核查程序和要求，依据碳排指南，计算并编制公司 2022 年碳排报告，配合省、市、区节能中心完成公司 2021 年电解铝能效核查工作。

六、党建与企业文化

强化党建工作。按照中铝集团党组、中铝股份党委党建工作要求，坚持高质量发展理念，推进全面从严治党向基层延伸，强化政治引领，扎实开展党史学习教育，充分发挥党组织的政治优势、组织优势和群众优势，坚持对标一流，强化精益管理，全面推进党建和业务工作双向融合，以转型升级发展的新成就向中国共产党成立100周年献礼。

兰铝特色文化。构建以中铝集团精神为主导，兰铝文化为特色的文化理念，讲好兰铝故事，组织先进典型事迹报告宣讲，将文化嵌入企业生产、安全、质量、环保等各个环节，增强文化聚合力。开展庆祝中铝成立20周年系列活动，积极履行央企的政治责任、经济责任和社会责任，举办富有时代特色、职工参与面广、形式多样的精神文明创建活动，促进社会主义核心价值观在企业贯彻实践。2021年顺利通过甘肃省文明办组织的省级文明单位复查验收，保持了省级文明单位荣誉称号。

履行社会责任。健全企业社会责任工作管理机制，坚持安全发展、绿色发展、低碳发展、创新发展理念，大力推进中央生态环境保护督察问题的整改，持续提升环保管理水平。积极营造企地和谐氛围，积极谋求企地合作共赢发展新局面。坚决打赢疫情防控阻击战，利用自有消防车对周边村镇进行消毒作业，为厂区周边乡镇和当地测温点送去防疫物资，实现企地联防联控，彰显央企责任。持续开展援乡工作，指导扶贫工作人员继续落实好对口扶贫项目落地，关爱扶贫派驻人员。

撰稿／于姝雅

山西华圣铝业有限公司

一、基本情况

山西华圣铝业有限公司（简称山西华圣）成立于2006年3月7日，注册资本10亿元，员工总数（在册）651人，资产总额8.99亿元，资产负债率26.68%。

主营业务范围：电解铝、铝合金、碳素产品及电力的生产与销售，上述产品相关技术开发、技术服务。产能规模：炭素焙烧产能10万吨。办公地址：山西省永济市中山东街26号。

2021年，山西华圣深入贯彻中铝集团和中铝股份的部署要求，围绕年度工作总目标，细化责任狠抓落实，千方百计解决资金难题，持续推动企业转型升级，实现炭素4万吨生产达产达标，6万吨焙烧系统如期启动，机械厂平稳运行，完成各项生产经营任务。全年实现营业收入15734万元，利润总额−9400万元，扣除不可控因素，完成了控亏5000万元预算目标；全年安全环保事故双为零。全年减员84人，超额完成38人减员分流目标。

二、生产经营

全年生产运营净现金流为−1028万元，完成−2800万元预算目标；“两金”年底实际占有11128万元，完成总部12000万元的考核目标。

主要经济指标一览表

表18

项目	单位	2020年	2021年	增长（%）
焙烧块产量	吨	—	28368	—
资产总额	亿元	9.32	8.99	−3.54
工业产值	亿元	0.31	1.52	390.32
营业收入	亿元	0.56	1.57	180.36
利润总额	亿元	−0.79	−0.94	18.99
税收贡献	亿元	0.66	0.07	−89.39

三、安全环保

压实安全环保责任。实现全年无生产安全事故，重新梳理岗位安全责任，与各单位签订安全环保目标责任书和员工一岗双责责任清单；修订完善安全管理制度3个和各岗位安全操作规程；强化日常检查，共发现问题311项，整改311项，整改率100%；按期完成职业健康现状评价及147名有害岗位员工的体检工作。

强化环保合规治理。全年无环保事故，完成企业排污许可证的变更和延续，4万吨炭素产能被列入排污许可管理；完成新增燃气蒸汽锅炉项目环境影响报告表、2020年改造项目及6万吨焙烧净化系统升级改造的环境影响登记表，为新设施的建设和投运创造了条件；启动炭素焙烧在线监测设施改造，推进在线设施合法运行。

细化能源管控。保供同时促进节能降耗，强化供水管理，2021年用水量同比减少50958吨，降幅达39.84%，为企业节约水费11.72万元；细化用电措施，协调完成外部10千伏供电线路改造，解决企业电解停产后负荷不足的问题，与售电公司合作，通过风电打捆，节约电费300万元；寻求新的天然气（液化气）供应，与运城中海商贸有限公司达成合作意向，在保障供应的基础上降低气价。

四、科技创新

山西华圣充分发挥园区企业资源优势，实施焙烧炉烟气脱硫改造，创新性利用附近企业废碱液作为脱硫剂使用，是炭素行业唯一一家利用废碱液处理烟气中硫分的企业，有利于园区企业综合效益提高：一可减少企业采购脱硫剂的费用；二可减少协作企业废水处理时加酸中和的费用；三可通过废水的再利用，提高水资源的利用效率，减少浪费；四可降低企业环保税支出。改造完成后，可实现二氧化硫超低排放，为企业在重污染天气管控期间落实减排措施创造条件。

五、改革发展

2021年，山西华圣在中铝股份的协调和中铝物资、山西新材料的支持帮助下，实现四万吨系统复产。3月30日，四万吨焙烧系统按期点火启动；5月11日，首批预焙阳极炭块出炉；6月，实现四万吨炭素系统达产达标。炭素厂全年生产生块38102吨、焙烧块28368吨，焙烧块产量超年度目标13.5%，阳极综合合格率99.6%，高出目标1.1个百分点。全年销售阳极30643吨（含生块4031吨）、再生阳极589吨，实现利润85.11万元。机械厂生产销售钢爪等各类产品实现盈利14万元。

9月17日，按照中铝股份“快速恢复启动6万吨炭素系统”的要求，山西华圣立即研究部署，成立工作专班，按照“投资省、见效快、做一流标准”的要求，开始炭素焙烧净化系统和炭素6万吨复产工作，实施焙烧炉修复、净化改造项目脱硫等大修项目，12月底，6万吨焙烧炉单系统正常运行，新改造的喷淋、电捕系统投入运行。

六、党建与企业文化

管党治党责任更加突出。严格落实党建责任制，与各级党组织层层签订党建目标责任书，细化分解年度目标任务，逐级压实党建责任。印发2021年党建和思想政治工作要点，明确28项任务分工，分解落实责任和工作举措。全年召开党委会议12次，研究决策事项26个，贯彻落实党组织研究讨论重大事项前置程序，党委领导核心作用和政治核心作用得到彰显。

党史学习教育成效更加显现。把党史学习教育作为各级党组织中心组学习、干部教育培训、党员学习教育的“必修课”，组织开展15次庆祝建党100周年专题党课。进一步增强广大党员的党性观念和党员责任，增强立足岗位、尽职尽责、践行初心的使命感。

推进生产经营更加有力。抓好中心组学习制度化、规范化，认真落实“第一议题”制度，及时跟进学习习总书记最新重要讲话和指示批示精神，全年开展两级班子中心组集体学习研讨12次，把理论武装成效内化为增强“四个意识”、坚定“四个自信”、做到“两个维护”的责任担当，把党建工作成效转化为促进生产经营工作的最大抓手。

群团工作更加强化。制定下发2021年工会工作要点，对全年工会工作进行详细谋划和安排。为员工发放春节、元宵节福利，为每位女职工建立健康档案，依法保障女职工合法权益，为生产一线员工送清凉、送温暖，组织在岗在册员工加入大病医疗互助保险 183 人。

企业形象更加彰显。全年共编印《华圣信息》22 期，对外报送稿件 20 余篇,《中国铝业报》《中铝股份党史简报》等采用稿件 7 篇，企业文化软实力进一步加强。

执纪问责更加有力。制定下发《关于集中整治“形式主义、官僚主义”的实施方案》，从强化督办工作、改进学风文风会风和认真履职尽责三方面开展自查，进一步把基层干事创业的手脚从形式主义、官僚主义的束缚中解脱出来。提升纪检人员专项业务素质，推进监督执纪精准化，有效提升党员干部廉政意识，营造风清气正的干事创业环境。

撰稿／景瑞娜

抚顺铝业有限公司

一、基本情况

抚顺铝业有限公司（简称抚顺铝业）成立于2006年1月，由原抚顺铝厂资产重组而成。注册资本22.74亿元，员工总数（在岗）772人，资产总额23.37亿元，资产负债率92.32%。

主营业务范围：炭素阳极产品和铝合金产品。产能规模：预焙阳极53万吨/年。办公地址：辽宁省抚顺市望花区鞍山路东段6号。

2021年，抚顺铝业以党建引领为保障，聚焦价值创造，深化精益管理，统筹全要素对标，加强全面风险管控，炭素生产线实现稳产、高产，产品质量大幅提高，经营业绩和管理水平稳步提高，产品用户认可度显著提升，区域销售市场优势得到持续巩固和加强。

二、生产经营

全年生产商品阳极33.1万吨，同比增长2.77%，剔除历史遗留问题后，全年实现生产经营性利润641万元，同比增长117.15%，增利1.68亿元。

主要经济指标一览表

表19

项目		单位	2020年	2021年	增长（%）
主要产品	煅后焦	万吨	27.00	27.67	2.47
	生　块	万吨	35.00	35.21	0.60
	焙烧块	万吨	32.25	33.14	2.77
	合　金	万吨	0.07	0.04	−40.43
	蒸　汽	万吨	21.92	22.48	2.57
资产总额		亿元	24.76	23.37	−5.61
工业产值		亿元	8.87	13.53	52.54
营业收入		亿元	10.42	19.37	85.91
利润总额		亿元	−2.46	−2.80	−13.84
纳税贡献		亿元	0.27	0.39	44.48
全员劳动生产率		万吨/人·年	377	428	13.53

三、安全环保

2021年，企业扎实开展安全生产专项整治三年行动、深入开展“两抓两查严监管”和“三敬畏、反三违”工作；采用“葡萄图”、安全卫士、CARC表等管理工具，提升全员安全能力，CAHSE体系在基层有效落地；细化、量化重要危险源管理职责，开展有限空间、有毒有害气体、易燃易爆危险化学品专项整治，确保风险可控。开展环保提升，完成煅烧炉异味治理、在线监测设备升级改造、清洁生产审核、环境保护管理制度体系建立等工作；完成年度安全、环境隐患整改计划；完成排污许可证的换发和“中央环保督察”的迎检工作。

四、科技创新

2021年，企业铝合金AlSi20标准样品（块状）项目（计划号：S2021008）通过有色金属分技术委员会专家组鉴定，作为国家标准样品上报审批。铝合金355Z.1系列标准样品（块状）项目通过专家组答辩，作为国家标准样品项目立项。《抚顺铝业提高阳极质量生产技术示范》项目于2021年全部完工，产品质量进一步提升，预焙阳极一级品以上率，同比2020年上升4.84%。

2021年共立研发项目3项，分别为《煅烧炉异味消除攻关项目》《煅烧炉上料系统的加料车智能控制研发项目》《煅烧炉挥发分大道自动吹扫项目》。

2021年，企业煅烧工序完成单罐自动称重的设计、安装、调试等工作；自主设计实施安装的煅后排料系统定量给料机仪表秤，误差精度达到±0.5‰；煅烧工序设计实施煅烧炉水冷闸板供水自动控制系统，延长了闸板使用寿命，提高了长周期生产的稳定性。

科技创新投入198万元，专利申请1项:《煅烧炉自动加料系统》。

五、改革发展

2021年，企业持续深化改革，开展经理层成员任期制和契约化管理，完成《聘任协议》和《管理业绩责任书》的签订工作，明确企业经理层人员任期内任务目标，有效落实刚性考核，强化激励作用；围绕“人员优化和管理精简高效的减法”，合理压缩管理层级，持续优化人员结构，实物劳动生产率提高到474吨，同比提高88吨；突出“价值创造决定薪酬”的绩效考核机制，细化计件取酬、创效提成、分组包干等多种工资分配形式，激发员工内生动力和转型发展活力，收回外包业务2项，内部人员转岗替换41人，减少外包费用支出149万元；围绕做好“再生资源贸易的乘法”，探索和完善再生铝贸易、增碳剂新产品的模拟市场化承包经营改革，锻炼培养数名年轻市场化经营人才，全年业务实现营业收入6.2亿元。

六、党建与企业文化

2021年，企业党委制定下发《党史学习教育实施方案》，提出“七个专题”具体措施，逐级细化、分解、落实，扎实推进党史学习教育，夯实党建基础；通过“我为员工办实事”活动转化学习教育成果，聚焦员工群众急难愁盼问题，相继解决了能源管理供暖改造、交接班室环境改善、员工洗衣房建设等40余项清单任务，满足员工需求；通过各级党组织积极围绕生产经营抓党建，促发展，组织开展生块质量提升、降低天然气单耗等创新创效项目19项，实现党建价值创造；积极拓展融媒体建设，扩大宣传覆盖面和参与度，以多元化的形式和视角营造公司二次创业的氛围，2021 年刊发稿件 300 余篇。

开展全员性创新创效活动，征集评审并实施推广合理化建议书 8 份；开展劳动竞赛、技能大赛，发放激励奖金 14.12 万余元；开展“两优一先”创评工作，征集“金点子”和“银点子”合理化建议 34 项，实施 30 项；参加 2021 年中铝集团班组长综合管理技能培训比武，2 名班组长获奖；推进安全干净班组建设，实现整体达标率 85% 以上，为班组添置微波炉、桌柜、文化宣传板、热水壶、夏季防暑降温药品等；推进落实班组减负工作，工会通过规范检查考核、简化工作流程、合并优化工作记录等方式，优化减少班组记录 36.2%。2021 年开展困难员工慰问救助 100 余人次，同时开展节日慰问和“金秋助学”等活动，共发放慰问金 88.44 万元。

撰稿 / 田　野

遵义铝业股份有限公司

一、基本情况

遵义铝业股份有限公司（简称遵义铝业）成立于1990年4月3日，注册资本32亿元，员工总数（在岗）2040人，资产总额56.75亿元，资产负债率39.46%。

主营业务范围：普通铝锭、合金铝锭、铝型材及铝制品、氧化铝、碳素材料、氟化盐、氢氧化铝、金属镓以及其他自产自销的附属产品及衍生产品。产能规模：电解铝36万吨、氧化铝110万吨。办公地址：贵州省遵义市播州区影山湖街道。

2021年，遵义铝业在中铝集团党组、中铝股份党委的坚强领导下，推进全要素对标、管理改革、风险防控、党建品牌行动等重点工作，各项重要指标持续向好，盈利水平创历史新高。

二、生产经营

2021年生产电解铝（含合金）39.80万吨，同比降低1.04%；生产成品氧化铝104.34万吨，同比降低8.68%。ROA（总资产收益率）、ROE（净资产收益率）提升至19.93%、37.25%，成费比降至83.02%，资产负债率降至37.02%。自企业合并重组以来，累计实现利润总额20.55亿元，生产运营性净现金流40.35亿元，净利润增加15.76亿元，弥补此前的12.52亿元亏损后，未分配利润余额3.24亿元。达到近14年来、合并3年后首次向股东分红的条件，真正实现“股东增值、企业增效”的国有资产保值增值目标和合并重组转型升级的战略目的。

主要经济指标一览表

表20

项目	单位	2020年	2021年	增长（%）
资产总额	亿元	60.76	56.75	−6.60
工业产值	亿元	58.35	73.50	25.96
营业收入	亿元	58.87	74.77	27.01
利润总额	亿元	4.79	9.80	104.59
税收贡献	亿元	3.65	6.21	70.14
全员劳动生产率	万元/人·年	237.57	325.82	37.15

三、安全环保

2021年，遵义铝业未发生生产安全事故，环保行政处罚、污染事件为零，用能强度达到国家耗能限额标准，完成“节能量”的目标任务。

安全生产。严格按照《中华人民共和国安全生产法》《中华人民共和国矿山安全法》等相关法律法规及标准规范要求，建立职业健康安全管理体系并有效运行，为员工缴纳工伤保险，足额提取和使用安全生产费用，不断改善劳动卫生条件，积极打造标准化、现代化、智能化工厂，认真落实企业安全生产主体责任，安全生产绩效良好。

节能减排。遵义铝业党委会4次学习研讨习近平生态文明思想，研究部署中铝集团和中铝股份对环保工作的各项要求；2021年遵义铝业总经理办公会专题研究企业环保工作达15次。2021年，遵义铝业转化应用中铝集团2项科技成果，技术推广电解槽直流电耗同比系列普通槽吨铝低400千瓦·时以上，推广31台电解槽；推广的更低能耗槽直流电耗同比系列普通槽吨铝低180千瓦·时以上。2021年，遵义铝业能耗为氧化铝353.98标准煤每吨，电解铝1670.55标准煤每吨，均达到国家能耗限额标准（电解铝1732标准煤每吨，氧化铝500标准煤每吨）。

四、科技创新

完善体制机制建设。充分利用好创新示范基地，与贵阳院、郑研院联合创建“科技创新合作基地、工业化试验基地、中铝集团首席工程师遵义铝业工作站”和“铝冶炼科技协同创新示范基地”。开展全方位、多渠道、多层次、多形式的科技资源整合，为遵义铝业在铝行业的发展提供强有力的科技、人才支撑。

加大技术创新动力。全年实施科技研发项目27个，其中承担中铝集团及中铝股份科技研发项目2个，实施企业自主研发项目25个。全年研发投入2.28亿元，研发投入强度3.1%。

科技成果推广应用。一是参与“有色冶金工业炉窑节能技术开发与应用项目”获得中国有色金属工业科学技术一等奖，排名为第二完成单位。二是8月在郑研院组织召开科技成果评价会，评审专家对“预防铝电解槽短路口爆炸技术的开发与应用”“高钾电解质体系铝电解节能技术的研究与应用”两项科技成果给出“整体技术达到国际先进水平”的评价。

具备专利基础工作。截至2021年12月底，遵义铝业有效授权专利9件，其中发明专利3件、实用新型专利6件，按时完成2021年度专利年费的监控及缴纳工作。2021年度遵义铝业专利费用支出8840元，为专利年费。

五、改革发展

2021年，遵义铝业主要组织实施了赤泥堆场二期工程、灰渣堆场防渗治理环保升级改造、全厂集中管控项目等重大投资项目。

工程扩容改造。赤泥堆场二期工程扩容改造，总投资1.23亿元，于2021年12月底主体工程完工。项目实施后可增加赤泥堆场库容和服务年限，从而缓解氧化铝生产赤泥排放堆存的后顾之忧，避免环境污染事故的发生。

环保升级改造。灰渣堆场防渗治理环保升级改造。项目为场平及地基处理、堆场底部防渗、堆场边坡防渗、集水池防渗等，总投资980万元，于2021年9月完工并交付使用。项目实施后可以消除灰渣堆场存在的环保隐患，满足现行规范标准要求。

集中管控项目。全厂集中管控项目为电解铝区350千安系列槽控系统、空压站PLC、阳极组装PLC、铸造PLC以及200千安系列槽控机的数据采集，搭建200千安系列PLC数据采集环境和条件，氧化铝区域DCS的升级改造等，总投资4924万元，于2021年12月建成投用。项目实施可优化有关岗位劳动定员人数，降低工资及福利费，消除生产控制系统存在的隐患和瓶颈，极大提高管控水平和工作效率。

六、党建与企业文化

创新党建工作机制。深入学习贯彻习近平新时代中国特色社会主义思想，立足“引领、创新、融合、履责、提升”五个发力工作思路，完善党建 1+N 机制聚力深度融合，修订完善“三重一大”决策制度，开展全国国有企业党的建设工作会议精神贯彻落实情况“回头看”，对标检视整改问题 21 项；积极探索基层党建工作创新载体，完善构建党建 1+N 特色品牌。建立党员 1+N 履职评价考核机制，开展结对互助责任落实满意度测评，完善监督检查机制，开展党员 1+N 小组内部评比，充分激发“1”的引领作用、“+”的融合作用和“N”的联动作用。

发挥“大监督”作用。深化内部巡察，对 2 个党组织开展巡察“回头看”，组织常规巡察 1 次和专项巡察 6 次，党委会专题审议巡察（整改）报告，查摆问题 128 项，建立巡察整改台账，整改完成率 97.65%，作风建设取得阶段性成果。

积极履行社会责任。一是环保累计投入 2.02 亿元，其中，环保设备设施运行维护费用 7290 万元，环保管理费用 96 万元（含环境监测），环保设备设施提标改造费用 1498 万元，赤泥二期建设费用 9200 万元，固废（含危废）处置费用 1160 万元，矿山复垦费用 200 余万元，环境税缴纳 800 余万元。二是投入帮扶资金 136 万元，其中，购买扶贫地区农产品 120 万元。每月为帮扶村 5 名困难学生提供爱心助学款。三是遵义铝业荣获“遵义市 2021 年度创建和谐劳动关系先进企业”荣誉称号。

撰稿／欧阳银坤

甘肃华鹭铝业有限公司

一、基本情况

甘肃华鹭铝业有限公司（简称甘肃华鹭）成立于 2006 年 7 月 17 日，注册资本 5.29 亿元，员工总数（在岗）449 人，资产负债率 110.76%。

主营业务范围：金属材料加工，碳素产品生产销售。产能规模：碳素制品 15 万吨。办公地址：甘肃省白银市靖远县刘川工业集中区。

2021 年，甘肃华鹭着力生产经营，强化基础管理，防范化解各类风险，在困境中寻突破，在逆势中谋生存，克服重重困难，推动企业生产经营工作取得新进展。实现利润 −10140 万元（含 4677 万元辞退福利），剔除辞退福利后实际利润为 −5463 万元，比上年同期减亏 6659 万元；其中炭素项目盈利 1133 万元，比上年同期增加盈利 4233 万元；老厂区亏损 7002 万元，比上年同期减亏 2028 万元。完成销售收入 4.15 亿元。

二、生产经营

一是企业生产煅后焦 9.35 万吨、生产生阳极块 10.93 万吨、生产焙烧块 9.37 万吨，生产逐步趋于稳定，产品质量稳步提高。10 月底焙烧块外观合格率达到 97.38%，成型块合格率达到 98.7%；四季度焙烧产能利用率达到 80%，较前三季度提升 20% 以上。二是采购物流降本 202.38 万元，实现采购降本 1229.09 万元，销售物流降本 186.69 万元。完成废旧物资销售盘活资金 58 万元；销售商品阳极 9.723 万吨，产品产销率达到 104%，货款回笼率达到 100%。全年完成到期 11.37 亿元贷款续贷工作。争取土地和房产税减免 3056 万元，争取社保稳岗返还及各类补贴资金 52 万元。

主要经济指标一览表

表 21

项目	单位	2020 年	2021 年	增长（%）
资产金额	亿元	12.83	13.09	2.02
工业产值	亿元	2.84	4.00	40.66
营业收入	亿元	2.63	4.16	57.65
利润总额	亿元	−1.21	−1.01	−16.35
税收贡献	亿元	0.12	−0.18	−246.50
实物劳动生产率	吨 / 人・年	157	246	56.69

三、安全环保

以持续深化 CAHSE 精准管理体系运行为主线，持续开展安全、环保“两抓两查严监管”工作、“三敬畏、反三违”活动和安全风险隐患“五查五严”专项排查整治活动，持续抓好葡萄图管理工具运用及完善，进一步夯实安全生产工作基础。持续做好中央生态环保督察问题整改，制定可行方案，按计划完成中铝集团专项督察反馈问题整改。完成白银老厂区330亩土地详调报告编制及评审。

四、改革发展

甘肃华鹭扎实落实公司优化人员安置的工作要求和公司职代会通过的实施方案，结合企业实际积极稳妥推进人员分流，企业在岗人数由2020年末716人降低至2021年末的449人，在册人数由2020年年末的1054人降低至2021年末的965人，减员89人。1～12月协解人员40人，组织共享用工5人，组织劳务输出41人，办理内退273人。制定并实施《企业推行任期制和契约化管理工作方案》《企业人员分流安置实施方案》《企业内部收入分配制度改革方案》；完善绩效考核方案，全面推行工资总额与考核指标全额挂钩累计考核的收入分配机制。

五、党建与企业文化

深入学习贯彻党的十九届五中全会精神，以庆祝建党100周年为契机，扎实开展党史学习教育，持续深化党建工作与生产经营深度融合工作机制，以“两带两创”、党员“双提升”等工作为抓手，提升企业党建工作质量效果和整体水平。全面落实集团党组、中铝股份党委的纪检工作要求，开展内部专项巡查工作，提升纪检工作规范化水平，营造风清气正的内部氛围。高度关注困难职工和特困群体，认真做好特困救助、金秋助学等工作，让困难职工切实感受到企业的关怀和温暖。

撰稿／乔亚峰

中国铝业连城分公司

一、基本情况

中国铝业连城分公司（简称连城分公司）成立于1967年1月15日，员工总数（在岗）1202人，资产总额28.23亿元，资产负债率99.93%。

主营业务范围：铝冶炼、加工、销售，碳素制品及相关有色金属产品、工业水电气、销售，从事勘察设计、建筑安装，机械设备制造、备件、非标设备的制造、安装及检修，电讯通信、测控仪器的安装、维修、检定和销售，自动测量控制、网络、软件系统的设计、安装调试，经营办公自动化、仪器仪表，相关技术开发、技术服务。产能规模：电解铝产能54万吨，合金铸锭产能28万吨，铝用炭素阳极产能35万吨。办公地址：甘肃省永登县河桥镇建设坪。

2021年，连城分公司全面落实中铝股份深化改革三年行动，按照“标准更高、要求更严、效果更好”的工作要求，以党史学习教育为契机，以全要素对标为抓手，深入贯彻落实中铝集团、中铝股份各项决策部署。生产经营平稳运行，重点工作有序推进，生产经营持续向好。

二、生产经营

2021年，全年共生产铝产品15.29万吨，其中重熔用铝锭1.19万吨、合金锭1.74万吨、外销原铝液12.36万吨。生产铝用阳极炭块15.64万吨，其中自用7.08万吨、外销8.56万吨。主要经济技术指标保持稳定，在中铝股份所属企业中保持领先水平，其中电流效率完成92.19%、原铝液交流电耗完成13091千瓦·时/吨铝、氧化铝单耗完成1892千瓦·时/吨铝、氟化盐单耗完成14.47千瓦·时/吨铝、阳极毛耗完成463千瓦·时/吨铝。

主要经济指标一览表

表22

项目	单位	2020年	2021年	增长（%）
资产总额	亿元	30.13	28.23	−6.31
工业产值	亿元	21.31	27.98	31.30
营业收入	亿元	21.88	29.14	33.18
利润总额	亿元	−0.63	1.86	395.24
税收贡献	亿元	0.8	1.59	98.75
全员劳动生产率	万元/人·年	125.57	174.77	39.18

三、安全环保

持续深化安全环保职业健康体系运行，扎实开展安全生产专项行动，推广“葡萄图”、CARC表，深入推进“三敬畏、反三违”和“两抓两查严监管”工作，加强隐患排查治理，全面辨识并有效管控安全环保风险，建成初期雨水收集池，严格执行污染物稳定达标排放，合规开展危废转移，全年累计依法合规转移大修渣3.5万吨，铝灰157吨。全年安全环保形势总体保持平稳，实现“零工亡、零污染、零罚款”的目标。

明确绿化管理职责，将全部22万平方米的绿化区域划片、包保，通过大家的共同努力，厂区绿化效果明显改善，厂区环境优美，为企业打造环境优美的“绿色工厂”奠定良好基础。

四、科技创新

强化科技研发，助力生产经营，全年共获得甘肃省有色金属学会科技进步奖6项，授权发明专利1项。全年实施科技研发项目20项，其中2项为中铝集团2021年度“揭榜挂帅”科技研发项目，1项为中铝股份2021年度第一批战略重大科技研发项目，已完成被总部确定的综合节能技术7台实验槽的启动，进展顺利；企业自主实施的17个研发项目也取得良好的效果。

五、改革发展

根据中铝股份深化三项制度改革的措施及相关指导意见，积极探索推进和创新劳动用工改革，优化岗位管理，完成兰铝电厂清扫、铝灰精炼、翻包上料、等业务，劳动用工与薪酬分配的改革，推行市场化计件薪酬制，推行员工自主管理，优化劳动用工，增加了收入，节约了人工成本。

圆满完成三年改革行动人员分流和安置工作。稳妥实施370名员工退出岗位休养；组织员工跨企业转移、跨企业上岗，承揽外部业务等渠道，有序分流员工438人。

六、党建与文化建设

认真落实中铝集团、中铝股份党建工作的各项部署，切实履行党建主体责任，强基础、补短板、抓创新、促融合。聚焦党的政治建设，落实“第一议题”制度，有效发挥党委“把方向、管大局、促落实”的领导作用；聚焦党史学习教育，突出“学、讲、议、活、实”，为民办实事223项，炭素厂党总支创建的9个“吧”等便民设施，极大改善了职工的工作环境。聚焦企业重点工作，党群工作部推进“赶超标杆我能干成什么”大讨论、“两对标、两抓好”活动，将党建与全要素对标、难点痛点问题摘牌、三项制度改革、疫情防控、绿色工厂创建等业务工作双向融合，抓实“两带两创”党建品牌，实现党建引领价值创造9097万元。聚焦群团品牌，工会推进“1+1”岗位业务能力竞赛；强化党建带团建，落实青年大实践，五星级团委对标定级，叫响了“青字号”品牌。聚焦党风廉政建设，深入推进全面从严治党。纪委工作部持续优化“大监督”体系，对3家单位开展政治巡察，发挥巡视巡察党内监督利剑作用和密切联系群众纽带作用，推进分公司全面从严治党向纵深发展。

撰稿／王冬生

山西中铝华润有限公司

一、基本情况

山西中铝华润有限公司（简称山西中润），成立于2015年11月，注册资本16.4亿元，员工总数（在岗）887人，资产总额41.46亿元，资产负债率21.48%。

主营业务范围：电力、热力项目建设和运营，局域电网建设和运营，铁路专用线建设和运营，粉煤灰综合利用项目建设和运营，生产和销售铝、铝合金及炭素相关制品，加工和销售煤炭，销售仪器仪表、机械设备及零配件，从事技术进出口业务。产能规模：年产50万吨电解铝。办公地址：山西省吕梁市兴县瓦塘镇。

2021年，山西中润以习近平新时代中国特色社会主义思想为指导，落实中铝集团“11336”内涵式高质量发展战略，以打造行业电解铝标杆企业为目标，团结带领广大干部员工艰苦奋斗、真抓实干，以价值创造统领全局，开展全要素对标，聚焦关键业绩指标，统筹推进提质降本，全年实现营业收入80.29亿元，同比增长125%，实现利润14.6亿元，超预算5.5亿元，净资产收益率ROE完成47.5%，经营性净现金流19亿元，资产负债率同比降低35%。

二、生产经营

坚持稳定压倒一切，依托“五标一控”生产运维管理模式，紧扣高质量发展主题，开展全要素对标，全年生产铝锭、铝液48.37万吨，同比增加69.78%，电流效率完成92.57%，比年度计划指标提高1.07%，铝液99.85以上率达到98.5%，铝锭99.85以上率达到100%，原铝铁含量平均0.055%。争取财务及税收优惠政策，获得税费优惠16263万元，其中高新技术企业减免所得税14628万元。与晋能售电公司、山西省市场监督局等单位沟通咨询，最终确定可采用红润线计量表的最大需量收取基本电费，年可节约基本电费5000万元。

主要经济指标一览表

表23

项目	单位	2020年	2921年	增长（%）
资产总额	亿元	45.97	41.46	−10
工业产值	亿元	35.31	79.65	125.5
营业收入	亿元	35.62	80.29	125
利润总额	亿元	2.91	14.58	401
税收贡献	亿元	0.7	2.11	201
全员劳动生产率	万元/人·年	63	187	197

三、安全环保

重新修订安全操作规程和检修规程，将安全风险辨识、职业危害辨识及防范措施，精准到具体操作步骤并严肃执行。强化安全环保管控手段，引入葡萄图安全管理工具，加大安全绩效考评力度，安全绩效实行领导责任、管理责任、直接责任“三责”挂联考核。落实安全管理责任制，实行重要生产操作领导干部到岗监护带班，启动安全生产标准化管理，严格落实承包商安全管控，组织重大安全风险隐患“五查五严”专项排查，开展全员“三敬畏、反三违”专项行动，问题整改率100%。开展安全技能培训，加快环保隐患治理，铝灰处理项目开工建设，全年环保设施稳定运行。严格用能管理，铝液综合交流电耗低于13650千瓦·时/吨的阶梯电价分档标准。落实能源双控和减碳政策，厂区分布式新能源完成立项，启动中润参与新能源大基地项目的前期工作，争取源网荷储一体化项目落地实施。

四、科技创新

开展空压机节能、智能电解槽评判、铝电解电流异常管控系统开发等10个科技研发攻关项目。启动数字化电解槽应用研究，开发“五标一控”专家软件，实现智能决策和智能管控。持续创建智能工厂，MES系统加快建设，考察论证工业5G技术，自主调试恢复使用铸造打渣机器人，提升劳动生产率，降低作业安全风险。取得高新技术企业证书，通过山西省省级技术中心认定，实验室通过国家合格评定委员会现场评审。向吕梁市申报的“铝基新材料及电解槽技术研发团队”，获得“智慧六新、奉献吕梁”优秀团队荣誉表彰和50万元专项奖励。

五、改革发展

全面落实国企改革三年行动方案，加强顶层设计，推进三项制度改革取得实效。完善法人治理结构，落实董事会职权实施方案，明确各治理主体权责边界、决策程序和议事规则，全面推行任期制和契约化管理。整合管理职能，缩减二级组织机构，实现生产、质量、技术、装备、能源等工作的统一管理。精减用工数量，用工总量同比减少9%，完成总控定员目标，实物劳动生产率同比提高88%。拓宽人才晋升渠道，阶段性完成基层管理人员选拔，提高了年轻员工的工作积极性。

六、党建与企业文化

以高质量党建引领保障企业内涵式高质量发展。执行“第一议题”和中心组学习制度，开展党史学习教育，举办庆祝建党100周年大会暨“颂歌献给党”演唱会，开展“两带两创”和党员“双提升”活动，夯实党建工作基础。坚持全面从严治党，推动“两个责任”和“一岗双责”贯通联动，一体推进“三不”建设，提升廉洁风险防控能力和水平。强化思想政治引领，推动群团工作与业务工作深度融合，在服务生产经营、推动改革创新发展方面发挥了重要作用。

撰稿/孟晓峰

广西华磊新材料有限公司

一、基本情况

广西华磊新材料有限公司（简称广西华磊）成立于 2015 年 12 月 30 日，注册资本 24.80 亿元，员工总数（在岗）849 人，资产总额 64.61 亿元，资产负债率 48.29%。

主营业务范围：电解铝生产；火力发电，铝材深加工，煤炭生产和经营，投资百色区域电网，铝加工、火力发电、电解铝生产的技术服务和技术培训。产能规模：年产电解铝 40 万吨，发电 72 亿千瓦·时，蒸汽 500 万吨。办公地址：广西百色市平果市平果铝三号路。

2021 年，广西华磊在中铝集团党组、中铝股份党委的坚强领导下，以提升价值创造能力为统领，以全要素对标为抓手，克服原材料价格上涨影响成本上升等困难，多项指标持续优化，盈利能力大幅提升，成本竞争力不断增强，较好地完成计划目标任务。全年实现工业总产值 76.35 亿元，同比增长 42.55%；实现利润 10.35 亿元，同比增长 4.6 倍；生产经营净现金流 13.68 亿元，同比增长 54.40%。

二、生产经营

2021 年，广西华磊坚持抓好生产稳定运行，不断提高生产管理水平。一是深入贯彻落实“五标一控”管理模式，优化电解槽管理，电解槽破损风险明显降低；二是加强发电设备维护，发电机组运行周期大幅提升，由 4 个月提升到 6 个月以上（最长 206 天）；三是加强精细化管理，实现平均整流效率 98.59%，保持行业领先。全年完成电解铝产量 38.51 万吨，同比增长 4.93%，完成自发电量 68.85 亿千瓦·时，同比增长 5.79%，完成供蒸汽量 395.57 万吨，同比增长 17.84%。

主要经济指标一览表

表 24

项目	单位	2020 年	2021 年	增长（%）
资产总额	亿元	58.92	64.61	9.66
工业产值	亿元	53.56	76.35	42.55
营业收入	亿元	54.13	77.05	42.34
利润总额	亿元	1.85	10.35	459.46
税收贡献	亿元	0.68	1.78	161.76
全员劳动生产率	万元 / 人·年	77.52	175.01	125.76

三、安全环保

一是严抓安全环保管理。2021 年，广西华磊认真贯彻落实中铝集团、中铝股份关于安全环保管理的各项规定及要求，不断夯实安全环保管理基础。全年未发生轻伤及以上生产安全事故；未发生环保事故及投诉事件；无确诊及新增新冠肺炎病例。获得广西壮族自治区“清洁生产企业”称号。

二是认真抓好节能减排。2021年，广西华磊坚持抓好能源管理工作，经中质协质量保证中心的认证审核，荣获“能源管理体系认证证书”。电解铝液交流电耗为12734.98千瓦·时/吨，电解铝液综合交流电耗13084.24千瓦·时/吨，铝锭综合交流电耗13176.39千瓦·时/吨，铝锭综合能耗1642.37千克标准煤/吨，均达到国家能耗限额标准要求。

三是坚持绿色低碳。2021年，广西华磊发电部分二氧化碳排放量7196939吨，较上一年度下降4.28%。其中供电排放强度0.84吨二氧化碳/兆瓦时，较上一年度下降13.4%。供汽排放强度0.1吨二氧化碳/吉焦，较上一年度下降16.7%。

四、改革发展

一是根据中铝集团和中铝股份任期契约化工作安排，广西华磊领导班子全体签订岗位聘任协议和经营业绩责任书，健全市场化选人用人机制。二是为更有效发挥采制样业务的作用，理顺业务流程，将发电厂采制样业务划归到生产技术部，优化业务管理。三是严控新增劳动合同用工。全年累计出现35个岗位缺口，根据劳动生产率结果导向原则，通过中铝系统企业内部调剂补充7人，剩余空缺岗位则通过内部人员优化配置、流程梳理方式解决，有效控制劳动合同用工人员增长。四是完成应急干煤棚项目建设，项目于2021年1月10日开工建设，6月30日建成投运，项目投资2590万元。

五、科技创新

一是广西华磊全年实施科技研发项目13个，其中承担中铝集团及中铝股份科技研发项目1个，实施企业自主研发项目12个。全年5个科研项目进行结题，其中5个项目达到预期工作目标。全年科技研发投入5079万元，研发投入强度0.66%。

二是推广“50%石墨质阴极+磷生铁浇铸电解槽”和纳米陶瓷阳极保护涂层技术。全年实施产业化示范项目“50%石墨质阴极+磷生铁浇铸电解槽”（技术首次应用）1个，科技成果推广项目纳米陶瓷阳极保护涂层技术（示范成功后推广）1个；纳米陶瓷基抗氧化涂层开发及应用项目应用广西华磊自主研发技术，进行产业化示范，推广至三个区，实现经济效益27.5元/吨铝，年化效益397万元；应用“50%石墨质阴极+磷生铁浇铸电解槽”技术，对40万吨电解铝生产线进行改造升级，实现降低电耗300千瓦·时/吨铝，实现经济效益114元/吨铝，年化效益439万元。

三是全年申报专利5项，其中实用新型专利5项；获得专利受理5项，实用新型专利5项。

六、党建与企业文化

一是提高政治站位，强化党的政治建设。全面强化党建引领力。坚持学党史与悟思想融会贯通、办实事与开新局同向发力，各级党组织以开展主题党日活动、上专题党课、瞻仰革命遗址、举办党史知识竞赛等多种形式为思想筑基，用实际行动践行“我为群众办实事”活动，切实帮助员工解决生产生活实际问题。

二是创新党建工作方法，促进业务深度融合。扎实开展“赶超标杆我能干成什么”大讨论，牢固树立价值创造理念；做优做实“两带两创”活动，围绕制约企业管理提升的痛点难点问题，广泛组织开展技术攻关、节能降耗等活动项目60余个；通过深化党建品牌创建，打造“建党一百年、提效我争先”“党员安全监管先锋队”等多个党建与生产双向融合工作平台，有效提升全员赶超标杆的积极性、持续性和实效性。

三是强化党风廉政建设，筑牢廉洁防线。制定党风廉政建设和反腐败工作要点，紧盯重点领域和关键环节，深入开展廉洁风险排查，层层签订党风廉政建设责任书，持之以恒纠正“四风”问题。常态化开展廉洁警示教育。

四是积极履行社会责任。维护生产稳定，促进人员就业，为当地的经济发展做出了贡献。维护员工的正当权益，为员工定期组织健康体检、合理安排公休、组织业务技能和安全管理培训等。始终秉承“绿色铝电，和谐发展，持续改进，长久共存”的环境保护方针，加强生态环境保护，走绿色发展之路。

撰稿 / 黄臣富

云南铝业股份有限公司

一、基本情况

云南铝业股份有限公司（简称云铝股份）成立于1970年3月20日，注册资本31.28亿元，员工总数（在岗）11688人，资产总额378.37亿元，资产负债率44.74%

主营业务范围：重熔用铝锭及铝加工制品、炭素及炭素制品、氧化铝的加工及销售；建筑材料、装饰材料、金属材料，家具，普通机械、汽车配件、五金交电、化工产品，陶瓷制品，矿产品，日用百货的批发、零售、代购、代销；硫酸铵化肥生产；摩托车配件、化工原料、铝门窗制作安装、室内装饰装修工程施工；货物进出口、普通货运，物流服务，物流方案设计及策划；货物仓储、包装、搬运装卸；境外期货套期保值业务；钢结构工程专业承包、炉窑工程专业承包。产能规模：铝土矿264万吨，氧化铝140万吨，炭素80万吨，电解铝305万吨，铝合金及加工160万吨。办公地址：云南省昆明市呈贡区七甸街道。

2021年，云铝股份围绕“绿色铝材一体化”千亿发展战略，制定“十四五”总体规划，编制合金化发展专项规划，确定建设三个百亿级产业基地、三个百万吨级产业集群发展目标，着力构建从原铝到终端产品“1+N”绿色铝材完整产业链。

二、生产经营

2021年，完成自产铝土矿144万吨，同比降低11%；产销氧化铝137万吨，同比上升6%；预焙阳极78万吨，同比增长11%；电解铝230万吨，受云南省有序用电停槽影响同比下降4%；铝合金及加工产品124万吨，同比增长25%，合金化率达到54%。实现总资产回报率ROA13%，净资产收益率ROE25%，经营活动现金流净额69.7亿元，工业总产值512亿元，同比增长30%，工业增加值96亿元，同比增长33%；营业收入416亿元，同比增长41%；利润总额46.88亿元，同比增长246%。

主要经济指标一览表

表25

项目	单位	2020年	2021年	增长（%）
资产总额	亿元	410.19	378.37	-7.76
工业产值	亿元	322.93	518.42	60.54
营业收入	亿元	295.73	416.69	40.90
利润总额	亿元	13.57	46.88	245.47
税收贡献	亿元	10.09	20.94	107.53
全员劳动生产率	万元/人·年	44.82	82.98	85.14

深入打造绿色铝品牌，主导起草《绿色设计

产品评价技术规范》，铝锭、铝合金、铝箔等7种产品通过碳足迹认证，云铝涌鑫、涌顺、浩鑫通过ASI绩效标准认证；年度C30项目有16家国际国内投资机构参与。铝灰处理已提产至5万吨，炭渣新增年处理量1.5万吨项目和废槽衬处理扩产至3万吨项目按进度推进，全年处理铝灰2.96万吨，炭渣5373吨，废槽衬1.2万吨，创效4049万元；利用电石渣对赤泥脱钠后用作水泥生产原料，利用赤泥制备烧结砖；回收再生铝4.5万吨用于合金及加工生产。

三、安全环保

以安全生产专项整治三年行动和中央环保督察自查问题整改为契机，以"两抓两查严监管"为抓手，推进CAHSE体系持续有效运行，安全环保工作稳步提升。云铝涌鑫、浩鑫通过了安全生产标准化一级现场评审，云铝海鑫、溢鑫、源鑫、泽鑫四家单位通过安全生产标准化二级评审。完成云铝源鑫阳宗海炭素煅烧、成型、焙烧工序环保设施提标改造，按期完成"煅烧车间冷却窑水膜除尘器改造""成型车间沥青烟黑法净化改造项目""焙烧车间新建石灰—石膏湿法脱硫脱氟系统项目"建设，实现二氧化硫、颗粒物超低排放，氮氧化物稳定达标排放。云铝文山、涌鑫、泽鑫等7家《企业碳达峰行动方案》通过政府评审；云铝溢鑫获得"国家绿色工厂"称号。

四、科技创新

2021年投入科技研发费用14.89亿元，研发投入强度占比3.57%，获得政府专项补助资金2651万元。持续推进在研科技项目40项，结题验收15项，申请专利85项，其中发明专利18项，获得授权专利76项。云铝泽鑫张建宇被授予"云南省技术创新人才"称号，云铝润鑫江俊入选云南省知识产权高层次人才。云铝文山"氧化铝溶出工艺管道内测厚机器人研发与应用"成果获第六届中国创新方法大赛电视擂台赛金奖；云铝润鑫发明专利"一种大直径6063铝合金圆铸锭坯的生产方法"荣获第二十二届中国专利优秀奖；云铝文山"ϕ18m高效节能分层均化搅拌分解槽"技术成果达到国际领先水平；云铝浩鑫"大功率5G屏蔽电缆用1070合金高纯电缆箔"获2021年中国铝箔创新奖。

五、改革发展

一是深化管理改革添动力。全面落实国企改革三年行动方案，已完成84个子项，完成率79%，完成阶段性目标任务；对两级企业领导班子成员67人实行任期制和契约化管理。全面推进两级机构改革，云铝本部职能部门调整为9部3中心；首次实行管理岗位全员竞聘上岗，选拔干部462名，调整优化干部140名。优化岗位定岗定编方案，压减管理人员142人；氧化铝、阳极炭块、电解铝劳动生产率分别达到1428吨/人·年、758吨/人·年和345吨/人·年。实施专项考核方案28个，在铝灰资源化利用等8个项目实施风险抵押，实现了收入能增能减。

二是重点建设项目实现有序投产。全年投资4.5亿元，昭通二期项目2021年1月全部建成，具备通电投产条件；阳宗海炭素烟气净化项目2021年12月建成投运，实现污染物达标排放。浩鑫3.5万吨铝箔项目2021年底部分设备已开始调试。开展"分布式光伏+储能"智慧生态能源系统项目合作，与国电投合作开展阳宗海绿色智慧能源项目规划建设40兆瓦光伏发电，一期装机容量13.75

兆瓦建成投产，与华能合作开展鹤庆溢鑫光伏项目总装机容量为26.41兆瓦建成投产，两个项目全年累计发电68.5万千瓦·时，构建公司用能新格局。

三是非公开发行股票募集资金29.76亿元。顺利完成非公开发行股票融资资金29.76亿元，有效降低资产负债率，解决绿色铝项目的资金需求，优化股权结构，提升品牌及上市公司市场认可度。

六、党建与企业文化

一是全面加强党的建设。2021年，按照《中国共产党基层组织选举工作条例》，完成党组织换届选举工作。积极配合集团政治巡视，问题整改完成率93.4%。常态化落实“第一议题”制度，开展中心组学习研讨186次，党委会前置研究重大事项65项。扎实开展党史学习教育，举办读书班、专题宣讲和党史故事会，开展专项督导36场次，两级领导班子成员讲授专题党课138场，深入基层调研800余场；开展“强党性、攻难关、讲奋斗、开新局”“我为群众办实事”专项行动，攻关生产经营难点问题415项，办实事657件。开展国企党建工作会议精神贯彻落实情况“回头看”，共查摆问题20项，制定整改措施58条并逐项整改。聚焦13项对标项目，开展“赶超标杆我能干成什么”大讨论，实施“两带两创”项目179项，促进党建与中心工作深度融合。

二是推进全面从严治党。集中约谈干部80人次，组织廉政专题学习62场次、节前廉洁教育38场次、提醒谈话2386人次、专项检查60项。

三是开展企业文化建设。开展安全干净班组竞赛，评选表彰25个企业级“安全、干净”优胜班组，4个班组获得集团表彰。开展“金点子、银点子”合理化建议征集评选，征集合理化建议1492项，采纳1072项，表彰奖励1011项。举办团干部业务技能比武、创新创意大赛以及青工技能大赛，累计荣获全国技术能手、有色金属行业技术能手合计6个。开展建党100周年、中铝集团成立20周年系列文化活动，征集红色视频音频作品80余部、红色征文100余篇。

四是积极履行社会责任。助力乡村振兴，选派驻村第一书记及乡村振兴干部2人，投入资金20.75万元，对定点帮扶村寨开展农副产品销售、外出务工人员工资追讨、乡村道路修缮等工作；向大理漾鼻地震灾区捐款50万元用于灾后救治工作。看望慰问困难党员、困难职工、住院职工306人，帮助709名生病住院职工申请医疗互助金36.86万元，增强干部员工归属感。

撰稿／韩　涛

中国铝业郑州有色金属研究院有限公司

一、基本情况

中国铝业郑州有色金属研究院有限公司（简称郑州研究院）始建于1965年的郑州轻金属研究所，1988年与中国有色金属工业铝冶炼技术开发中心合并，更名为郑州轻金属研究院。1992年并入中国长城铝业公司，1999年进入中国铝业集团公司中。2001年3月进入中国铝业公司，12月主体随中国铝业上市，定名为中国铝业股份有限公司郑州研究院，2015年，更名为中国铝业郑州有色金属研究院有限公司，2019年更名为中铝郑州有色金属研究院有限公司。注册资本215亿元，员工总数（在岗)562人，资产总额5.83亿元，资产负债率52.97%。

主营业务范围：有色金属、炭素产品的设计、研制、开发及相关技术服务、轻金属材料质量监督检验、化学分析。产能规模：精细氧化铝4.65万吨/年、铝合金0.3万吨/年、防渗料3万吨/年。办公地址：郑州市上街区济源路82号。

2021年，郑州研究院全面落实中铝集团、中铝股份决策部署，坚定“一体两翼”发展战略，“稳住一头、放开一片”发展方针和“引领行业发展、对内服务降本、对外创收增效”功能定位，以科技创新服务公司高质量发展为首要任务，坚持党的领导统领全局，坚持科技支撑战略导向，坚持价值创造对标管理、坚持改革创新激发活力，全力以赴实现“十四五”良好开局。

二、生产经营

2021年，郑州研究院实现收入5.09亿元，利润1937万元，全面完成各项任务指标。其中，科技板块实现收入1.4亿元；产业板块主营产品收入3.27亿元；工程板块实现收入0.43亿元。主导产品精细氧化铝产量38145吨，同比提升23%；销售38551吨，同比增长17%；实现利润2100万元，同比增长140%。

荣获中铝股份2021年度质量提升总裁特别奖和环境保护先进单位。专利授权27件；形成可产业化应用技术4项；荣获省部级科技进步一等奖2项、二等奖5项；5项科技成果通过有色协会组织的专家评价，2项达到国际领先水平，3项达到国际先进水平；技术服务全年为集团创效1.56亿元。

主要经济指标一览表

表 26

项目	单位	2020 年	2021 年	增长（%）
资产总额	亿元	5.80	7.06	21.72
工业产值	亿元	3.18	4.01	26.10
营业收入	亿元	5.11	5.09	−0.39
利润总额	亿元	0.20	0.21	5.00
税收贡献	亿元	0.20	0.25	25.00
全员劳动生产率	万元 / 人・年	29.46	32.31	9.67

三、安全环保

安全环保。坚持新冠疫情常态化防控，全院未出现感染病例。及时启动应急预案，实现了 7.20 特大暴雨抗洪抢险的胜利。深入推进“两抓两查严监管”，全面推行应用“葡萄图”和 CARC 表安全管理工具，覆盖率 100%。落实“河长制”管理，在线监测系统实现与集团联网，46 个排放口环保设施稳定运行，污染物达标排放，危险废物合规转移，全院实现了“零事故”安全环保目标。三个产业单位获得环保绩效引领性评级，荣获上街区污染防治攻坚战三年行动计划先进单位。

节能减排。开展技术改造促进节能减排，重点产品高温氧化铝和易烧结氧化铝原料单耗分别降低每吨 4 千克和每吨 23 千克，燃气单耗分别降低每吨 9 标准立方米和每吨 434 标准立方米，动力电单耗分别每吨降低 2 千瓦・时和 456 千瓦・时。

四、科技创新

2021 年，产学研结合申请到各类科研项目经费 0.826 亿元；共开展研发项目 63 项（含结转项目）。成功申报国家项目 2 项，公司战略项目 2 项，重大项目 7 项，获批立项国家、行业等各类标准、标样 40 个（含国际标准 1 项）。

重大项目研发。湿法深度氧化脱硫脱碳技术产业化示范项目，已稳定运行 20 个月以上，S2− 含量降低 35% 左右，溶液吸光度降低 10% 以上，运行成本与硝酸钠法相比降低 10 元 /t−Al_2O_3 以上。黄河流域中原城市群重点行业固废协同利用集成示范项目，已完成铝土矿采矿废石和选矿尾矿的物理化学性质分析。赤泥堆场生态修复获批 2 项标准，示范工程取得积极进展。铝电解槽余热利用工业试验项目，已完成连城分公司 200 千安培试验槽选定及试验方案确定，为下一步工业试验奠定基础。进口矿经济高效利用技术研究项目，确定最佳的工艺条件及经济利用方案，为公司进口矿采购及经济利用提供技术支撑。

技术推广应用。在广西分公司、兴华科技和遵义铝业推广应用氧化铝流程腐殖质脱除技术，吸光度分别降低 20%、23%、15% 以上，确保氧化铝生产稳定运行。在山西中润、连城分公司等 5 家电解铝企业推广应用耐磨打壳锤头 1000 余根，最早推广的锤头使用已超过 30 个月，未出现明显变化（常规锤头寿命仅 8 个月）。在甘肃华鹭、山西华圣、连城分公司推广炭素提质增效技术，针对废品率高等问题，提出 50 余项优化建议，阳极综合合格率提高至 99% 以上，一级品率累计提高至 73%

以上。持续开展兰铝大修渣无害化处置技术服务，处理大修渣3700吨，节约处置费500余万元。持续开展中州铝业熟料窑烟气脱硝、华兴铝业焙烧炉脱硝技术服务，生产运行指标稳定，烟气氮氧化物含量平均25毫克/标准立方米，远低于50毫克/标准立方米的排放标准。在遵义铝业开展赤泥堆场原位土壤化生态修复绿化技术服务，绿化赤泥场地27000平方米，植被长势良好，植被覆盖率大于95%，实现了赤泥堆场的低成本快速生态修复。炭阳极炭碗自动填料、电解槽智能打壳装备、炭阳极自动清理等智能装备在长城赤壁炭素、包头东方希望、河南万基铝业等企业成功应用。

五、改革发展

深化企业改革。“科改示范行动”31项改革举措已完成27项，完成率87%以上，超额完成国务院国资委要求70%的目标。实现院本级及下属子公司董事会应建尽建、规范运行。对5个项目实施收益分红激励、2个项目实施跟投激励、1个新产品项目实施绩效考核激励。任期制和契约化实现中层以上管理人员全覆盖，郑州海赛陶瓷率先完成职业经理人改革。院职能部室等13个中层管理岗位完成竞争上岗。设立精细氧化铝事业部，推动各产业单位生产、研发、销售协同发展。

加强研发平台建设。“卓越技术中心”建设获批工信部2021年大数据产业发展试点示范项目，专家分析系统、精益管控系统有效运行，生产管控系统初步完成建设。与西南铝共同申报的全行业唯一的“国家铝产业计量测试中心”批准筹建，“郑州市铝工业固（危）废资源利用工程技术研究中心”成功获批，正在申报“轻金属绿色低碳国家重点实验室”。积极参与中央研究院建设，郑州研究院北京分公司注册成立。

加强人才队伍建设。根据学科发展需要，引进高层次人才3名。49名中高层管理人员参加“十九届五中全会精神”专栏和“党史百年”专题班网络学习培训；37名中高层管理人员到延安干部学院、78名基层管理人员到焦裕禄干部学院参加党性修养和综合能力提升培训；4名科技研发人员入选上街英才和“智汇郑州·聚才计划”。加大年轻干部人才选拔交流力度，制定“一人一策”培养计划，不断拓宽优秀年轻干部成长路径。全面开展“导师带徒”活动，共评比出21对“金、银、铜”牌师徒并进行了表彰。

2021年实施投资项目1项，批复投资360万元，为“国家轻金属质量监督检验中心试验室设备完善”项目，实际完成投资358.91万元。

六、党建与企业文化建设

强化党史学习教育。在“强党性、攻难关、讲奋斗、开新局”专项行动中，一系列关系员工切身利益的问题得到解决。加强基层党组织建设，推动党建与中心工作互促互进，标准化党支部达标率100%，四星级党支部100%。组织开展庆祝中国共产党成立100周年系列活动，弘扬伟大建党精神、传承红色基因。不断压实“两个责任”，持续推进全面从严治党，聚焦监督推动，不断规范权力规范运行，确保院党委院部决策部署落实落地。持续跟进监督、推动整改，大监督体系发现问题整改率达到90%以上，推动各单位、部门开展专项监督68项。聚焦执纪问责，全年问责18人次，风清气正的政治生态更加稳固。

坚持关心关爱员工。慰问伤病员工20多人次，为654名员工办理互助保障险，为70多名员工办理互助保障险理赔工作。大力开展“安全、干净”

班组竞赛，“随立功、随记功”，合理化建议和劳动竞赛活动。加强新闻宣传工作和企业文化建设，讲好员工故事，树立先进典型，弘扬工匠精神，激发员工创新创效活力。

认真履行社会责任。向沁阳市西万镇人民政府捐助1万元，用于救助孤寡老人和贫困学生。特大暴雨导致河南省巩义市米河镇受灾严重，郑州研究院购买纯净水、面包、火腿肠、方便面、饼干等，第一时间送到灾民手上，展示央企的责任和担当。

撰稿／涂　键

中铝宁夏能源集团有限公司

一、基本情况

中铝宁夏能源集团有限公司（简称宁夏能源）成立于2003年2月，注册资本50.26亿元，员工总数（在岗）6310人，资产总额286.12亿元，资产负债率70.9%。

主营业务范围：从事火电、铝、风电、太阳能发电、供热及其相关产业的建设与运营管理，从事煤炭、铁路、机械制造及其相关产业的投资。产能规模：煤炭产能1600万吨/年；公司管理的企业发电总装机容量446万千瓦·时，其中火电装机264万千瓦·时，风电161万千瓦·时，光伏发电21万千瓦·时；风机总装产能300台套/年，风机塔筒制造能力6万吨/年。办公地址：宁夏银川市西夏区文昌府83号。

2021年，宁夏能源认真贯彻中铝集团党组、中铝股份党委决策部署，认真落实中铝集团领导到企业调研工作要求，聚焦“破难题、还欠账、打基础、保盈利”工作主线，坚持问题导向，狠抓工作落实，突出价值创造和价值管理，推进煤矿复产稳产高产，深化改革创新，变被动为主动，打赢了扭亏增效攻坚战。公司8月实现当期扭亏为盈，11月份实现净资产收益率ROE由负转正，带息负债由年初208亿元降低至165亿元，“两金”规模降低12亿元，资产负债率较年初降低3.14个百分点，实现经营活动净现金流32.5亿元，全年实现营业收入77亿元，同比增加8亿元；实现利润0.47亿元。

二、生产经营

全年原煤产量935万吨，同比减少319万吨；生产掘进进尺213895米，同比减少8915米。发电产业累计完成发电量148.82亿千瓦·时，同比降低1.29%，占宁夏电网总发电量的7.38%（不含内蒙古巴新图6.61亿千瓦·时）。其中：火电发电量114.87亿千瓦·时，同比降低5.49%，占宁夏电网火电发电量7.94%；风电发电量30.59亿千瓦·时，同比增加14.75%，占宁夏电网风电发电量8.53%（不含内蒙古巴新图6.61亿千瓦·时）；光伏发电量3.36亿千瓦·时，同比降低3.85%，占宁夏电网光伏发电量1.89%。

主要经济指标一览表

表 27

项目	单位	2020 年	2021 年	增长（%）
资产总额	亿元	323.75	286.12	−11.62
工业产值	亿元	61.17	82.42	34.74
营业收入	亿元	69.32	76.7	10.65
利润总额	亿元	4.51	0.47	−89.58
税收贡献	亿元	7.29	6.07	−16.74
全员劳动生产率	万元 / 人 · 年	105.9	130.6	23.32

三、安全环保

筑牢安全生产底线，践行绿色发展理念，构建全员安全生产责任制，修订完善《企业本部安全生产责任制》《电力安全风险管理办法》等安全管理制度 9 项，修订完善重要危险源责任清单及履职手册；开展年度安全风险辨识及复工复产、事故后专项风险辨识，共辨识风险 5537 条；开展“三敬畏、反三违”专项行动和“五查五严”、老旧设施安全、春秋季大检查、有毒有害气体及易燃易爆危化品、电气作业工作票、“一通三防”及防治水、机电运输、触电、高空作业等隐患自查自改工作；开展三项强制性安全管理工具、双重预防机制及《中华人民共和国安全生产法》培训共 472 人，组织各单位修编完善培训教材和题库，修订完善“三大规程”606 项，开展所属企业及承包商安全教育培训 9.4 万人次；大力推进安全生产标准化建设，王洼二矿建成二级安全生产标准化矿井，18 个新能源场站达到二级安全生产标准化等级，全力开展安全生产专项整治三年行动任务攻坚，“两个”清单整改率达到 90.26%，全年轻伤以上事故和可记录事件同比降低 67.95%，一般及以上突发环境事件为零。

全年职业健康安全精准管理体系考评得分 75 分；环保精准管理体系考评得分 86.27 分；企业所属三家火电厂烟气排放自动监控系统、两家煤业公司矿井废水在线监控系统改造并接入中铝集团环保在线监控平台及公司生产集中管控平台；全年公司系统主要污染物排放 100% 达标，节能减排各项指标均在中铝股份下达的年度指标范围内，各项污染物浓度控制较好，减排效果明显。

四、科技创新

2021 年宁夏能源科技投入 4340 万元，积极推进煤矿“四化”和“一优三减”项目建设。按照“总体规划、分步实施”原则，以王洼二矿为试点，推进智慧矿山建设，完成四对煤矿第二轮井下视频覆盖，其中王洼二矿作为宁夏煤矿行业井下视频覆盖示范矿井；马莲台发电厂《1#、2# 机组负荷预测控制技术》于 2021 年 6 月完成验收，达到预期研发目标，取得显著深度调峰效益；银星能源自主研发科技项目 2 项，被列入宁夏回族自治区重点科技研发项目，获得 418 万元科技补助。企业现有专兼职科技人才 115 人，全年获得发明专利 1 项，实用新型专利 2 项。

五、改革发展

抢抓“碳达峰碳中和”历史机遇，宁东 250 兆瓦集中式光伏发电项目取得中铝股份同意开展前期工作的批复，中铝系统1850兆瓦分布式光伏项目规划和银星能源老旧机组“以大代小”等容更新项目方案上报中铝股份审查。银星一井14采区完成掘进进尺3521米，回风斜井、井底车场、+1050集中运输斜巷施工到位，35千伏变电站及供电线路Ⅰ回线、提升机房、通风机房等工程建设完成。马莲台发电分公司工业供汽项目10月15日建成。六盘山热电厂新增15万平方米供热扩容改造项目10月30日建成投运。阿左旗贺兰山200兆瓦风电、银星一井供暖改造等5个项目完成竣工验收。

深化国有企业改革三年行动，完成25家全级次企业任期制和契约化管理改革和银仪电力工程公司职业经理人试点改革。加大业务整合和管理整合力度，新能源产业资产、人员、管理整合稳步推进，马莲台发电分公司、宁东供热实现一体化管理。健全完善技术管理体系，成立煤炭、火电、新能源、安全专业技术委员会，企业本部煤炭、电力生产技术部分设专业化、集约化管控模式初步形成，在煤炭企业建立以总工程师为负责人的技术管理体系，配齐配强专业副总工程师和技术人员，776名煤矿井下劳务派遣用工完成择优划转。

六、党建与企业文化

严格执行“第一议题”制度，扎实推进党史学习教育，高质量开展庆祝建党100周年系列活动。举办读书班4期，集中研讨6次，形成党建论文成果14项，党员领导干部深入联系点讲专题党课89场。全年召开党委会31次，专题研究中铝集团党组巡视反馈问题整改、企业安全生产形势红色预警、集团领导调研要求和总部年终工作会议精神落实等上级重大决策部署16项，前置研究公司生产经营、改革发展、项目建设等重大事项190余项。52个基层支部签订共建协议，完成6家基层企业党组织换届选举，择优发展党员90名；做实“我为群众办实事”实践活动，立项煤炭企业“两堂一舍”改造项目14项，解决职工急难愁盼问题200余项；创新开展创建安全示范岗154个，生产现场违章发生率下降32%；全年新建“两带两创”项目148项，创造经济效益近600万元。

全年研究部署党风廉政建设工作12次，专题研究问题线索和违规违纪事项8次。围绕年度重点工作落实、清理取消电煤采购和煤炭销售中间商、清收逾期应收账款、领导干部落实安全生产责任制等开展专项督查督办。持续推进信访案件“去存量、遏增量”和纪检干部“接地气”专项工作，重点查处职工群众身边的“微腐败”问题，全年给予党纪处分21人次，处理责任人员57名。

成立党员突击队和志愿服务队助力宁夏回族自治区疫情防控工作，获得自治区国资委党委通报表彰。创新开展“煤矿安全复产”“提质增效”“两增两降”等9项劳动竞赛以及“班组长综合管理”“火电集控运行值班员”等22项技能竞赛，参与职工近6000人次。做实“号手岗队”等青年工作品牌，激励广大职工立足岗位创先争优，涌现出中央企业优秀党务工作者许劲峰、宁夏回族自治区优秀共产党员张虎等一批先进典型，企业本部顺利通过自治区文明单位复检。

坚持用正能量引导舆论、鼓舞人心、凝聚力量。全年在《中国铝业报》刊登稿件169篇，推送“中铝宁夏能源”微信公众号68期、稿件282篇，报道生产经营重点工作36次，宣传劳模先进典型16个，印制展板50期，制作视频29个。开展企业文化对标、建党100周年、中铝集团成立20周年、品牌故事、微视频展播及“砥砺二十载、奋斗新征程”等系列活动，举办职工书画摄影展，精心筹划公司企业文化展厅。

切实履行社会责任，选派9名驻村干部助力乡村振兴，选送的《为了革命老区天更蓝水更绿》案例入选中铝集团2021年社会责任“十大优秀”案例。

撰稿／李　元

中铝国际贸易集团有限公司

一、基本情况

中铝国际贸易集团有限公司（简称中铝国贸集团）成立于2018年12月18日，注册资本37.29亿元，员工总数（在岗）305人，资产总额137.09亿元，资产负债率63.5%。

主营业务范围：金属材料及制品，煤炭，建筑材料，电子设备，空调设备，汽车配件，五金交电，日用百货，针纺织品，木材，钢材，电子产品，通信设备，化工原料，汽车的销售；从事货物及技术的进出口业务，经济信息咨询服务，企业管理咨询。办公地址：上海市浦东新区长清北路51号中铝大厦。

2021年，中铝国贸集团全面贯彻新发展理念，全要素对标世界一流，锲而不舍深耕专业化、做强规模化、厚植国际化，主要指标创历史最好水平。全年完成营业收入1771亿元，实现利润9.74亿元，年末净现金流11.64亿元，资产收益率14.65%。

二、生产经营

氧化铝业务单元。对内优化资源调配、强化稳价保供，创新经营模式、提升服务效果；对外强化互利合作、扩大市场份额，重视市场研判、精准把握节奏。全年销售氧化铝1097万吨。

电解铝业务单元。合理规划采购节奏，依托规模优势稳定现货升贴水；尝试开展铝期权保值操作，并积极关注上下游风险，确保长单合同平稳执行。全年销售电解铝及铝合金530万吨。

能源业务单元。探索蒙煤闭环管理、集装箱专项运输、多口岸进口、依托交割库开展期货保值等模式，并成功获批山西焦煤焦炭交割库。全年进口焦煤59.5万吨，销售121万吨。

国际业务单元。参与全球资源配置，保障进口矿资源安全，扩大精细氧化铝及铝材出口。全年进口铝土矿2563万吨，精细氧化铝出口28.08万吨，实现国际贸易额53亿美元。

中铝新材料完善产研销协同机制，强化市场引领与精准营销，完善资源联动机制、战略协作机制，开展差异化营销，细分市场、以质定价。全年销售精细氧化铝133万吨。

主要经济指标一览表

表 28

项目	单位	2020 年	2021 年	增长（%）
资产总额	亿元	135.13	137.09	1.45
营业收入	亿元	1426	1771	24.19
利润总额	亿元	8.04	9.74	21.14
税收贡献	亿元	4.11	7.38	79.56
全员劳动生产率	万元 / 人 · 年	44702	56401	26.17

三、安全环保

安全生产“三落实”。狠抓责任落实，共签订安全环保责任书 135 份。狠抓措施落实，开展安全专项整治、“三敬畏、反三违”安全行动、“五查五严”排查整治等工作，推行“葡萄图”安全管理工具和安全检查指导总控表，全年共开展现场督查 174 次，排查整改隐患 85 处；组织安全培训 60 次，共 504 人次参加。狠抓预案落实，开展各种应急预案演练 36 次，共 544 人次参加。

疫情防控“三紧盯”。紧盯源头，精准调整防控措施。紧盯日常，坚持“行程码”“健康码”双核查。紧盯过程，落实非必要不聚集、少出行等要求。全年做到全员零感染。

四、改革发展

坚定不移以对标为抓手，以价值创造为主线，以改革破困局，落实精、严、实的管理理念，持续推进国企改革三年行动。

完善治理体系。系统梳理职责权限清单，制定党委前置研究重大经营事项清单。加强董事会建设，健全完善子企业法人治理机制。推进制度体系建设，首次编纂“内规外法”合规清单及蒙古、香港和新加坡区域正负面清单。

管理机制创新。推行任期制和契约化管理及职业经理人制度改革，香港国贸、西部国贸、佛山国贸完成任期制和契约化管理改革，中铝新材料、青岛国贸、内蒙古国贸完成职业经理人制度改革，占中铝股份职业经理人改革试点总数的 37.5%。

推进信息化建设。细化完善全要素对标方案，制定对标指标体系，每月开展对标分析和跟踪评价，在经营计划、合同执行、货权转移、库存管理等方面做到快速响应，提供更优服务，全年客户满意度达到 98.9%。正式上报数智化转型可研报告，完善 OA 系统功能，完成新加坡国贸 OA、SAP 建设。参与中铝集团财务共享、资金管理试点上线。形成 15 类共 58 项合同示范文本，固化所有配套单据。

五、党建与企业文化

聚焦政治建设。落实第一议题制度，深入学习贯彻“七一”重要讲话和中共十九届五中、六中全会精神，持续推动“不忘初心、牢记使命”主题教育，调查研究，检视问题，整改落实常态化。坚持“出实招、做实功、见实效”，开展“赶超标杆我能干成什么”大讨论。党委年度民主生活会、专题民主生活会共检视查摆问题 63 项，制定整改举措 25 条；各党支部专题组织生活会共查摆问题 131 项。

聚焦党建引领。以习近平总书记重要论述为标尺开展党建“回头看”，制定整改措施34条。深化双向融合，开展“党组织带党员创效”15项，创效4.7亿元，开展“党员带群众创新”23项，创效2538万元。开展标准化党支部建设，本部原有的5个党支部调整优化为3个党支部。

聚焦党史学习教育。组织党员及积极分子赴韶山教育基地、中共一大纪念馆、陈云纪念馆等开展现场教育；开展红歌赛、红色诗词诵读、故事展播、青年大学习、精品微党课、专家讲座、征文等活动，把党史学习教育推向深入。

聚焦政治监督。制定《2021年全面从严治党责任分解方案》，细化分解6层次74条责任，压紧压实管党治党政治责任。召开领导班子专题民主生活会，树牢纪律规矩意识，防范经营风险。制定《关于切实发挥公司基层党组织纪检委员作用的实施意见》，启动运行“大监督”体系，开展大中台建设专项巡察，一体推进“三不腐”体制机制，开展“反腐倡廉宣传教育月”活动，组织参观浦东廉政教育基地。组织开展了化公为私和“影子公司”“影子股东”专项整治排查。持之以恒落实中央八项规定精神，持续整治形式主义、官僚主义，开展“四风”监督检查5次。

撰稿／盖志云

中铝能源有限公司

一、基本情况

中铝能源有限公司（简称中铝能源）成立于2011年7月。

注册资本13.84亿元，员工总数（在岗)62人，资产总额17.40亿元，资产负债率39.35%。

主营业务范围：煤炭销售，热力供应，投资及投资管理，电力能源和清洁能源技术开发、技术咨询、技术培训，货物进出口，代理进出口，电力供应。产能规模：2021年，中铝能源所属涉煤企业和受中铝股份委托管理的涉煤企业8个，控股煤炭资源量4.6亿吨，设计产能300万吨/年；参股煤炭产能1345万吨/年。2021年中铝能源售电业务稳步拓展，签约电力用户22家，代理电量1.02亿千瓦·时。办公地址：北京市西直门北大街62号中铝大厦15层。

2021年，中铝能源围绕年初确定的工作目标，扎实推进各项工作，超额完成年度考核目标。全年实现营业收入2.45亿元，利润1617万元，超额完成年度考核利润，完成“两金”压降目标，清收历史欠款9304万元，超目标3654万元。

二、生产经营

涉煤企业管理。2021年，中铝能源所属涉煤企业和受中铝股份委托管理的涉煤企业8个，其中控股煤矿项目1个，属于项目前期，控股煤炭资源量4.6亿吨，设计产能300万吨/年；参股企业7个，设计产能1345万吨/年，2021年参股煤矿实际产量1063万吨。

售电业务拓展。2021年，中铝能源克服疫情影响，在原有售电客户的基础上，加大拓展力度，2021年累计合作22家电力用户，全部为外部企业，代理电量1.02亿千瓦·时，实现售电收入121万元，同时在不承担售电风险的前提下，协助中铝山东达成首单“绿电”交易。

贸易创收持续发力。中铝能源立足实际，以最大限度服务中铝集团内部企业为出发点，积极开展能源、铝土矿等相关产品贸易。2021年实现贸易收入2.45亿元，其中遵义矿业开展的铝土矿贸易能够覆盖自身委贷利息，贸易收入达1.69亿元，实现盈利654万元；山西华禹积极开展煤炭贸易，贸易收入达7003万元；公司本部与贵州矿业大力开展铝土矿贸易，实现贸易收入643万元。

主要经济指标一览表

表 29

项目	单位	2020 年	2021 年	增长（%）
资产总额	亿元	11.78	10.06	−14.60
工业产值	亿元	2.52	2.45	−2.78
营业收入	亿元	2.52	2.45	−2.78
利润总额	亿元	−2.63	−1.44	−45.25
税收贡献	亿元	0.07	0.08	14.29

说明：不含甘肃华阳

三、安全环保

中铝能源按照年初中铝集团安全环保质量工作会议精神以及中铝股份关于安全工作的统一安排，研究制定 2021 年安全工作要点并督促落实；及时传达贯彻中铝股份安全警示教育大会会议精神，深刻吸取事故教训，排查安全隐患，强化安全培训，规范员工行为，杜绝类似事故发生；组织开展“安全生产月”、全国应急管理普法知识竞赛等活动，营造良好的安全生产知识学习氛围，进一步提高员工的安全生产意识和安全生产能力。

四、改革发展

2021 年，中铝能源积极落实国企改革三年行动有关部署要求，扎实推进规范公司治理、推行三项制度改革、任期制契约化管理等工作，汇聚改革合力，探索转型发展新模式。组织开展公司本部及所属（托管）企业公司治理相关制度文件的梳理和修订完善工作，对公司章程、“三重一大”决策制度实施细则进行修订，建立决策权限管理办法、总经理工作规则等制度；按时上报《深化改革进展情况表》《中央企业改革三年行动重点量化指标采集表》等月度报表及深化改革三年行动公司治理相关工作完成情况“回头看”相关材料；督促所属企业持续优化岗位设置和内部收入分配制度，山西华禹通过继续对部分岗位进行调整，本部分流 3 人到参股煤矿工作；对照集团三项制度重点任务检查督导要点及备查资料清单，认真梳理检查改革过程中存在的问题，按时完成三项制度改革暨任期制契约化管理改革有关整改、验收等工作。

五、党建与企业文化

2021 年，中铝能源党委全年党委中心组集中学习研讨 18 次，组织召开党委会 28 次，研究部署党的建设、党风廉政建设及反腐败工作、业务工作等重点内容 71 项。始终发挥党组织的引领作用，以坚持服务企业改革发展稳定、持续推进历史遗留问题解决、实现企业健康发展作为党建工作的出发点和落脚点，开展“两带两创”、党员“双提升”、“赶超标杆我能干成什么”大讨论等党建与经营业务双向融合系列活动，持续加强涉煤企业管理，全力推进维权控损及陈欠清收工作，全面进行风险管控，高效处置涉煤资产历史遗留问题。

纪委切实履行监督执纪问责职责，持续加大监督力度，强化对权力运行的制约和监督，围绕“四种形态”，把监督执纪问责做深做细做实。印发《中铝能源有限公司 2021 年党风廉政建设和反腐败工作责任分解》，进一步分解量化全年工作任务，压实责任落实。严格落实中央八项规定精神，坚决破除形式主义、官僚主义，在元旦、春节等节假日前印发落实中央八项规定精神、纠正“四风”的通知，进一步严明政治纪律，切实防止“四风”问题反弹回潮。

撰稿／刘　青

中国铝业香港有限公司

一、基本情况

中国铝业香港有限公司（简称中铝香港），成立于2005年3月9日，注册资本849940471港元，中铝香港本部在岗员工17人、几内亚矿山公司在岗员工611人、几内亚港口公司在岗员工9人，资产总额147.55亿元，资产负债率59.38%。

主营业务范围：铝土矿贸易、海外投融资。办公地址：北京市西直门北大街中铝大厦。

2021年，中铝香港通过几内亚博法项目投资与悉心经营自有铝土矿结算业务，获得稳定的投资回报。全年共盈利3.85亿元（含处理历史遗留问题影响2.09亿元），彻底扭转了多年来的亏损局面，为"十四五"期间的发展开了个好头。

二、生产经营

2021年，全面并超额完成全年工作任务。截至12月31日，博法项目完成采剥总量1611万吨，合格铝土矿采矿1230万吨，皮带运矿量1268万吨，港口装驳量1240万吨，海船发运回国1228万吨（61船）的年度奋斗目标。

中铝香港统筹安排博法矿石的各个环节结算工作，确保贸易链条顺畅，按照财务口径，2021年共结算博法矿62船，合计1230万湿吨，保障对广西华昇、中铝矿业、中铝中州、兴华科技等的矿石供应。发生"9·5"几内亚军事政变后，中铝香港委托中铝保险经纪针对年度投保开展工作。按照进口矿领导小组安排，中铝香港发挥融资结算平台作用，保障海外贸易铝土矿供应，为中铝股份下属氧化铝企业提供服务。按照财务口径，2021年共进口戈夫矿46船，合计382万干吨。

主要经济指标一览表

表30

项目	单位	2020年	2021年	增长（%）
资产总额	亿元	143.95	147.55	2.50
工业产值	亿元	26.16	46.66	78.36
营业收入	亿元	23.70	43.82	84.89
利润总额	亿元	−1.23	3.85	−412.65
税收贡献	亿元	0.98	3.17	223.47
全员劳动生产率	万元/人·年	36.69	173.90	373.97

三、安全环保

一是编制下发《2021年安全环保及职业健康工作要点》（中、法文版），坚决贯彻落实"生命至上、以人为本、预防为主"理念，组织宣贯并执行，统筹有序推进各项工作。二是以制度"废、改、立"为抓手，结合公司生产需求与岗位实际，制（修）订并下发执行《劳动保护用品管理制度》《职业健康环境管理制度》《特种作业安全监督管理制度》等制度。三是成立由几方管理人员主导的安全生产管理委员会，探索并逐步实现安全管理由中方为主向几方管理为主的过渡，现场日常安全生产管理引入几方管理人员参与并实施，由中方管理人员协助督导。累计查处各类隐患310余项。四是推动“葡萄图”等安全管理工具的培训与应用试点。五是持续抓好全员安全培训，完成16名中方员工、150名几方员工的入职安全教育及各类在岗安全培训，配合完成几方班组长安全文化理念、风险辨识等专项培训，指导开展消防培训及演练。六是发挥安全约谈机制促进作用，进一步落实安全管理责任。七是赴泵迪、岩贝兰、福贡、贝雷库雷和塔玛朗等村落开展红泥外排影响情况调研，制订环境治理方案。八是编制公司年度《环境与社会管理方案》，并提前获得年度环境许可。

四、改革发展

2021年，中铝几内亚全面对标世界先进矿山，深挖潜力，不断迈进创建世界一流矿山企业步伐。一是从征地、清表等源头抓起，提升矿山生产能力；二是优化管理，使采矿机每日有效作业时间由年初的16.3小时提升至17.4小时；三是优化工艺，提高台时产能，降低大块产出率；四是年节约运营成本近一千万元人民币；五是对C06.C07.C08型带式输送机进行提速提产改造，再次刷新了国内外同规格皮带的最快调试纪录，为整个项目后续产能释放奠定了坚实的基础；六是大力开展设备总成、皮带托辊和装船机溜筒等修旧利废，年节约成本数百万元。

五、党建与企业文化

一是党建引领，境外项目发展成效突出。几内亚发生“9·5”几内亚军事政变给项目生产运营带来极大风险时，充分发挥党组织领导核心作用，协调各方，建立和完善社区安全制度，制定应急预案和撤离预案。强化宪兵保安的教育培训，定期进行演练；采取“1+N”的模式与全体员工开展谈心谈话，稳定中几方员工思想，确保项目生产运营稳定有序，超额完成生产目标任务。二是纪律检查工作全年开展4次警示教育，做到学习党史守初心，清正廉洁守底线，为中铝香港高质量发展提供坚强纪律保证。2021年7月中铝海外几内亚项目部被国务院国资委授予“中央企业先进基层党组织”称号。三是结合中铝成立20周年，组织全体员工参与“我与中铝共奋进”在线答题活动；采取“线上”“线下”相结合的方式，开展健步行活动，通过开展一系列群众性活动增强了团队凝聚力。四是制订《2021年社区服务与公益扶助规划》积极履行企业社会责任，先后完成对周边社区农业种植户进行定向扶助，捐赠化肥2吨；实施社区“洁净饮水”工程，修复废弃水井3口；出动消防车、工程车辆协助博法教堂及时扑灭一起较大型火灾和清理垃圾等公益行动；向省政府捐赠500千瓦柴油发电机组一套等各项社区扶助与公益行动均得到当地社区、政府等多方认可与好评。

撰稿／张亚婕

中铝物流集团有限公司

一、基本情况

中铝物流集团有限公司（简称中铝物流）成立于2002年11月14日，注册资本9.64亿元，员工总数（在岗）2852人，资产总额27.64亿元，资产负债率48.96%。

主营业务范围：承办海运、空运、陆运进出口货物的国际运输代理业务，仓储服务，出租商业用房，汽车租赁，技术开发、技术转让、技术咨询，经济贸易咨询，交通运输咨询，货物进出口、技术进出口、代理进出口，运输代理服务，普通货运，国际航舶运，国际道路运输，无船承运。产能规模：年物流作业量达到1亿吨。办公地址：北京市海淀区复兴路乙12号1219号。

2021年，中铝物流以高质量发展为主题，以价值创造为统领，以全要素对标为抓手，加快“二次创业”，积极应对各种困难与挑战，全面完成各项生产经营任务。坚持“对内服务降本、对外创收创效”的发展宗旨，在全国疫情时有反弹、形势严峻的情况下，一手抓疫情防控，一手抓物流保运，通过整合内部资源、拓展多式联运、盘活存量资产和优化劳务用工等系列措施，打出了集成创新的“组合拳”。坚持市场化、专业化导向，采取本部集中承接、项目部独立运营的新模式，顺利完成中铜和中铝高端制造物流业务承接，实现跨战略单元整合的新突破。坚持胸怀国之大者，着眼发展大局，紧密围绕中铝集团“两海战略”，通过优化财税架构设计和结算支付路径，打通海运费人民币跨境结算通道，成为央企首例。

二、生产经营

2021年，中铝物流完成物流作业量1.23亿吨，同比增长16%；完成总运量6495万吨，同比增长5.6%；完成博法项目铝土矿装船量1261万吨，同比上年增长108.8%；国内港口货代量2206万吨，同比上年增长17.6%；EPC项目国际货代1200计费吨，同比上年增长79.6%。

2021年，中铝物流实现营业收入97.6亿元，同比增长22%；完成降本创效6.5亿元，较计划超5000万元，同比上年翻一番；净资产收益率ROE达到9.2%，同比上年提高0.48个百分点；资产负债率为48.96%，较年初降低2.45个百分点。

主要经济指标一览表

表 31

项目	单位	2020 年	2021 年	增长（%）
资产总额	亿元	29.29	27.64	−5.63
工业产值	亿元	0	0	—
营业收入	亿元	97.63	82.69	−15.30
利润总额	亿元	1.61	1.70	5.59
税收贡献	亿元	1.06	1.17	10.38
全员劳动生产率	万元 / 人・年	22.40	27.98	24.91

三、安全环保

深入贯彻习近平生态文明思想，扎实推进安全标准化建设，全年制、修订各类作业规程 278 项。全面推广“葡萄图”管理工具应用，深入开展重大风险隐患专项排查整治，组织开展各类安全检查 20 次，查出问题隐患 7525 项，完成整改 7522 项，安全形势持续向好发展，实现全年较大及以上生产安全事故、环保事件为零的目标。

为贯彻落实中国铝业“双碳”行动相关要求，中铝物流始终秉承绿色、低碳、高效、创新的发展理念，积极推进包装轻量化和重复利用，推广循环袋、汽车散装、干散箱等绿色低碳包装优化装运方式。2021 年，中铝物流完成华兴和兴华科技至包头铝业、广西华昇至来宾银海铝等流向的氧化铝包装优化运输量 96.5 万吨，其中循环袋运量 87.2 万吨，汽车散装运量 6.5 万吨，干散箱运量 2.8 万吨。按照一次性集装袋包装 1.55 吨 / 袋计算，可以直接节约 62.3 万条一次性集装袋，为减耗降碳目标做出了突出贡献。中铝物流大力引入新能源车辆替代原有燃油汽车，2021 年引入北奔牌（自动挡）电动重卡 5 辆，为包铝集团提供每年 745 吨二氧化碳减排指数。

四、改革发展

按照中铝股份深化改革三年行动方案部署，梳理中铝物流 12 项重点改革任务，明确 10 项基础管理工作，制定 31 项管理提升的重点，细化出 72 项具体实施措施，形成年度深化改革工作台账。三年改革行动任务累计完成 71 项，自行确立的 12 项重点改革任务和 10 项基础管理工作得到全面落实。积极推进管理层任期制与契约化改革，“两级”领导班子全部签订聘任协议和业绩合同书。全面对标领先企业，采取压减总量、盘活存量、严控增量等措施，全年累计压减劳务派遣用工 358 人，实现“清零”目标。落实长协外包业务压减计划，严控外包商数量和费用，全年压减外包业务总量 2900 万元，降幅达到 12%。

五、党建与企业文化

坚持以政治建设为统领，周密部署安排，充分利用红色资源，高质量组织庆祝建党 100 周年、党史学习教育，学习贯彻习近平总书记“七一”重要讲话精神、党的十九届六中全会精神等重大政治任务，广大党员干部和职工群众“两个确立”意识更加牢固，“两个维护”更加坚定自觉。聚焦职工关心的“急难盼愁”问题，扎实推进衣食住用行、成长成才、福利关爱等具体项目，全级次企业为群众办实事 545 项。大力开展群众性技术创新竞赛活动，组织参加全国有色金属行业班组长网上练兵活动，共 7 人获奖，选送的合理化建议获得集团“银点子”和中铝股份“银点子”表彰。稳步构建完善“大监督”工作体系，高标准进行政治巡察，举一反三落实巡察整改。坚持严的主基调，严肃监督执纪问责，全年受理信访举报20起，问责处理28人，正风肃纪，以案促改，进一步营造了中铝物流的政治生态。

撰稿／陈新彦

中铝物资有限公司

一、基本情况

中铝物资有限公司（简称中铝物资）成立于2018年6月26日，注册资本10亿元，员工总数（在岗）113人，资产总额40.60亿元，资产负债率72.54%。

主营业务范围：烧碱、纯碱、氟化盐、石油焦、煤沥青、炭素制品等大宗原料，煤炭、油料等能源产品，钢材、耐火材料、化工等辅助材料，以及各类备品备件、公务车的集中采购，第三方自营业务以及相关产品的套期保值业务，互联网采购平台的建设、运维和优化升级等业务。营收规模：329.16亿元。办公地址：北京市海淀区复兴路乙12号10层。

2021年，中铝物资围绕“三年三步走”转型发展目标，紧盯市场，发挥资源和平台优势，多措并举保障企业原燃物料及经济供给，大力拓展外部市场，高效完成“铝约益采”互联网采购平台建设运营，继续保持供应总量、业绩指标、经营质量“三量齐升”良好发展态势，全面超额完成年度经营任务目标。

二、生产经营

2021年，中铝物资克服疫情和市场剧烈波动的影响，聚焦年度任务目标，各项经营成果创历史新高，实现全面超越。

经营成效创造新高。2021年，中铝物资实现营业收入329.14亿元，同比增加67%；在取消转销差价的情况下，实现考核利润1.37亿元，同比持平；实现采购节约14亿元，节约率7.05%，超考核目标2个百分点；年化净资产收益率ROE9.09%，超考核目标2.32个百分点；完成供应总量2600万吨，同比增加16%。

主要经济指标一览表

表32

项目	单位	2020年	2021年	增长（%）
资产总额	亿元	31.00	40.60	30.97
工业产值	亿元*	1.61	2.44	51.55
营业收入	亿元	197.50	329.16	66.66
利润总额	亿元	0.99	1.20	21.21
税收贡献	亿元	0.50	1.13	126.00
全员劳动生产率	万元/人·年	147.61	215.93	46.28

注：* 表示中铝物资为贸易企业，按劳动生产总值填列。

强力保供精准服务。积极协同实体企业共同应对市场波动，主动参与到实体企业一线生产环节，制定执行精准购销策略，推动产供销全产业链整体提质增效。充分发挥战略供应商资源保障作用，确保大宗商品稳定供应，争取资源增量。

集采范围稳步拓展。2021年云铝股份主要原燃物料纳入集中采购，中铝物资从市场化竞标入手，依靠高性价比的产品和服务，实现大宗品种逐项分批分期集中采购。全年供应云铝各类原燃物料59.91万吨，集采金额15.7亿元。新增氧化铝包装袋、絮凝剂、钢球等八类集采品种，集采品种增至59项。积极拓展基建集采，全面接手抚顺铝业老炭素生产线优化改造项目的物资和设备采购任务，完成中铝股份2021年零购设备集采，为降低项目投资作出贡献。

贸易思维创新创效。充分利用仓储手段避峰抓谷，降本创效。西南区域年内锁定230万吨相对低价进口煤资源，平均低于市场价格260元/吨。烧碱全年7次精准增储，直接节约采购成本超1.5亿元。外销低价仓储纯碱4500吨，石油焦3万吨。提升产业链整体经营能力，开展煤碱联动、煤油互换多元化采销模式，串换销售炭素、氟化盐产业链主营产品，实现创收创效。

三、安全环保

聚焦危化品经营，健全安全责任体系，修订完善应急预案，组织开展安全生产月、“五查五严”专项整治等活动，做好安全隐患排查。围绕集团“双碳”工作目标，研究制定15项绿色低碳采购实施措施，打造绿色供应链生态，更好服务中铝集团绿色低碳发展战略。

四、科技创新

2021年4月，高效完成“铝约益采”电商平台建设，为上下游提供公开、透明、智能的交易平台。年内，878家供应商签约入驻，股份内外134家企业、330个结算主体注册成为线上买方；上线品种13大类683小类，上架商品超145万个。助力企业合规高效实现“一站式”线上集采，填补中铝集团标准品、低值品智慧化线上采购平台空白。“铝约益采”通过与其他信息管理系统的数据对接，打通数据孤岛，提升采购效率。实现采购申请自动转单、接口单据自动生成、相似商品自动推荐、同品商品自动比价等功能。全年订单数量1.78万个，交易额2.36亿元。“铝约益采”实现交易和决策过程全流程可监控、可追溯。实现范围更大、程度更精、速度更快的比质比价。高效串联供应链上下游相关方，提升节点企业间的信息沟通效率和精益协同能力。

五、改革发展

深化市场化改革。中铝物资坚决落实中铝集团、中铝股份关于经营管理改革的要求，贯彻经营发展新理念，构建经营发展新格局，全面取消转销差价，大力拓展外部业务，发挥采购平台集约化、专业化优势，做优精益采购降本创效，服务实体企业能力进一步增强。优化考核机制，对标市场建立适应现代化经营平台的考核机制，绩效考核向价值创造倾斜、向主营规模提升倾斜、向外部创效倾斜，激发各层级经营活力。全年对外经营收入115.15亿元，占比35%，提升5.37%，外部利润占比50%，提升12.31%。

优化供应商结构。发展战略直供商，与多氟多、金大地、弗兰德签订战略合作协议，实现主要大宗及辅材备件品种全覆盖。做大直供渠道，加快清退中间商，164家中间商全部完成清退，清退率

100%，提前一年完成清退目标。

细化三项制度改革。持续推进深化国企改革三年行动贯彻落实。三项制度改革方面，一是完善制度体系，进一步规范完善各层级、各岗位设置与任职要求、领导干部任职条件。二是加强重点专项工作，专题研究选人用人和优秀年轻干部培养选拔工作，建立“阳光计划”和“新星计划”人才库，“一人一策”开展培养；开展关键岗位任期制契约化管理，不断向市场化方向迈进。

六、党建与企业文化

落实两个责任。严格落实“第一议题”制度。把党史学习教育作为重大政治任务，对标对表、精心组织、务求实效。深入落实“两个一以贯之”要求，充分发挥党委“把方向、管大局、促落实”领导作用。积极配合集团巡视各项工作，并把巡视整改作为重大政治任务，建立运行机制，压实整改责任，制定整改措施 139 条，完成整改 40 条，完成率 97.6%。高质量完成我为职工群众办实事事项 21 项，完成率 100%。做实做精“两带两创”活动，设立创效创新项目 8 个。深入开展“对标赶超，怎么看、怎么干”大讨论，形成清单 9 份，提出具体工作措施 113 项。执纪监督不断加强。深入构建以“党委主体责任、纪委监督责任、党委书记第一责任人责任”和班子成员“一岗双责”为核心的管党治党责任体系。制定加强对“一把手和领导班子”监督指导意见，破解对一把手和领导班子监督难的问题。坚决纠正形式主义、官僚主义不正之风。深入聚焦重点环节、关键领域进行监督，有效推动重点工作及时落实，堵塞制度漏洞，规范基础管理。

社会责任持续推进。中铝物资践行人本管理理念，保障员工权益，分类分层开展员工培训，促进员工发展，增进员工价值，绩效奖励向价值创造者倾斜，突出正向激励。积极构建公正透明的采购体系，建设电商采购平台，建立健全招标、非招标采购监督与管理体系，持续推动阳光采购。研究制定《中铝物资有限公司绿色低碳采购实施措施》，加强绿色供应链体系建设，充分考虑环境保护、资源节约、安全健康、回收促进和循环利用等因素，从绿色原料、绿色制造、绿色产品等多方面实现综合效益最优的绿色供应，明确优先采购和使用有利于环境保护的原材料、产品和服务。

撰稿／吴若蒙

贵州华锦铝业有限公司

一、基本情况

贵州华锦铝业有限公司（简称贵州华锦）成立于 2014 年 7 月 18 日，注册资本 10 亿元，员工总数（在岗）801 人，资产总额 34.91 亿元，资产负债率 28.75%。

主营业务范围：铝土矿产品，铝冶炼产品及相关金属，铝加工产品销售，碳素制品销售，铝工业废弃物（赤泥、粉煤灰）销售，相关技术开发、技术服务。产能规模：160 万吨氧化铝 / 年。办公地址：贵州省贵阳市清镇市政府办公楼。

2021 年贵州华锦持续强化安全环保管理，积极推进全要素对标、提质增效工作，按照“低成本、高质量、机制优、效益好”的工作思路，通过人力资源优化降本、生产组织优化降本、提升管理水平降本，向科技、投资、市场要效益，全方位打响“极限降本”攻坚战，全年生产商品氧化铝 163.07 万吨，超目标 3.07 万吨；实现工业总产值 39.74 亿元；实现利润 7.35 亿元，超考核目标 1.35 亿元；缴税 3.32 亿元，实现运营现金流 11.13 亿元，超考核目标 3.73 亿元。企业经营业绩迈上新台阶。

二、生产经营

2021 年主要产品产量 163.07 万吨，同比 2020 年持平。一是紧盯市场变化，实施采购降本。针对因露天铝土矿山复垦，周边铝土矿产量已不能满足需求以及大宗原材料成本增加的情况，密切关注市场的新增产能，开发新选供货商，优化采购渠道，分析质量、消耗和价格三者之间的对比关系，寻找性价比最优的货源，拓宽降本空间。二是紧盯生产降本，实施挖潜增效。重点组织开展“外委内干”“修旧利废”等挖潜创效工作，共计完成“外委内干”项目 209 项；共计开展“修旧利废”项目 65 项；对碳排放量较大的设备开展技改工作，减少碳排放量 1127.28 吨 / 年。三是紧盯资金管理，实施财务降本。在确保生产经营正常运转的情况下，着力提升资金保障、资金运营、金融创新及风险管控能力，增加、消化银行承兑途径，降低融资成本，提升资金效率，2021 年底实现全部贷款清零，确保了资金安全。

主要经济指标一览表

表 33

项目	单位	2020 年	2021 年	增长（%）
资产总额	亿元	34.83	34.92	−0.26
工业产值	亿元	39.74	33.87	14.78
营业收入	亿元	39.78	34.19	14.05
利润总额	亿元	7.35	5.38	−26.80
税收贡献	亿元	3.28	2.32	−29.27
全员劳动生产率	吨 / 人 · 年	2162	221	−89.78

三、安全环保

进一步提高政治站位，牢固树立安全发展理念，强化红线意识，全面开展“葡萄图”等安全管理工具的推广应用，优化、完善各项安全管理规章制度和三大规程，持续加大安全教育培训力度和广度，制定切实可行的安全生产措施，细化危险源分级管控，深入推进 CAHSE 体系运行。

贵州华锦始终践行习近平生态文明思想，加强环境保护工作，累计投入 6029 万元用于运矿路扬尘、原料系统现场卫生、雨污分流、喷淋等 50 余项环保问题的治理，逐步提升公司环保管理水平，目前企业各项环保设施均稳定运行、污染物达标排放。每年开展“6 · 5”环保开放日等活动，切实解决周边村民关心的实际问题，将矛盾化解在萌芽状态中。企业从 2019 年至 2021 年，连续 3 年开展“6 · 5”环保开放日活动，3 年未受到外部的环保投诉。

四、科技创新

一是紧紧围绕高硫高碳技术问题、提高分解率关键技术、降低赤泥钠硅比关键技术等开展技术研究及攻关，尤其在脱硫脱碳方面取得较大突破，成功开发了氧化铝生产过程新型在线脱硫剂新产品，该产品具有更好脱硫效果和成本竞争力，每年创效高达 1000 万元以上。全年科技项目 11 项，科技投入 3838.62 万元。二是加强知识产权保护工作。企业累计申请专利 25 件，其中发明专利 9 件，实用新型专利 16 件；累计获得授权专利 5 件，其中授权发明专利 1 件，授权实用新型专利 4 件。三是氧化铝生产过程在线脱硫项目获得清镇市科技项目资金专项资助，资助金额为 30 万元。四是深入调研高硫矿石焙烧脱硫项目应用进展情况，该项技术已经成功应用于实际生产，脱硫效果较好，生产运行稳定。针对当前面临的高硫矿石脱硫关键技术问题，公司正在推进焙烧脱硫脱碳技术项目应用。五是针对赤泥综合利用技术难题，企业已联合地方政府成立赤泥综合利用中心（贵州华锦赤泥综合利用研究院），集中力量对赤泥综合利用关键技术进行研究及攻关，力争实现赤泥无害化、资源化综合利用。

五、改革发展

一是紧紧围绕集团开展全要素对标、推进极限降本、提升劳动生产率的工作部署，对标先进，内挖潜力，积极推进人力资源降本工作。2020 年职工人数 835 人，2021 年底降至 801 人。

二是推进可持续发展工程建设。2021 年完成赤泥堆场增容、扩建工程的项目备案、环评批复、水文地质调查及增容项目设施设计批复等工作，为进一步推动赤泥堆场增容项目奠定可实施的坚实基础。公司新建赤泥堆场前期准备工作已完成，待取得土地批复后即可动工建设。

六、党建与企业文化

2021年，企业党委坚持以党史学习教育为主线，推动党建与生产经营深度融合，一是认真开展“两对标、两抓好”活动，充分汲取央企强化政治建设等方面的先进经验，切实把党史学习教育的精神动力转化为“我为群众办实事”、开创新局面的实际行动中，在疫情防控、生产技术攻关等重点工作中，实现党建工作与生产经营中心工作同步推进，同向发力。二是深化全面从严治党与全面从严治企结合，充分发挥大监督作用，认真开展常态化约谈工作，加强对重大节假日期间的八项规定执行和“四风”监督检查力度，进一步强化“不能腐”廉洁风险防控体系建设。三是围绕安全生产、降本增效，积极组织员工开展“氧化铝一级品率”“提升原矿浆细度”等劳动竞赛活动，取得良好成效；以“安全、干净”班组建设为抓手，推广“葡萄图”安全管理工具的运用，提升班组安全管理水平。

撰稿／吴宏樟

中铝集团山西交口兴华科技股份有限公司

一、基本情况

中铝集团山西交口兴华科技股份有限公司（简称兴华科技），成立于2011年11月4日，注册资本5.88亿元，员工总数（在岗）505人，资产总额25.08亿元，资产负债率74.53%。

主营业务范围：铝基新材料系列产品生产技术研发及成果转让。产能规模：年氧化铝90万吨。办公地址：山西省吕梁市交口县温泉乡工业园区。

2021年，兴华科技坚持以习近平新时代中国特色社会主义思想为指导，按照年初确定的工作思路和任务目标，认真贯彻落实中铝集团和中铝股份决策部署，以推动高质量发展为主题，以提高科技创新能力为主线，以提升价值创造为统领，以深化全要素对标为抓手，上下同心转作风、抓落实，众志成城提效能、创一流，主要经济指标超额完成预算目标。

二、生产经营

2021年兴华科技全年实产产量完成97.7万吨，同比增加12.84%；完成商品产量97.2万吨，同比增加11.94%；销售完成88.82万吨，实现营业收入21.63亿元，同比增长17.04%；实现利润2.80亿元（消化历史遗留问题1.95亿元，报表利润0.85亿元），同比增长139倍。

主要经济指标一览表

表34

项目	单位	2020年	2021年	增长（%）
资产总额	亿元	25.29	25.08	−0.83
工业产值	亿元	17.78	23.95	34.7
营业收入	亿元	18.48	21.63	17.04
利润总额	亿元	0.03	0.86	2767
净利润	亿元	0.02	0.57	2750
税收贡献	亿元	0.07	0.64	814
全员劳动生产率	万元/人·年	29.35	68.13	132.13

三、安全环保

兴华科技始终坚持“安全第一、预防为主、综合治理”的安全生产方针和“一切风险皆可控制，一切事故皆可预防”的安全环保理念，紧抓管理主线，紧盯岗位培训细节，掌握风险辨识方法，有效运行HSE管理体系，坚定实现职业健康安全环保目标，为生产经营发展提供宽松的安全健康保证。截至2021年11月30日，实现安全生产无事故2131天，未发生过环境污染事件。

一是安全管理不断强化。印发《2021年安全环保工作实施方案》，全面推进职业健康安全环保精准管理体系运行，深入开展“安全干净”班组创建活动，邀请太原理工大学刘赫男教授进行安全培训；严格承包商管理，加强安全准入和监管考核，完成公司门禁管理系统；全面推广应用“葡萄图”管理工具，提高员工安全意识和技能；深入开展重大风险隐患专项排查整治、“三敬畏、反三违”安全专项行动，排查安全隐患763项，整改完成率100%，开展安全培训12次，接受教育员工达到1388人次。二是环境保护持续提升。全面落实习近平总书记“绿水青山就是金山银山”绿色发展理念，确保环保设施正常运行和达标排放。以吕梁市“百日环保大整治”活动为契机，结合企业实际，全面梳理问题，高标准制定整改方案，投资316.4万元，对管道、桥架、墙面、屋顶等进行修缮。投资74万元，建成净胎设施和排水系统。投资67万元，完成焙烧炉除尘脱硝改造在线设施的升级。实现环保事件为零目标。

四、科技创新

全面贯彻集团科技大会精神，积极落实国家“碳达峰、碳中和”政策要求以及中铝股份节能减排工作部署，注重节能降碳，开展热电联产机组纳入全国发电行业碳排放核查体系及交易系统相关工作，进行全流程能耗排查，针对重点生产单元环节制定节能降碳措施，实现达标排放；与郑研院等单位合作项目“拜耳法生产过程含碳杂质控制技术开发及应用（去除有机物）”被评定为国际领先科技成果；省级企业技术中心评价顺利通过；获得两化融合管理体系证书；申报吕梁市高层次人才引进项目3项，全部通过评价审核。“高浓度工业铝酸钠溶液深度脱硅脱铁技术研究”“赤泥全组分利用产业化关键技术可行性研究”获得批准实施；《基于工业物联网大数据热电联产节能降碳智能生产优化控制系统》项目已申报工业和信息化部。获得新动能专项资金500万元，获得山西省工程技术研究中心平台建设专项奖励资金300万元。全年共申报5项发明专利，3项实用型新专利，已进入公开实质性审查阶段。

五、改革发展

坚持价值导向，强化绩效考核，制定“倒逼目标、超利分红”绩效考核方案，建立薪酬分配与成本、利润挂钩机制，引领提升价值创造能力，全年员工人均收入增加10%。制定自主作业管理办法，倡导外委内干，全年完成自主作业31次，创造经济效益25万元；完成挖潜增效8次，创造经济效益184万元，同比增加145万元。共为公司节约费用209万元；规范业务外包，强化内部控制，降低检修清理包装等费用572.4万元。

六、党建与企业文化

一是全面贯彻落实习近平总书记在全国国有企业党的建设工作会议上提出的“三个有利于”和“两个一以贯之”总要求，提高政治站位，严格落实上级党组织各项决策部署；修订完善“三重一大”管理制度，建立党组织前置研究重大经营管理事项清单，严格履行党委前置程序，将党的领导全面融入公司治理结构。充分发挥党委“把方向、管大局、保落实”的作用。坚持党管干部，规范干部选拔任用工作，全年选聘生产基层干部6人（其中35岁以下年轻干部2人），降职1人，调职1人。全年发展党员8名，确定入党积极分子7名。二是

2021年是中国共产党成立100周年，兴华科技领导班子围绕新民主主义革命时期历史和长征精神、党的百年奋斗史中涌现的先进典型、中国共产党人的精神谱系等内容讲专题党课，激发党员干部干事创业热情；邀请交口县委党校老师讲述改革开放史专题党课，组织全体党员学习贯彻习近平“七一”重要讲话精神，推动国有企业高质量发展网络培训，赴八路军太行纪念馆、百团大战总指挥部砖壁旧址进行红色教学等，以“两带两创”实践活动为载体，各支部及党员骨干围绕生产“卡脖子”问题，在深化有机物去除技术攻关、贯彻落实国家“碳达峰、碳中和”实现达标排放、供应链信息化管理、船级社两化融合管理体系评定和强化与周边搬迁居民谈判等工作中，起到模范带头作用。2021年选树企业级先进集体和个人35个，荣获中铝集团和股份荣誉5个、县级荣誉3个、市级荣誉2个、省级荣誉3个。三是兴华科技贯彻落实总部关于全面风险管理和依法治企要求，建立完善了企业内部控制体系，修订完善《合规管理办法》，对重大风险进行了动态监控。建立完善法治领导机构和法律审核体系，经营过程中严格执行企业的各项规章制度，全年经济合同（800余份）、制度修订（100余项）和经营决策等重大事项均通过中铝山西区域中心总法律顾问或法务人员进行审核，做到三项法律审核100%。建立完善《内部审计管理办法（试行）》，共完成立项工程和费用类项目审计10项，审减金额400万元。开展案件“去存量、控增量”工作，存量案件结案数和新增案件发生数优于控制指标，全年累计避免或挽回经济损失690余万元。兴华科技营造了学习先进、崇尚先进、争当先进、赶超先进的浓厚氛围。

撰稿／武海英　杜晓萌

贵州华仁新材料有限公司

一、基本情况

贵州华仁新材料有限公司（简称贵州华仁）成立于 2017 年 4 月 27 日，注册资本 12 亿元，员工总数在岗 780 人，资产总额 44.85 亿元，资产负债率 33.62%。

主营业务范围：铝冶炼产品及相关金属、铝锭生产及销售、铝加工产品销售、炭素制品的生产及销售。产能规模：40 万吨。办公地址：贵州省贵阳市清镇市王庄布依族苗族乡。

2021 年，贵州华仁持续推进精细化管理，抓实抓细全要素对标和极限降本增效工作，全年生产原铝 43.37 万吨，完全成本 12528 元 / 吨铝，电耗 13704 千瓦·时 / 吨，阳极毛耗 464 公斤 / 吨铝，氟化盐单耗 17 公斤 / 吨铝，氧化铝单耗 1924 公斤 / 吨铝，工业产值 71.93 亿元，纳税 4.67 亿元，实现利润 15.31 亿元，经营性净现金流 16.77 亿元，圆满完成了全年生产经营任务。

二、生产经营

2021 年受新冠疫情影响，全球经济严重下滑，贵州华仁经受住了大宗工业品非理性上涨，电力保障形势极端紧张等困难，在减产的情况下，圆满完成全年生产经营任务。全年生产原铝 43.37 万吨，完全成本 12528 元 / 吨铝。按照合同电价实现利润 15.31 亿元；实现经营性现金流净流入 16.77 亿元。

一是强化破损隐患槽维护。严格按照维护规程和监控要求分类管理。随着槽寿命增加，第一代槽侧部使用普通炭块缺陷显现且风险陡增，公司针对性地采取电解槽侧部在线小修方案，全年在线小修 106 处，修补槽槽况稳定，降低了漏炉风险。二是通过推广“五标一控”管理模式，以直流电耗为评判依据，实施分类管理。按照“日分析、周评判、月总结”思路，建立槽况判定模块，提升单槽指标，缩小单槽之间差距，优化电解槽运行状态。三是全年完成设备技术改造累计 49 项，重点技术创新成果 4 项。其中铁环压脱机顶升装置创新改造，使钢爪架频繁断裂情况得到解决，提高压脱机本质安全，连续性、稳定性和工作效率得到提升，为增产增效完成全年生产任务打下坚实基础。

主要经济指标一览表

表 35

项目	单位	2020 年	2021 年	增长（%）
资产总额	亿元	40.08	44.85	11.90
工业产值	亿元	60.78	71.93	18.34
营业收入	亿元	60.95	72.85	19.52
利润总额	亿元	8.30	15.03	81.08
税收贡献	亿元	1.40	4.28	205.71
全员劳动生产率	万元 / 人・年	167.37	188.24	12.34

三、安全环保

2021 年，围绕中铝集团、中铝股份的工作部署，全面贯彻落实“五标一控”管理模式，持续推进全要素对标和安全环保标准化建设，以健全机制落实安全环保责任为抓手，深入宣贯落实《中华人民共和国安全生产法》《中华人民共和国环境保护法》，着力于基础管理提升，切实解决安全环保管理难题；着力于风险防控和隐患整治，推进“双控”机制运行；通过持续推进“安全标准化班组创建”、“葡萄图、CARC 表、全员累进激励、安全卫士”等管理工具和正向激励措施实施，强化安全环保基础管理水平，保持轻伤以上事故为零、环境污染事故为零的良好局面。

全年实现重伤及以上事故为零，轻伤及可记录伤害事故、事件持续降低，全员 20 万工时损工率下降 20%。全年，各类污染物达标排放，危险废物依法合规处置率 100%。实现 CAHSE 体系运行与 ISO 国际管理标准融合运行，CAHSE 体系运行通过中铝股份年度考评，职业健康安全管理和环保管理体系均较去年提高，同时取得中国船级社 ISO 45001、ISO 24001 体系审核认证，实现了两体系融合发展。获得贵州省安全标准化二级企业称号。

四、科技创新

2021 年公司科技投入 132.05 万元，研发投入强度（研发经费占主营业务收入占比）约为 0.021%。

科技项目：“电解槽电流效率在线检测与建模技术研究”项目，获技改资金支持 21 万元。“铝电解生产数据驱动智能化技术研究与应用”项目入选“2021 年贵州省工业互联网融合标杆项目”。“阳极炭块磷铁渣智能清理系统开发”获得国家级发明专利。

专利情况：2021 年共申请专利 3 个。其中发明专利 1 个：“阳极炭块磷铁渣智能清理系统开发”，获得国家级发明专利。适用新型 2 个：“电解槽电流效率在线检测与建模技术研究”“铝电解生产数据驱动智能化技术研究与应用”，已获得证书。

五、党建与企业文化

突出党建引领。坚持党建引领、加强制度建设、夯实监督责任、规范权力运行。不断强化党建基础，以两带两创、创新创意、全要素对标等载体，促进党建与生产经营深度融合，企业党委连续两年获得中铝集团先进基层党组织称号。

抓实学习教育。企业党委把开展党史学习教育作为一项重大政治任务，利用中心组学习、专题读书班等认真组织学习指定教材，学习习近平总书记的重要讲话精神等内容，扎实开展专题培训，讲专题党课，全面完成“八个一”主题活动，深入开展“学党史、强党性，我为群众办实事”活动，强化党建引领，全面融入中心，团结带领广大党员和干部员工，稳步推进各项工作，有力促进生产经营业绩提升。

发挥群团活力。坚持以人为本，切实关心员工生活，持续开展“三八妇女节”女职工慰问和员工生日慰问活动；积极开展冬送温暖、夏送清凉、金秋助学活动和困难帮扶工作，全年慰问生病职工、金秋助学、困难党员及职工共50人，发放各类慰问金50500元。为丰富员工业余文化生活，以兴趣社团为平台，开展各类文体活动，增进员工之间的交流和友谊，建成职工书屋和康体中心，增强员工的凝聚力和归属感。

提升技能水平。企业党委、工会组织开展两带两创、合理化建议、创新创意和职工技能大赛活动，500千安电解槽侧部散热孔在线修补、提高净化渣壳料输送系统设备完好率等5个项目在中铝创新创意大赛初赛中，取得两个二等奖和一个三等奖的好成绩；组织开展公司职工技能大赛，“中国铝业杯”铝电解工决赛中5名选手获奖。搭建以劳模骨干为主的铝工艺技术创新工作室，获贵州省机械冶金建材工会命名。持续高质量开展“华仁之星”劳动竞赛和“安全、干净”班组活动。2021年企业2人获贵州省最美劳动者称号。

履行社会责任。贵州华仁是清镇市第一纳税企业。为支持疫情防控，全体职工向疫区捐款3.3万元，向所在地捐助核酸采集房；积极参与贵州省碳汇扶贫活动，捐款13.5万元购买碳汇4.5万株；3年多来，组织全体职工开展“爱心助学”捐款、参加贵州省“携手扶贫济困、关注孤弃儿童”募捐活动，累计捐款10万余元；企业还积极为驻地提供就业岗位，解决退伍军人以及残疾人就业。

撰稿／周　涛

中国铜业有限公司

一、基本情况

中国铜业有限公司（简称中国铜业）成立于2008年8月15日，注册资本428.27亿元，员工总数（在岗）30905人，资产总额1627.97亿元，资产负债率71.32%。

主营业务范围：铜、铅锌及其他有色金属行业的投资、经营管理等。产能规模：铜精矿产量33万吨/年、铜冶炼产能130万吨/年，铅锌精矿产量60万吨/年、铅锌冶炼产能约80万吨/年。办公地址：1.北京市西直门北大街62号。2.云南省昆明市盘龙区华云路1号。

2021年，中国铜业深入践行集团“打造中铝高质量发展新模式”，按照“深改革、深对标、深融合、多盈利”工作主线，聚焦价值创造，以全要素对标为抓手，唯实唯干、克难奋进，取得稳中有进，进中向好的新业绩，“十四五”实现良好开局。

二、市场分析

因疫情造成港口拥堵、集装箱短缺引发海运周转缓慢等供应链不顺畅问题，铜矿供应未能及时传到需求端，下半年交易铜库存持续下降，年末库存达到2008年以来低位。

锌供需受国内的限电减产和政策抛储、欧洲能源危机、嘉能可缩减冶炼产能等因素影响，全年锌产能不足，锌金属供应出现供不应求局面。

铅供应稳定增长，因传统消费领域被锂电池蚕食，消费增长乏力。国内再生铅冶炼全面复产导致铅供应增加，消费旺季不旺持续累库。海外经济复苏强劲，伦铅相对强势。

三、生产经营

2021年，中国铜业完成工业总产值1765.93亿元，同比增长36.18%；金属总量205.34万吨，其中，电解铜134.73万吨，同比增长2.93%，再创历史新高。铜精矿含铜33.52万吨、铜精矿含锌35.73万吨，同比分别增长2.35%、0.82%。

主要经济指标一览表

表36

项目	单位	2020年	2021年	增长（%）
资产总额	亿元	1562.90	1625.57	4.01

续表 36

项目	单位	2020 年	2021 年	增长（%）
工业产值	亿元	1308.68	1881.90	43.80
营业收入	亿元	1100.59	1585.16	44.03
利润总额	亿元	15.59	46.15	196.05
净利润	亿元	1.12	16.57	1379.69
税收贡献	亿元	33.5	44.66	33.31
全员劳动生产率	万元 / 人·年	443326.86	637573.64	43.82
资产负债率	%	71.32	70.64	减少 0.68 个百分点
净资产收益率	%	0.24	3.50	加 3.26 个百分点
总资产报酬率	%	3.20	4.85	增加 1.65 个百分点
研发投入强度	%	1.94	2.36	增加 0.42 个百分点

四、安全环保

落实企业防风险主体责任，防与治协同，有力防范化解安全、环保等风险。

持续强化安全管理。全面落实“安全生产专项整治三年行动”，扎实推进岗位风险辨识和 CARC 表、矿山安全规程标准化、长周期安全班组和安全管理人员台账减负等六个专项活动，举一反三抓整改。构建中铜承包商“六个一”管理模式，全年承包商户数压减 172 户，承包商结算金额压降 4.62 亿元。

持续深化绿色发展。开展生态环保全面体检、精细化管理等工作，全年未发生一般及以上突发环境事件，二氧化硫、氮氧化物、化学需氧量排放量同比减少 6.65%、20.70%、20.04%。中央生态环境保护督察反馈的 24 个问题点 67 条整改措施已完成整改 57 条，完成率 85%，无拖期滞后现象。

五、科技创新

全年研发投入 35.731 亿元，研发投入强度 2.36%，争取政府科研经费支持 0.55 亿元，创新驱动力不断提升。

体系建设迈出新步伐。强化“1+1+4+N”科技创新体系，组建中铜研究院。推进国家重点实验室优化重组，昆明冶研院通过工信部试验检测类产业技术基础公共服务平台认定，云南省锗资源综合高质利用工程研究中心通过认定，建成绿色开发铜矿山等 6 个专业领域技术中心。

关键核心技术取得新成果。秘鲁难选矿实验室铜精矿铜品位由 18% 提高至 23.47%，铜回收率达 80.06%。兰坪堆存矿氧化锌选矿回收率由 50% 提高至 70% 以上，锌选矿总回收率由 71% 提高到 82% 以上。普朗铜矿首次实现极低品位铜钼混合精矿清洁高效分离，钼回收率从 39% 提升至 75% 以上。形成“氧压浸出渣资源综合利用”等一批自主知识产权技术，锑、铋浸出率和硫、铁、银回收率均高于 90%。制备出 8N 四氯化锗、5N 高纯硒、5N 高纯镉粒和 6N 高纯锌片。

成果转化实现新突破。全年获省部级科技进步一等奖 5 项，获授权专利 342 件，海外授权专利 1 件；完成国标 1 项，行标 10 项，团标 2 项；4 项技术标准获优秀标准奖。

六、改革发展

坚决贯彻落实国务院国资委和集团党组关于深化国企改革三年行动部署，精准发力、定向施策，确保目标任务落地见效。

抢节点。下发公司《深化改革三年行动任务清单》，明确218项改革任务并纳入督办，分项目标完成208项，完成率95%，实现进度和质量“双超”目标。8个案例被国务院国资委和集团网站、报刊等采用。

抓重点。深化“两个一以贯之”，印发《“三重一大”决策制度》等制度，重要子企业实现董事会应建尽建。洛阳铜加工、华中铜业通过职业经理人改革，考核利润均超考核目标。“三项制度”改革持续深化，市场化用工机制初步形成，营销一体化建设、事业部改革等有序推进。

攻难点。狠抓亏损企业治理，国务院国资委关注的楚雄矿业等亏损企业全部扭亏，全年亏损额控制在10亿元内。深化瘦身健体专项工作，“两非”企业剥离户数、参股权处置户数均超额完成集团下达的年度考核目标，管理层级保持在集团四级。

七、党建与企业文化

坚决贯彻集团党组和公司党委决策部署，坚持党建引领，加快推进党建与生产经营深度融合。

强化政治建设。落实“两个一以贯之”，严格执行“第一议题”，严格落实党委会前置程序和“三重一大”制度，100%前置审议。扎实推进国企党建工作会精神贯彻落实情况“回头看”，不断健全完善党的领导与公司治理相统一的工作机制，充分发挥党委把方向、管大局、促落实作用。

抓实党史学习教育。做好“规定动作”，做精“自选动作”，办好“群众实事”，完成“我为群众办实事”2241项。持续深化党建对标工作，深化党建与业务“双向融合”，探索推进党组织副书记试点工作，落实落细“双百分”考核。讲好中铜“央企入滇”故事，建成企业文化展厅，拍摄企业文化宣传片，举办第二届“中铜文化月”系列活动，打造具有中铜特色的工作品牌。

抓深党风廉政工作。一体推进“三不”体制机制建设，全级次党政纪处分72人次、批评教育357人次。以“一拖二”方式巡察9家企业3个部门，提升了全覆盖速度。“大监督”体系有效运行，完成问题整改1605个，完成率87.85%，一批制约企业发展的重难点问题得到有效解决。

履行社会责任。2021年派出乡村振兴驻村干部48人，投入乡村振兴及捐赠资金4198万元。企业在联合国《生物多样性公约》第十五次缔约方大会上发言。发布公司《2020社会责任报告》《2020绿色可持续发展报告》《2015~2020脱贫攻坚白皮书》3份报告。荣获“金蜜蜂·长青奖一星级”“责任金牛·公益慈善奖”。扶贫微电影《第二个家》获“2020年度国有企业品牌建设优秀品牌故事奖”“中铝集团2020最佳品牌故事奖”。《中国铜业CSR“6+6+6”赋能型管控模式的实践和探索》入选《中央企业社会责任蓝皮书（2021）》。27人入选公司职工技能领军人才工作联盟，荣获全国劳模及先进4人、省部级劳模及先进19人、中铝集团劳模36人。

八、其他亮点工作

价值创造成效初显。毛利率11.89%，同比增长0.14%，创效2.22亿元。主要产品销售价格跑赢市场，全年实现创效0.67亿元。争取政策资金7.34亿元。金沙矿业成功转让，清远云铜超评估价3.76

亿元处置，全年资产盘活收入 12.26 亿元。

产业结构持续优化。公司矿山、冶炼、加工、协同单元利润占比持续优化，铜冶炼板块企业再次实现全部盈利，铅锌冶炼板块综合回收成为新的盈利点。

国企改革全面深化。完成 54 户企业任期制和契约化管理、15 户企业职业经理人改革，铜加工企业首次实现整体全面盈利。严控用工总量，累计压减 5139 人，完成全年目标的 176.66%。

遗留问题积极化解。与云南省政府形成 C3 项目后续一揽子解决方案，和泽基金股权成功退出，云南冶金对云南资本担保全部解除。全年累计处理历史遗留问题金额 53.20 亿元。逾期债权“三年清零”已完成，累计清理清收 25.03 亿元。法律诉讼挽回损失 7.81 亿元。实现覆盖全经营范围的“中国铜业”21 个类别商标核准注册。

撰稿 / 卢中华

云南铜业股份有限公司

一、基本情况

云南铜业股份有限公司（简称云南铜业）成立于 1998 年 5 月 15 日，注册资本 16.99 亿元，员工总数（在岗）11640 人，资产总额 391.24 亿元，资产负债率 66.09%。

主营业务范围：铜精矿及其他有色金属矿产品，高纯阴极铜，工业硫酸，黄金，白银，综合回收硒、碲、铂、钯等稀贵金属。产能规模：阴极铜 130 万吨 / 年、黄金 17 吨 / 年、白银 1175 吨 / 年、工业硫酸 500 万吨 / 年。办公地址：云南省昆明市盘龙区华云路 1 号。

2021 年，云南铜业坚持以习近平新时代中国特色社会主义思想为指导，深入贯彻中铝集团、中国铜业各项部署和要求，牢固树立市场主体意识，紧扣内涵式高质量发展主题，以追标创标为主线，以“清单管理”为抓手，改革创新、攻坚克难，统筹推进生产经营、改革创新、安全环保、风险管控和从严治党，圆满实现全年各项目标任务，取得“六增三降一优”的良好业绩。净资产收益率 ROE、考核净利润、营业收入、净资产、阴极铜、员工人均收入同比分别增长 4.46 个百分点、64%、44.5%、11%、2.93%、6.5%；资产负债率、期间费用占比同比分别下降 4.26 个百分点、1.22 个百分点，矿山、冶炼完全成本同比下降 248 元 / 吨、864 元 / 吨；资产结构进一步优化，19 个瘦身健体项目均取得实质性进展，逾期应收债权首次清零，经营性现金流连续 2 年超过 40 亿元。

二、生产经营

产品产量再创新高。生产阴极铜 134.73 万吨、黄金 18 吨，白银 675.6 吨，同比 2020 年分别增长 2.92%、6.51%、8.79%；阴极铜产能在世界铜冶炼企业中排名第 4 位。

对标追标持续深化。现金创造、现金管理、资本结构等实现同比优化，其中净资产收益率 ROE 同比优化 4.46 个百分点，存货周转率同比优化 3.12 次，资产负债率同比优化 4.26 个百分点。矿山精矿含铜单位完全成本、冶炼阴极铜单位完全加工成本较 2020 年分别优化 248 元 / 吨、864 元 / 吨。

清单管理全面实施。将上级考核目标、云南铜业年度重点工作细化为“改革、攻坚”“安全、环保”“经营、创新”“党建、监督”4 个清单，按月进行跟踪、督办、考核，129 个项目完成 117 个，完成率 90.69%。

企业实现达产达标。在云南铜业全力开展定点帮扶和专题对标的支持下，东南铜业狠抓对标措施清单落地，深入开展失重计量系统攻关，持续提升硫酸创效，产量超年度目标 1.51 万吨，净利润超年度目标 150%。

主要经济指标一览表

表 37

项目	单位	2020 年	2021 年	增长（%）
资产总额	亿元	398.38	391.24	−1.79
工业产值	亿元	971.63	1329.13	36.79
营业收入	亿元	882.39	1270.58	43.99
利润总额	亿元	10.72	16.55	54.38
税收贡献	亿元	13.09	19.94	52.33
全员劳动生产率	万元 / 人·年	732	1142	56.01

三、安全环保

安全提升。云南铜业深入贯彻习近平生态文明思想和安全生产要求，以 CAHSE 各要素落地为中心，持续开展五轮矿山企业“攻坚三个月、系统抓落实、重拳保安全”专项行动，深入开展矿山顶板、有毒有害气体及易燃易爆危险化学品、承包商管控专项整治，重要危险源本质安全提升等工作，持续补强安全短板，安全绩效得到改善，职业病为零。

环保督察。系统推进中央环保督察反馈问题及举一反三整改工作，全面组织开展生态环境风险排查，强化砷等有毒有害元素的治理和防控，有序启动碳排放管理工作；持续加大环保投入，全年投入 5.98 亿元，相继完成易门铜业环集烟气脱硫完善等环保治理项目。全年未发生突发环境事件，主要污染物 100% 达标排放，环保态势总体平稳。

四、科技创新

科技研发投入。2021 年研发投入 17.13 亿元，同比增长 180%；实施 218 个科技项目，其中重点科技项目 23 项，同比增长 155%。45 个科技项目实现创效 1.93 亿元，超额完成年度创效目标。

科技研发成果。玉溪矿业“地下金属矿生产作业链协同关键技术及产业化应用”获湖南省科技进步一等奖，易门铜业“复杂难处理铜精矿高效短流程冶炼清洁生产关键技术与应用”和东南铜业“大型铜冶炼厂工艺关键技术研究与应用”获中国有色金属工业科技进步一等奖、云南铜业“复杂铜原料处理的关键技术及产业化”获中国有色金属工业科技进步二等奖。获得专利授权 92 件，其中发明专利授权 13 件。组建“绿色开发铜矿山领域技术中心”“绿色低碳铜冶炼领域技术中心”，组织实施中铝集团重大专项“铜共伴生有价元素高效综合利用”“智能制造关键技术（矿山）”和红旗工程二期“高纯硒产业化”，云南铜业股份有限公司国家认定企业技术中心通过国家发展改革委评价。

五、改革发展

改革任务有序落实。统筹兼顾，立足实际，研究制定云南铜业深化改革三年行动任务清单，6 大类67项主要改革任务全部有序推进，170项任务目标总量完成82.35%，重点考核任务均完成进度目标。

重点举措稳步实施。云南铜业本部及所属17家单位现代企业治理能力和水平进一步提升，全面推行经理层任期制和契约化管理，在迪庆矿业、云铜科技等4家单位建立职业经理人制度，劳动用工较上年末优化减少2320人，矿山和冶炼劳动生产率分别超目标191吨/人和11.9吨/人。完成3户“两非”企业治理、4户企业破产终结和4户企业参股权处置，8户企业破产重整取得实质性进展。

六、党建与企业文化

思想政治建设重引领。严格执行“第一议题”制度，开展8次党委理论学习中心组学习活动，制定并完成落实习近平总书记重要指示批示91条措施。明确15个重点任务、68项工作举措，为群众办实事解难题945项。完成15项党建制度废改立，中铝集团党组巡视反馈问题整改阶段性落实到位，整改完成率95.16%；在5家非独立法人单位开展党组织副书记试点工作。

企业文化建设重培育。以“爱党爱国爱中铝中铜”为主题，扎实开展“十个一”系列活动，积极开展“两优一先”推优评优工作。深化绿色生产，持续推进绿色矿山和绿色工厂建设，全年主要污染物和特征污染物排放达标率100%；积极响应国家“3060”碳达峰碳中和目标，年度节能总量6715吨标准煤，能耗水平迈入国内行业一流。全年安全生产总投入3.05亿元，教育培训总投入1210.74万元。积极承担定点帮扶羊拉村、茂顶村等6个村的乡村振兴工作，向对口支援点昌都市卡若区捐资380万元，累计志愿服务时长4879.7小时。

撰稿/靳记涛

中铝矿业国际（中铝秘鲁矿业公司）

一、基本情况

中铝矿业国际（中铝秘鲁矿业公司）简称中矿国际（秘鲁矿业）成立于2003年5月20日，注册资本14.43亿元，员工总数（在岗）1509人，资产总额393.29亿元，资产负债率78.12%。

主营业务范围：铜金属生产。产能规模：一期、二期约生产铜精矿110万吨/年。办公地址：北京市海淀区西直门北大街62号。

2021年中矿国际（秘鲁矿业）深入贯彻落实中铝集团和中国铜业年度工作要求，坚持“抓防疫、稳生产、重对标，提效益”的指导思想，持续抓牢疫情防控，保证安全稳定局面，全力推进全要素对标，精准管理、精益生产、卓越运营、降本增效，有力保证了员工生命健康安全，全面完成年度产量、成本和利润考核目标。

二、生产经营

2021年中矿国际（秘鲁矿业）在困境中完成生产经营任务，全年生产铜精矿115.17万吨，铜精矿含铜23.62万吨，创历史新高，平均铜回收率77.21%，铜精矿铜品位20.51%。全年销售铜精矿116.59万干吨，实现销售收入20.96亿美元（净收入、扣除TC/RC和罚款并加上副产品银收入）。

2021年完成合并报表税前利润8.32亿美元、实现净利润5.12亿美元，超额完成总部考核指标（2.2亿美元），创历史新高，净资产收益率ROE达38.82%；全年实现经营性净现金流11.68亿美元，超额完成总部考核指标（5.7亿美元）。资产负债率持续降低，2021年末为77.79%，相比上年末降低5.42个百分点。

主要经济指标一览表

表38

项目	单位	2020年	2021年	增长（%）
销售收入	亿美元	10.67	20.96	96.44
利润额	亿美元	2.23	8.32	273.09
所有者权益	亿美元	9.65	13.19	36.68
纳税额	亿元	0.99	3.19	222.22
净资产收益率	%	12.87	38.82	201.63

续表 38

项目	单位	2020 年	2021 年	增长（%）
产值劳动生产率	千美元 / 人	722.43	1417.6	96.23

三、安全环保

2021 年，在新冠肺炎疫情期间，通过开展安全 24 小时、5S、安全驾驶培训、安全专项检查、环保监测等活动，不断提升现场安全及环保管理水平。全年工亡数为零，可记录安全事故数、损失时间事故数、职业病数量均在年度目标范围之内，未发生一般以上环保事件。2021 年，企业顺利获得了 ISO 45001 安全认证、新冠防疫认证，通过秘鲁安全管理部门、劳动部门实施的各项检查，确保企业的安全环保稳定局势。

四、科技创新

2021 年，中矿国际（秘鲁矿业）科技投入约 183 万美元，并获得阶段性的研究和应用成果。与昆明院开展关于高铁和高氧化样品的选矿试验研究，委托长沙院开展分采分选的预可行性研究，旨在通过确定最佳矿石分类来进行分采分选，以最大限度提高铜回收率和多金属综合回收；通过开展复杂难选矿石的选矿试验、优化现有精选流程、改善顽石系统生产现状研究、铜精矿除砷研究、尾矿浓度提升等项目，围绕制约生产的难题和瓶颈问题，如提升处理量、回收率、铜精矿品质、尾矿浓度和实现铜钼分离为主要目标，进行全面深入的试验研究和流程优化；推进采选在线数据集成和一体化中心项目，补充地质钻孔取样，结合原有地质信息开发新的地质冶金模型，提高生产部门价值链集成度。

五、改革发展

持续推进相关管理体制和运营机制改革。坚持市场化运作。在管理体制方面，2021 年公司对关键管理岗位人员进行补充、替换和优化，形成职责明确、运行高效的管理体制。制定员工职业发展路径，与管理体制优化相呼应，促进员工工作的积极性。

进一步提升矿山生产的核心作用和企业预算为龙头的财务管理体系，充分利用市场价格高位运行的有利时机，创造一切条件保生产、控成本，创造历史最优的经营业绩。在市场化改革方面，采购合同部门按照能招尽招的原则，不断降低唯一资源和单一供应商采购，降低采购价格，提升采购效率。在销售方面，充分发掘市场，寻找优质客户，通过长单、年度协议和短期市场招标等方式，结合公司多种产品品质的客观实际，最大化销售收入。

六、党建与企业文化

2021 年，中矿国际（秘鲁矿业）党工委以加强海外央企党的领导和党的建设为引领，紧紧围绕公司生产经营发展中心，在遵守海外党建“五不公开”原则的前提下，不断探索党建与海外企业管理的融合，为企业“十四五”规划开好局、迈好步奠定坚实基础，为秘鲁矿业的高质量发展提供坚强的思想、政治和组织保证。

加强党的建设。认真执行“三重一大”决策制度，严格落实党工委会议前置程序，切实发挥党工委在企业生产经营管理中“把方向、管大局、保落实”的作用，2021年共召开党工委会议24次，审议议题28项，召开党工委中心组学习、集中学习、党史专题学习等学习活动14次，党史专题党课5次，党史专题联学共建活动1次。开展审计项目15项，完成全部8项投诉调查，积极配合中铝集团巡视工作，全力落实第一巡视组工作安排，严守巡视纪律，积极主动接受巡视监督，并按要求抓好巡视整改。

履行社会责任。积极履行社会责任，与各级政府及社区保持良好沟通，每月坚持与社区召开圆桌会议，听取社区诉求，为社区提供医疗、运动设施、卫生和学习用品、优秀学生奖学金、教师培训，为减少儿童营养不良的项目提供支持，通过扎实的社区工作，确保周边社区的和谐稳定。开展丰富多彩的线上文化和节日活动，包括线上举办秘鲁独立200周年纪念、秘鲁和中国国庆庆祝活动等，促进文化互融。设立约800公顷的生态保护区，并在该区域内安装隐藏摄像头，进行持续检测，不断改善区域生态环境，促进生物多样性发展，通过多年持续不断的努力，在该区域检测并登记到多种秘鲁国家及国际保护动物。通过多种宣传平台及时发布公司的重要信息和工作动态，畅通企业内部沟通渠道，积极与员工沟通，帮助员工解决问题，在疫情期间为员工及家属发放防疫物资，营造互信、互助的工作氛围，提升员工归属感。2020—2021年度员工满意度调查结果显示员工满意度较上年提升13.26%。

撰稿／陈丽丽

中铜矿产资源有限公司

一、基本情况

中铜矿产资源有限公司（简称中铜资源）成立于2010年4月，注册资本5.95亿元，员工总数（在岗）303人，资产总额13.85亿元，资产负债率68.57%。

主营业务范围：地球物理勘查，地球化学勘查，地质勘查工程施工，工程地质勘查、地质测绘与工程测量，地质勘查技术咨询与服务，矿业咨询与技术服务。办公地址：云南省昆明市盘龙区华云路1号中铜大厦23楼。

2021年，中铜资源在中国铜业的坚强领导和关心支持下，深入开展党史学习教育，牢牢把握“深改革、深对标、深融合、多盈利”的工作主线，在一体化管理改革、资源平台建设、金龙项目推进、找矿增储、资源获取、市场开拓、降本增效和全要素对标等方面迈出新步伐，并完成年度任务。

二、生产经营

金龙项目取得重大突破。2021年4月，铁格隆南、昂隆和拿若新探矿权证获得审批下发。西藏金龙矿业股份有限公司9宗矿权全部调出保护区，历时6年的调规工作圆满完成。自6月30日金龙项目开启第一钻至11月10日，历时4个多月，完成加密勘探、边坡稳定性研究、工业指标论证、水源地调查论证等工作。野外地质工作被专家验收组评定为优秀级，年度升级铜资源量140万吨、新增铜资源量约15万吨。同时，积极开展项目规划和探转采前期研究等工作。

超额完成钻探生产指标。全年钻探工程量完成15.43万米，为计划14.5万米的106.4%，新增推断及以上铜金属当量12.03万吨（不含金龙项目），完成指标10万吨的120.3%；新增推断级以上铅锌金属当量72.96万吨，完成指标50万吨的144.5%。

主要经济指标一览表

表39

项目	单位	2020年	2021年	增长（%）
资产总额	亿元	17.03	13.86	−18.61
工业产值	亿元	−0.04	0.27	775.00
营业收入	亿元	1.69	1.26	−25.44
利润总额	亿元	−0.89	−0.93	−4.49

续表 39

项目	单位	2020 年	2021 年	增长（%）
税收贡献	亿元	0.08	0.11	37.50
全员劳动生产率	万元 / 人 · 年	−1.25	8.93	814.40

三、安全环保

2021 年，安全生产形势总体平稳，年度安全生产标准化考评 70.82 分，环保精准管理考评 78.74 分，实现双达标。为强化违章查报，通过视频回看发现并补报违章 27 起，对发现的违章情形开展“葡萄图”积分考评，对违章人员采取警示教育措施。建立健全安全环保体系制度和操作规程，全年共修订制定安全环保体系制度 28 项，修订制定规程 12 项。认真组织开展风险辨识评价，完善风险管控清单；持续推广“536”标准化班会、“葡萄图”等安全管理工具的运用，实现项目部全覆盖应用。加强安全培训教育，各项目部全年开展“四级”安全教育等培训 9239 人次，组织干部员工 144 人次完成安全资格取证培训考试。

四、科技创新

推进资源项目运作。中铜资源全年组织工作团队获取资源完成项目数据收集 79 项，完成分析评价报告 36 份，现场考察 4 个，作为中国铜业专家顾问团队，先后参与了 KCM、秋实、盘古那、澳金和茶亭等多个项目的研判工作，为中国铜业并购决策提供技术支撑，同时也为下一步资源项目的获取创造有利条件。

开展资源合作交流。2021 年 7 月，中铜资源成立“中铜资源非洲刚果（金）项目部”，项目部收集矿权信息 41 宗，现场考察 9 宗；编写湿法方案 2 个；编写成熟项目分析报告 2 份，并推荐 1 份；编制风勘推荐报告 1 份。

开展技术科研服务工作。全年共计新签订技术服务合同 14 项，实现营收 1288.9 万元、利润 448.7 万元。地质勘查找探矿方面，继续推进“1+1+1”专家分区负责制，引进 5 名外部专家为公司提供技术指导，以提升在各项技术工作开展中“解难点”的能力。物化探方面，引进等值反磁通瞬变电磁法，在各个矿区找探矿和超前预测等方面取得较好效果，为矿山资源增储及安全生产提供保障。测绘地理信息方面，通过引进三维激光扫描技术，完成凉山矿业井下空区扫描工作，为下一步业务拓展及新技术引进开拓了局面。民生地质方面，通过物探、测绘等专业力量相结合，引进遥感解译技术进行辅助调查，确保金龙项目水源地调查工作圆满完成。

开展科研创新工作。西南“三江”成矿带典型斑岩矿床成矿模式及找矿方向研究项目顺利通过中铜科信部验收，通过靶区验证，该项目实现新增推断级铜金属资源量 10.3 万吨；上报中国铜业铁格隆南矿山超高边坡安全控制等科研项目 7 个；中铜资源已申获实用新型专利 12 个，在重要期刊发表论文 7 篇。

五、改革发展

完成一体化管理融合。根据中国铜业一体化管理的相关安排部署，3 月 9 日新岗位员工全体就位，中铜资源、云铜勘查、云冶资源三家公司全面进入一体化管理，机关人员由原来的 97 名优化为 45 名，精减 53%，3 月 30 日召开中铜资源 2021 年工作会，与各单位、部门、中心、项目部签订年度绩效合同。仅 1 个多月时间高效快速完成一体化管理融合。

“两非”处置成果显著。完成云冶资源安第斯股权项目转让、云铜勘查物化探公司清算注销、昆明分公司清算注销、青海泽荣股权和债权转让、三木矿业破产清算、哈密新庆注销共 6 项瘦身健体工作，彻底解决了多年没有解决的问题。

政策争取，积极增效。云南冶金资源股份有限公司获“昆明市 2021 年技术改造及创新平台建设补助资金”20 万元、“昆明经开区 2020 年技术平台认定资金”20 万元、研发投入后补助 29.4 万元，全年共计获取政府资金 69.4 万元。

六、党建与企业文化

党建经营深融合。立足党建工作与生产经营中心深度融合，推进 12 个“两带两创”项目融入找矿增储、地质研究、技术提升工作。创建党员突击队、党员包保机台、党员先锋岗、示范岗等 50 余个。深入开展党史学习教育、“赶超标杆我能干成什么大讨论”等系列活动，在迎接建党 100 周年唱红歌、党史知识竞赛、党务技能比武等活动中获得多项荣誉。

党风廉政建设工作。全年新建不能腐制度 37 项，修订 20 项，废止 7 项。加强风险防控，初步建立大监督机制，对招投标管理、质量管理等 6 个方面的“大监督”专项自检自查；对扭亏脱困、瘦身健体等指标改善不力、工作推进缓慢的中层干部进行约谈。

撰稿／段庆慰

中铜国际贸易有限公司

一、基本情况

中铜国际贸易有限公司（简称中铜国贸）成立于2018年11月12日，注册资本6亿元，员工总数（在岗）166人，资产总额49.85亿元，资产负债率86.55%。

主营业务范围：货物或技术进出口，市场信息咨询与调查，商务信息咨询，企业管理咨询，金属材料，稀有金属，有色金属，金银制品，矿产品，煤炭，焦炭，橡胶制品，化工原料及产品，塑料制品，燃料油，润滑油，石油制品，建筑材料，耐火材料，电线电缆，贸易经纪与代理，国内货物运输代理、国际货物运输代理，道路货物运输。办公地址：上海市自由贸易试验区长清北路53号。

2021年，中铜国贸以保障中铜企业生产原料供给和产品销售为首要目标，立足市场研发和运用市场规律，克服全球经济下行和疫情冲击等带来的严峻挑战，加强风险管控，闯拼市场创价值，较好完成了各项目标任务。

二、生产经营

铜精矿保供99.8万吨，同比增长16.7%，原料采购系数、加工费跑赢市场；销售电铜157万吨、白银888吨，同比增加3.4%和20.6%；电铜升水高于市场平均值28.6元/吨，优于考核指标；硫酸统一销售162.6万吨，均价同比增长145.56%；集中采购金额2.94亿元，降本约1250万元；发生物流费用6.56亿元，降本增效约976万元；销售收入1776亿元，同比增长43%，利润3376万元，第三方贸易净利润率1.2‰。

主要经济指标一览表

表40

项目	单位	2020年	2021年	增长（%）
资产总额	亿元	50.72	49.85	−1.71
工业产值	亿元	—	—	—
营业收入	亿元	1241.45	1776.42	43.25
利润总额	亿元	0.73	0.33	−54.79
税收贡献	亿元	0.46	0.93	102.17
全员劳动生产率	万元/人·年	1199774.14	940839.97	−21.58

三、安全环保

贯彻中铝集团安全生产理念，强化安全管理和安全文化建设，落实节能减排、绿色低碳工作要求，全面完成集团下达安全环保指标。

四、改革发展

积极扩展业务。在原保供保销基础上，依托上海贸易中心优势，开展阴极铜、锌锭、粗铜、阳极铜跨境贸易等业务，积极参与上海国际能源中心推出创新交易品种。

引领基准加工费谈判。代表中国铜业出任CSPT组长单位，组织2021年铜精矿加工费基准价格的确定，提升行业话语权和影响力。

强化风险管控能力。加强市场研判与期货衍生工具应用，对冲价格波动风险；推动信息化上线，加强货权、资金等核心风险管理；完善后评价机制，有效管控运营风险。

完善人力资源管理。优化岗位设置，完善职级和岗级体系设置，畅通职工发展通道；优化薪酬及绩效考核体系，凸显价值创造激励活力。

五、党建与企业文化

深化政治引领。落实“第一议题”制度，完善中心组和读书班学习制度，加强政治理论学习，强化党员学习教育管理，筑牢党的政治基础；选举职工董事、监事，完善公司法人治理；修订完善“三重一大”决策制度、党委前置研究讨论重大经营管理事项清单，把党的领导全面融入公司治理；落实党建与经营“四同步”“四对接”要求，推进党建与经营“双向融合”，落实“双百分”考核机制。

发挥组织功能。坚持以支部阵地建设为重点，组织全体党员参加学习贯彻习近平总书记“七一”重要讲话精神网络专题班学习，主办微党课培训28期；完成94名党员组织关系接转。严格党费收支管理，开展党务公开。落实“双基”工作清单，开展标准化党支部建设、考核验收、定级评星工作。

发挥文化建设优势。抓实党史学习教育，建立信息报送机制和媒体平台管理清单，刊稿120余篇，做好浦东总部经济十大经典样本发布采访活动；开展企业文化、形势任务、安全、法制等主题宣讲，统一思想，凝聚合力。

发挥党管干部人才优势。落实民主集中制，发挥班子示范引领效应，充分合规授权；优化干部队伍结构，选拔任用干部5名，其中80后干部2名；制定“十四五”人力资源专项规划方案，加大年轻干部人才培养力度，落实优秀年轻干部和专业骨干培养选拔任务。

抓实纪检监督。加强党风廉政建设工作研究、部署、落实、检查、考核，以“一岗双责”责任清单推动党委主体责任落地；以“一把手”和领导班子监督分工，强化纪委监督责任落实；召开警示教育大会和开展警示教育基地学习参观，以案促醒、以案促戒；加强“不能腐”机制建设，构筑刚性管控防线；聚焦履职待遇、业务支出执行检查，紧盯“四风”问题和“三个关键”，明察暗访，强化监督执纪，涵养清风正气。

发挥群团工作优势。落实职代会、工代会工作机制，签订三项集体合同，完善民主管理工作体系。落实“三会两制一课”制度，规范团的组织生活。推进一部手机做志愿“团员青年志愿服务队”注册，开展新媒体专题“青年讲堂”活动，探索“青字号”品牌建设，发挥团青工作融入中心作用。

撰稿／王劲松

中铝洛阳铜业有限公司

一、基本情况

中铝洛阳铜业有限公司（简称洛阳铜业）成立于1954年，注册资本14.06亿元，员工总数（在岗）62人，资产总额19.84亿元，资产负债率146.29%。

主营业务范围：铜、镍、钛、铝、镁及其合金铸造与加工产品，不锈钢加工产品，冶炼产品，铜、铝制品、铜冶炼副产品、仪器仪表、金属工艺品的生产，机电设备的制造、安装、检修，理化检验，科研与技术开发、咨询服务，公司生产的产品和相关技术开发、咨询服务，货物和技术的进出口业务，道路货物运输。办公地址：河南省洛阳市涧西区建设路50号。

2021年，洛阳铜业深入贯彻中铝集团、中国铜业工作会议精神，紧紧围绕中心工作，深化提升“四大工程”，以任期制契约化管理为纽带，以“深改革，减费用”为目标，以全要素对标为抓手，以价值创造为导向，全力推进人工成本压减、维护稳定、资产盘活、债务化解等重点工作，实现党建和经营工作再上新台阶。

二、经营情况

2021年剔除预算外人工成本及解决历史遗留问题后累计利润控亏8545万元，较预算指标减少2455万元，较2020年下降2962万元；剔除人工成本后管理费用232.6万元，较考核目标降低16.9%；剔除辞退福利后的人工成本1474.4万元，较2020年下降638.6万元，降幅30.2%；两金月均占用1893万元，比确保目标减少192万元，降幅9.20%；清收核销逾期应收共计1109.55万元，剩余655.98万元已完成诉讼，提前完成全年逾期清收任务。全资子公司洛阳铜加工实行职业经理人市场化改革后，提前5个月完成市场化改革首年的利润目标，提前实现扭亏为盈的本质脱困目标。2021年实现营业收入100.87亿元，历史首次突破百亿大关。

主要经济指标一览表

表41

项目	单位	2020年	2021年	增长（%）
工业产值	亿元	—	—	—
销售收入	亿元	8.84	1.99	−77.49

续表 41

项目	单位	2020 年	2021 年	增长（%）
利润	亿元	−1.49	−2.16	44.97
纳税额	亿元	0.15	0.11	−0.29
人身伤亡事故	起	0	0	0
工亡人数	人	0	0	0
重伤人数	人	0	0	0
轻伤人数	人	0	0	0

三、安全环保

2021 年，洛阳铜业以习近平生态文明思想为指导，深入贯彻中铝集团、中国铜业安全环保系列工作的部署要求，严格落实生态环境保护责任清单，不断提高抓生态环境保护的思想自觉、行动自觉。洛阳铜业连年实现“可记录伤害以上事故为零、生态环境保护事件为零、一般着火及厂内交通事故为零、全员安全生态环保教育率 100%、隐患整改率 100%”的年度安全环保工作目标，以全面完成公司安全生态环保目标的实际行动，努力实现公司安全绿色高质量发展。

四、改革发展

（一）人员压降取得积极成效

根据中国铜业下达的人工成本压降 30% 的要求，积极推进不在岗人员优化改革，在前期做好政策咨询、费用测算、方案制定及代表增选等工作的基础上，召开职代会通过《有期限放假人员优化安置方案》；积极宣传解释优化安置政策，公司各部门为协解职工提供最优质服务，确保协解人员顺利办理各项手续。提前完成与 265 名有期限放假员工解除劳动合同关系，减幅 63.4%，人工成本减幅 30.2%，超额完成年度目标，经测算至少可为公司节约 5，155 万元费用。

（二）资产盘活工作有序推进

闲置土地实现应租尽租。面对疫情对租赁市场的严重冲击，通过采取开发新租户、短期续租等办法，遏制租赁市场不景气导致租金总体收入下滑局面。对东区北部位置偏僻、道路狭窄、基础设施破旧的难以出租房屋，采用一房一策出租政策。全年新开发租户 20 家，对外租金收入 844 万元，完成年度租金应收尽收目标。

加快闲废设备盘活处置。为确保完成年度盘活处置目标，采取交叉推进办法，利用行业信息平台、二手设备用户微信群，积极动员业内人士宣传推介，全方位挖掘和寻找旧设备终端用户到产权交易中心竞拍，全年实现 93 台套报废设备挂牌转让成功，实现处置利润 1001 万元。

（三）全力保障资金安全

在中国铜业大力支持下，完成 20.09 亿元国调基金替换和 2.95 亿元外部银行高成本融资替换，保证公司 49 亿元资金安全接续。全年全口径财务费用同比减少 2685 万元。同时，按照中国铜业“应抵尽抵”要求，积极推进资产抵质押工作。洛阳铜业持有的洛阳铜加工、检测技术、装备技术公司股权已质押给中国铜业并完成质押登记；公司本部土地房产抵押登记工作已完成，为公司化解债务风险奠定基础。

（四）减亏降本实现价值创造

洛阳铜业不断深化“节约一分钱，就是赚一分钱”理念，尝试运用阿米巴管理工具，以精准化管理为手段，实现逐年减亏降本目标。

奥林股权处置圆满收官。针对广州奥林洛铜22.11%股权转让项目，因美元汇率下行遇到需受让方二次支付结汇差额的支付难题，在国内并无同类操作项目可参考的情况下，通过实施策略谈判，收到结汇差额88万元，同时争取到资金利息0.28万元，圆满完成项目收尾工作。

争取政策实现降本增效。加强与政府相关部门的沟通联系，及时解决174名内退职工因特殊工种认定不能及时退休问题；落实国家惠企政策，争取到阶段性降低基本医疗保险单位交纳费率优惠政策，费率由7.5%降至6.5%，共节约33.02万元；积极研究国家税务政策，与税务部门多方沟通协调，取得2008年企业多缴的54万元所得税款；与中铝集团加强沟通联系，获得离休老干部医药费补贴70.88万元。

完成逾期应收账款。按照中国铜业2021年逾期应收款项清零的要求，将51户债权约1765万元逾期账款进行梳理分类，采取清收、核销及法律诉讼等多项措施相结合，全力推进逾期应收账款清理工作，共收回现金70.77万元，核销1038.78万元，余下655.98万元已经全部完成诉讼，提前半年完成逾期账款清零工作。

实现“两金”压降目标。针对现有存货基本为主业洛阳铜加工生产系统在用设备备件的实际情况，采取计提存货减值有利于内部消化和市场价格相对高点实施对外处置相结合的办法，彻底解决长期存在的两公司因存货交接成本问题而造成公司存货不能尽快消化的历史遗留问题。2021年6月，抓住黄金市场价格处于相对高点的有利时机，将存货中的碎黄金试样适时出售，获得处置利润20.55万元。通过采取有效措施，存货占用资金由年初的2522万元降至402万元，降幅84%。

五、党建与企业文化

深化党史学习教育。公司党委用活“四个融合”知史奋进，学史力行，先后组织党员观看红色电影《血战湘西》、参观“不忘初心，信念永恒——洛耐职工怀念习仲勋同志展览”、召开党史学习教育宣讲会、举办“颂歌献给党”职工演唱会——庆祝中国共产党成立100周年等系列活动，实现了党史学习教育和经营工作双融合、双促进。

加强新闻宣传。2021年，公司加大外宣力度，先后在光明网、《中国有色金属》、《中国有色金属报》等媒体外发新闻稿件30篇，讲好洛阳铜业转型发展新故事；积极挖掘党建工作新亮点，撰写的《推进两带两创活动，深化企业党建与生产经营深度融合》论文和《减亏降本也是价值创造》理论文章先后在《中国有色金属》《中国铝业报》发表。

强化责任意识。根据巡视反馈问题，洛阳铜业党委压实整改责任，巡视整改取得明显成效。巡视反馈的26项问题、52个问题点，完成整改25项问题、51个问题点，完成率98.1%。

通过巡视整改，党委统揽全局取得新成效，形成改革发展“一盘棋”的格局。洛阳铜业累计实现考核利润控亏8545万元，较考核目标值控亏1.1

亿元减少 2455 万元，优化安置 265 名人员，减幅高达 63.4%，同口径人工成本较去年下降达 30.2%；洛阳铜加工主业扭亏为盈，全年累计完成产量 11.51 万吨，创造建厂以来年产量历史新高，累计实现利润 5566 万元，同比增利 8956 万元，超额完成市场化改革首年利润目标。

撰稿 / 汪恒玉

中铝上海铜业有限公司

一、基本情况

中铝上海铜业有限公司（简称上海铜业）成立于2006年8月，注册资本15.23亿元，员工总数（在岗）58人，资产总额9.35亿元，资产负债率156.13%。

主营业务范围：金属制品、有色金属制品、金属盐类、半导体材料加工、切割、销售，从事货物及技术的进出口业务，实业投资，投资管理，资产经营管理。办公地址：上海市静安区长安路1001号长安大厦1号楼11层。

2021年，上海铜业以习近平新时代中国特色社会主义思想为指导，认真贯彻落实中铝集团、中国铜业2021年工作会议精神，主动作为谋划土地资产盘活方案，有序推进人员再压减，精心管控有色经贸经营风险，攻坚克难化解东方期货股权纷争，奋力实现年度工作目标。

二、经营情况

2021年，上海铜业主营收入0.57亿元，利润总额−15667万元。截至2021年底，资产总额9.35亿元，负债总额14.59亿元，所有者权益−5.25亿元，资产负债率156.13%。

主要经济指标一览表

表42

项目	单位	2020年	2021年	增长（%）
工业产值	亿元	—	—	—
销售收入	亿元	0.57	0.53	−7.02
利润额	亿元	−1.57	−0.74	—
纳税额	亿元	0.10	0.08	−20.00
人身伤亡事故	起	0	0	0
工亡人数	人	0	0	0
重伤人数	人	0	0	0
轻伤人数	人	0	0	0

三、安全环保

上海铜业从严要求，抓好安全环保和疫情防控工作。按照安全“零事故”、环保“零事件”总要求，始终保持警醒意识，压实“一岗双责”安全生产责任，树立底线意识，加强环保管理工作。持续抓好疫情防控常态化管理。加强吴淞厂区内安保管控。组织开展中铜文化月活动。

四、改革发展

完成土地资产盘活。结合深化改革三年行动土地盘活任务清单，上海铜业对区域规划和产业政策、宝武土地盘活模式全面梳理，与政府部门、意向合作方、第三方专业机构对接沟通，分析比较政府收储、股权合作、宝武模式开发等路径，编制上铜土地盘活方向及建议方案，上报集团、中国铜业研究审议和决策。

完成人员优化工作。针对2021年人工费用压降和人员优化精减出表的艰巨任务，上海铜业排难而上，发挥基层党组织和工会“引流槽”“稳压器”作用，耐心做思想工作，细心解读政策，热心解决遗留问题，如期完成81人出表任务和人员优化工作，没有出现越级群访、闹访事件，确保了企业秩序和谐稳定。

提前归还银团贷款。上海铜业聚焦债务风险，积极研究引入资本、资产变现、债务重整等可行性方案，通过推动企业重组等途径化解债务风险。在中铝集团、中国铜业大力支持下，通过内部借款方式，安排低息资金替代银团贷款。积极做好各贷款银行的工作，要求对方接受提前还贷。积极做好股东单位的工作，说服并同意将上铜土地及资产全部抵押给中国铜业。经统筹安排，2021年9月全面完成12.96亿元银团贷款转为中国铜业内部借款，规避债务违约风险，时间上做到无缝衔接，节约财务费用约400万元。

股权纷争和经营风险。一是完成小股东雅原公司投入资金审计和东方期货股权转让评估工作，股权转让意向方首选国能资本，落实监管整改，树立底线思维，做好东方期货保牌措施的相关工作。二是有色经贸经营风险化解。有色经贸案公司方全部胜诉，现金流支付风险受控。抓好有色经贸诉江苏贸金案胜诉判决后执行工作。协调律师对接公安部门、法院，以最低成本化解经济纠纷。获取私募股权分红，实现企业扭亏为盈。以清算方式实施有色经贸压减工作。

聚力降低管理费用。公司严格费用管控，将预算目标分解落实到各部门、各单位，从严绩效考核。推进人员优化，降低人工费用。加强预算管理，严控预算外支出。加强资金管理，落实租金应收尽收。加强法务管理，持续推进法治建设。加强内控风控常态化管理。

五、党建与企业文化

提升基层党建工作质量。制定《基层党建工作责任制考核实施方案》，落实双百分考核，基层党建考核评价结果与行政绩效考核互为系数。开展“两带两创”活动，6个创新创效项目产生直接经济效益478.6万元；开展“赶超标杆我能干成什么”大讨论。聚焦全要素对标、聚焦问题导向、聚焦党建引领、聚焦改革创新四个方面，找准8个方面对标差距；组织开展党史学习教育专题读书班共四期16学时。组织党员干部参加专题讲座、辅导共10余期333人次。各基层党支部开展“寻访红色印记、传承红色基因”永远跟党走主题党日活动4次。关心关爱困难党员、老党员13人次，送上慰问金15500元。庆祝建党100周年，组织慰问困难党员、老党员15人次，送上慰问金10500元。

加强企业文化建设工作。全年在公司内网发布稿件64篇，选送中国铜业26篇。落实中铝集团“砥砺二十载、奋进新征程”职工系列文化活动，征集并报送“我爱中铝”文化故事2篇，“我与中铝同成长”征文1篇，文创设计作品3件，书画作品1件，中铜专项文化理念2条。

积极履行社会责任。精准服务、精准帮扶，为职工做实事、解难题、送温暖。为1235名退休职工办理住院互助保障。2021年实施精准帮扶困难职工137人次，帮困送温暖、探望、慰问住院职工等费用12.04万元，拨付2.95万元金秋助学补助金支持困难职工子女上学。

撰稿／黄政义

中铝华中铜业有限公司

一、基本情况

中铝华中铜业有限公司（简称华中铜业）成立于 2005 年 9 月，注册资本 17.93 亿元，员工总数（在岗）693 人，资产总额 26.98 亿元，资产负债率 89%。

主营业务范围：生产、销售铜及铜合金高精度板材、冷轧带坯及铜箔产品，公司生产所需的机器设备、产品、原辅材料的进出口业务，有色金属矿产品及废旧料的采购销售，仓储服务及与经营相关的技术服务。办公地址：湖北省黄石市下陆区铜鑫路特 1 号。

2021 年，华中铜业在中国铜业的坚强领导下，狠抓思想再解放、改革再深化、管理再精细、经营再提升、党建深融合等五项重点工作，强弱项、抓重点、控风险，克服原材料价格大幅上涨、疫情常态化防控、下游区域限电等不利因素的影响，圆满完成全年生产经营目标。2021 年实现盈利 5719 万元，同比增利 1.7 亿元，实现了企业投产以来的首次盈利，打破长年亏损局面。

二、生产经营

创新生产组织模式。建立“7+3+T”生产组织模式。优化工作方法，坚持推广现场问题“说清楚、做彻底”工作方法，提升现场问题解决效率质量。建立“五不”（不清楚、不主动、不迅速、不精细、不彻底）评价机制，强化作风建设倒逼现场问题快速解决。创新商业模式，对外合作生产铸锭，有效解决公司铸锭生产能力不足问题，满足生产规模提升需求。全年产销量 9.6 万吨，同比增加 43%，超设计能力 7%，创历史新高。

推进产品结构调整。充分发挥企业高端产品质量、保供优势，持续提升优势产品市场占有率，C19400、极耳材料、软连接、溅射靶材市场占有率分别提升至 54%、91%、90%、20% 以上。制定定制化营销策略。针对客户个性化需求，量身打造服务，制定保质、保量、保交期专项方案，保障客户各项需求。与 23 家重点客户签订战略合作协议，锁定客户份额，提升产品销售价格。2021 年实现在整体下行市场行情中，“量”与“价”齐升，订单同比增加 41.4%，产销量同比增加 43%，单位加工费同比增加 14.1%。

建立专项评价机制。推行质量风险抵押和单卷成品率考核，压实责任到个人。推进全流程几何损失管控，12 月几何损失环比下降 7.7 个百分点。精细技术废品管控，12 月技术废品环比下降 1.68 个百分点。建立质量体系专项评价机制，确保质量要素刚性执行。成立专项小组，持续对气泡起皮、擦划伤、带材脏污等重难点问题攻关。2021 年综合成品率 54.96%，同比增加 3.5 个百分点。

提升设备保障能力。持续完善设备管理分级点检、专业分类体检制度，提升设备预防性保障能力，2021 年设备月均故障时间同比下降 13.7%。加强跨界学习提升设备性能，派遣技术人员到钢、铝加工企业学习轧制技术、设备管理等，同时对标设备设计能力，持续提升设备精度，大幅度提升轧机生产效率，精轧机生产效率平均提升 30.3%。

信息化建设和运用。MES 系统和供应链系统正式上线，实现从原材料采购到结单等物料全生命周期信息化管控；完成生产安全管控标准化信息平台建设，实现 HSE 痕迹可见、数据可统、工作可查。加强制度建设，首次完成 172 个制度汇编，填补多个领域的制度空缺，完善企业制度管理体系。持续加强执行力建设，围绕 PDCA 闭环管理，让精细化在一线落地生根。

主要经济指标一览表

表 43

指标名称	单位	2020 年	2021 年	增长（%）
工业总产值	亿元	31.18	50.54	62.1
销售收入	亿元	41.62	49.05	17.9
利润额	亿元	−1.13	0.22	−119.5
所有者权益	亿元	2.95	3.05	3.4
纳税额	亿元	0.04	0.13	225
净资产收益率	%	−32.28	7.19	39.5
产值劳动生产率	万元 / 人・年	363.26	729.29	20.1

三、安全环保

提升安全管理。在机台建立安全要素清单，提升班组安全管理基础。持续推进易燃易爆、有毒有害场所专项攻坚，强化重要危险源管控。实施关键岗位安全风险抵押考核，加大违章人员和管理人员“连坐”处罚力度，压实安全管理责任。环保体系逐步健全。建立污染物排放管控预警机制，推进重点部位环保风险管控，健全“互联网 +”环境监管，全年未发生一般环境污染事件，污染物 100% 达标排放。

节能降耗管理。推进错峰生产、节能改造、提升等方面措施，应用节能技术，加大节能改造，年节约用电约 880 千瓦・时，每年减少碳排放量约 4572 吨，提高资源利用效率。建设能源管理智能化，建立能源消耗智能化管理系统，实现主要能源（电、天然气）消耗的实施动态监测、控制和优化。加强能源的分析、预测与考核手段，实现系统性节能降耗管理。

四、科技创新

2021 年，华中铜业“超薄压延铜箔制造及表面处理技术的研究与应用”项目成果荣获 2021 年度黄石市优秀产业创新成果；“新能源汽车用高表面质量铜及铜合金板带材”项目荣获黄石市科技创新战略团队（C 类）项目认定，被评为湖北省支柱产业细分领域隐形冠军企业、湖北省制造业百强企业。

科技创新投入 24007 万元，申请专利 8 件，授权专利 6 件，科技人员占比 22%。

五、改革发展

坚持深入推进职业经理人制度改革，持续深化市场化用人用工机制、市场化激励约束机制改革。

一是做实中层管理人员任期制契约化管理，组织中层管理人员签订岗位聘任协议书和经营业绩责任书，明确岗位责权及解聘退出条件，刚性考核，刚性淘汰，2021年有2名中层管理人员被调整或淘汰，实现岗位“能上能下”。二是做细员工契约化动态管理，完善员工契约化动态管理机制，推行竞争上岗、末位调整，加大市场化引进人才力度，畅通员工进出通道，2021年员工退出岗位158人次，占比15.69%，退出公司67人，占比6.65%，实现员工“能进能出”。三是铜箔事业部持续深化职业经理人制度改革，2021年产销规模同比增加123%，单位加工费收入同比增加20%。四是在金地公司推行职业经理人制度改革，市场化招聘职业经理人担任总经理，利润同比增加222万元。

六、党建与企业文化建设

华中铜业党委以开展“学党史、悟思想、办实事、开新局”主题教育为契机，聚焦“推动改革、增强能力、全面从严”工作主线，以高质量党建引领公司改革高质量发展。全年召开党委会会议34次，其中前置审议“三重一大”议题26个，压实党委、党支部两级责任，党委把关定向，支部落地见效。落实“四同步”“四对接”，2021年新设立4个党支部，对符合设置党支部委员会条件的3个党支部进行调整，1个党支部根据改革实际提前换届选举，任免2名党支部书记，党支部书记均由符合条件的单位部门行政“一把手”担任。党支部党建工作责任考核结果从2020年度平均97.56分提升到2021年的99.63分，标准化党支部达标率100%，党建结果检验了经营和管理成效。

华中铜业积极履行社会责任，全年办实事62件，办成厂区路灯“照明工程”、改革员工工作保障用餐模式、铺设现场自动售货机、职工羽毛球场升级改造等实事好事，解决了一批员工急难愁盼的问题。全年评选周明星596名（次），月度“MVP”集体175个。

撰稿/王梓旭

中铝洛阳铜加工有限公司

一、基本情况

中铝洛阳铜加工有限公司（简称洛阳铜加工）成立于2016年7月29日，注册资本12亿元，员工总数（在岗）1606人，资产总额28.24亿元，资产负债率65.96%。

主营业务范围：铜及铜合金加工、铝镁材加工等。产能规模：13.8万吨。办公地址：河南省洛阳市涧西区建设路50号。

2021年，洛阳铜加工作为中铝集团、中国铜业实施市场化改革、推行职业经理人制度的试点单位，以“市场化改革”为主线、以“全要素对标”为路径、以“工作任务清单”为抓手，实施“三项制度”改革；坚持党建引领和深化改革两手抓、两手硬，通过持续“转观念、转作风、转方法”，精准施策，统筹推进，产销规模及盈利状况均创历史新高，提前5个月完成市场化改革首年利润目标，从根本上扭转常年亏损的不利局面，提前实现扭亏为盈的本质脱困目标。

二、生产经营

2021年完成产量11.51万吨，其中铜加工材11.33万吨，同比提高33.3%；铝镁材完成1809.11吨，同比提高45.7%。通过对标先进，极限降本，完全成本全年完成5854元/吨，同比降幅12.69%，降本增效9827万元，盈利能力显著增强。全年实现报表利润7112万元，超年度目标3812万元，同比增利1.01亿元。铜加工材固定结构成品率全年完成56.87%，同比降低0.04%；年度质量退换货率1.71%，同比降低1.26%。

主要经济指标一览表

表44

项目	单位	2020年	2021年	增长（%）
资产总额	亿元	25.89	28.24	9.08
工业产值	亿元	39.09	72.30	84.96
营业收入	亿元	38.34	89.57	133.62
利润总额	亿元	−0.34	0.56	264.70
税收贡献	亿元	0.10	0.31	210.00
全员劳动生产率	万元/人·年	226.24	412.93	82.52

三、安全环保

严格落实企业主体责任，深入贯彻落实上级各部门关于安全环保工作的一系列重要指示精神，相继开展双重预防体系建设、重要危险源安全管控、安全工具推广应用、工区长班组安全督查、承包商安全管控、清洁生产审核、安全环保培训演练等工作。2021年重伤以上事故为零，未发生新增职业病病例，未发生重大消防、厂内交通事故，未发生环境污染事件。

四、科技创新

积极贯彻新发展理念，坚持科技创新引领战略，聚焦国家关键材料战略需求和行业发展方向，围绕新一代电子信息技术、新能源等新兴产业领域用铜及铜合金新材料，加快技术研究和新产品研发步伐，加强对外联系与合作，积极承担科研项目，解决关键技术难题，持续推进高质量发展。

产品研发。培育高附加值“拳头”产品，初步实现产业化，同比增加78.2%。

科研项目。承担国家、省、中铝集团、中国铜业科研项目15项，包括国家科技重点研发项目2项，国家重要配套科研项目5项，省重大专项1项，省“卡脖子”专项1项，中铝基金项目1项，中铜重点科技项目5项。

知识产权。主持完成编制国家标准2项、行业标准4项；申请专利10项，获专利授权5项。

科技成果。洛阳铜加工国家重点领域创新团队2021年通过科技部认定。主持的《铜及铜合金板带产品系列国家标准研制》项目，获得中国有色金属工业科学技术奖二等奖；洛阳铜加工主持的国家标准《加工铜及铜合金牌号和化学成分》，荣获“2021年度有色标委会技术标准优秀奖”一等奖；洛阳铜加工研制生产的汽车整流子用高导耐磨无氧银铜，在“2021中国汽车新材料应用高峰论坛”上，荣获“2021最具潜力汽车新材料应用奖”。

五、改革发展

制度改革创新。2021年洛阳铜加工以国企改革三年行动为主线，严格遵循“市场化选聘、契约化管理、差异化薪酬、市场化退出”市场法则，组建职业经理人团队，建立权责利对等的激励约束机制。对全体中层管理人员实行任期制、契约化管理。根据生产线特点和管理基础的不同，实施“一线一策”改革，率先在宽厚板生产线推行“模拟市场”的承包经营；择机在长期亏损的管棒厂和铝镁板带厂实施事业部制改革；检测公司实行职业经理人制度改革。实施差异化考核，制定“一厂一法”考核。

精简机构和人员。中层管理人员从42人压减到33人；业务主管从152人压减到100人；业务模块由101个减少到69个，精简比例达32%以上，管理人员从330人压减到200人以内，占比由之前的22%降至12.8%。

重点项目建设。洛阳铜加工国产首台套“铜合金气垫式连续退火炉生产线”项目是国家重大短板装备项目“2019年高端高精铝材热处理成套装备项目”的子项目，该项目计划投资2260万元，由东北大学、洛阳铜加工、广西先进铝加工创新中心共同研发，是产学研结合先试先行的成果。2021年该项目已完成设备的前期设计工作，完成投资总额750.75万元。

六、党建与企业文化

党建引领。紧紧围绕“越是市场化改革，越要加强党建；改革进行到哪里，党建引领的作用就要发挥到哪里”，充分发挥“把方向、管大局、促落实”的作用，结合“赶超标杆我能干成什么”大讨论，提出“学党史、办实事，学鞍钢、见行动”工作思路，对标先进企业开展交流研讨16次，开展“我为群众办实事”132项。建设完善治理结构，深化制度建设，强化制度执行，全面提升工作质效。建立董事会，完善监事会，修章建制，健全法人治理结构。加强党组织书记、党务干部、党员"三支队伍"建设，在积极开展"标准化党支部"创建的同时，推行基层党支部结对共建工作。2021年实施"两带两创"项目53个、劳模创新工作室项目24个，青年创新工作站项目2个，累计创效2800余万元；开展"对标先进，降本增效"的劳动竞赛项目6个；征集职工代表提案35项，采纳实施合理化建议98项。

社会责任。洛阳铜加工投资274万元，实施板带生产线钟罩式退火炉尾气治理项目。既能完成污染物处理，又能有效降低保护气消耗，实现环保达标排放和节能减排发展绿色经济的双重目标。2021年6月开始启动清洁生产审核工作。共征集并实施清洁生产合理化建议31条，2021年12月通过洛阳市生态环境局组织的专家组对洛阳铜加工开展清洁生产审核工作的中期审核评估。

洛阳铜加工工会树立"员工利益无小事"的观念，认真履行维护职能，关心员工生活，想方设法为员工把实事办实、把好事办好。

撰稿／乔　帅

中铜（昆明）铜业有限公司

一、基本情况

中铜（昆明）铜业有限公司（简称昆明铜业）成立于 2009 年 7 月 2 日。注册资本 10.73 亿元，员工总数（在岗）178 人，资产总额 6.81 亿元，资产负债率 115.76%。

主营业务范围：铜、镍及其合金铸造、加工产品、销售、检验、研发、推广及咨询服务；机电设备制造、设计、安装、检验；废旧金属收购；理化检验；与昆明铜业业务相关的原辅料、机电设备、仪器仪表、技术的进出口业务；物流运输；工业地产。产能规模：22 万吨。办公地址：云南省昆明阳宗海风景名胜区管理委员会七甸工业园区小哨箐片区。

2021 年，昆明铜业坚决贯彻落实习近平总书记重要讲话和重要指示批示精神，在中铝集团、中国铜业的坚强领导下，紧盯全年生产经营目标和主要工作任务，勠力同心，攻坚克难，多措并举提质增效，生产经营形势保持稳定，顺利完成市场化改革第一年目标任务，实现“十四五”稳步开局。

二、经营情况

2021 年，昆明铜业利润 −713.38 万元，同比减少 973.57 万元，较考核目标值增利 1031 万元，较 2020 年同口径增长 825 万元，增幅 400.48%，超额完成总部下达的年度目标任务。

主要经济指标一览表

表 45

项目	单位	2020 年	2021 年	增长（%）
资产总额	亿元	6.76	6.82	0.89
工业产值	亿元	77.08	93.94	21.87
营业收入	亿元	76.83	95.15	23.84
利润总额	亿元	0.03	− 0.07	− 333.33
税收贡献	亿元	0.30	0.25	− 16.67
全员劳动生产率	万元 / 人 · 年	4144	5190.2	25.25

三、安全环保

安全管理。持续开展隐患排查治理和三违治理工作，累计排查消除 159 项隐患，自主查处 48 起违章。足额保障安全生产费用投入 83.94 万元，按照要求开展专项整治工作，累计梳理危化品清单 26 条，有限空间清单 14 项，风险管控清单 106 项，本质化提升清单 7 项，中层管理能力提升清单 14 项，强化现场安全整治和本质化安全提升工作。根据中国铜业现场管理工作的要求，现场管理评价得 3.94 分，装备维护模块得分 4.25 分，达到先进水平，顺利通过审核。

降碳管理。完成水平衡测试和节水型企业创建工作，规范一般固废和危险废物管理，累计合规处置固废105.38吨，危险废物约10.22吨，累计投入环保费用35.8万元。开展碳排放相关培训学习约20次，淘汰4台高耗能电机，减少碳排放，全年的二氧化碳排放量为25181.4吨，达到年初制定的降碳管理目标。

四、科技创新

2021年度，科技创新投入12411.20万元，在研科技项目合计6项，开发出多种规格超宽厚比铜排新产品，新申请专利14件，新获授权实用新型专利11件。“高速铁路接触网用铜合金制备加工关键技术及规模化应用”获得中国有色金属科学技术一等奖。成功开发出超厚比铜排，超宽厚比铜排试制产品新增销售收入2370万元，产生直接经济效益157万元；主要产品电工用圆铜线主要技术指标氧含量、电阻率、延伸率、氧化物厚度及铜粉量均优于现行国家标准，处于国内同行上游水平。

五、改革发展

存量资产盘活。完成料场旁17亩土地租赁，每年可增加年租金收益31.28万元，收取租金和履约保证金合计18.24万元；完成480平方米简易仓库租赁，每年可增加租金收益11.52万元。

市场化改革。全面推行职业经理人制度，解除经理层全员劳动合同，置换身份为职业经理人，刚性考核兑现，倒逼潜力释放，发挥“头雁”效应；打破论资排辈和条条框框，对中层管理人员实施任期制、契约化管理，封存全体中层干部档案，淡化职级、强化职务，推动身份管理向岗位管理转变，并按照公开择优、竞争上岗的原则，面向昆明铜业全员选聘中层管理人员13人，原1名中层人员落聘，破除“能上难下”的壁垒，营造良好的干事创业氛围；建立市场化用人机制，优化整合机构职能及岗位编制，2021年职能部门管理人员在前期已经优化的基础上再次压减8人，压降幅度为18%；进一步下放分配权和用人权，实行工资总额承包机制，根据昆明铜业定岗、定编、定员情况，核定各部门工资总额，由各部门对所属人员薪酬进行自主考核分配；持续完善薪酬考核激励，提高绩效薪酬占比，薪酬待遇与岗位业绩和KPI紧密挂钩。

营销体制改革。昆明铜业营销体制改革，改变以往代售及买断模式，而是在中铜国贸风险管理体系框架内，自主负责线材产品的市场开发、客户维护、产品定价及产品销售等相关工作，独立承担线材产品销售盈亏，承担起市场营销主体责任，重新构建营销体系，直接逐步深入市场，重建与客户的直接联系，进一步维护客商关系，提高终端客户及本地客户占比。

六、党建与企业文化

扎实开展党史学习教育。通过各类学习教育活动，抓好党员干部学习培训，认真学习贯彻习近平新时代中国特色社会主义思想和党的十九届历次全会精神，召开党委理论学习中心组学习8次，严格落实“第一议题”制度，组织党史专题宣讲学习120人次、专题党课520人次、支部党员集中学习940人次；坚持办实事，梳理员工急难愁盼问题22项，办结率达100%；举办1期党史学习专题读书班，及时传达学习习总书记重要讲话精神15次，共计549人次。

完善融入治理机制。修订“三重一大”决策制度实施办法等制度，召开党委会议43次，党委会前置审议事项51项，领导核心作用得到有效发挥；

系统提出“1138”工作思路，实现原料降本约 100 万元，扁材产品产销突破 1 万吨，线材产品省内销量逆势增长 20%，闲置资产租赁实现直接和配套收益约 256.7 万元。

深化党建“双向融合”。组织党务业务人员到其他单位开展对标交流学习 2 次，组织召开“对标对表、全年抢跑”专项会议 18 次，实现累计综合成品率稳定在 96% 以上，综合能耗控制在 65 千克标准煤 / 吨以内；创建“两带两创”项目 25 个，合计创效约 700 万元；生产一线日常设备管理工作 100% 实现“线上”运行，主要生产线的平均故障率由 0.95% 下降至 0.33%，设备综合运行效率指标首次达到了 80%。

压实责任严守红线。开展党风廉政建设警示教育大会 3 次，组织签订廉洁承诺书 50 份；组织签订“一岗双责”责任书，压实监督责任；完成“不能腐”制度建设，制定制度 6 项，废止制度 1 项，修订制度 25 项；开展问责 16 人次，“接地气”20 次，发现问题 11 项，整改率达 100%；党委坚决扛起整改责任，全力配合巡察各项工作，38 个问题和 146 项整改措施全部落实整改，整改完成率达 100%。

提升企业文化建设。大力开展庆祝建党 100 周年系列活动，强化新闻宣传工作归口管理，加强对外正面宣传力度，在中铝集团和中国铜业媒体平台发表宣传稿件 27 篇，人民网刊发宣传稿件 2 篇，“昆铜牌”连续两年荣获“中国铜导线优质供应商二十强”称号。积极开展各类文体活动，以劳动竞赛为抓手，全年创效 40 余万元。扎实开展合理化建议、QC 等活动，收集采纳员工各类改善建议 73 项，共计创效约 100 万元。

履行社会责任。围绕安全生产标准化复审换证，有毒有害气体，易燃易爆危化品有限空间专项整治，“葡萄图”和 CARC 表等安全管理工具推广应用，开展岗位操作规程标准化、疫情防控、承包商专项整治、水平衡测试、碳排放等专项工作，安排残疾人就业 1 人，缴纳残疾人就业保障金 26.3 万元。

撰稿 / 李锋帆

云南驰宏锌锗股份有限公司

一、基本情况

云南驰宏锌锗股份有限公司（简称驰宏锌锗）成立于2000年7月18日，注册资本50.91亿元，员工总数（在岗）13155人，资产总额346.63亿元，资产负债率39.81%。

主营业务范围：铅锌锗系列产品的探矿、选矿、采矿、冶炼及产品深加工；硫酸、硫酸锌、硫酸铵；伴生有价金属的提炼，销售及技术服务；废旧物资回收及利用、矿山及其井下建设工程的设计与施工；阴阳极板生产、销售；有色金属、黑色金属、矿产品化验分析技术服务；资产租赁；物流及道路货物运输；车辆修理；境外期货套期保值业务；进出口业务和国内贸易。

产能规模：年铅锌矿石采矿300万吨、矿产铅锌金属40万吨、铅锌精炼63万吨、锗产品含锗60吨、银150吨、镉等稀贵金属回收400余吨。办公地址：云南省曲靖市经济技术开发区翠峰西路与学府路交叉口。

2021年，驰宏锌锗紧紧围绕“深改革、深对标、控风险、增价值”工作主题，以政治建设为统领，发扬伟大建党精神，全面贯彻价值管理理念，全面实施市场化对标，全力推进深化改革，团结带领广大干部员工取得了改革发展重大突破、经营业绩创历史最好成绩，实现“十四五”良好开局。

二、生产经营

2021年，驰宏锌锗完成铅锌矿出矿量569.14万吨，铅锌精矿金属量47.81万吨，电铅10.67万吨，电锌56.16万吨，锗产品含锗46.6吨，银产品165.1吨，黄金92.7千克。主要产品产量指标超计划完成，主要经济技术指标均稳中有升，驰宏青海鸿鑫铅锌选矿回收率实现双超90%，驰宏会泽冶炼艾萨炉喷枪使用寿命由4.65天提高到22.3天，创铅锌行业历史最好水平。

经营业绩创历史最好水平，利润额首次突破20亿元大关；资产负债率39.81%。

主要经济指标一览表

表46

项目	单位	2020年	2021年	增长（%）
资产总额	亿元	352.47	346.63	−1.66
工业产值	亿元	172.91	200.17	15.77

续表 46

项目	单位	2020年	2021年	增长（%）
营业收入	亿元	233.18	267.10	14.55
利润总额	亿元	16.24	31.65	94.89
税收贡献	亿元	14.48	18.98	31.08
全员劳动生产率	万元/人·年	1334.40	1521.63	14.03

三、安全环保

针对年初安全环保存在的问题，完善两级领导班子安全“一岗双责”清单，启动安全履职“四个一”活动，强化“一把手”责任落实；驰宏锌锗班子成员带队下沉16家企业督导承包商安全“百日攻坚”，系统开展非煤矿山尾矿库及有毒有害、易燃易爆危险化学品拉网排查，修编三大规程、CARC风控表、应急处置卡10500个，查出违章5524起、现场隐患3751项，全部按“五定”原则整改，实现安全生产平稳可控。深入推进废水零排放、大气特别排放限值、固废减量化无害化，全年环保信访举报为零，无新增职业病。

四、科技创新

2021年，驰宏锌锗科技投入8.4亿元。科技项目立项60项，完成结题验收32项。公司全年授权专利231件，其中发明专利17件，实用新型专利214件。申请专利184件，其中发明专利48件；获有色行业协会科技进步奖一等奖2项、二等奖1项、三等奖1奖，云南省专利奖二等奖1项，获中国铜业科技科学技术奖一等奖1项、二等奖4项，三等奖8项。科技项目创效13084万元。

五、改革发展

全年调整充实13户子公司董、监事成员，督导子公司对章程进行适应性修订，提升法人治理水平；对16户企业实施任期制契约化管理，5户企业实行职业经理人改革，以行业对标目标确定124名干部业绩考核指标，建立以业绩为导向的考核机制，严格硬约束；实施阿米巴经营绩效、科技型企业分红、人力资源优化等激励措施，正向强激励。坚持瘦身健体目标与发展规划相匹配，完成奔途利纳、青海荣泽、安第斯、常青树化工等子公司处置。“一企一策”跟进扭亏进度，下属亏损企业减少至2户，比上年减少2户。

六、党建与企业文化建设

截至2021年末，驰宏锌锗党委下属二级党委15个，党总支10个，党支部152个；党员3711名，其中在岗党员3515名，退养党员196名。围绕生产中心工作，开展特色品牌党建，党委获国务院国资委“中央企业先进基层党组织”荣誉称号。

“第一议题”制度。形成党委会及时传达、中心组深入研讨的学习机制，建立党委贯彻落实习近平总书记重要指示批示清单，结合实际制定44项工作举措，逐项对标对表深入推进。

党史学习教育。成立5个党史学习教育指导组，创新开展党委书记接待日4次，两级党组织中心组专题学习90次、党史专题读书班研讨39次、宣讲团入企宣讲24次、红色资源现场教学83次，

241 人讲授专题党课，3750 余名党员通过现场、网上等方式参加党员轮训，为员工“办实事”共计 765 件。

党建品牌活动。以党建“双百分”考核为牵引，下发《关于推进党建 +“阿米巴”行动的指导意见》;“两带两创”结项 403 个，5156 人次党员、1826 人次群众参与；制定《党建全要素对标工作实施方案》，145 个党组织开展结对共建活动，党建全要素对标体系初步搭建。

党风廉政建设。层层签订《党风廉政建设责任书》《风险岗位人员廉洁从业承诺书》，建立管理干部廉洁档案。一体推进“三不”机制，年内新建制度 52 个、修订 162 个、废止 59 个。组织相关人员参加党风廉政建设警示教育大会 6 次，运用监督执纪问责“四种形态”，处置 177 人次，营造风清气正干事创业氛围。

宣传思想工作。出版报纸 24 期，发布微信 694 条，省级以上媒体刊登稿件 128 篇。《“三千”精神开发麒麟厂》获有色金属杂志建党 100 周年征文二等奖,《青春正芳华　逐梦再出发》获中铝集团优秀快闪作品,《弘扬爱国奋斗精神，探索建设世界一流国企文化引领力为建设世界》政研论文获中铝集团二等奖，驰宏锌锗获《中国有色金属报》“优秀宣传工作单位”称号。

企业文化建设。完成《2020 年驰宏锌锗年鉴》《驰宏锌锗志》(2010.7—2020.12) 编纂；挂牌建设“党史学习教育新时代文明实践点”；开展“党建引领　文化铸魂”首次国企开放日活动；组织“同心向党　筑梦启航”庆祝建党 100 周年文艺晚会。驰宏锌锗本部、驰宏锗业等 5 家单位获评中铝集团第三批企业文化示范基地，驰宏锌锗等 5 家省级文明单位通过复审。

群团工作。扎实开展劳动竞赛、技术技能大赛、创新创效和班组建设，举办云南省重冶火法冶炼工技能大赛和曲靖市企业班组长通用技能竞赛，培养省级状元 1 名、市级班组长管理技术状元 1 名。呼伦贝尔驰宏获全国五一劳动奖状，驰宏荣达矿业磨浮作业区获全国工人先锋号，3 人获云南省劳动模范。重要节日开展会员慰问，发放慰问金 835 万元。深化“青”字号品牌活动，资源综合利用制液厂职能组荣获“全国青年文明号”。

履行社会责任。落实中国铜业“1+N”扶贫模式，党政领导 3 次到定点帮扶村调研乡村振兴相关工作，派驻驻村工作队员、第一书记 35 人，全年支持乡村振兴、定点援助资金 1145 万元，会泽冶炼周小军获云南省“脱贫攻坚先进个人”，本部康超获曲靖市“扶贫先进工作者”。连续 3 年发布社会责任报告，获“金牛奖”。驰宏锌锗荣登 2021 年度“全国退役军人就业合作企业光荣榜”。

撰稿 / 崔献刚

云南迪庆有色金属有限责任公司

一、基本情况

云南迪庆有色金属有限责任公司（简称迪庆有色）成立于2004年6月8日，注册资本19.48亿元，员工总数（在岗）710人，资产总额49.45亿元，资产负债率24.91%。

主营业务范围：普朗铜矿矿产资源采选及产品销售、矿业开发项目管理、矿山工程项目承建、矿山生产经营综合管理、科技研发、技术咨询；普朗铜矿的地质勘查、矿产资源勘查、矿产品的购销；原材料采购、销售及土地、房屋的租赁、机械设备租赁。产能规模：设计年处理矿石1250万吨，平均年产精矿含铜4.4万吨。办公地址：云南省迪庆藏族自治州香格里拉市格咱乡格咱村普朗铜矿。

2021年，迪庆有色紧紧围绕“全面提升年”这条主线，坚持“平稳、持续、高效”的生产经营节奏，紧扣“一个目标、两个主题、三个坚持、四个推进”，全面推进各项工作并取得全面、稳步提升。全年完成采矿1068万吨，处理原矿1070万吨，生产精矿含铜4.89万吨，实现净利润9.6亿元，完成年度任务7.6亿元的126.3%。

二、生产经营

迪庆有色克服限电、突发泥石流地质灾害、品位下降等困难，生产经营稳中向好。一是打好精益管理、降本增效组合拳，经营业绩持续领先。二是实施46个全要素对标项目，创效12377.4万元，兑现奖励200.69万元。三是实现分离浮选钼作业回收率由上年的63.30%提高至66.11%以上，钼金属药剂单位成本由上年度的10.15万元/吨降低至5.10万元/吨以下。四是资产负债率24.9%，较年度目标29.04%下降4.13个百分点。五是实现净资产收益率29.7%，较年度对标追标目标31.05%低1.36个百分点，5C价值管理卓有成效。

主要经济指标一览表

表47

项目	单位	2020年	2021年	增长（%）
资产总额	亿元	50.81	49.45	−2.68
工业产值	亿元	26.75	28.42	6.24
营业收入	亿元	26.99	28.26	4.71
利润总额	亿元	10	11.27	12.7
税收贡献	亿元	4.8	6.01	25.21
全员劳动生产率	万元/人·年	254.07	289.40	13.91

三、安全环保

2021年迪庆有色职业健康安全实现“六为零”目标，未发生一般及以上环境污染事件，污染物综合排放达标率100%。全年投入安全生产费用9372万元；建立、修订制度23项，修订104项岗位安全操作规程；开展职业健康安全教育培训39次；组织班组三大规程、应急知识、应知应会培训考试12次；开展综合大检查、专项检查、隐患“随手拍”活动等，查处违章170起，查出安全环保隐患8135条，奖励金额3.99万元；安全生产约谈、问责处理58人次；开展应急演练19次；职业健康体检率达到100%。全年环保费用投入2749.9万元，完成矿区生态修复治理133.12公顷，顺利完成中央生态环境保护督察反馈问题整改。

四、科技创新

2021年科技计划项目共41项，完成科技研发投入18106.37万元，完成年度预算的199.2%；争取到各级政府和上级单位科技政策资金909.18万元。通过科研项目的实施，突破一批关键技术，形成自主核心知识产权，申请专利11项（其中发明专利5项），获得15项实用新型专利授权，发表科技论文29篇。成为全国首个实现5G工业应用的有色金属地下矿山和高海拔地区首个5G智能矿山，入选首批云南省智能制造标杆企业。积极推进《超大型铜矿智慧矿山关键技术研究及应用》等科研课题，争取云南省专家工作站、云南省企业技术中心、云南省技术创新人才等政策，与中国地质大学（武汉）、昆明理工大学等高校深化战略合作。

五、改革发展

迪庆有色以落实国企改革三年行动方案和推动机构改革为抓手，贯彻国务院国资委对落实中央企业董事会职权工作安排部署，完成董事会职权实施方案的印发；完成任期制和契约化管理工作，经营班子成员按要求全部签署经营管理协议书；按董事会职责，筹备召开股东会4次、董事会6次，完成24个事项的决策。优化干部人才队伍，充实三支人才队伍，为动力厂、选矿厂及其工段配备HSE专职副职8人，强化安全管理工作；提拔中层干部4人、副科级干部8人；完成干部试用期满考核20人；选聘五级技师60人，五级工程师73人。

六、党建与企业文化建设

在“围绕中心、从严治党、夯实基础”上持续发力，确保党建工作责任到位、落实到位。一是严格落实“第一议题”制度和党委会工作规则等，党的领导全面加强。二是通过制定实施方案、发放838册学习书籍、开展36项“我为群众办实事”活动等，推进党史学习教育走深走实。三是完成中国铜业党委对迪庆有色党委巡察反馈的四方面36个问题整改，进一步正风肃纪提升效能。四是企业文化宣传载体不断完善丰富，普朗高原精神被纳入中铝集团精神谱系。五是搭建劳动竞赛、合理化建议和班组建设、TPM管理青年创新工作站等载体，群团共建提升技能促安全管理。六是压实就业帮扶和产业帮扶措施，实现地企和谐共建、共享、共赢。

撰稿／彭燕青

云南金鼎锌业有限公司

一、基本情况

云南金鼎锌业有限公司（简称金鼎锌业）成立于2003年7月，注册资本9.732亿元，员工总数（在岗）4561人，资产总额36.42亿元，资产负债率72.70%。

主营业务范围：矿产资源（非煤矿山）开采，电气安装服务，危险化学品生产，建设工程施工，选矿，常用有色金属冶炼，金属矿石销售，金属材料销售，机械零件、零部件加工，机械零件、零部件销售，汽车零配件零售，建筑用石加工，建筑材料销售，劳务服务（不含劳务派遣），普通机械设备安装服务。产能规模：采矿240万吨/年、选矿220万吨/年、冶炼12万吨/年、硫酸6万吨/年。办公地址：云南省怒江州兰坪县金顶镇文兴街。

2021年，金鼎锌业紧紧围绕“深改革、严管理、转作风、见成效”工作目标，重经营、抓生产、防风险、稳安全、提质量、强管控、固根基，在逆境中求突破，在危机中寻新机，竭力保持企业持续平稳发展态势。

二、生产经营

主要产品产量超计划完成。推进价值管理和全要素对标，融资成本同比下降1439万元，资产负债率较目标降低4.44个百分点，存货余额下降601万元，年度完成项目投资7.8亿元，工程造价审减2072万元，老姆井尾矿库及配套输送系统工程完成清水试车，进入收尾阶段，将为矿山产能释放奠定坚实基础。

主要经济指标一览表

表48

项目	单位	2020年	2021年	增长（%）
资产总额	亿元	35.93	36.43	1.39
工业产值	亿元	17.39	23.81	36.92
营业收入	亿元	17.04	20.68	21.36
利润总额	亿元	0.4675	0.6690	43.10
税收贡献	亿元	2.30	3.14	36.52
全员劳动生产率	万元/人·年	38.12	52.20	36.94

三、安全环保

深入开展隐患排查治理，推动承包商“9+1+1+2”专项整治，双重预防机制建设取得突破。完成6个管理规定修编、808个规程编培考，整改2361个不符合项；组织和接受检查57次，查处并整改隐患2865项；现场违章查处“三违”行为893起，违章数量较上年同期明显降低；完成10个承包商22轮挂点督导，196个班组通过“三会一过程”验收。环保年度总投资近2.81亿元，完成8项环保治理提升项目，“三废”排放100%达标。

四、科技创新

2021年，研发投入9083万元，争取政府科研补助资金464万元。研发项目归集研发经费8500万元，减免税收2570万元，16件实用新型专利、5件发明专利取得国家专利局受理通知书。

全年6个研究项目取得一定成效。一是氧化矿优先浮选工艺技术研究，取得锌精矿品位21.87%，回收率72.45%，尾矿产率从90%降低至79%，氧化选矿废水实现零排放的考核指标。二是氧化矿混合浮选工艺技术研究，铅精矿品位达到45%以上，锌精矿品位达到20%以上，回收率指标超过50%。三是堆存氧化矿X射线预选抛废工业试验，取得精矿含锌14.93%、含铅2.74%；尾矿含锌2.09%、含铅0.59%；铅回收率57.12%，锌回收率62.14%的初步成效。四是浮选氧化锌精矿湿法冶炼研究，已取得氧化锌精矿浸出投料约150吨/天、浸出率>96%。五是含碳球团还原挥发新工艺试验研究，针对含锌9.44%的抛废精矿，锌挥发率最高可达98.56%。六是“先浸后选，冶选联合”新工艺研究：完成第一阶段验证工业试验，取得ZnO冶炼回收率90.72%，ZnS选矿回收率68.98%，硫化锌精矿品位32.54%的指标。

五、改革发展

实施“双向进入、交叉任职”领导体制及落实董事会职权，将党的领导全方位融入公司治理；导入阿米巴管理和价值管理，经营现金净流量同比增加0.73亿元，成费比同比下降13.01%；优化人员结构，在岗人员压缩16%，劳动生产率大幅提升；优化薪酬和绩效体系，组织“五级师”评聘193人；全员能力素质提升培训9.1万余人次。

六、党建与企业文化

一是加强党的建设。严格落实“第一议题”制度，召开第二次党代会，解决金鼎锌业党委长期不换届的问题，配齐配强党委和纪委班子。二级党组织由22个调整到21个。二是加强党风廉政建设。实施“转作风”专项整治，发现问题278项，制定298个措施，整改完成率100%。三是加强党建与业务双向融合。做到项目建设与党的建设同向发力，重点项目党建活动党员全覆盖，老姆井尾矿库工程12月31日成功完成清水联动试车。四是加强党的干部人才队伍建设。系统推进经营管理、专业技术、操作技能三支人才队伍建设，完善各类人才职业发展的“绿色通道”。五是党建与社会责任相融合，积极推进巩固拓展脱贫攻坚成果同乡村振兴有效衔接，解决金鼎锌业挂联3个村及异地搬迁群众基础设施建设、居民饮水管网改造及抗洪救灾等资金508万元，设立消费扶贫农特产品专营店，打通食堂、电商及建档立卡户间的供销渠道，消化农产品价值500余万元，切实解决了群众关心的难点、焦点问题。

撰稿/张建梅

云南铜业股份有限公司西南铜业分公司

一、基本情况

云南铜业股份有限公司西南铜业分公司（简称西南铜业）成立于2017年5月5日，员工总数（在岗）1561人，资产总额41.75亿元，资产负债率61.39%。

主营业务范围：铜冶炼、加工、销售，与之相关的副产品的生产、销售等。产能规模：高纯阴极铜53万吨/年、工业硫酸70万吨/年、金10吨/年、白银700吨/年。办公地址：云南省昆明市五华区王家桥王家桥路59号。

2021年，西南铜业全面贯彻落实中铝集团、中国铜业和云南铜业的各项决策部署，带队伍、保安全、降成本、控风险。完成云南铜业下达的各项考核指标，经营业绩再创新高，产品产量保持稳定，市场化改革深入推进，技经指标全面优化，精益管理持续发力，风险防控得到强化，基础管理不断提升，搬迁工作全力推动，党建引领取得成效。2021年突破性实现利润10.01亿元，同比增加47%。

二、生产经营

2021年，西南铜业经营业绩再创新高，全年净利润10.01亿元，完成率194.23%；净资产收益率ROE完成55.78%，超考核目标15.99%；经营现金流超考核目标10.93亿元；完全成本同比下降392元/吨，历史最低；两金较期初下降2.3亿元；总铜月均库存同比下降20%；铜冶炼综合能耗210.83千克标准煤/吨，下降2.11%，连续3年获得云南省工业与信息化厅“能效领跑者”称号。

主要经济指标一览表

表49

项目	单位	2020年	2021年	增长（%）
资产总额	亿元	42.14	41.75	−0.90
工业产值	亿元	325.92	407.01	24.88
营业收入	亿元	274.57	321.93	17.25
利润总额	亿元	6.81	10.01	47.00

续表 49

项目	单位	2020 年	2021 年	增长（%）
税收贡献	亿元	1.80	2.49	38.33
全员劳动生产率	万元 / 人 · 年	1821.80	2537.47	39.28

三、安全环保

2021 年，坚持践行习近平生态文明思想，安全实现六为零，20 万工时损工率 15.55，同口径风险总值下降 12.8%，中央生态环境保护督察问题整改计划完成率 100%，以中国铜业第一家通过国家一级安标评审并获中铝集团最高分；环保实现超净排放，固废、危废处置率 100%。投入 1470 万元，实施厂房低空污染治理等项目，改善重点环节作业现场条件，投入近 1 亿元开展普吉渣场原位风险管控治理项目并开工建设。

节能减排。通过“健康企业”和“国家卫生城市省级专家复审”专项评审。投入 1000 余万元，用于无组织烟气、在线站房、危废暂存、雨污分流等方面提升。持续强化环保减排管控，2021 年西南铜业二氧化硫、氮氧化物、颗粒物排放量同比 2020 年分别下降 34.06%、9.37%、3.93%，远低于排污许可证核定的排放限值。危险废物管控通过了昆明市生态环境局危险废物规范化考核，得分为 58 分（满分 60 分）。

绿色低碳。矿铜、金、银回收率分别完成 97.8%、97.3%、97.0%，硫捕集率 99.97%、电炉渣含铜 0.63%、转炉渣含铜 5.18%、阴极铜含银 5.7 克 / 吨、吨混合矿煤耗 29.3 千克 / 吨、污酸含砷分布 26.6%，均取得历史性突破。铜冶炼综合能耗 210.83 千克标准煤 / 吨，下降 2.11%。

四、科技创新

2021 年度实施 12 个科技项目，其中承担中国铜业重点项目 2 项，云南铜业重点项目 3 项，全年完成研发经费投入 2698.20 万元，实现产业化的科技项目创效 5310 万元。11 个成果分别申报中国铜业、云南铜业科技进步奖，创历史新高，一项成果获中国有色金属工业科学技术奖二等奖。开展“复杂铜原料处理的关键技术及产业化”科技成果鉴定，整体达到国内领先水平，部分成果达到国际先进水平。申请授权专利 29 件，授权专利 11 件。

五、改革发展

推进市场化改革。固化三年激励改革成果，制定下发《云南铜业股份有限公司西南铜业分公司经营业绩激励实施方案》《云南铜业股份有限公司西南铜业分公司三年任期激励方案》，加大利润、成本激励力度，岗位价值评估项目稳步推进。按照“机构要精、人员要减、机制要活、目标要高、程序要全、推进要稳”的要求继续深入推进市场化改革。先后启动完成供排分厂、质检中心、装备智能中心、冶金研究院、昆明市西山云兴仓储运输公司等的组织机构与职能优化。

引入“阿米巴”管理理念。开展内部模拟市场化考核，提标降本 8 大类 65 个项目全年生产效率提升创效 1.7 亿元；持续推进机构改革，在册职工精减 8.6%，在岗职工精减 9.3%，生产领域业务外包用工下降 20%，用工总量下降 13.07%，全员电铜实物生产率同比增长 7%，劳动生产率提升明显。

六、党建与企业文化

坚持党建引领。以价值为根本双向互融，以员工为中心践行使命，在改革创新中实现更高水平发展，打造党的领导力、企业文化力、核心竞争力“三力合一”的发展新模式。强化政治建设，严格落实“第一议题”制度，组织开展中心组学习 11 次、“读书班”2 期、党员培训班 5 期、集中轮训党员 958 人次，推动学习新思想往深里走、往实里走、往心里走；强化组织建设，推进“两学一做”学习教育常态化制度化，以党史学习教育为主线，开展了富有特色的学习教育。

强化作风建设。建立管理人员“权责清单”，开展重点岗位风险分级管控，对权力集中、资金密集、资源富集部门制度执行开展监督，推进“大监督”体系构建；强化群团工作，陆国雄荣获云南省劳动模范，普兴亮、杨东旭、沈永明荣获五一劳动奖章。

撰稿／刘　敏

中铜东南铜业有限公司

一、基本情况

中铜东南铜业有限公司（简称东南铜业）成立于 2015 年 12 月 31 日，注册资本 19.6 亿元，员工总数（在岗）885 人，资产总额 77.59 亿元，资产负债率 71.62%。

主营业务范围：常用有色金属冶炼、新材料技术研发、普通货物仓储服务、危险化学品经营、海关监管货物仓储服务、货物进出口、技术进出口、进出口代理。产能规模：年产阴极铜 40 万吨、硫酸（折合 100% 硫酸）146 万吨。办公地址：福建省宁德市蕉城区漳湾镇闽海路 89 号。

2021 年，东南铜业坚持以习近平新时代中国特色社会主义思想为指导，发挥党建引领作用，紧扣达产达标达效这一主题，坚持以价值创造为导向，以对标追标为主线，以全面预算打基础，重构经营管理体系，大力开展技术攻关、优化生产组织管理，着力提升经营创效能力，全面实现达产达标达效目标，超额完成年度目标任务。

二、生产经营

实现达产达标达效。累计生产阴极铜 41.5 万吨，同比增长 17.27%；生产硫酸（折百）146.8 万吨，同比增长 5.34%。铜金银冶炼回收率、综合能耗等关键指标基本达到或超过初设指标。完成营业收入 280 亿元，同比增长 60%；实现净利润 1.77 亿元，同比增长 1.71 亿元；净资产收益率 ROE 达到 8.78%，同比提高 8.46%。

取得两个突破。硫酸创效及成本压降实现两个突破。硫酸销售均价达到 442 元 / 吨，创造投产以来最好水平；累计创利 4.77 亿元，同比增加 7.34 亿元；其中跑赢市场 56.93 元 / 吨，创效 8422 万元。剔除电力、燃气等市场价格影响因素，2021 年加工成本同比降低 133.83 元 / 吨；宁德港铜精矿卸货比例由 2020 年的 59.54% 大幅提升至 92.97%，同比 2020 年节约远距离运输成本及增加船舶速遣收入合计 2828.38 万元。

实现多个指标优化。熔炼炉、吹炼炉作业率分别为 95.17% 和 94.56%，熔炼炉同比提高 0.94%，吹炼炉受 12 月季修影响同比基本持平；两炉负荷率（对比计划值）分别为 100.82% 和 104.12%，同比分别提升 6.57% 和 7.45%；铜冶炼总回收率 98.83%，同比提升 0.03%；渣选尾矿含铜均值 0.21%，同比优化 11.88%；铜冶炼综合能耗 209.11 千克标准煤 / 吨，同比下降 9.54%；天然气单耗 57.73 标准立方米 / 吨铜，同比下降 23%；总硫捕集率 99.995%，同比持平。

三位一体管理体系。建立“全面预算、全要素对标、‘阿米巴’经营”三位一体的管理体系。遵循“玻璃般透明的经营原则”和深化三项制度改革的要求，以“全面提升管理能力，突出绩效考核引导作用，实现企业可持续的价值创造”为理念，构建起公司“全面预算化、全要素对标、‘阿米巴’经营管理”三位一体的经营管理体系。同步建立“效益优先、兼顾公平”的绩效薪酬分配机制，突出价值创造导向和利润贡献度，拉开收入差距，价值管理、全要素对标等管理理念逐步深入人心，激发了员工内在活力。

主要经济指标一览表

表 50

项目	单位	2020 年	2021 年	增长（%）
资产总额	亿元	77.80	77.59	−0.27
工业产值	亿元	174.66	276.50	58.31
营业收入	亿元	174.91	280.04	60.11
利润总额	亿元	0.081	2.19	2603.70
税收贡献	亿元	15.48	32.30	108.66
全员劳动生产率	万元 / 人 · 年	49.34	72.56	47.06

三、安全环保

坚持“两手抓，两手硬”。一手抓本质安全硬件的提升，一手抓 CAHSE 管理体系落地，压实各级安全环保管理责任，强化安全环保责任考核，夯实安全环保管理基础。实现重伤、工亡为零，职业病为零；实现突发环境事件为零，排污许可合规率 100%；实现职业健康安全环保行政处罚为零。年末上级考评，职业健康安全得分 77.1 分，生态环境保护得分 83.14 分，同比分别提高 7.48% 和 4.12%。

夯实安全管理基础。组织开展“攻坚三个月、系统抓落实、重拳保安全”和“安全生产专项整治三年行动”。运用长周期安全班组创建、“葡萄图”工具、事故警示行动计划、标准化班会、安全积分、反违章考核等，进一步压实直线责任、监管责任和属地责任。建立《生产领域业务外包管理体系规范》，进一步厘清工作边界和职责，逐步实现承包商安全管控“六统一”目标。

夯实环保管理基础。落实“河长制”管理责任，健全生态环境保护责任清单，落实全员环境保护责任，开展中央环保督察“举一反三”自检自查工作，“智能化 + 精细化”规范合规处置危废，保证环保手续、环保设施运行、现场环境治理、环境风险防控等各项工作落实到位。

四、科技创新

开展科技研发项目。2021 年，开展创科技新项目 18 项，累计投入 24523.19 万元，申请专利 6 项，获得授权 7 项。其中，“大型铜冶炼厂工艺关键技术研究与应用项目”荣获有色金属工业协会科技进步一等奖，“悬浮炼铜工艺技术研究与集成创新”荣获云南铜业科技创新一等奖。

科技人才队伍建设。重视激发科技人才的潜力，建立健全科技创新创效与典型培养激励机制。两届科技创新创效项目、科技创新人才共发放奖励 113.4 万元。扩大交流合作，积极与政府主管部门、大专院校、科研机构、行业协会、企业开展交流合作。

五、改革发展

以落实《三年改革行动清单》为重点，扎实推进法人治理结构完善、建立健全现代企业治理制度、任期制契约化改革等工作。建立或修订《落实董事会职权实施办法》《董事会授权管理办法》

《“三重一大”决策制度实施细则》等进一步规范法人治理结构的相关制度；制定并落实《中铜东南铜业有限公司推行任期制和契约化管理工作方案》。

六、党建与企业文化

注重发挥党建引领作用，把实现达产达标达效作为两级党组织的政治担当，把党员干部员工的思想行动引领到实现达产达标达效目标上。加强政治思想建设，认真落实“第一议题”制度，常态化制度化开展理论学习；深化党史学习教育，引导党员干部学思践悟、深学笃行，坚决以责任担当的强化推动企业的稳步发展；紧扣广大职工群众所需所盼，全力推进解决职工保障住房问题，年内成功完成土地摘牌；强化党建基层基础工作，标准化党支部 100% 达标；推进党建与业务双向融合，65 个“两带两创”项目创造经济效益 9000 余万元；统筹抓实警示教育、制度约束、效能督查、执纪问责等，积极营造风清气正、干事创业的良好氛围。

撰稿／李志刚

云南文山斗南锰业股份有限公司

一、基本情况

云南文山斗南锰业股份有限公司（简称斗南锰业）成立于1973年，注册资本3.61亿元，员工总数（在岗）398人，资产总额2.33亿元，资产负债率925.48%。

主营业务范围：锰矿开采、锰系合金冶炼、锰化工高锰酸钾生产。产能规模：矿山锰矿开采28万吨、锰系合金30万吨、放电锰粉2万吨、高锰酸钾0.3万吨。办公地址：云南省文山州砚山县平远镇丰湖路132号。

2021年斗南锰业坚持党建引领，扎实开展党史学习教育，以“深改革、严管理、抓机遇、防风险、出利润”为工作主线，克服外部经营环境复杂多变及内部安全事故对企业的重大影响，克服有序用电、资金紧张、疫情影响、队伍波动、历史遗留问题突出等严峻形势，保持了企业稳定、队伍稳定，深化改革稳步向前。

二、生产经营

2021年，斗南锰业生产铁合金13080吨、矿石5.78万吨、高锰酸钾2569吨、锰粉3881吨，实现营业收入2.14亿元，同比减少0.91亿元，减少−29.76%，亏损2.31亿元，同比减亏499万元，减亏率2.12%。剔除历史费用1.99亿元，亏损0.32亿元，较上年同口径减亏2200万元，期间费用较上年减少1009万元（主要是在中国铜业的帮助下减少财务费用1202万元），出售商铺及闲置土地增加利润759万元。

主要经济指标一览表

表51

项目	单位	2020年	2021年	增长（%）
资产总额	亿元	2.44	2.33	−4.51
工业产值	亿元	2.74	1.47	−46.35
营业收入	亿元	3.05	2.14	−29.84
利润总额	亿元	−2.36	−2.31	−2.12
税收贡献	亿元	0.15	0.12	−20.00
全员劳动生产率	万元/人·年	555	369	−33.51

三、安全环保

2021年，斗南锰业质量、环境、职业健康管理体系运行情况良好，但安全管理目标和环境管理目标未能实现。6月2日，矿山发生一起冒顶片帮事故，导致一名承包商员工死亡，矿山停产，对公司生产经营造成严重影响，安全管理体系审核分值未达到既定目标。遵循PDCA循环的科学程序不断完善，通过体系运行，强化公司的管理机制。

2021年，通过推行CAHS和CAE体系，融合安全标准化的相关内容，企业在生产经营极度困难、人力资源极度不平衡的背景下，逐步改善员工工作环境，持续改进安全环保管理，事故频率逐年下降，安全环保管理持续向好。

四、科技创新

进一步深化全要素对标，打破传统思维，通过优化冶炼工艺，少溶剂法一次实验成功，二号炉如期完成改造，硅锰生产达到预期目标，主要经济技术指标稳中向好，有序推进产品结构优化。企业科技创新投入1384.3万元，已有授权专利14件，科技人员占比13.58%。

五、改革发展

斗南锰业系统推进股债转让、资产盘活、环保整改、历史遗留问题处置等各项工作，促进企业深化改革，多家意向方完成现场尽调和报价工作，企业整体处置工作取得实质性进展。完成中央环保督察问题白姑矿段矿井水及水淹塘界外渣场问题整改，综合治理费用由1500万元降至270万元。加强资金计划管理，积极争取缓缴、减免税费，缓解资金支付压力，及时向中铜汇报资金情况，2020年存量借款16.34亿元全部实现续借，续借后融资利率由上年的5.80%降至4.47%，全年降低财务费用1202万元，降低税费296万元。

六、党建与企业文化

2021年，斗南锰业始终坚持党的百年奋斗历史经验，弘扬伟大建党精神，深入推进党史学习教育，深化全要素对标成果，强化党建与业务工作双向融合，为完成全年各项目标任务提供了坚强保障。

扎实开展党史学习教育。认真组织党委中心组学习、党史专题读书班、领导讲党课，各基层党组织开展党史专题学习，深入开展“超标赶标我能干成什么”大讨论。以建党100周年为契机，开展“两优一先”评选表彰，“颂歌献给党、永远跟党走”七一晚会，先后组织党员职工开展义务植树、义务劳动等主题党日活动。组织开展“学党史、深对标”党务工作者技能比武活动。紧紧围绕企业实际和现状，开展“学党史、强党性，我为群众办实事”实践活动，梳理办实事30项，已办结30项。

抓好党员干部队伍建设。领导班子推行任期制和契约化管理改革，中层管理人员推行公开竞聘上岗和任期制。原有10个职能部门调整为“六部”。认真落实“四同步、四对接”要求，党支部从22个优化调整为9个，进一步配齐配强支部书记和支委班子。在老山干部学院组织“党史学习教育专题培训班”，学习老山精神和新时代西畴精神。高度关注职工思想动态，通过“五必访”等载体全力做好信访维稳工作，确保“思想不乱、队伍不散、工作不断”。

持续夯实党建工作基础。严格执行“双基”工作清单，继续深入开展标准化党支部达标创建。推进党建工作责任制考核，实施月季年工作机制。制定“两带两创”奖励实施办法，召开立项会、推进会、验收评审会，做到月度监督、季度总结、年底结项验收和评比表彰，完成三个项目结项验收工作，共创效237万元，奖励资金2.67万元。

持续强化纪律作风建设。压实党风廉政建设主体责任，落实“一岗双责”，强化“不能腐”体制机制建设，“废改立”共计122项制度。开展常规性约谈累计103次，警示性约谈累计5人次。参加中铝、中铜党风廉政警示教育视频会议 4 次，召开公司党风廉政警示教育会议 4 次。开展承包商整治、库存呆滞物资等专项监督，做实纪检干部“接地气”等工作。全年运用“第一种形态”处置 3 人次，运用“第二种形态”处置 3 人次，运用“第三种形态”处置 1 人次。

增强群团组织的凝聚力。深化“安全干净”班组创建，持续开展创新创效、合理化建议、职工提案征集等品牌活动，继续做好困难职工帮扶、送温暖慰问、职工医疗互助等维权帮扶工作。积极开展喜闻乐见的文化体育活动，关注职工思想动态，组织游园活动、座谈会、歌咏比赛等文体活动，职工覆盖面大幅提升，维护队伍和谐稳定。

撰稿／李宗南

中铜投资有限公司

一、基本情况

中铜投资有限公司（简称中铜投资）成立于2011年9月15日，注册资本10亿元（实缴出资6.82亿元），员工总数（在岗）35人，资产总额14.54亿元，资产负债率84.96%。

主营业务范围：股权投资，项目投资及管理，经济信息、商务信息咨询等。办公地址：云南省昆明市盘龙区华云路1号22楼。

2021年，中铜投资紧盯任务目标，做好存量工作，在资本运作项目、“两非”处置、资产盘活、债权清收方面均取得实质成绩，完成中国铜业任务目标；积极探索增量业务，在多方努力后，完成中国铜业第一新产品的设立，开拓了新业务。

二、经营情况

2021年中铜投资坚决贯彻落实中国铜业各项部署，紧紧围绕中铜投资党委“强领导、促规范、提质量、增效益”十二字工作主线，结合股权管理运营平台定位，在本部及所属企业无增量业务等严峻形势下，有针对性地采取有力措施，千方百计完成年度各项目标任务。合并营业收入1.12亿元，净利润−0.53万元。

主要经济指标一览表

表52

指标名称	单位	2020年	2021年	增长（%）
工业总产值	亿元	2.1	0.67	−68.1
销售收入	亿元	2.29	1.12	−51.09
利润额	亿元	1.69	−0.53	−131.36
所有者权益	亿元	4	2.19	−45.25
纳税额	亿元	0.85	0.15	−82.35
净资产收益率	%	54.23	−17.04	−71.27
产值劳动生产率	千元/人	1949	668.25	−65.71

三、安全环保

2021年，中铜投资严格落实“安全第一，预防为主”的方针，认真履行“一岗双责”，加强推行安全生产责任制，强化正向激励和事前监督，坚持把安全环保管理工作纳入日常工作的重要议事日程，以精准管理体系为主线，不断提高员工安全防范意识。2021年，实现了安全生产经营零事故，各项工作安全、稳定、正常运行，完成公司安全环保工作目标。

四、改革发展

（一）金融资产项目

中铜投资始终以化解存量项目风险，增加创新创效新路径为思路。2021年中铜投资存量金融资产通过分红共计获取投资收益667.3万元。一是红塔证券项目。参与配股，并获配1513838股，有效避免了股东权益被摊薄及市值严重缩水的风险。二是中金岭南项目。结合市场及减持新规的要求，通过大宗交易与资管计划承接相结合的方式，分五次交易承接2.29%的中金岭南股票，完成通道拆除工作。三是盘活现有金融资产。通过成立资管计划承接公司1.6亿元红塔证券、中国中冶和中金岭南股票，完成了沪市及深市股票底仓的建仓，确定1.7亿元打新产品规模，2021年实际打新资金1000万元，并于2021年12月开始由资管计划实际开展网下打新业务，有效盘活存量股票。

（二）"两非"治理工作

2021年中铜投资共完成13项考核任务，减少9户股权。其中，云南省工投完成股权内部整合；上海滇鑫浦慧完成股权协议转让；珺安保险、云创招标完成股权挂牌转让；塑木公司完成破产重整及后续实施工作，实现中铜投资持有塑木公司股权退出，克服重重困难争取中铜投资因履行担保责任而代偿的5023.04万元普通债权通过以物抵债方式获得优先清收，取得两宗抵债土地162.21亩产权证书，并申请退回已缴纳的契税款172.79万元；证交中心取得破产受理裁定并协调破产管理人开展破产后续工作；云芯硅材取得破产清算受理裁定，管理人已全面进场开展工作；慧晶光伏注销前序工作全部完成，并联系云芯硅材管理人办理解封及注销事宜；云冶股权基金完成注销工作；盈川基金经合伙人大会已启动清算注销；北京汇金处置方案经中国铜业总裁办公会决策通过，已启动先行自主清算相关工作；进出口物流完成处置方案决策并启动实施，正在开展以物抵债相关工作；玉溪云天化股权转让已和大股东达成一并处置意向。

（三）逾期债权清收工作

云南资本借款本息完成清收。在中铝集团、中国铜业的支持协调下，将中铜投资对云南资本在《借款合同》项下的逾期债权本金1.808亿元、利息罚息及违约金，以及在《委贷合同》项下的逾期罚息纳入中铝集团与云南省国资委战略合作范围内统筹协商解决。各方于2021年8月16日签署《关于〈关于中国铜业有限公司的战略合作暨增资扩股协议〉等协议之补充协议》。通过数次发函以及主要领导、分管领导定期上门沟通，最终于2021年12月8日，云南资本按照补充协议约定向公司支付履行还款义务，向中铜投资支付本金及利息191326577.78元，2021年共收取云南资本借款本息合计194942577.78元，实现该笔债权清收。华川项目持续跟进参与主债务人北山公司及担保人大足酒店破产清算程序，依法合规催收剩余债权。

（四）资产盘活工作

和谐世纪房产积极推进出租工作，盘活二楼2691.47平方米资产，实现应租尽租，实际出租率达100%。2021年，收取租金共计389万元，同比增效74%。石林水石坊房产拟定盘活方案，与当地政府对接，同时积极寻找意向方。鹏呈老厂房一是积极与租赁方对接，续签租赁合同，严格把关安全环保事宜，全年无安全事故发生，共收到租金3万元；二是协调税局开具税票，并推进产权证办理事宜。重庆涪陵土地一是进行现场查验，聘请土地看护，防范土地被他人侵占；二是积极对接当地规划部门，了解整体发展规划及变更土地性质流程；三是积极寻找潜在合作方，推介项目土地，研究制订盘活方案初稿。进出口物流房产盘活，督促、协助进出口资产盘活工作，2021年，累计收取租金

1032.04万元，完成年度目标任务的122.45%，实现自有资产全部盘活。

（五）企业管理工作

管控体系不断完善。一是持续推进制度梳理。2021年完成新建制度3项、修订制度8项、废止1项。二是根据中国铜业审计部在协同平台开展全面风险管理体系建设的统一安排部署，对中铜投资全面风险管理进行系统梳理，形成系列体系化文件和成果，持续提升中铜投资全面风险管理水平和能力。三是进一步加强责任落实。2021年，中铜投资召开各类专项工作会议75次、总经理办公会25次，督办事项50余件。

队伍建设持续加强。根据任期制和契约化管理工作要求，完成制定方案、岗位说明书、协议书和责任书内容的起草、决策、签订。完成滇鑫浦慧3名职业经理人选聘、管理等工作；全年调整干部1人和试用期满干部考核转正2名。

五、党建与企业文化

（一）加强理论学习，强化政治引领

一是深入开展党史学习教育。组织召开5次党史学习教育集中学习研讨会，编发14期工作简报。中铜投资党员领导班子成员及全级次党组织书记讲授党史学习教育专题党课5次。二是做实中心组学习。召开中心组专题学习会7次，学习内容45项，编发学习简报7期。

（二）加强党建对标，夯实党建基础

一是强化责任落实。签订年度目标责任书，建立完善季度党建督查考核机制。二是强化整改对标。2021年，完成3个党建制度修订下发，进行中铜内2家企业的全要素对标工作。三是认真组织开展庆祝建党100周年活动。组织开展“七个一”主题活动。2021年“两带两创”立项8个项目，其中向中国铜业党委申报5个。2021年公司直属党支部分别荣获中铝集团、中国铜业先进基层党组织。

（三）打造特色文化，营造干事氛围

2021年，中铜投资在中铜门户发表新闻宣传稿件15篇，在《中铜视界》刊发文章1篇，在有色新闻微信公众号发表新闻1篇，在《中国有色金属》刊发文章4篇。中铜投资微信公众号推送信息127期，稿件253篇。

（四）强化政治监督，塑造清风正气

一是压实全面从严治党责任。组织全级次监察对象共53人签订廉洁从业承诺书。二是开展制度执行情况专项检查。对4项制度执行情况进行抽查，发现问题11个，督促完成整改问题11个。2021年中铜投资团委荣获中铝集团、中国铜业团委授予荣誉3项。

撰稿／贺　让

中铜资产经营管理有限公司

一、基本情况

中铜资产经营管理有限公司（简称中铜资产）成立于2020年1月，注册资本0.5亿元，员工总数（在岗）758人，资产总额36.65亿元，资产负债率79.05%。

主营业务范围：主要从事资产、土地盘活、房地产开发、装备制造及工业服务、物业管理、职业卫生健康服务。办公地址：云南省昆明市盘龙区华云路1号中铜大厦28楼。

2021年，中铜资产以“做实、整合、突破、开拓”为工作主线，实现净利润5160.69万元，完成全年确保目标129.02%，奋斗目标103.21%，全级次企业都实现盈利。

二、生产经营

深入贯彻“价值创造、效益导向”理念，通过全要素对标、阿米巴经营管理工具导入等措施，实现营业收入10.87亿元，同比增长43.56%；利润总额6706.3万元，同比增长31.06%；净利润5160.69万元，完成全年确保目标129.02%，奋斗目标103.21%，净资产收益率ROE 6.79%。

主要生产经营指标表

表53

指标名称	单位	2020年	2021年	增长（%）
资产总额	亿元	0.36	0.37	2.78
工业产值	亿元	0.72	0.79	9.72
营业收入	亿元	7.57	10.87	43.59
利润总额	亿元	0.51	0.67	31.17
税收贡献	亿元	0.90	0.88	−2.22
全员劳动生产率	千元/人	34.30	35.68	4.02

三、安全环保

中铜资产全年轻伤及以上生产安全事故为零、环保事故为零。全力配合中央环保督察整改、中国铜业2021年安全环保督察及CAHSE体系考评，2020年108项问题全部整改完成。认真学习贯彻新安全管理办法，有效开展作业安全风险辨识评价和重要危险源的管控。生产班组全部推广运用CARC表、“葡萄图”、长周期安全班组，全面启动承包商安全管控攻坚行动、危化品专项整治行动，抓实抓牢常态化疫情防控。公司职业健康安全精准管理体系考评得分72.5分、环保精准管理体系考评得分80.11分。

四、改革发展

全面深化国企改革三年行动，推动公司组织架构重塑和管控体系重构，形成六个职能部门与非经营性资产盘活、地产开发、装备制造、物业管理、职业卫生健康服务等五项业务协同发展格局。逐步完善治理体系并提升治理能力，加强董监事队伍建设，修订公司《决策权限管理办法》《“三重一大”决策制度实施办法》等53项制度，厘清治理主体权责边界。任期制契约化协议签订100%。两地产、两物业快速融合，实现“1+1＞2”的聚合效应。冶金医院实现与昆明市二院业务深度合作。

中铜资产托管“三本部”资产，土地面积519万平方米，房屋面积48万平方米，资产账面原值18亿元。正常出租房产185345.23平方米，出租土地3209057.92平方米。2021年实现处置收入6.49亿元。清远云铜资产通过精准施策，以6.285亿元高价摘牌，溢价率达64.74%，超评估价2.52亿元的2.5倍。23年之久的新兴大厦18套房产以2043万元成功交易，较评估值增值310万元。15年之久的小康大道金水湾项目公建部分不动产权证及会泽铅锌矿728亩土地证顺利办理完成。收回巡津新村22号文物院资产并启动修缮准备工作。按照中铜统一部署，成立中国铜业在昆三块土地盘活专项工作组，对王家桥片区（西南铜业、云铜锌业）2117.04亩、茨坝片区（昆明重工）816.21亩、金马寺片区（浩鑫铝箔）171.33亩土地进行盘活管理。与昆明市政府达成土地盘活模式共识。磨憨土地形成盘活方案上报。玉溪项目取得二期“建筑工程规划许可证”。正基地产文山项目、建水项目进入收尾阶段。

2021年，马街廉租房诉讼案件获得终审判决。云铜地产成功收回福保1350万元债权，代收福保投资公司第一笔土地补偿款9000万元，为彻底解决福保投资公司债权奠定基础。完成防腐保温注销；佳盛慧洁获得破产受理裁定。逾期债权累计清收1866.47万元，实现清零目标。“三供一业”分离移交全面完成。

五、党建与企业文化

截至2021年12月31日，中铜资产共有党组织28个（其中党委3个，党总支2个，党支部23个），党员399名（其中在岗党员338名）。

思想政治建设持续加强。组织党委理论学习中心组学习8次，学习篇目84篇，编发简报9期，专题研讨9次。全年召开党委会29次，研究、审议议题193个、前置议题45个，前置落实率100%。与下属党组织分别签订2021年度党建目标责任书。

党史学习教育成果丰硕。下发《党史学习教育实施方案》“工作推进计划表”，列出12个方面共73项任务清单。将党委理论学习中心组学习、党支部“三会一课”“两学一做”和主题党日集中学三个维度的学习有机串联。举办专题读书班1期，党员集中轮训班2期，讲授专题党课26次，举办党史故事会5场次，红色观影10次。开展党支部结对共建、志愿服务活动34次，开展领导班子“强党性、攻难关、讲奋斗、开新局”专项行动，建立“我为群众办实事”90项，办结率100%。

问题整改从严从实从细。年度党建工作考核反馈问题整改完成率100%。贯彻落实情况“回头看”工作，查摆出5个问题，制定13项整改措施，整改完成率100%。

党建基础工作不断夯实。撤销27个空壳离退休党支部。组织入党积极分子和发展对象、新任职党支部（副）书记参加培训班，1011 人次参加了 14 期中国铜业党建微课堂，组织党员集中轮训班 2 期。设立党员先锋岗 26 个，党员责任区 14 个，“两带两创”全年立项项目 44 个，实现创效约 2.4 亿元。推荐评选中铝集团和中国铜业优秀基层党组织 4 个，优秀党员 4 名，优秀党务工作者 5 名。

人才队伍建设不断深化。制定中铜资产“十四五”人力资源规划和《中铜资产优秀年轻干部培养实施方案》，细化三大人才队伍的培养。牢固树立正确选人用人导向，全面推行任期制和契约化管理及职业经理人改革任务。坚持培养“育苗工程”，注重对年轻优秀干部的培养、选拔和使用。

监督执纪力度持续提升。领导班子约谈 58 人次，“大监督”专项检查四轮次，推进 204 个问题整改，与中铜国贸、昆明冶研院开展对标共建，“接地气、再监督”发现问题 86 个，完成效能督查项目 6 个。“不能腐”制度废改立 53 项，召开警示教育大会 2 次，通报典型案例 15 起，教育警醒 180 余名，发送廉洁短信提醒 1280 人次、明察暗访 6 次，信访举报核查 9 件，批评教育 16 人次、警示性约谈 48 人次。

凝心聚力构建和谐企业。召开第二届一次工会会员代表大会，选举产生新一届工会委员会；召开一届一次职代会选举产生公司职工监事。召开第一次团员大会，选举产生第一届团的委员会。全年编发稿件 507 篇，中铜门户网站采用 45 篇，更新微信公众号 198 期。

信访维稳保密层层落实。修订保密工作制度 6 项，召开保密委员会会议 3 次，组织保密教育培训 2 次、全级次保密工作检查 2 次，保密知识竞赛，参加率、合格率均为 100%。做到关口前移，重心下移，杜绝重复信访、越级上访，把矛盾纠纷稳定在当地，化解在基层。

履行社会责任彰显责任担当。2021 年，中铜资产认真履行社会责任，围绕企业在发展过程中服务所在地经济建设与社会发展，开展安全生产、保护环境、社会捐赠等工作。在维稳方面，重点对建党 100 周年和昆明生物多样性国际会议期间的稳定工作做好安排部署并制订专项工作预案。

撰稿／李应俊

昆明冶金研究院有限公司

一、基本情况

昆明冶金研究院有限公司（简称昆明冶研院）成立于1998年9月7日，注册资本6000万元，资产负债率60.56%。

主营业务范围：绿色选矿，冶金环保，新材料新产品开发，检验检测，环境监测、咨询等多领域研究。办公地址：云南省昆明市圆通北路86号。

2021年，昆明冶研院贯彻落实中国铜业“深改革、深对标、深融合、多盈利”工作部署，围绕科技创新“主力军、排头兵、主战场”发展定位，全力建设“中国铜业科技研发平台”，深入推进“科研+产业”发展，构建“全员创新、全员创效、全员考评”工作体系。

二、生产经营

全年完成营业收入14396.66万元，同比增长62.22%，实现净利润1053.10万元，同比增长114.17%。

主要经济指标一览表

表54

项目	单位	2020年	2021年	增长（%）
资产总额	亿元	1.44	1.72	19.44
工业产值	亿元	0.70	0.78	11.43
营业收入	亿元	0.89	1.44	61.80
利润总额	亿元	0.11	−0.10	−190.91
税收贡献	亿元	0.05	0.07	40.00
全员劳动生产率	万元/人·年	25.78	28.43	10.28

三、安全环保

2021年，根据实际情况对2019版质量、环境和职业健康安全管理体系文件进行全面换版修订，完善管理手册，制修订程序文件33个，有关记录129个，初步实现体系文件与中铝集团CAHSE职业健康安全、环境精准管理体系及公司业务的融合。全年未发生质量事故和顾客质量投诉，未发生人身、设备等重大安全事故，无环境污染事件，体系运行通过外部年度审核。

四、科技创新

（一）科技创新投入

科技创新投入 4440.83 万元，申请专利 26 件，授权专利 16 件，科技人员占比 51%。2021 年获批中央引导地方科技项目等政府科技项目 20 项，到账科技经费 2055 万元，同比增加 33.7%。其中获批国家自然科学基金应用基础研究项目 5 项，经费 168 万元，在国家级项目立项方面实现新突破。

（二）科技创新举措

加强平台建设。国家重点实验室通过 5 年评估验收，初步完成重组方案；获批“工信部产业技术基础公共服务平台”，国家级创新平台增至 4 个；成立北京分公司，搭建技术前沿、方法多元、优势明显的创新平台。

加强“卡脖子”技术攻关。“秘鲁复杂铜矿资源高效分离利用技术研究”完成 KMY 系列铜钼捕收剂、HD 系列滑石抑制剂研发。实验室铜精矿铜品位由 18% 提高至 23.47%，铜回收率 80.06%；联合东北大学申报的“兰坪低品位难处理氧硫混合矿高效利用关键技术研究”成功揭榜“云南省首批科技揭榜制项目”“中国首批有色金属绿色低碳发展创新联合体项目”，氧化锌选矿回收率由 50% 提高至 70% 以上。

加强共性关键技术研发。一是资源开发利用领域。在彝良驰宏等 4 家企业开展系统磨矿分级优化。彝良驰宏磨机单位电耗降低 6.7%，单位钢耗降低 15.23%；金鼎锌业铅回收率提高 2%；青海鸿鑫磨矿成本降低 5%，回收率提高 1%；会泽矿业磨机电耗降低 5%，单位球耗降低 5%；在国际上首次实现极低品位铜钼混合精矿（钼品位＜ 0.2%）的清洁高效分离，普朗铜矿药剂成本降低 80%，钼回收率从 39% 提升至 75% 以上；挂牌成立迪庆矿业院企共建车间实验室，“高硫铁高氧化氧硫高效回收技术”使羊拉铜矿铜回收率提高 4.7%。二是资源综合利用领域。“铅锌冶炼污酸源头减排与资源综合利用”开发出污酸资源化利用先进工艺参数和技术方案，拟在行业技术推广；“铜电解过滤机渣综合回收硒、锑、铋、金、银等关键技术”提高了资源回收率，锑浸出率＞ 90%，铋浸出率＞ 90%，产品纯度达到 99%。三是新材料新产品领域。“轨道交通转向架铝合金轴箱体与焊丝材料基因工程”“铜材料专用数据库建设”等 7 个新产品研发顺利推进。四是加强成果转化。稀土阳极板在驰宏综合利用、金鼎锌业实现工业应用，销售额 1423 万元；新产品贵金属—铝基催化剂实现销售收入 2576 万元。五是加强人才队伍建设。入选省部级人才 1 人、中国有色金属学会杰出工程师和青年工程师 2 人。六是加强科技成果申报。“铝空气电池用铝（Al）阳极板材料及制备方法及铝空气电池用铝阳极板及其制备方法和用途”使国际发明专利授权实现“零”突破。“电子级多晶硅化学气相沉积机理及提质降耗研究”获 2021 年度云南省自然科学二等奖。

五、改革发展

（一）实施干部契约化管理

制定《昆明冶金研究院有限公司推行任期制和契约化管理工作方案》和《云南省有色金属及制品质量监督检验站推行任期制和契约化管理工作方案》，5 名领导干部纳入契约化管理并完成任期考核目标。

（二）完善激励机制

制定和修订《科技项目管理办法》《项目收益分红激励兑现方案》，实施科技项目分红激励 26.8

万元。

（三）夯实基础管理

建立全面风险管理体系，财税、内控、保密、信访、法务、信息化、采购、营销、档案、后勤、离退休等日常管理工作有效加强。岗位设置和劳务用工得到进一步规范。

六、党建与企业文化

（一）强化党建引领

召开党委会议26次，落实第一议题制度；审议事项267项，对101个议题进行前置审议，议事决策效率持续提高；深入开展党史学习教育，专题宣传38期；党委理论学习中心组学习研讨9次。制定《2021年党建和思想政治工作要点》，签订7份党建目标责任书、5份党建和党风廉政建设“一岗双责”责任书。开展2次党建和党风廉政建设督导考核。开展“赶超标杆我能干成什么”大讨论7次，“两带两创”立项14个，创效超过5000万元。

（二）强化纪律保障

党风廉政建设“一岗双责”履责事项完成率100%，年度累计约谈170余人次；“大监督”发现问题6个，全部完成整改；新建制度7项，修订6项，制度废改立计划完成率100%。

昆明冶研院党委获中国铜业“学党史、深对标”党务人员技能大比武三等奖、中国铜业建党100周年暨党史学习教育主题优秀组织奖；1个党支部获中铝集团示范党组织和中国铜业先进基层党组织，1个单位获2021年中国铜业“先进集体”；团委获中国铜业“五四红旗团委”，1个团支部荣获中国铜业“五四红旗团支部”；1人获中铝集团党员标兵、1人获中铝集团优秀党务工作者、1人获评中铝集团及中国铜业劳动模范。2人获中国铜业优秀共产党员、2人获评中国铜业优秀党务工作者。

撰稿／李　澄

中国铝业集团高端制造股份有限公司

一、基本情况

中国铝业集团高端制造股份有限公司（简称中铝高端制造）成立于2019年9月27日，注册资本150亿元，员工总数（在岗）13875人，资产总额303.71亿元，资产负债率58.5%。

主营业务范围：铝及铝合金、镁合金、钛合金、高温合金以及铝基复合材料等金属材料产品、制品、部件的生产和销售，来料加工，有色金属材料制造项目的开发、建设和运营，有色金属行业开发业务咨询，有色金属商品贸易及物流仓储，货物及技术进出口。产能规模：145万吨。办公地址：重庆市九龙坡区科城路60号康田西锦荟3栋4号楼。

2021年，中铝高端制造以党建为引领，以深化改革为抓手，以价值创造为导向，强化服务国家战略，牢牢把握市场机遇，加快追赶标杆步伐，推进体制机制变革，各项工作取得显著成效，发展站上新台阶。公司累计实现营业收入325.33亿元，实现净利润1.95亿元（还原IPO会计政策调整等因素影响实现净利润5.91亿元），净资产收益率ROE与南山铝业的差距缩小52%，经营业绩实现历史性突破。全年外销商品材累计产量132.46万吨，同比增长22.8%；销量133.7万吨，同比增长23%，一举跃升为国内产销规模最大的铝加工企业。高、精、尖民用产品中的金属包装材料、药用铝箔市场占有率国内第一，电子、印刷用铝材处于国内领先水平，行业引领能力大幅提升。全年A类产品销量9.2万吨，同比增长22%，高质量完成了“天和”号核心舱、“天舟二号”“嫦娥五号”“天问一号”“神舟十二号”“天舟三号”“神舟十三号”等国家重大工程材料任务。

二、市场分析

（一）价格走势

2021年，受新冠肺炎疫情、经济环境和国际关系变化等多重影响，市场形势复杂严峻。同时，随着国内铝加工材产能不断扩大，产品同质化逐步向中高端产品延伸，市场竞争日趋激烈。公司不断优化市场布局，开拓新产品市场，推进产品结构调整，板带材、箔材、挤压材、模锻件四大类主要产品加工费与2020年基本持平。

（二）市场供求

铝材市场总体需求保持稳定增长态势。国家节能减排政策的落地和交通领域轻量化发展需求，促使汽车、轨道交通等领域对铝合金材料需求逐步扩大，未来汽车用铝将保持高速增长。伴随新能源汽车的快速发展，铝制汽车车身板、电池系统、底盘系统等需求量大幅增长。同时，国内汽车板生产线产能的逐步释放，也将使市场竞争加剧。随着国内基础工业的良性发展和居民消费水平不断提高，3C 材料、包装印刷、电力电子、新能源等领域需求空间潜力较大。受益于国内经济稳定持续增长和居民收入水平不断提高，预计未来铝加工市场需求将稳定增长。

三、生产经营

2021 年，中铝高端制造外销商品材累计产量 132.46 万吨，同比增长 22.8%，其中 A 品产量 9.1 万吨，同比增长 22.6%；商品材销量 133.7 万吨，同比增长 23%，一举跃升为国内产销规模最大的铝加工企业，重塑市场格局。高、精、尖民用产品中的航空用铝材、新能源汽车用轻量化材料、金属包装材料、手机等便携式电子产品用铝材、药用铝箔五大类产品市场占有率全国第一，行业引领能力大幅提升。

2021 年，深入开展对标一流管理提升工作，全级次亏损企业较 2020 年减少 3 户，5 户企业同比增利 14252 万元，其中西南铝板带实现连续 9 个月盈利，累计利润 4807 万元，同比增利 11064 万元，一举摘掉连续九年的亏损“帽子”；陇西铝箔连续 8 个月盈利，利润同比增加 3501 万元，提前完成国务院国资委挂牌督办的减亏任务。浙江中铝自 2021 年 8 月实施职业经理人制度改革，实现连续五个月盈利，全年累计盈利 26 万元，同比增利 1554 万元。

主要经济指标一览表

表 55

项目	单位	2020 年	2021 年	增长（%）
资产总额	亿元	304.89	303.71	−0.39
工业产值	亿元	311.44	415.78	33.50
营业收入	亿元	218.16	323.93	48.48
利润总额	亿元	−4.98	1.72	6.7
净利润	亿元	−5.07	1.95	7.02
税收贡献	亿元	3.48	4	14.94
全员劳动生产率	万元 / 人 · 年	15.52	20.26	30.54
资产负债率	%	59.36	58.5	减少 0.86 个百分点
净资产收益率	%	−4.97	1.56	增加 6.53 个百分点
总资产报酬率	%	−1.6	2.16	增加 3.76 个百分点
研发投入强度	%	3.49	3.33	减少 0.16 个百分点

四、安全环保

2021 年，中铝高端制造持续加强职业健康安全生产标准化体系建设，抓住中央生态环境保护督察问题整改专项工作，实现“零工亡、零重伤、零污染”，轻伤事故人数同比降低 33%，按期完成中央生态环境保护督察整改工作，全面完成 2021 年度职业健康安全环保各项指标，同时西南铝、中铝瑞闽通过安全生产标准化一级企业评审，有力的提升中铝高端制造的整体安全管理能力。

落实节能减排方面，一是积极优化产业结构。组织各企业深入开展工艺节能和设备节能改造，2021年成品电单耗完成1027度/吨，较2020年降低136度/吨；天然气单耗完成103立方米/吨，较2020年降低8.9立方米/吨。从源头上减少污染物的产生，实现了节能减排。二是积极布局绿色新兴产业。2021年成立了合金化事业部，对贵州分公司、云铝海鑫等共54万吨合金化产能实施统一管理和统筹内部配套工作，从源头上实现了节能降碳。2021年，中铝高端制造熔铸工序再生铝利用56.33万吨，同比增加11.84%，再生铝利用率51.33%，同比提高1.43个百分点。2021年末，中铝高端制造成立了循环经济发展中心，统筹规划公司循环经济布局。

五、科技创新

（一）构建科技创新体系

托管中铝材料院并稳定运行，建立所属企业与材料院共同探索新型合作模式，通过扩充规模、资源整合，保障科技体系运行高效稳定；重庆国创轻合金研究院注册完成并开始运营，国家铝产业计量测试中心完成正式揭牌，国家轻金属技术创新中心、领域技术中心等平台筹建工作也取得阶段成效，为公司有效整合产业链、创新链资源、实现协同创新奠定良好基础；搭建联合创新平台，中国商飞—中铝集团联合实验室正式揭牌成立，并已开展项目攻关、材料对标、成熟产品清单等各项工作。

（二）科研项目进展顺利

国家项目申报。策划运作国家项目12项，已启动7项预先研究，申报项目3项，包括铝锂熔铸技术等。获批参研国家项目5项，包括7475厚板等。2021年，共获得外部科研经费8944万元（不含建设项目1.02亿元）。

在研项目进展。通过运用“挂图作战”工具，实施“风险指标灯”预警机制，建立滞后项目风险预案等强化项目管理措施，项目总体进展顺利。其中，2个项目已完成验收，8个项目已通过项目审计待（预）验收；7个项目已突破了关键技术；4个项目所研制的产品已实现装机应用。

关键技术突破。突破特宽幅超薄宽板高精平直度控制技术，4米级10毫米特宽板横向平直度达到3毫米以下；突破2X95铝锂合金5米异形环工程化制备技术，实现了5米级整体环件由矩形截面到异形截面的转变，交付重量减少了55%；突破低淬火敏感性高强高韧7X85模锻件强韧性匹配关键技术，制备出合格7X85模锻件好机头窗框锻件；掌握某型号用7X50模锻件工程化制备技术，实现在某型号国产化批量应用；TAX5钛合金大规格棒材通过研制评审。

重大工程进展。中铝高端制造共承担–2领域项目9项，均按计划推进，总体进展良好，其中眼镜框项目已实现批量供应。所属企业共承担“1XX5专项”项目3项（12个子项目），均已完成攻关任务，并通过国务院国资委的绩效评估，预期获得国有资本金注入2.43亿元，其中2X97薄板、7X55厚板等5项产品已实现装机应用和小批量供应，7X65厚板等2项产品也即将实现装机应用，提升了XX型号自主保障能力。

（三）扎实推进民机铝材项目

扎实推进中铝集团与中国商飞制定的民机铝材研制“52311”任务，根据12个项目的年度任务目标，细化分解任务节点、责任人和预警机制管理。实现5个产品QPL，实现2个产品转阶段评审、完成1个产品性能评估、实现1个产品的核心技术突破。截至2021年底，大飞机铝材可供率达到33.3%。累计获得11项产品QPL，其中6项产品打破全球唯一供应商，4项产品打破国外垄断。尤其是大飞机机翼壁板的装机应用，标志着我国民机用超大规格高强高韧预拉伸板彻底突破国外技术封锁，真正解决民机关键材料的“卡脖子”问题。

（四）保障研发投入与成果管理

以年度考核月度督导为抓手，分解落实研发投入目标指标，保障科技资源投入，促进科技成果产出与转化。研发投入方面，中铝高端制造全体单位的研发投入强度为3.29%，完成相关考核要求3%。专利方面，截至2021年底，公司有有效专利数1589件，其中发明专利590件，占比达到37.1%。

六、改革发展

（一）深化改革

印发《中国铝业集团高端制造股份有限公司深化改革三年行动实施方案（2020—2022年）》，确定47项改革任务。截至2021年12月底，47项改革任务完成了35项，完成率74%，达到国务院国资委要求三年改革任务完成70%的年度目标。一是制定印发《中国铝业集团高端制造股份有限公司“三重一大”决策制度实施办法》和《董事会议事规则》《监事会议事规则》，实现权责边界清单化和决策流程规范化。二是全级次共19户企业纳入董事会应建范围，全部完成董事会建设，实现外部董事占多数。三是制定印发《中国铝业集团高端制造股份有限公司落实董事会职权实施方案》，根据所属企业管理成熟度，选择西南铝、东轻等三家重要子企业试点落实董事会职权。四是以任期制和契约化管理改革为抓手，完善权责利匹配机制。

（二）规划发展

编制“十四五”发展规划，围绕规划目标实施一系列重大投资项目，一是做强做优红旗工程。西南铝自主化能力建设、航空薄板及汽车板生产设备技改和东轻纵推式铸锭加热炉等项目建成，推动东轻JGJ项目获批，保障了航空航天、国防军工及国家重大工程需求。二是做优产业布局。新开西南铝、东轻关键窄口工序拓宽项目、中铝萨帕交通用铝精深加工生产线、洛阳铝加工全油回收等项目，从产能挖潜填平补齐、深加工产业链延伸、绿色环保等多方面入手，实现内涵式高质量发展。三是成立循环经济办公室，推动再生铝循环利用体系能力建设工作，开展相关项目前期论证。四是开展信息化、数字化和智能化产线能力现代化建设，成立信息化中心，建设运营管理平台项目，推进公司“总部+多基地”的一体化管控模式。

资本运作方面，成立上市办，按照2023年登陆资本市场的目标，在上市辅导机构的指导下全力推进IPO各项工作。

七、党建与企业文化

（一）党的建设

政治引领思想铸魂聚人心。充分发挥“报网端微刊”作用，中铝高端制造、西南铝、东轻等企业6次受到央视采访，扩大了企业的影响力。

责任压实基础夯实强根基。全面梳理党建、宣传、党风廉政建设等制度。专题研究制定《2021年党建责任制考核实施方案》，差异化考核各直属党组织。各级党组织“两带两创”项目立项764项。

党史学习教育宣传引导出实效。开展“寻根中国工业精神　奋进中铝高端时代”党史学习教育现场交流会，传承红色基因、汲取奋进高端新征程的磅礴力量。东北轻合金加工厂项目入选中央企业工业文化遗产，西南铝3万吨水压机入录中国共产党历史展览馆。各企业领导班子成员、党支部书记、先进典型代表讲党课527人次。全级次开展“我为群众办实事”合计1031项，受益人数达52810人次。编制《中铝高端制造党史学习教育简报》90期，“中央党史学习教育简报”上稿1篇，国务院国资委党史学习教育简报上稿4篇。

群团共建文化融合筑和谐。9月成立中铝高端制造工会。搭建岗位大练兵、技能大比武、创新工作站、青年突击队以及创新创意大赛多个平台，有效提升群团组织的凝聚力和战斗力。制作企业宣传片、宣传册，以多种形式弘扬企业文化和亮点。

（二）纪检监督

落实全面从严治党向纵深发展，聚焦“国之大者”“一把手”精准监督。持续跟进督促各企业抓实中铝集团党组巡视反馈问题整改，做深做实日常监督，动态更新监察对象台账、廉政档案，审慎出具党风廉政意见，整合监督资源，统筹监督力量，促进各类监督贯通融合、协调协同，不断完善“六位一体”特色“大监督”体系。

八、履行社会责任

2021年，按照集团《社会责任“五步法”指南》，建立健全社会责任组织，推动社会责任工作融入业务运营，加强与利益相关方的沟通交流，建设有中铝高端制造特色的社会责任工作体系，促进公司与社会共同和谐发展。

撰稿／王　伟

西南铝业（集团）有限责任公司

一、基本情况

西南铝业（集团）有限责任公司（简称西南铝）成立于1982年2月2日，注册资本44.18亿元（其中，西南铝集团32.54亿元，高精板带事业部11.64亿元），员工总数（在岗）5454人，资产总额98.72亿元（其中西南铝集团70.34亿元，高精板带事业部28.37亿元），资产负债率77.56%（西南铝企业）。

主营业务范围：铝及铝合金、镁合金、钛合金、高温合金以及铝基复合材料等金属材料的生产和销售；铝及铝合金等金属材料的技术开发和服务；货物及技术进出口（除依法须经批准的项目外，凭营业执照依法自主开展经营活动）。产能规模：总产能157.1万吨。其中，熔铸生产线产能41.6万吨，热轧生产线55万吨，冷轧生产线57万吨，挤压生产线3万吨，锻造生产线0.5万吨。办公地址：重庆市九龙坡区西彭镇。

2021年，面对经济形势复杂多变、新冠疫情多点散发、有色金属价格震荡、能源供应出现短缺等一系列严峻挑战，西南铝切实将党史学习教育成效转化为推动工作的奋进力量，各项经营指标均取得历史性突破，实现"十四五"良好开局，以历史最好成绩向建党100周年献上一份满意答卷。全年实现营业收入275.7亿元，同比增长27.2%；出口创汇3.2亿美元，同比增长52.2%；经营利润超2亿元，创下历史新高。

二、生产经营

一是坚持以全要素对标为抓手。通过增配圆锭工装、增加铺炉面积、减少辅助时间等有力措施，大幅提高了生产效率，产量连续8个月超过5万吨。二是进一步健全设备标准化管理体系。对884个设备名称、429块设备标牌以及350项设备规程进行了统一规范。三是能源管理坚强有力。2021年，西南铝企业外销量57.8万吨，增幅26.5%；出口销量10.5万吨，增幅16.2%。

主要经济指标一览表（含高精板带事业部）

表56

项目	单位	2020年	2021年	增长（%）
资产总额	亿元	94.22	98.72	4.78
工业产值	亿元	167.45	247.53	47.82
营业收入	亿元	186.76	275.74	47.64
利润总额	亿元	0.45	1.21	168.89
税收贡献	亿元	1.67	1.51	−9.58
全员劳动生产率	万元/人·年	317.02	429.89	35.60

三、安全环保

安全方面。西南铝常态化抓好疫情防控工作，全年足额保证安全投入，不断改善安全生产条件，大力实施安全风险抵押金制度，全面推广“葡萄图”安全管理工具，持续重奖激励安全环保隐患举报，持续实施全员累进式安全奖，为安全生产提供基础保障。认真监测有毒有害危险因素，并对深井铸造、天然气、危化品等重点领域开展多次专项检查。2021 年，全年未发生轻伤及以上事故，未发生新冠肺炎疑似或确诊病例；顺利通过国家安全生产标准化一级企业考评；全年足额提取并使用安全生产费用 1488.6 万元，全年举报安全（含消防）、环保、现场管理等问题、隐患 6122 人次、11074 条，奖励 3.6 万元；全年兑现全员安全奖励 899.11 万元，促进员工安全管理“四责”意识提升。

环保方面。一是持续优化装备实现节能。投资 411 万元，完成 5 个节能技改项目，年节约价值 225 万元。二是持续推进工艺节能。通过优化生产工艺、改进工装、有效加大装炉量，降低产品热处理工序电单耗，年节能源费用约 130 万元。三是危险废物“三化”工程取得阶段性进展。污染物排放稳定达标，全年未发生环境事件，工业废水及工业废气污染物稳定达标排放。全年实现固体废物合规处置率 100%，工业水重复利用率 95.5%，工业固体废物处置利用率达到 98.88%。四是主动争取并新增碳排放权量。共争取到碳排放权益 2.7 万吨碳当量，价值约 106.6 万元。五是持续对厂区、现有闲置空地进一步绿化。共绿化面积 3800 平方米，加大固碳、降碳效果。2021 年，荣获重庆市安全生产先进企业称号，首次获得重庆市环保诚信企业称号（重庆市企业环境信用最高等级）。

四、科技创新

加大科技投入力度。全年共投入研发费用 39837 万元，其中研发人员人工费 11171 万元，研究开发性固定资产支出 8386 万元，材料费等其他研究开发支出为 20279 万元。

科研实力不断增强。西南铝顺利成为大飞机先进材料创新联盟理事单位，并作为唯一民口单位受邀参加了国防工业科技成果转化对接会；西南铝技术中心被评为第一届国防科技先进集体；“航空航天团队”荣获 GF 科技工业优秀团队、荣获重庆市英才创新创业示范团队；技术中心副主任师温庆红入选“2021 重庆英才计划·创新创业领军人才”名单。

科研项目硕果累累。承担的 28 项国家级课题攻关任务全部完成，有力地保障了国家重大需求。开发并掌握了 LL 合金热顶铸造、LL 合金异型环轧制等国际先进加工技术，以及航空用 XXXX 合金模锻件、高性能舰船用铝合金板材、高性能汽车铝合金材料、高性能航天用异形环件轧制等技术。其中，“高性能航空铝合金宽幅预拉伸板”“航空用高性能 7XXX 铝合金大规格锻件”荣获有色协会科技进步一等奖；2XXX 薄板、2XXX 型材、轮毂及窗框获得商飞工程批准书；7XXX 厚板等 12 个国家重点项目取得批复，2XXX 耐热合金等 7 个国家课题完成申报，共获得国拨研发经费超过 5000 万元。

快速推进新品产业化。以航空材、船用板、LL 合金、汽车板、阳极板五大专项为抓手，企业领导挂帅，多系统联动，快速推进新产品产业化。2021 年，西南铝铝材产量、A 类产品分别同比增长 27%、25%；以 7XXX 铝合金厚板为代表的重点产品实现国产化替代；深耕船板、汽车板等民用市场，完成 2 个船用材料 CCS 认证，船板交付同比增长 20%，汽车铝材新增订单同比增长 40%，销量同比增长131%。专利申请再创新高。2021年申请专利49件，其中发明专利30件；获得授权专利62件，其中发明专利22件。

五、改革发展

深化改革激发活力。持续深化公司“双百行动”和国企改革“三年行动”，2021年完成改革任务15项，累计完成20项，完成率95%，提前完成年度改革任务不低于70%的目标。

装备升级提高产能。按照中铝集团和中铝高端制造的战略规划，针对自身的产能瓶颈和装备短板，实施了一系列升级改造、填平补齐的项目建设，大幅提升了高端铝合金材料的制造能力，不断增强了企业核心竞争力和盈利能力。其中，新增均热炉、预退炉、退火炉等项目陆续建成投产，极大提升了第三、四代先进铝合金铸锭的热处理能力；新增3号辊底炉提前实现达产达标，极大提升了大规格铝合金厚板淬火能力，预拉伸板产能再上台阶。新2800毫米冷轧机组已投入生产运行，为满足汽车板轻量化批量生产奠定了坚实基础。

六、党建与企业文化

突出思想引领。将党史学习教育与庆祝建党100周年系列活动有机结合，举办了现场交流会、党务技能大比武、文艺汇演等一系列活动。全年共开展两级党委中心组学习208次，党史学习教育专题读书班66次；围绕“赶超标杆我能干成什么”大讨论，开展专题研讨16次；举办党建与业务工作双向融合专题研究会2次，举办“西南铝大讲堂”2次；在党史学习教育活动中，为群众办实事334项；评选表彰42名在公司建厂、改扩建、扭亏脱困和跨越时期做出突出贡献的优秀共产党员。

加强组织建设。进一步修订“1234N”党建工作体系，不断优化“双百分”考核制度；开展结对共建41对；设立“两带两创”项目240个。

坚持党管人才。拟定公司“十四五”人力资源发展规划，明确以高精尖创新型人才培养和高技能职工队伍建设为重点。

强化宣传品牌。围绕党史学习教育、“双百改革”、全要素对标等重点，讲好西南铝故事，凝聚西南铝力量。全年累计出版《西南铝》报49期、发布“中铝西南铝”微信公众号300余期。在外宣方面，抓住产量利润连创新高，“西南铝造”助力“天和”核心舱、“神州十三号”遨游星辰等亮点，树好外在形象，展示央企实力。中央电视台记者先后3次到公司采访拍摄。西南铝在省部级媒体和中央媒体上稿均实现50%以上增长并创历史新高，其中，献礼党的百年华诞纪念片《关键一环》在中铝集团中唯一获评中央企业庆祝建党百年百部微电影（微视频）优秀奖;《大国工匠》案例入选《国企》杂志百名优秀共产党员案例。

持续正风肃纪。大力整治形式主义、官僚主义，落实构建“大监督”体系实施意见及相关规则，把“大监督”与巡察工作相结合，形成监督合力，提升整改成效，保持了风清气正的良好政治生态。2021年，全年共走访慰问职工1088人次，发放困难补助、慰问金、慰问品等96万余元；积极推进“资源共享、活动共办”群团协同工作机制，针对生产保供和成品率提高开展专项劳动竞赛，参加“中国铝业杯”第十四届全国有色金属行业职业技能竞赛取得好成绩。

撰稿／程　钢

东北轻合金有限责任公司

一、基本情况

东北轻合金有限责任公司（简称东轻）成立于1956年11月，注册资本26亿元，员工总数（在岗）2746人，资产总额52.56亿元，资产负债率68.30%。

主营业务范围：铝镁及其合金铸造及加工产品，铝镁技术研发、咨询服务，质检技术服务，国内贸易及进出口贸易，道路普通货物运输，计量器具修理，铝制品及设备的制造、安装、检修，建筑机电安装。产能规模：18万吨。办公地址：哈尔滨市平房区新疆三道街11号。

2021年，在中铝集团党组和中铝高端制造党委的坚强领导下，以“快速提效、转型发展”为主题，以“价值创造”为导向，以“六个根本”为主线，统筹推进疫情防控、生产经营和党的建设各项工作，经营能力和经营水平持续提升，改革发展继续保持稳步上升态势。

二、生产经营

2021年，东轻商品产量160668吨，同比增加17060吨，增幅11.9%；营业收入457156万元，同比增加90466万元，增幅24.7%；利润总额12622万元，同比增加12856万元。

主要经济指标一览表

表57

项目	单位	2020年	2021年	增长（%）
资产总额	亿元	54.58	52.56	8.88
工业产值	亿元	35.6	43.67	22.65
营业收入	亿元	36.67	45.72	24.67
利润总额	亿元	0.53	1.26	138.61
税收贡献	亿元	1.10	1.59	44.53
全员劳动生产率	万元/人·年	15.50	29.27	88.8

三、安全环保

安全方面。年度共发生工伤事故14起，其中轻伤事故1起、限工伤害事件10起，医疗事件2起，包扎事件1起，着火事故3起，20万工时损功率

4.016%。一是以体系为抓手，全方位实施安全环保基础管理提升。高端制造CAHSE体系审核，职业健康安全得分75.4，环保得分83.71。二是全力推进安全环保责任落实。将安全环保责任书考评与二级班子安全绩效挂钩。三是强力推进“专项整治攻坚”工作。组织深井铸造、易燃易爆危化品及有限空间等专项隐患排查19次，排查隐患813项。完成熔铸厂“深井铸造”及中厚板厂等单位粉尘涉爆设备安全装置及附件升级改造。四是强化科技兴安、提升本质安全。安装24套新型气囊型清辊器、改造清辊连锁装置4台，消除员工清辊作业风险。五是持续强化现场安全监管。排查问题1195项，下发指令书293份，考核15.92万元。六是全力推进“安全管理工具”推广使用工作，创新安全培训方法。

环保方面。各项污染物指标全部达标，且污染物排放总量控制在许可范围内，综合排放达标率100%。一是完成中央环保督察问题清单专项全部问题整改46项，新编及完善环境保护管理规定9个，委托三方检测机构，各项污染物指标全部达标。二是加强危废管理，暂存间进行“三防”处理。三是加强环保技术创新，污污分流项目已进入可研编制阶段，环境绩效大大提升。

节能低碳方面。东轻公司生产用能主要是电力、天然气，所有电力和天然气均由外部购入。2021年，全年消耗原电力28022万千瓦·时、天然气2555万立方米、汽油59吨、柴油185吨，企业生产直接消费能源63638标准煤／吨。2021年完成产量160668吨，同比增加11.9%；综合能耗63638标准煤／吨，同比降低4.8%。

四、科技创新

研发投入和项目。全年完成研发投入14331万元，研发投入强度3.31%，圆满完成研发投入3%指标要求。

2021年，东轻公司承担配套科研项目11项，主要包括“5X56丝材”“7X50丝材”“7X75棒材”“2X24HDT板材研制”“7X50超宽板”等重点型号用铝合金材料研制项目，均取得突破性进展。“1X61船用铝合金板材”通过了稳定三连批工艺评审及转阶段评审，并完成模拟体供料；“5056丝材”“7075棒材”项目通过主导工艺评审，完成稳定批材料供料，并完成“7075棒材”的转阶段工艺评审；7050丝材通过了项目实施方案评审和主导工艺评审。

新产品和专利。包括铝镁钪合金系列产品、铝镁铒合金板材、高导电6101合金板带材。2021年，全年申报专利40项，其中发明专利30项、实用新型10项；获得专利授权24项，其中发明专利16项、实用新型6项。有效加强公司知识产权保护能力，保障公司高新技术企业、国家级企业技术中心需要。

五、改革发展

（一）改革改制

改革改制见成效。完成国企改革三年行动方案及三项制度改革目标。三个子公司、两个非法人单位的任期制和契约化管理及一个子公司职业经理人制度有效落地，明确了责权利及业绩指标、组织编制，开启了新型经营责任制管理模式。精密制造公司建立市场化管理考核机制，实施经理层聘任制和机构设置、人员配置优化，加工收入和净利润分别同比增长48%和32%。

用工改革深入推动。完善员工调整退出制度，建立以劳动合同为主体、岗位合同为补充的“能进能出”用工新规范。精减劳务派遣用工、协商解除富余人员、推进有期限放假及托管人员压减，压降 406 人（压降 10%），员工规模更加合理，在岗员工劳动生产率由 122 万元提高至 158 万元，同比提升 29.8%。薪酬改革深入推动。彻底摒弃运行 30 年的工资管理体系，形成与职业晋升相适应的十级薪档岗位绩效工资体系。完成 3165 名在职人员职级薪档核定，形成与岗位说明书相对应的个人考核办法，达到“人岗相适”的激励约束目标。

（二）重大投资

新开工项目立项实施。2021 年起动紧固件项目建设，完成投资 1471 万元，为项目在 2022 年早日投产奠定了坚实基础。东轻 A 品产能窄口拓宽项目全面进入制造阶段，2021 完成投资 1438 万元，为项目在 2022 年尽早投产、支撑产线快速发展奠定良好基础。

推进完工项目收尾。东轻在国防科工局立项实施的 GY 项目，2021 年 6 月通过国防科工局对本项目的竣工财务决算审计，12 月通过黑龙江省国防科学技术工业办公室的现场竣工验收，圆满完成本项目建设。

加快续建项目投产。2021 年续建重点项目纵推炉项目通过上半年加紧安装、调试、测试，于 6 月投产，新增加热工序产能 5 万吨。

六、党建与企业文化

党建工作。通过建立股东大会、董事会和党委会决策事项清单、权责清单，更加明晰各决策主体责任。落实国企改革三年行动部署，33 项具体措施全面落地落效。认真抓好全国国企党建工作会议精神落实情况“回头看”，推动 38 项整改措施落实到位。坚持“第一议题”制度，推行“理论 + 市场 + 专业 + 研讨”等“1+N”模式，全年党委中心组学习 17 次。践行学党史、悟思想、办实事、开新局。发挥新闻媒体优势，在 54 个媒体发表外宣 259 篇。专职副书记试点取得阶段成效，314 个“两带两创”项目深度做好功课，98 个“联建共建”，以业绩高于群众 5% 深化党员“双提升”。构建起双合同、三条线、五级师、十级台阶、17 级薪档新模式。推行任期制和契约化管理新机制，子公司职业经理人制度有效落地。

纪检监督。建立落实全面从严治党主体责任清单 14 个。全年监督检查发现问题 23 项，与相关单位负责人就问题整改谈话 11 人次，开展党风廉政建设责任约谈 738 人次。围绕重点领域开展专项监督 30 余次，组织梳理廉洁风险点 68 个。加强党风廉政教育。谈话提醒 502 人次，召开警示教育大会 2 次，学习中央和地方纪委监委通报曝光违纪违规典型案例 46 个。

监督体系。做好集团巡视审计问题整改。做实做深政治监督，对 19 名新提拔人员、236 人次评先评优等各类推荐人选进行党风廉政审查。全级次问责处理处分 26 人次，发挥惩治震慑作用。针对应收账款、超授信超账期等突出问题，组织研究，建立《禁止交易企业名单》，有效防控企业经营风险。

撰稿 / 赵成才

西北铝业有限责任公司

一、基本情况

西北铝业有限责任公司（简称西北铝）成立于1965年7月，注册资本7亿元，员工总数（在岗）1314人，资产总额10.87亿元，资产负债率65.25%。

主营业务范围：铝、铝镁材加工销售，铝材精深加工销售，铝焊材生产销售，货物进出口贸易。产能规模：综合配套产能1.5万吨（含外购铸锭5000吨）。办公地址：甘肃省定西市陇西县巩昌镇西郊坪。

2021年，西北铝深入贯彻集团2021年工作会议精神，坚持扭亏为盈工作总要求，以“两步走”为发展战略，以“1+6”为发展思路，坚持党建引领、聚焦价值创造、科技创新等重点工作，完成上级下达的各项考核指标。

二、生产经营

西北铝完成产量15818吨，同比增加16.99%，其中挤压材产量13438吨，同比增加19.52%，A品产量8815吨，同比增加27.59%。

2021年西北铝实现报表利润125万元，同比减亏3028万元；完成净利润25.9万元，较目标增加5.9万元；实现销售收入48654万元，同比增加45.04%，资产负债率65.25%，较目标降低0.37%，净资产收益率0.07%，较目标提高0.04%，应收账款周转率20.78次，较目标提高14.54次；在营业收入同比增加44%的情况下，“两金”同比下降6.11%，完成了绩效考核指标。

主要经济指标一览表

表58

项目	单位	2020年	2021年	增长（%）
资产总额	亿元	10.58	9.73	−7.98
工业产值	亿元	3.39	4.70	38.64
营业收入	亿元	3.68	5.31	44.29
利润总额	亿元	−0.29	0.01	104.30
税收贡献	亿元	0.17	0.26	47.92
全员劳动生产率	万元/人·年	8.58	12.32	43.59

三、安全环保

安全生产。层层落实安全生产责任，不断加强安全风险管控，对事故和违章行为严格考核，全年未发生重伤及以上安全生产事故、环境污染事故和职业病危害事故。接受省市县应急管理部门、工信局对熔铸深井铸造的执法监督检查5次。中铝高端制造审核组对公司CAHSE体系运行进行审核，安全74.36分，环保81.27分。制定专项整治三年行动方案，开展为期三个月的安全生产集中整治，通过 CQC 评审中心年度监督审核。

节能减排。累计消耗能源 8406.24 标准煤 / 吨，同比上升 8.01%；单位产品综合能耗 0.531 标准煤 / 吨，同比下降 7.95%；累计消耗电量 6712.57 万千瓦·时，同比上升 7.45%；单位产品耗电 4243.66 千瓦·时 / 吨，同比下降 8.43%；万元产值能耗 0.179 标准煤 / 吨，同比下降 22.08%。

绿色低碳。切实加强熔铸除尘除氟、污水排放等环保设施运行的监督管理，环境保护标准化通过定西市生态环境局评审，环境信用等级评级为良好。合规处置铝灰 743.18 吨。

四、科技创新

持续深化科技领域改革，加快科技成果转化应用，增加科研投入，发挥工艺技术和核心装备优势，充分调动科研人员的积极性和创造性，重点解决生产过程中的工艺技术问题，承担国家重大专项、甘肃省重大专项、重点研发项目、中铝基金项目共 5 项；4 项新产品通过甘肃省鉴定。2021 年研发投入占主营收入比重累计达到 3.39%、专利授权量累计达到 7 件、新产品销售收入占总销售收入比重累计到 17.78%，均完成年度指标。科技人员发表论文 8 篇。主持起草 2 项国家军用标准已审定，4 项中铝集团标准在撰写中，新申报的 1 项国际标准、2 项行业标准通过立项论证。

五、改革发展

改革改制方面。2021 年西北铝为落实国企改革三年行动工作任务，制定《深化改革三年行动工作实施方案》《经理层任期制和契约化管理工作方案（草案）》，完成经理层成员任期制契约化管理签约工作；对组织机构进行优化，撤销审计部、生产运行部、销售部，成立营销运行中心、设备保障中心，主管级机构减少 2 个、职数减少 3 名。

重大投资方面。累计完成投资 192.82 万元，其中 2020 年立项项目完成投资 115.21 万元，续建项目完成投资 77.61 万元。

资本运作方面。西北铝通过优化资产结构，加强债务风险管控，严控债务规模增长，优化融资结构，提升融资管理能力，确保资金安全等防控措施，资产负债率由年初 66.38% 降至年末的 65.25%，负债由年初 70267 万元降至年末的 63500 万元。大额资金的支付主要用于每月原材料采购、工资及工资性附加的支付、归还贷款、项目资金支付，2021 年共支付原材料款项 3.64 亿元，按时归还贷款 9.26 亿元，支付资本性支出 0.18 亿元。

六、党建与企业文化

党建工作。西北铝党委始终把习近平新时代中国特色社会主义思想，习近平总书记重要讲话、重要指示批示精神作为各类会议第一个议题，第一时间传达学习、第一时间开展研讨、第一时间贯彻部署，党委中心组集中学习 21 次，专题交流研讨 10 次。召开党委会 37 次，审议“三重一大”事项 63 项。深化党史学习教育，重点学习“四史”、习近平在庆祝中国共产党成立 100 周年大会上的重要讲话精神、党的十九届六中全会精神，组织开展“赶超标杆我能干成什么”“传承奋斗史、砥砺二十年、奋进新征程”大讨论，416 名党员完成“七一”重要讲话精神网络专题培训，组织 300 余名党员赴红色教育基地开展现场教学，不断深化对党的历史的系统把握，明确继承传统、立足当前、开创未来的实践要求。

纪检监督。制定《西北铝对“一把手”和领导班子监督的实施细则》和监督事项清单，做实对同级党委、“一把手”和领导班子的监督。对销售部、科技管理部领导班子分别进行诫勉谈话、谈话提醒，并给予经济处罚；党内严重警告、行政记过处分 1 人，诫勉处理 2 人，责令检查处理 1 人。新建 6 项制度，修订 12 项制度。制定《〈西北铝构建“大监督”体系实施意见〉及相关工作规则》；召开 2 次“大监督”工作协调会议，研究、推进“大监督”工作。对 2020 年集团党组巡视反馈问题的整改情况开展“回头看”，对党建两方面 4 个问题的整改情况进行“体检”，巡察整改率达 100%。

群团工作。持续开展“安全·干净”班组竞赛、创新创意大赛、产品产量提升劳动竞赛等活动，参与职工 960 多人次。投入 43 万余元，为全体在职职工进行职业健康体检。办理各类险种 2300 多人次，投保金额近 9 万多元。补发独生子女保健费 15030 元。开展走访慰问、困难帮扶，累计发放慰问补助金 13 万余元。组织开展“学党史强信念”“爱国爱企爱岗”“重走长征路——红色主题教育”“疫情防控”等多项主题团日活动。通过导师带徒活动，为青年成长成才搭建平台，

企业文化。以中铝高端制造“双向融合，四个看见”党建品牌为重要抓手，制定开展党建与业务工作双向融合项目对标改进的实施方案。各基层党组织围绕“党性教育、建言献策、技术攻关、技能比武、攻坚克难、提质降耗、志愿服务、走访群众 + 自选活动”等深入开展“8+X”主题党日 200 多次，在经济技术创新、合理化建议、“金点子”“银点子”等方面发挥聪明才智，有力助推企业改革发展和生产经营。充分利用企业各类自媒体发送稿件 1400 余篇，外刊省级以上新闻稿件 30 篇，征集政研论文 54 篇。《赓续红色基因　谱写军工报国》在光明网“企业最美之声”展播，《胡麻花开》获定西市新媒体一等奖。全年无重大意识形态问题发生。

社会责任。为帮扶村投入基础设施建设资金 7.58 万元，落实党建帮扶资金 0.88 万元，消费扶贫 30.71 万元，为 15 名考入大学的贫困户新生发放助学金 7500 元。为帮扶村安装 35 盏太阳能路灯，为村民安全出行和平安建设提供坚强保障。

撰稿／董立靖

中铝瑞闽股份有限公司

一、基本情况

中铝瑞闽股份有限公司（简称中铝瑞闽）成立于1992年10月16日，注册资本20.62亿元，员工总数（在岗）1447人，资产总额75.12亿元，资产负债率74.61%。

主营业务范围：有色金属压延加工，金属材料制造，有色金属合金销售，金属材料销售，货物进出口，技术服务、技术开发、技术咨询、技术交流、技术转让、技术推广，以自有资金从事投资活动，金属废料和碎屑加工处理，再生资源销售，再生资源加工，再生资源回收，生产性废旧金属回收。产能规模：44万吨。办公地址：福建省福州市马尾区罗星塔路8号。

2021年，中铝瑞闽认真学习贯彻习近平新时代中国特色社会主义思想，坚持以党的建设为中心，以创新+战略为引领，紧扣对标、考核、改革三大抓手，做实价值创造。全年实现商品产量37.83万吨，同比增长24.2%；销量38.13万吨，同比增长23.9%，其中国内销量26.81万吨、同比增长16.5%，出口销量11.32万吨、同比增长45.9%；产销率达100.8%；实现销售收入88.18亿元、含税销售额96.62亿元，瑞闽真正实现百亿规模，站上百亿台阶。累计实现经营净利润1.15亿元，创造出历史新纪录。疫情防控、安全生产、环保治理持续保持稳定。

中铝瑞闽大力推进“半月发货回款”的“两金”管控新机制，加快优化生产组织，高效产出，做到“快进快出”。严格执行应收账款回笼要求，压缩账期，减少应收账款，11月销售上半月回款达到53.02%，保障公司现金流高效周转，加快推进公司高质量发展。

二、生产经营

持续产品结构转型。原四大产品（即罐盖拉环料、罐体料、高档印刷版基和3C电子电器用铝）产出27.4万吨，同比提升12.6%。同时，汽车用铝产品产量大幅提升，包括汽车内外板、结构件、电池组件在内的汽车用铝产品产量达到4.7万吨，占总产量比首次突破12%。低附加值产品被进一步压缩至15%。整体产品结构向好向优转变，带来盈利增长的内生动力。

全面推进增产上量。2021年月均产量、销量均突破3万吨，最高月产量、销量均达到3.4万吨，实现历史新高。5月综合加工成本2972元/吨，首次实现3000元/吨以内目标，创历史新低。蓝园厂区的产量逐年攀升，从2018年的1.5万吨，到

2019年的11万吨、2020年的16.5万吨，至2021年已实现产量21万吨。公司订单持续增长，2021年全年承接订单40.33万吨，同比增长25%，创历史新高。2021年以达产达标、超产超标为目标，全力增产上量。确立月产销3万吨以上、订单3万吨以上，成本控制在3000元/吨以内的“3+3+3”专项目标，全年月均产量达3万吨以上，5月产量达到3.4万吨以上，创造出公司月产量新高。

主要经济指标一览表

表59

项目	单位	2020年	2021年	增长（%）
资产总额	亿元	71.17	75.12	5.55
工业产值	亿元	47.97	77.43	61.42
营业收入	亿元	53.05	88.04	65.96
利润总额	亿元	−3.36	−1.63	−51.49
税收贡献	亿元	0.12	0.25	108.33
全员劳动生产率	万元/人·年	11.24	5.35	−52.40

三、安全环保

安全管理提升。牢固树立安全发展理念，以安全生产标准化为主线，健全完善安全环保责任体系，推进HSE治理体系和能力建设，深入开展安全隐患排查整治攻坚行动，开展安全生产信息化建设，落实安全环保履职考核，职业健康安全和环境管理体系运行总体平稳。11月，通过应急管理部安全生产标准化一级达标评审，评为福建省循环经济示范企业。

环境保护。深入贯彻落实习近平生态文明思想，遵守国家和地方的环境法规，自觉承担生产现场及周边区域的环境保护责任。组织实施环境保护和节能减排措施，避免发生环境污染事件。公司积极响应国家关于节能减排的号召，以发展绿色循环经济为己任，注重履行企业环境保护的职责。是国家级绿色工厂，大气污染排放实现超净排放。

四、科技创新

继续以“生产一代、研发一代、储备一代”为原则，定制化、专业化开展产品研发和技术服务。

强化质量管理。层层分解质量指标，建立质量事件调查与问题整改机制，2021年实现综合成品率68.12%、同比提高1.26%，熔铸成品率91.08%、同比提高0.29%，热轧成品率89.09%、同比提高0.27%，冷轧成品率83.95%、同比提高1.04%，加工成品率77.64%、同比提高1.38%。

开展工艺改进。优化汽车板材固溶、预时效工艺，改进热轧工艺、缩短固溶时间，板材质量得到稳步提升；开发3003A电池盖板短流程盖板工艺等，大幅降低生产能耗及周期，提升生产效率。

推进科技创新。公司《51xx薄型罐盖料产品》获中铝产品质量奖；《手机用52xxHxx阳极铝合金板带材》入选省重点新产品目录。全年完成61项知识产权授权，其中10项发明，47项实新，4件软著权；主持行标2项，主持团标3项，参与国标3项，参与行标2项；专利申请71件，其中发明专利16件，实用新型55件。

五、改革发展

从绿色节能、提质增效、智能及信息化方面进行项目投资，全年完成19个设备改造和信息化项目，合计投资1654万元，实现效益1196万元/年，同时进一步提高公司信息化水平。装备AR技术指导系统投入使用，开启装备技术管理新模式。在远程装备技术支持上、在点对面的全局管控上、在事后的技术分析和培训上，该AR系统能够发挥较好作用。2021 年，公司装备故障率同比降低 30%，有力保障公司实现达产达标。

六、党建与企业文化

中铝瑞闽党委以习近平新时代中国特色社会主义思想为指导，深入开展党史学习教育、深刻领会“七一”重要讲话、党的十九届六中全会精神，突出党建引领，聚焦中心工作，充分发挥党委把方向、管大局、促落实作用，为全要素对标，全面推行价值管理，持续深化改革，打造创新发展、疫情防控、节能减排、绿色发展新模式发挥了重要作用。

党建品牌建设。以中央企业“党建创新拓展年”为抓手，以“创新 + 战略”为引领，紧扣对标、考核、改革三大抓手，做实价值创造，党的建设更加坚强有力，经营业绩取得突破性成效，产销总量创造历史最好水平，疫情防控取得阶段性成果，改革发展取得开创性成就。

监督保障执行。深入贯彻十九届中央纪委六次全会精神，按照全面从严治党的战略部署，坚决捍卫“两个确立”，做到“两个维护”，坚持围绕中心、服务大局，立足职责、担当作为，牢牢把握政治监督的根本定位，持续深化“三不腐”一体推进，推动党风廉政建设穿透生产经营，忠实履行纪委职责，更好发挥监督保障执行，不断推动完善“大监督”体系建设，为企业高质量发展营造风清气正的良好政治生态。

履行社会责任。以“智慧制造，轻铝生活”为核心理念，履行社会责任，秉持“新发展理念”，推动科技创新，建智慧工厂，实现智慧制造，推进我国在高端铝合金新材料制造业的创新发展。坚持绿色发展，不断开发“铝”的绿色环保特性，用轻量化产品服务社会，为经济发展减负。

撰稿／蔡云锋

中铝铝箔有限公司

一、基本情况

中铝铝箔有限公司（简称中铝铝箔）成立于2015年10月，注册资本8.81亿元，员工总数（在岗）1375人，资产总额11.86亿元，资产负债率72.22%。

主营业务范围：生产销售：铝箔、铝制品，机电产品及设备；销售：纯铝、合金铝、金属印刷品、纸制品、塑料制品、有色金属；货物进出口、技术进出口；管理及技术咨询服务。产能规模：铸轧产能18.5万吨，板带产能13.5万吨，铝箔产能12.8万吨（其中浩鑫铝箔6.4万吨，陇西铝箔3.5万吨，洛阳铝箔3万吨）。办公地址：四川省成都市新都区马超东路266号新城市广场17F。

2021年中铝铝箔在中铝集团、中铝高端制造的坚强领导之下，坚持改革创新扭亏脱困工作总基调，紧紧把握“放量调结构、提质拓市场、降本增效益、创新谋发展”工作总方向，全体干部员工敢战能胜、奋力拼搏，全面贯彻落实年初工作会的各项工作部署。

二、生产经营

中铝铝箔2021年累计产量22.66万吨，与2020年同比增加1.29万吨，增幅6.03%（其中陇西铝箔产量36468吨，同比增幅49.35%；洛阳铝箔产量36006吨，同比增幅17.57%；浩鑫铝箔154095吨，同比降低2.28%）。累计销量23.58万吨，与2020年同比增加15610吨，增幅7.09%（其中陇西铝箔销量37662吨，同比增幅52.89%；洛阳铝箔销量37237吨，同比增幅21.24%；浩鑫铝箔158945吨，同比降低0.89%）。2021年实现利润3930万元，完成2021年奋斗目标，与2020年同比增利7340万元（其中陇西铝箔增利3346万元，洛阳铝箔增利1640万元，浩鑫铝箔增利242万元）。

2021年各单位紧盯年初制定的分解目标，全面落实扭亏脱困措施，在消化因会计政策调整新增减利因素3307万元后，仍实现盈利。

主要经济指标一览表

表60

项目	单位	2020年	2021年	增长（%）
资产总额	亿元	28.12	31.08	11
工业产值	亿元	33.55	46.77	39

续表 60

项目	单位	2020 年	2021 年	增长（%）
营业收入	亿元	36.07	50.45	40
利润总额	亿元	−1.70	0.06	−103
税收贡献	亿元	0.08	0.14	64
全员劳动生产率	万元 / 人·年	1.73	17.97	941

三、安全环保

2021 年，中铝铝箔全面推行葡萄图安全管理工具，持续推进 CAHSE 精准化管理体系，按照要求整改率达到 90% 以上，组织开展公司的 CAHSE 体系自评工作。深入开展安全生产专项整治三年行动，认真开展风险分级管控和隐患排查治理双体系建设。在全体员工的共同努力下，营造浓厚的安全生产氛围，全年未发生轻伤及以上事故。陇西铝箔获得陇西县生态环境保护先进单位称号，被评为定西市风险分级管控和隐患排查治理双体系示范单位，通过甘肃省绿色制造体系现场验收评价，获得省级绿色工厂的称号。

四、科技创新

中铝铝箔瞄准市场前沿，积极开展科技研发项目。截至 2021 年底，软包电池铝塑膜项目取得较大进展，全年发货 696 吨；双铝对复、液态高阻隔、高表面热轧双零箔、PTP 药箔、无菌包低成本工艺研究 5 个项目，超额完成年度计划，达到预期目标。同时，引导各子公司积极参加行业评优工作，加强专利申报工作，以提高公司品牌知名度。其中洛阳铝箔“双铝对复药用箔”获得“2021 年中国铝箔创新奖”，截至 2021 年底，累计获得授权专利 11 项。

五、改革发展

（一）逐渐建立完善现代企业制度

坚持以两个“一以贯之”为指引，培育高质量发展的根基。以完善治理体系和提升治理能力为抓手，修订《中铝铝箔有限公司决策权限管理办法》《中铝铝箔有限公司“三重一大”决策制度实施办法》《中铝铝箔有限公司总经理工作规则》，厘清治理主体权责边界。三年改革行动方案扎实推进，公司两级领导班子完成任期制和契约化管理改革。亏损企业治理力度加大，国务院国资委挂牌督办的陇西铝箔扭亏目标提前一年半完成。

（二）坚持市场对标，提高劳动生产率

2021 年劳动生产率（增加值）在 2020 年 1.73 万元 / 人的基础上提高到 17.97 万元 / 人，同比增长 941%，全员实物劳动生产率在 2020 年 92.55 吨 / 人的基础上提高到 112.68 吨 / 人，同比增长 21.75%；人均营业收入在 2020 年 155 万元 / 人的基础上提高到 297.25 万元 / 人，同比增长 91.77%。

（三）加快三项制度改革步伐取得成效

通过公开选聘党群工作部负责人，引进人才，引入新的管理思想。年轻技术干部、技术骨干勇挑重担能力不断增强，新技术、新产品专项攻关成效显著。陇西铝箔面对规模不断提升与用工紧张的矛盾，启动岗位描述、岗位分析和“三定”工作，为下一步合规合法压减用工创造条件、做好准备。

（四）完成云南浩鑫铝箔的托管

9月26日，中铝铝箔托管云南浩鑫铝箔签字仪式在昆明举行。托管后，中铝铝箔在产产能由6.5万吨上升至22万吨（其中铝箔产能从6.5万吨上升到10.1万吨），规模效应和市场影响力得到进一步加强。同时，对公司坯料保供能力得到进一步加强。事实证明，中铝集团党组的决策是非常正确的。中铝铝箔秉承多年摸索出来的“专业化、规模化”发展思路，走得更深更实。

六、党建与企业文化

中铝铝箔坚决贯彻落实党中央重大决策部署和习近平总书记重要指示批示精神，全面坚持党的领导，持续加强党的建设，实现从严治党更加有力，民主管理更加扎实，党建与业务工作融合更加深入，为全年生产经营、改革发展提供坚强保障。

（一）管党治党全面从严

认真学习贯彻全国国有企业党建工作会议精神，深入开展贯彻落实全国国有企业党的建设工作会议精神和习近平总书记对集团作出重要批示精神情况“回头看”工作，查出存在差距和不足20项，制定整改措施22条，整改完成问题18项，评选推荐4个工作经验案例。全面开展建党100周年系列活动，扎实开展党史学习教育，通过开展“我为中铝做贡献”“党旗在一线高高飘扬”等专项行动，解决职工群众急难愁盼办实事事项61项，减负清单6项。按照“业务谁主管、监督谁负责”原则，优化“大监督”体系工作机制。全年共组织开展“大监督”框架下的联合专业监督检查4次，共发现一般性问题141项，未发现重大风险和违规违纪问题，所发现问题已全部整改完毕。

（二）“双向融合”走深走实

制定中铝铝箔《深化改革三年行动实施方案（2020—2022年）》，不断完善现代企业制度，健全市场化经营机制，推进党的领导融入公司治理各环节。开展“赶超标杆我能干成什么”大讨论，深化思想对标，形成“赶超标杆我能干成什么”对标赶超工作清单73项，制定推进计划措施230条，全部项目按照既定计划实施推进。制定中铝铝箔《党建与业务工作双向融合对标工作方案》，明确对标指标，完善对标工作体系，形成“双向融合、四个看见”对标实施方案，推进党建与业务双向融合。紧盯年度党建和生产经营目标任务，设立“两带两创”课题项目32个，截至11月底，全部项目均完成结题，直接创造经济效益1500多万元。

（三）群团建设凝聚合力

坚持开展职工思想动态调研分析，形成书面调研报告12篇。评选推荐表彰公司先进集体13个、先进个人74名。开展劳动竞赛发放奖励31.07万元。采纳合理化建议和青工五小项目54个。评选推荐“金点子”“银点子”5个，获得集团表彰1个。评比验收“安全、干净”班组28个，发放奖励8000元，获得集团示范班组称号2个。向属地上级工会争取工会经费补助、困难帮扶等资金19.12万元。为6名职工建立省级困难职工档案。对53名生活困难职工发放慰问金3.9万元，资助困难家庭子女入学9人1.5万元。对12名职工使用帮扶基金4.04余万元。为816名职工进行职业健康体检，购买意外伤害互助保险577份、补充医疗险320份和重大疾病险423份。向职工厂务公开重要事项110多项。

撰稿／蔡　宇

中铝萨帕特种铝材（重庆）有限公司

一、基本情况

中铝萨帕特种铝材（重庆）有限公司（简称中铝萨帕）成立于2011年6月22日，注册资本3.38亿元，员工总数（在岗）154人，资产总额10.03亿元，资产负债率77.34%。

主营业务范围：铝及铝合金材料的开发、生产及销售，铝合金材料和部件的生产、销售，交通装备用铝合金挤压材和部件的设计、生产、加工、销售，金属材料机加工、销售、技术咨询、技术服务。产能规模：28000吨/年。办公地址：重庆市九龙坡区西彭镇80号附2号。

2021年，中铝萨帕始终坚持以党的建设为引领，不忘初心、牢记使命，在中铝集团和中铝高端制造的坚强领导下，按照上级下达的经营任务，坚持“三管齐下”和“两条腿走路”的经营思路和市场策略，以市场拓展、精益管理、技术创新为主要抓手，不断提升中铝萨帕的产销规模和市场竞争力。中铝萨帕全年实现累计产量15023吨，同比增加24.1%；销量15099吨，同比增幅24.6%；在剔除IPO的影响下，利润总额51万元，保持经营盈利。

二、生产经营

2021年，产量15023吨，同比增加24.1%，超2019年历史最高规模，重拾上升趋势，再创历史新高。在保产上量的同时同比压降多项变动成本。2021年，挤压单吨电力成本下降4%；单套模具碱洗成本剔除碱液涨价因素后降低9%。

主要经济指标一览表

表61

项目	单位	2020年	2021年	增长（%）
资产总额	亿元	11.10	10.03	−9.64
工业产值	亿元	3.15	4.67	48.25
营业收入	亿元	3.57	5.74	60.78
利润总额	亿元	0.034	−0.33	−1070.59
税收贡献	亿元	0.03	0.03	—
全员劳动生产率	万元/人·年	28.9	32.95	14.01

三、安全环保

坚持“以人民为中心”“生命至上”的理念，严格落实“党政同责、一岗双责、齐抓共管、失职追责”，巩固好领导带头行动、部门齐抓共管、全员认真负责的工作格局；加强风险识别控制，通过推进中铝萨帕及承包商安全三级检查制度和“日、周、月”隐患排查治理机制，排查并治理安全隐患

200余项，消除安全风险；进一步做好环保减排，高度重视环境保护工作，切实履行环保责任，杜绝污染事件发生。全年未发生安全环保事故。

四、科技创新

2021年中铝萨帕继续深入推进科技创新工作，以科技创新助力市场开拓及降本增效，全年累计完成科技投入2778万元。在科技项目方面，重点针对汽车轻量化产品进行技术攻关，依托中铝萨帕联合设计和薄壁宽幅挤压能力的优势，成功开发薄壁宽幅电池托盘产品，引领电池托盘产品发展方向；开发特斯拉电池端板为代表的汽车产品，助力中铝萨帕进入高端汽车用铝市场；开发以金康保险杠为代表的汽车深加工产品，提升产品附加值，实现产品近终端化。全年累计形成专利成果申报16项，授权专利成果17项，中铝萨帕“高速动车组用宽幅薄壁裙板研制关键技术及产业化应用”成果荣获2021年度有色金属工业科学技术三等奖，实现了中铝萨帕技术开发类成果省部级科技获奖“零”的突破。在科技创新体系建设方面，发布《科技成果奖励办法》，提升员工参与科技创新项目的积极性，为科技创新引领企业发展奠定了基础。

五、改革发展

机制改革。2021年，中铝萨帕在改革改制中不断完善市场化选人、用人机制，制订员工“能进能出”相关管理制度，有效确保中铝萨帕的人员素质。建立《经理及以上人员任用选拔工作制度》，对干部管理推行任期制和契约化管理、干部能上能下机制的建立激发企业内生活力，构建良好的竞争体系。中铝萨帕严格控制工资总额，建立与战略相匹配业务相融合的市场化薪酬分配制度，实施企业动力与压力、激励与约束相统一的绩效体系，切实做到员工收入“能增能减”“能高能低”，与中铝萨帕的运营结果同向。

技改项目。遵循集团“量力而行、尽力而为，把握投资节奏，合理控制投资规模”的投资原则，中铝萨帕技改主要项目交通用铝深加工（1期）建设根据“总体规划、分步实施、市场牵引、项目驱动”。的投资方针实施。2021年完成项目建议书和项目可研报告的编写、论证；开展锯切、CNC、折弯、FSD生产线的市场调研及生产线配置初步设计；建成1台30英寸精密锯，缓解了挤压生产线定尺锯切瓶颈，提高挤压生产效率，节约外委锯切成本。

六、党建与企业文化

压实党建责任。制订《中铝萨帕党组织“第一议题”学习制度》等5个制度，下发《中共中铝萨帕特种铝材（重庆）有限中铝萨帕委员会全面从严治党主体责任清单》，进一步压实党建责任。两级党组织认真学习贯彻习近平新时代中国特色社会主义思想，十九届五中、六中全会精神，切实把学习成效转化为应对风险挑战、推动事业发展的治理能力和工作水平。为中铝萨帕科学健康、和谐稳定、可持续发展提供强有力的组织保证和精神动力。

党建与生产双融合。以高质量党建引领高质量发展，充分发挥党组织战斗堡垒作用和党员先锋模范作用，引导党支部和党员扎实开展“两带两创”“党旗高高飘扬”“全员创先争优”活动。“QC”小组活动，取得优异成绩，其中《车用高强韧铸造/镁合金设计开发及应用》项目、《高速动车组宽幅薄壁裙板型材研制关键技术及产业化应用》项目分获中国有色金属工业协会科学技术奖一等奖和三等奖,《降低 6082 焊接弯曲实验不良率》项目获 2021 年全国 QC 小组成果发表交流活动专业级成果；这些活动助力中铝萨帕技术质量革新，推进中铝萨帕持续向好发展。

党建带群众组织。支持工会、团委按照各自章程开展职工、青年团员喜闻乐见，积极向上的活动，努力创建中铝萨帕“合金”企业文化，提高企业的凝聚力和协作能力。

撰稿／陈德凤

中铝沈阳有色金属加工有限公司

一、基本情况

中铝沈阳有色金属加工有限公司（简称中铝沈加）成立于2003年2月12日，注册资本81235万元，员工总数（在岗）545人，资产总额16.43亿元（减值后），资产负债率94.29%（减值后）。

主营业务范围：有色金属铸造、锻件；有色金属合金压延及深加工制品加工；有色金属新产品开发及技术咨询；自营和代理各类商品和技术的进出口，但国家限定公司经营或禁止进出口的商品和技术除外；供热。产能规模：10045吨。办公地址：沈阳市苏家屯区桂花街358号。

2021年中铝沈加面对复杂的市场形势，限电、原料大幅涨价、熔炼能力不足等影响，坚持目标导向、问题导向，实现产量、销量大幅提升，创历史新高。积极参与行业协同，客户不断扩大，千方百计开发市场，合同得到稳定保障，市场认可度不断提升，全年完成订货7237吨。积极争取高附加值产品合同，全年军品、TC4合金板及焊管带材等高附加值产品实现销量2022吨。

二、生产经营

2021年主要商品产量7202吨，同比增长18.83%；主要商品销量完成7202吨，创历史新高，钛材产量超设计产能20%，同比增长18.83%；营业收入80827万元，同比增长43.52%；利润总额−14055万元，资产负债率94.29%。

通过全要素对标工作开展，实物劳动生产率、成品率、制造费用等对标均有改善和提高，特别是锻造制造中心月平均增产5.5%；10吨铸锭锻造成品率累计86.3%，同比提升1.4个百分点；7吨铸锭锻造成品率累计87.2%，同比提升0.8个百分点；累计可控费用单耗同比降低37.6%，节约费用561万元。人均月增收330元。

主要经济指标一览表

表62

项目	单位	2020年	2021年	增长（%）
资产总额	亿元	21.29	20.07	−5.73
工业产值	亿元	5.62	8.07	43.57
营业收入	亿元	5.63	8.08	43.52
利润总额	亿元	−1.54	−1.41	8.78
税收贡献	亿元	0.06	0.069	14.22
全员劳动生产率	万元/人·年	92.74	143.09	54.29

三、安全环保

2021年轻伤及以上安全事故为零，环境污染事件为零，职业病危害为零，火灾事故为零。扎实开展有毒有害、易燃易爆危险化学品和有限空间专项整治工作，固体废物合规处置率 100%；完成排污许可证变更，取得城镇污水排入排水管网许可证；完成 VOCs 在线监测系统建设工作，通过备案验收。

四、科技创新

2021 年，完成《TA15 钛合金大规格棒材研制》棒材评审，年底整个认证进入到最后一个环节；舰船用 TC4 钛合金饼材研制成功，ϕ400×186 毫米等四种规格实现交付；化工用 TA10 钛板带材完成全系列、全流程开发工作，实现批量供货；TC4 1500 毫米宽幅中厚板材实现批量交付；TC4 薄板叠轧正在有序推进；与中铝材料院签订《高冲压成形性能纯钛板带材开发》协议，共同对换热器、食品级纯钛材料进行开发；完成膨胀合金 4J36、4J42、1J79 熔炼、轧制工作；完成 NO8825 镍基耐蚀合金轧制。

主持修订国家标准及国军标 2 项，参与起草国家及行业标准 8 项，参与起草的《GB 加工铜及铜合金牌号和化学成分》荣获全国有色金属技术标准一等奖。航空领域用 TUZr0.15 锻饼被纳入《产业基础领域先进技术产品转化应用目录（推广篇）和（引导篇）》。

五、改革发展

实施费用归口管理，按照“谁牵头，谁归口”的原则，将能源消耗、原材料采购、运输费、外委加工费、金属占用等归口至相关部室管理，公司归口费用同比降低 15%。

深入了解供应商情况，制定相应采购策略，保障采购原料低于销售对外发布海绵钛基价格，原料采购成本始终低于市场；面对原料市场的价格上涨，保持理性、从容果断，加强市场研判，超前战略储备原料，原料供应有效保障。

六、党建与企业文化

2021 年，中铝沈加党委认真学习贯彻习近平总书记重要指示批示精神、“七一”重要讲话精神和党中央重大决策部署，全面贯彻落实中铝集团党组的工作部署，认真开展党史学习教育，强化党建工作责任制落实，领导班子深入开展调查研究，创新工作思路，聚焦扭亏，奋力脱困，扎实开展全要素对标，积极开拓市场、实施精细化管理等工作，取得明显成效。

积极配合中铝集团第五巡视组对企业为期两个月巡视工作。党委针对集团党组第五巡视组反馈的 4 个方面 30 个问题，分解成 47 个问题点，制定 106 条整改措施，多次召开党委会，逐条听取各主责单位汇报，研究部署指导整改工作，已完成整改 45 项，完成率 95.74%。接受集团选人用人专项检查，10 项问题，整改完成率 100%。

群团组织开展班组减负，对原有班组台账进行压减，同比降低 50% 以上；开展对困难职工走访慰问送温暖活动，组织员工进行健康体检，为员工发放米面油等福利，举行“健康生活，快乐工作”健步走活动，丰富职工文化生活。

撰稿／谭　论

中铝材料应用研究院有限公司

一、基本情况

中铝材料应用研究院有限公司（简称中铝材料院）成立于2017年3月24日，注册资本2亿元，员工总数（在岗）109人，资产总额1.89亿元，资产负债率31.66%。

主营业务范围：技术推广、技术服务、技术开发、技术咨询、技术转让，技术检测，销售有色金属、金属制品、机械设备、金属材料、非金属材料，出租办公用房，会议服务。办公地址：北京市昌平区北七家镇未来科技城南区中铝科学技术研究院10号楼。

2021年4月，按照中铝集团党组部署，推动实施材料院托管加入中铝高端制造，实现各项业务无缝对接，成功转型为战略单元中铝高端制造专业研究院。

中铝材料院坚持党建引领，统筹推进科研创新和深化改革，着力强化经营意识，狠抓科研管理，突出价值创造，战略定位更精准，研发方向更明确，广大员工快速适应改革新局面，状态更好、干劲更足，取得全方位推动高质量发展的新成效，实现“十四五”良好开局。

二、生产经营

经营目标超额完成。注重与高端制造产业需求相结合，开展科研方向规划和布局，全年争取纵向项目7项，签订集团外部横向项目13项，运作签订高端重点研发项目18项、院企合作项目37项，科研经费新增合同额突破1.5亿元，创造了材料院与实体企业合作的历史最高水平。

开创“六个首次”。首次挂帅国家重点研发子课题，首次牵头承担装备发展部成果转化项目，首次牵头承担国防军工项目，首次获批国家自然基金重点基金，首次进入高铁锻件领域，首次以第一完成单位获得中国有色金属工业科技一等奖。

探索发展新模式。积极探索与高端制造的产研协同发展新模式，及时调整科研定位，加快推动院企合作，快速实施科研人员驻厂服务新机制，全年驻厂人次和天数累计达到2884人/天，与各企业联合破解多项行业技术难题，技术质量改进和新产品开发在企业落地37项，受到企业的一致好评。

主要经济指标一览表

表 63

项目	单位	2020 年	2021 年	增长（%）
资产总额	亿元	2.06	1.89	−8.25
工业产值	亿元	0.44	0.55	25
营业收入	亿元	0.97	0.93	−4.12
利润总额	亿元	−0.25	−0.19	−24.00
税收贡献	亿元	0.033	0.027	−18.18
全员劳动生产率	万元 / 人・年	−20.18	15.83	−178.44

三、安全环保

安全管理聚焦三个短板，深入开展重大设备风险辨识，强化重要危险源管控，扎实开展安全教育培训，定期组织安全大检查，确保了安全事故为零的目标。

四、科技创新

科研工作取得丰硕成果。全年申请发明专利 33 项、授权 31 项。完成科技成果鉴定 5 项，其中 1 项国内领先，3 项国际先进，1 项关键技术国际领先，获得中国有色金属工业科技奖一等奖 1 项、二等奖 1 项、三等奖 2 项。1 项国家标准获颁布，牵头编制新立团体标准 1 项，在研标准 9 项。形成专有技术 4 项，解决国家战略需求项目核心技术问题 29 项。全年科研经费新增合同额 1.5 亿元，实现科研收入 7969 万元，同比增长 150%。

轻量化材料及应用技术团队。帮助企业实现汽车板、船用合金、镜面铝、铝箔等多项产品的提质增效，有力拓展了市场。航空航天材料团队扎实推进大飞机和重点型号国产化研制任务，实现多个“红灯”项目顺利破冰。熔铸技术团队打造了高强铝合金轮毂制备技术等多项特色技术和产品，帮助企业攻克了多项现场问题。仿真技术团队自主开发的多项软件成功实现应用。试验检验团队积极拓展外部市场，全年试验检验收入突破 1500 万元，外部创收超 360 万元，同比增长 75% 以上。

完善科研队伍管理制度。激励科研人员想干事、能干事、干成事。完善科技人才培养机制，突出高端人才引进，充分发挥高级专家创新和人才培养的引领作用。加强人才内外部流动，进一步优化研发团队结构，提高创新能力。

五、改革发展

成功转型战略单元专业研究院，顺利完成托管交接。按照中铝集团科技创新体系改革的统一部署和要求，制定适应科技创新发展要求的改革方案，推动材料院成功托管加入中铝高端制造。按照高效、精干、扁平化、突出主业的原则，深化内部机构改革，形成“两部四所两中心一分院”的新型组织架构。

三项制度改革深入开展。完善岗位管理办法、薪酬管理办法和绩效考核管理办法，实施“季度考核 + 年度综合考评 + 科研项目考核”的新型绩效考核模式。加强项目考核和绩效分配，落实项目立项奖、执行奖、产业化项目利润提成奖，辅以技术成果奖及科技成果转化奖。建立试验检验中心经营目标与员工收入“包干”管理制度，将工作绩效与实际效益挂钩。大胆起用综合素质好、工作能力突出的年轻干部，新聘任中层管理人员4人。

国企改革三年行动有力推进。在材料院领导班子层面推行任期制契约化改革，明确三年任期的年度经营目标要求，强化刚性考核指标，将薪酬与考核挂钩，向市场化改革迈进一步。推行浙江中铝职业经理人制，突出硬指标约束和考核结果刚性兑现，销售收入1.1亿元，同比增长153%，全年实现盈利26万元，完成了扭亏增盈的奋斗目标。

六、党建与企业文化

党建工作不断提升。认真学习贯彻十九届六中全会精神，全面掌握全会精神的丰富内涵和核心要义。开展“百名党员讲百年党史”特色活动，组织集中学习50余次。以“学党史、强党性、办实事”为主题，建立为企业攻难关问题清单46项，建立为群众办实事清单39项。开展“党建联建共建”“两带两创”等特色活动，推动“双向融合”。积极与商飞、北汽、东轻、瑞闽开展党支部结对共建，促进沟通交流和项目联合攻关。聚焦创新创效，高强韧铝合金轮毂轻量化技术项目荣获第三届中央企业熠星创新创意大赛二等奖。

重点领域加强监督。接受集团专项工作组现场检查，全力推进完成整改工作，发挥“大监督”工作格局，推动完善监督体系。统筹推进“三不”体制机制，认真履行监督执纪问责职能，依规依纪依法办理问题线索2个。坚持“三个区分开来”，对于知错能改的员工，深入细致做好思想工作，依规依纪依法进行处理教育。

坚持关爱员工利益。组织开展“亲近大自然，悦享三八节”活动，送上节日生日福利，发放防疫物资，关心驻场员工，营造了关爱员工的良好氛围。通过“工会主席接待日”多方倾听职工的意见建议，针对职工提案提出落实措施，确保件件有落实。以党建带团建，通过学习教育、建设创新阵地、参加业务竞赛等活动，为青年成长成才创造良好环境，被团中央和国务院国资委团工委授予“中央企业五四红旗团委”荣誉称号。及时表彰奖励信息宣传优秀个人和先进单位，进一步激发了宣传员的主动性和积极性。全年共征集各部门、单位投稿42篇，刊发37篇，中铝信息稿件71篇，刊发35篇。组织参加《国企》杂志社双百征文活动，开展“中铝20年”线上有奖知识竞赛，宣传中铝企业文化。参加党史学习教育诵读会，科研人员演绎中铝集团院士曾苏民以身许国、创新报国的感人事迹。

撰稿／王　卫

中铝国际工程股份有限公司

一、基本情况

中铝国际工程股份有限公司（简称中铝国际）成立于2003年12月16日，注册资本29.29亿元，员工总数（在岗）12489人，资产总额588.28亿元，资产负债71.93%。

主营业务范围：对外派遣实施境外工程所需的劳务人员，行业及专项规划，国内工程的勘测、设计、咨询、监理和总承包及设备、材料的销售，承包境外有色金属行业工程和境内国际招标工程，承包上述境外工程的勘测、咨询、设计和监理项目，进出口业务，装备制造，节能环保、新材料产业技术研发及产品生产与销售，物业管理。办公地址：北京市海淀区杏石口路99号C座（北京市海淀区杏石口路立交桥东北角）。

2021年，中铝国际克服新冠疫情、大宗材料价格上涨以及历史遗留问题的影响，积极组织生产经营，各项指标趋势向好，运行质量显著提升。经营性净现金流、资产负债率、带息融资规模和“两金”管控均完成集团考核目标；剔除历史遗留问题影响，当期实现经营性利润4.5亿元。

二、生产经营

截至2021年底，中铝国际资产总额588.28亿元，负债总额423.13亿元，资产负债率71.93%；全年新签合同额457亿元，实现营业收入233.48亿元，实现经营性净现金流7.34亿元。

主要经济指标一览表

表64

项目	单位	2020年	2021年	增长（%）
资产总额	亿元	544.89	588.28	7.96
工业产值	亿元	1.33	1.15	−13.53
营业收入	亿元	230.26	233.48	1.4
利润总额	亿元	−18.25	−7.56	58.58
净利润	亿元	−18.56	−8.62	53.56
税收贡献	亿元	8.03	7.37	−0.82
全员劳动生产率	万元/人·年	7.34	17.09	132.83
资产负债率	%	71.32	71.93	增加0.61个百分点
净资产收益率	%	−11.96	−5.36	增加6.6个百分点
总资产报酬率	%	−2.15	−0.38	增加1.77个百分点
研发投入强度	%	2.79	3.65	增加0.86个百分点

三、安全环保

2021年中铝国际以基层、基础、技能为着力点，狠抓安全环保责任落实及“一岗双责”清单履职，深入开展安全环保专项督查，有序推进风险分级管控体系建设，安全环保工作平稳有序开展。一是狠抓全员履职考核，以签订安全环保目标责任书、安全环保“一岗双责”清单为抓手，以葡萄图安全工具为考核手段，以督查检查促履职考核，逐级压实安全环保责任落实；二是加大集团职业健康安全生产标准化体系、生态环境保护精准管理体系及 HSE 体系等的深度融合，持续完善风险分级管控体系建设，不断提高中铝国际安全环保管理的体系化及规范化水平；三是持续加大安全环保检查及隐患排查力度，聚焦主要风险点，聚焦关键控制点，组织开展各类安全环保督察检查，有效排查并解决基础管理及现场管控存在的问题及隐患；四是认真开展安全环保意识及技能提升培训，创新培训形式，利用线上录播课、“以查带学，以查促学”等方式，积极开展各类培训，有效增强培训效果；五是有序推进中央环保督察反馈问题整改，按时间节点，高质量开展整改工作。全年安全生产及环保形势平稳良好。

四、科技创新

2021 年，中铝国际积极实施科技引领战略，夯实基础，依托科研与工程一体化的创新优势，提升科技创新的引领作用，进一步强化企业竞争力，为公司转型发展提供新动能。

科技创新平台。中铝国际所属企业长沙院“有色金属资源循环高效利用公共技术服务平台”和六冶“第八批河南省博士后创新实践基地”获批建设，科技创新平台支撑能力稳步增强。已经拥有 6 个国家级工程技术研究中心和企业技术中心，2 个国家级博士后科研工作站，22 个省级科研平台，各级平台对公司生产经营和各类业务拓展和支撑发挥了重要作用。

重大科技成果。中铝国际取得一批具有行业影响力的重大科技成果。全年共申报境内外专利 357 件，其中发明专利占比超过 40%，授权境内外专利 323 件，新申请软件著作权 23 项，获得注册登记软件著作权 29 项；有 32 项重大科技成果获得行业协会等颁布的部级科学技术奖，其中一等奖 13 项，“第二十二届中国专利优秀奖” 1 项，“超大型绿色节能铝电解成套技术杰出成就项目团队”获得中铝集团第四届科技创新杰出成就奖；有 15 项重大科技成果通过行业协会组织的技术成果评价，专家组认定 11 项达到国际领先水平。凭借扎实的科技创新能力和掌握的核心技术成果获得外部支持资金，实现收入累计超过 11 亿元。

五、改革发展

“两金”持续下降。根据“存量抓清收，增量抓管控，从源头抓起，全过程管理”的工作原则，持续开展“两金”压控专项行动，将“两金”压降纳入各成员企业领导班子年度薪酬考核。通过重点管控应收账款，加快合同资产结算周期，加强系统内项目的结算和收款，强化过程监控和跟踪督导落实等一系列举措，“两金”压降规模比年初下降 5%，取得实质性成果。

资本运作持续创效。中铝国际先后将贵阳院神舟智造大厦、天津建设办公楼、沈阳自有房产、山东工程恒成冷加工厂等资产盘活，充分发挥闲置资产价值，提升资产收益；完成三户“两非”企业的剥离，止住“出血点”。

稳定公司融资结构。中铝国际克服业绩不利影响，积极利用金融政策和货币市场环境，进行融资结构的调整和置换，增加长期融资的占比，稳定公司融资结构，长期融资占比从年初的 65% 提升到

77%，综合融资成本从年初的4.3%下降到4.26%；并进一步加强公司整体的资金调控管理，压降融资规模，通过规模和利率的双降，全年利息费用同比降低0.92亿元。

六、党建与企业文化

坚持“第一议题”制度。中铝国际严格落实“第一议题”制度，把学习贯彻习近平新时代中国特色社会主义思想、习近平总书记最新重要讲话和重要指示批示精神列为党组织会议“第一议题”，全年党委中心组学习14次。融合学习资源、丰富学习载体、创新学习形式，推动党史学习教育走深走实。

推进党建业务管理一体化。指导基层党组织工作20余次，规范“三会一课”、主题党日开展，修订完善党委会前置清单，管好用好公司及成员企业“报、网、号、端”，为公司创造良好舆论氛围。在省部级以上媒体发稿442篇，“党建和业务发展深度融合”的做法在新华社等多家媒体刊发。深入开展“我为群众办实事”，全级次完成办实事清单411项。

党内监督与业务监督相结合。每季度一个专项议题，组织召开4次监督委员会会议，进一步做实“大监督”体系。坚持问题线索零容忍，成立专案组，对各类违纪违法问题严肃问责，避免经济损失5900万元。开展廉政“集体谈”，对28名新任职党员干部进行集体廉政谈话。在微信公众号设立“清风中铝国际”专栏，开辟反腐倡廉宣传教育新阵地。

坚持党建带工建、带团建。大力支持工会、共青团组织独立自主地开展工作，出台了党建带团建实施方案，落实团委书记履职待遇，征集“金点子”“银点子”32个，“师带徒”结对225对，新建劳模工匠、技术能手等工作室12个，完成创新项目70余个。各级团组织学习习近平总书记重要讲话精神330次，开展“请党放心，强国有我”主题团日活动124场。

积极履行社会责任。中铝国际在加快建设国内一流、全球有核心竞争力的有色金属工程技术公司的同时，主动承担社会责任，推动科技成果应用，突破项目建设瓶颈，实现更高质量的项目建设。2021年获得住房和城乡建设部颁发的“工程设计综合甲级资质”证书，业务涵盖21个行业的161个专业。中铝国际累计获得鲁班奖1项，国家级优质工程奖3项，省部级及以上优质工程奖13项，有色金属建设行业成果奖42项，省部级及以上优秀QC成果70项。

积极开展疫情防控，协助社区开展核酸检测、搭建临时监测点；在特大暴雨灾情面前，中铝国际闻“汛”而动，逆“洪”而上，保障群众生命财产安全；在乡村振兴方面，中铝国际积极履行社会责任，全面部署乡村振兴相关工作，激发乡村发展活力。

撰稿／张　帆

沈阳铝镁设计研究院有限公司

一、基本情况

沈阳铝镁设计研究院有限公司（简称沈阳院）成立于1951年3月，注册资本4.71亿元，员工总数（在岗）611人，资产总额27.83亿元，资产负债率73.16%。

主营业务范围：有色金属及非金属矿山采选，轻金属冶炼；有色冶金、建筑工程、冶金、市政公用、化工、电力、建材工程勘察设计、咨询、监理、工程承包及设备、材料的销售；环境评价；火灾自动报警、自动灭火工程设计；计算机软硬件及成套设备、非标设备，环保、供配电、工业自动化系统及建筑智能系统的技术开发及销售；对外派遣工程所需劳务人员；技术咨询；服务技术转让及调试，国外和国内外资工程的勘测；咨询、设计和监理项目，承包境外工程和境内国际招标工程及所需的设备材料出口，房屋租赁；打字、复印；装订、晒图；货物或技术的进出口；中文核心科技期刊《轻金属》出版、发行。办公地址：沈阳市和平区和平北大街184号。

2021年，面对严峻的经营形势，在中铝集团、中铝国际的坚强领导下，沈阳院全体干部员工发扬奋力拼搏、勇于担当的精神，直面困难挑战，一心一意谋发展，全力以赴促转型，在改革创新、市场开拓、科技研发等方面取得卓有成效的进步。

二、生产经营

大力创新营销模式。通过签订战略合作协议，提供增值服务等方式，签订博赛集团万州氧化铝焙烧炉总承包项目等多个合同。有针对性地进行市场挖潜，大力推广铝电解节能工艺技术，签订国电投内蒙古铝电公司等多个技改项目，实现合同额约5000万元。通过创新市场开发模式和设计合同签订方式，锁定长期优质客户，签订内蒙古霍煤鸿骏等一揽子设计服务合同，进一步巩固市场份额。在引领国内 ϕ14m、16m 种分搅拌市场的基础上，新型搅拌桨事业部实现了在 ϕ18m 种分搅拌市场零的突破，且比同类企业最新产品节电15%。

海外业务迎难奋进。一是再次斩获重大项目。成功中标印尼国家铝业电解铝改造项目（合同金额6.5亿元）和印尼INALUM石油焦可研及前段设计合同。二是稳步履约海外项目。印尼INALUM电解铝升级改造项目完成全部设计工作、95%的采购工作及8批次的货物发运，实现产值6000万元；意大利维斯梅电解改造项目完成3批次货物发运，实现产值4900万元；印尼BAI氧化铝项目完成项目基本设计和12个施工图子项设计；20多名员工克服海外疫情和复杂签证手续带来的严重影响，逆行赴海外现场执行任务。

深耕智能环保市场。下属企业铝镁科技公司围绕重点客户持续深化经营，在中标霍煤鸿骏铝电公司电解槽自控技改造项目基础上，连续签订多个长单合同。下属企业博宇科技全面拓展节能和环保核心业务，成功中标陕西榆林脱硫项目等多个具有标志性意义的大型环保合同，全年累计新签合同额3亿多元，创历史最佳成绩。

积极探索非铝市场。经过多轮的严格审查，沈阳院成功进入北部战区沈阳联勤保障中心工程建设企业库。发挥专业优势，布局光伏新能源、动力电池正负极领域，签订乐山凯金负极材料、赤峰启辉太阳能、鑫茂新能源、广西强强等咨询设计合同。

主要经济指标一览表

表65

项目	单位	2020年	2021年	增长（%）
资产总额	亿元	32.65	27.83	−14.77
营业收入	亿元	18.96	8.25	−56.49
利润总额	亿元	−1.38	−1.97	42.15
上缴税费总额	亿元	0.21	0.26	19.88

三、安全环保

沈阳院全力推进中铝集团“CARC”及“葡萄图”安全生产工具的应用，持续加强对白音华等重点项目的安全环保监管，定期对重点项目开展安全检查，完成年度安全环保职业健康工作目标。建立常态化疫情防控机制，加强对员工疫情防控教育，组织员工开展新冠疫苗接种，为赴海外工作人员补充发放防疫物品、药品，开展关爱和心理疏导等工作。

四、科技创新

培育绿色低碳技术。沈阳院“锂电池负极材料石墨化技术”项目完成研发；成功开发标准化的氧化铝 SysCAD 模型和焙烧炉节能措施；为中铝股份、国电投、山东魏桥等提供节能降碳技术包，开展多个节能技术集成工业试验项目，合同总额约5000万元；开展数字化电解槽智能决策及控制系统研发工作，系统已在云南文山项目实施。

科技成果不断涌现。沈阳院“超大型绿色节能铝电解成套技术创新项目团队”被中铝集团授予杰出成就奖；5项成果通过中国有色金属工业协会组织的科技成果评价，整体技术达到国际领先水平；8项科技成果上榜2021年度中国有色金属工业科学技术奖，其中获得一等奖5项，为历年之最；获得国际专利授权2件，中国授权专利26件，1项专利获得第二十二届中国专利优秀奖。

建章立制鼓励创新。完善科技激励政策，培养选拔专业技术人才，探索研发人员岗位序列，逐步建立对技术研发人员和推广人员的持续反馈机制，促进人才链、创新链、产业链有机衔接。修订《科技创新奖励办法》，制订《科技成果转化激励管理规定》，鼓励科研人员多出成果、出好成果，不断增强公司技术优势。

五、改革发展

优化业务结构。为充分利用沈阳院在设计、咨询方面的技术优势，针对属地项目开发和实施的特点，积极拓展民用市场工程总承包业务，成立地方市场开发办公室，全力开拓地方民用市场。

收入分配改革。根据转型发展需要，为更好地提升员工价值创造能力，加大绩效考核结果在薪酬分配中的应用，进一步激发员工想干事，能干事，多干事的工作热情，在薪酬分配上向骨干员工、优秀员工倾斜，对岗位工资分配办法进行调整。

设计质量全面提升。沈阳院锂电池负极材料技术开发初见成效；运用美标独立完成印尼BAI氧化铝、INALUM电解铝改造两个项目的施工图设计工作；沈阳院已经完成氧化铝、电解铝、碳素三类标杆项目全厂正向三维设计开发工作。

项目管控精准有效。沈阳院改版升级项目管理汇编文件，保证招标采购程序及项目管理程序的规范性、统一性。项目管理系统各子系统上线启用并持续迭代优化。项目报价数据库持续完善，大幅降低采购成本。

“两金攻坚战”取得突破。根据“存量抓清收，增量抓管控，从源头抓起，全过程管理”的工作原则，持续开展“两金”压控专项行动，全年累计压降两金10.57亿元。

六、党建与企业文化

以党建促发展。坚持支部建在项目上，实现项目部党组织设置全覆盖。围绕技术难题、经营难点，以创新、创效为主题，开展“两带两创”项目40项，共产党员攻关工程16项。聚焦企业改革发展、转型升级，组织开展“超越标杆我能干成什么”大讨论和“金点子”“银点子”活动。公司给排水组被评为“全国青年文明号”。

以党建强思想。深入开展党史学习教育，实现党员学习教育全覆盖。为庆祝建党百年，精心筹划了歌咏比赛、书记讲党课、故事会等丰富多彩的“七个一”庆祝活动，表彰7个先进党组织和37名优秀党员。

以党建提效能。充分发挥“大监督”体系作用，以党内监督为主导，推动各类监督贯通协同，在重点领域、重点项目、关键环节，开展各类专项督查、专项整治、自查自纠工作10余次。高标准落实巡视反馈问题整改，完成整改44个，整改完成率90%。扎实开展“三大整顿”，深化标本兼治，一体推进“三不”建设，全面营造风清气正的工作氛围。

撰稿／韩齐卓

贵阳铝镁设计研究院有限公司

一、基本情况

贵阳铝镁设计研究院有限公司（简称贵阳院）成立于1958年，注册资本7.5亿元，员工总数（在岗）651人，资产总额33.7亿元，资产负债率81.43%。

主营业务范围：氧化铝、电解铝、炭素、镁、钛、化工、市政工程、矿山设计、环境保护、工程经济、智能制造等35个专业，业务领域涵盖工程设计、工程咨询、工程监理、智能制造、装备制造、PLC控制、工程总承包、全过程工程咨询等，拥有有色冶金、建筑工程、工程监理、工程承包等甲级资质。办公地址：贵州省贵阳市观山湖区金朱西路2号。

2021年贵阳院在集团和中铝国际的坚强领导下，在海外市场，国内市场和新兴业务方面都取得较好业绩，通过复审继续保留全国文明单位称号。

二、生产经营

海外市场。克服疫情影响，多渠道多方式开展项目跟踪，海外开发取得重大突破。签订印尼华青铝业100万吨电解铝设计合同，首次将中国500千安电解技术输出海外，对于有色行业具有里程碑意义。签订“基于管控一体化的高效阳极组装技术及装备”阳极组装系统PC合同，金额超亿元。签订印度Balco41.4万吨电解铝项目设计和整体设备供货EP合同，总合同额超20亿元，大大提升公司大型高效节能电解槽在海外市场的竞争力。全年签订海外合同21.7亿元，合同占比超过80%，创历史新高。

国内市场。持续开展广西华昇氧化铝二期项目和云铝股份建水50万吨电解铝项目的设计、投资优化工作。通过项目前期咨询、方案规划等方式，密切保持和洛钼集团、青山集团、越南和发钢铁集团、台湾财团等业主的沟通，积极主动助推项目落地。关注集团外部企业技改项目确保存量市场，签订兴仁登高二期50万吨铝液工程、百色银海铝业三年（2021—2023）技改项目、文山铝业铝灰资源化利用提产项目、东方希望晋中铝业种分槽搅拌桨叶改造等合同。以优质服务和质量赢得客户，签订文丰氧化铝二至四期氧化铝项目设计合同。

新兴业务。贵阳院紧跟国家“双碳”战略，抢抓锂电池新能源储能材料快速发展机遇，不断创新迭代石墨化炉核心技术，新能源材料及特炭市场取得突破。签订乌海石墨化项目设计合同，签订年产20万吨针状焦煅烧装置设计合同，签订四川杉杉石墨化工艺设计合同，签订高性能炭纤维工业示范项目设计合同。

主要经济指标表

表 66

项目	单位	2020 年	2021 年	增长（%）
资产总额	亿元	35.91	33.64	−6.32
工业产值	亿元	—	—	—
营业收入	亿元	8.40	4.05	−51.79
利润总额	亿元	−2.52	−1.48	41.27
纳税贡献	亿元	0.48	0.32	−33.33
全员劳动生产率	元 / 人 · 年	−147283.40	142291.26	196.61

三、安全环保

2021 年，公司深入排查安全隐患，防范遏制事故发生。进一步深化 CAHSE 体系与“三大体系”的融合，实现线上的日常管理。高度重视环保工作，积极开展环保专项活动，修订完善固废（危废）管理制度，加强对施工现场、生产车间固废（危废）的管控力度。2021 年安全生产形势稳定，未发生安全事故、重大环保事件，未发生质量事故。顺利通过方圆集团三大体系考核，安全、环保、质量总体处于受控状态。疫情防控有序开展，未出现确诊和疑似病例。

四、科技创新

实施科研项目。充分依托“3+3”技术创新平台。组织实施科研项目 35 项。“铝工业固态试样全自动制样检测集成技术”“炭块智能仓储系统研究及应用”“短流程智能管控一体化阳极组装技术”三项技术成果经中国有色金属工业协会鉴定，整体技术达到国际领先水平。

实施战略合作。与云南移动中兴通讯、云南神火战略合作，合力打造 5G+ 有色金属冶炼绿色智能产业联盟，是全国 26 个 5G 应用产业方阵创新中心之一，实施的云南神火 5G+MEC 项目获 2021 年工业和信息化部主办的第四届“绽放杯”5G 应用征集大赛标杆赛金奖。

实施绿色低碳。积极响应国家“双碳”政策，组建绿色低碳技术研发团队，各专业开展节能减碳新技术及市场研究。承办全国首届电解铝工程师论坛、中国碳素行业大会暨炭素行业发展高峰论坛、2021 年赤泥综合利用交流推广会。与河南神火、广元中孚开展战略合作，联建科技创新合作基地。

科技成果与专利。“基于精确感知和智能决策的铝电解 MES 开发及应用”项目获第六届全国职工优秀技术创新成果奖；“炭素及石墨制品混捏成型沥青烟气全流程高效吸附净化技术”成果获贵州省科技进步三等奖；“一种拜耳法赤泥干法堆场的子坝构筑方法”获 2019—2020 年度贵州省专利银奖；“基于管控一体化的高效阳极组装技术及装备”和“高效能铝电解槽多元物理场协同耦合优化及动态管控技术”获得中国有色金属工业协会科技进步二等奖、“ϕ18m 高效节能分层均化搅拌分解槽”获得中国有色金属工业协会科技进步三等奖。

全年申报专利 43 件，其中发明专利 24 件，实用新型专利 19 件；获授权专利 21 件。编制标准 6 项，其中主编 4 项，参编 2 项，颁布标准 2 项。

五、改革发展

完善对标组织机构。设立 12 个专业组按对标工作实施方案以及对标工作清单开展对标工作。与长沙院开展对标交流。制定公司及下属五家二级单位《经理层成员任期制和契约化管理工作方案》，与经理层成员签署经营管理协议书。

压减无效用工。压减其他从业人员 9 人，劳务派遣 15 人。全方位推进价值创造，优化融资结构，中铝国际总部委贷已经全部清零。合理税务策划，享受税收优惠1330万元，实现各项退税1036万元。争取政策支持，2021年服务贸易（离岸）总额排贵阳市服务贸易类企业前三名，获得省、市服务贸易发展支持资金135万元。

六、党建与企业文化建设

政治建设持续加强。贵阳院党委落实“第一议题”制度，认真学习贯彻习近平新时代中国特色社会主义思想，多措并举全面推进党的十九届五中、六中全会精神、习近平总书记“七一”重要讲话和重要批示指示精神的学习宣传贯彻，开展“党史百年”网上专题班干部学习，邀请贵州省委市委党校老师开展党史学习、六中全会精神专题辅导讲座，干部党员在学习中提升了政治敏锐性、增强了政治责任感。

开展党史学习教育。研究制定党史学习教育实施方案，明确党支部重点事项清单，组织300余名党团员到黎平会议会址等红色教育基地开展沉浸式主题党团日活动，以“两带两创”带动提质增效、科研创新、两金压控、问题整改等重点工作。“我为群众办实事”活动汇总梳理办实事33项，完成32项，完成率97%。

推进党建与业务双融合。党委开展党建对标，着力构建“1234”党建工作体系，认真落实党建工作“双百分”考核，制定《关于推进党建与业务工作双向融合的工作方案》，大力促进党建工作与中心工作互促共进。党委紧抓“赶超标杆我能干成什么”大讨论效果落实，各党支部聚焦问题汇聚成果，形成《碳达峰碳中和专业规划项目》等21个重点项目课题；在“两对标、两抓好”活动中，党委开展“学长征精神，对标提升在行动”活动，各党支部设立“两带两创”共产党员攻关项目28个；在落实“三大”整顿、打赢“两战一仗”工作中，形成重点工作15项，活动均顺利完成并取得成效。

推进全面从严治党。深入学习贯彻十九届中央纪委五次全会精神，认真落实廉政建设和反腐败工作要求，进一步提升监督效能，推进“大监督”体系建设，完善党委与纪委定期会商协调沟通、重要情况通报工作机制，按照全面从严治党主体责任清单，加强党委从严治党的主体责任和纪委的监督责任。

加强企业文化建设。公司党委切实做好舆论宣传和职工思想政治工作。充分利用“一屏一廊一报一群”和“两微一端”等平台，宣传报道“贵州省最美劳动者”“全国文明号获得集体——冶金工程分院工程装备所”、中铝劳模等先进典型事迹。坚持党建带群团建设，关注职工思想动态，认真办理职工提案，广泛开展职工文体活动，关心青年员工成长成才。在金坑村定点采购生态大米等农副产品，捐赠产业发展资金及用车等共50多万元，助力乡村振兴。

撰稿／韦玉台

长沙有色冶金设计研究院有限公司

一、基本情况

长沙有色冶金设计研究院有限公司（简称长沙院）成立于1991年11月18日，注册资本7.25亿元，员工总数（在岗）1009人，资产总额25.3亿元，资产负债率57.97%。

主营业务范围：从事冶金行业、煤炭行业、建筑行业、市政行业、机械行业、商物粮行业、建材行业、电力行业、化工石化医药行业、环境工程资质范围内的咨询、设计及工程总承包；上述工程项目的科学研究及设备、材料的销售；岩土工程、工程测量、固体矿产勘查资质范围内的工程勘察；城乡规划编制、建设项目环境影响评价、工程造价咨询；压力容器设计、压力管道设计；承担资质范围内的国（境）外工程的勘察、咨询、设计和监理项目及上述工程项目所需的设备、材料出口；承包与其实力、规模、业绩相适应的国外工程项目，对外派遣实施上述境外工程所需的劳务人员；自有房屋租赁。办公地址：湖南省长沙市雨花区木莲东路299号。

2021年，长沙院落实中铝集团、中铝国际工作会议精神，坚持改革创新、稳中求进的总基调，在危机中育新机、于变局中开新局，聚焦“十四五”规划，推进“科改示范行动”，加大科技创新力度，全力以赴完成年度目标任务，坚定不移地推进公司高质量发展。

二、生产经营

长沙院加大经营力度，全力以赴抢抓市场，齐心协力攻坚克难，在逆境中保持设计咨询业务的常青状态，签订多个总承包项目，并冲破海外疫情屏障，顺利拿下多个海外项目。设计咨询全年营业收入2.64亿元，同比增长4.53%；总承包全年营业收入11.56亿元，同比增长29.18%。

主要经济指标一览表

表67

项目	单位	2020年	2021年	增长（%）
资产总额	亿元	25.79	25.3	−1.90
劳动生产总值	亿元	3.1	4.04	30.32
营业收入	亿元	12.33	15.49	25.63
利润总额	亿元	0.27	0.71	162.96
税收贡献	亿元	0.36	0.37	2.78
全员劳动生产率	元/人·年	26.06	36.62	40.52

三、安全环保

继续秉持安全发展新理念，深入践行习近平生态文明思想，按照年初发布的安全环保质量工作实施方案要求，继续以开展安全生产专项整治三年行动为抓手，积极防控新冠肺炎疫情，护航员工健康与生产经营；提高站位，坚持文化引领，促进安全环保观念转变与技能提升；压实责任，强化安全环保绩效考核；融合相关体系，提升职业健康安全环保标准；固化有效机制，全面落实安全风险分级管控；上下协力，积极开展安全环保隐患排查治理；强化自主安全管理，积极推广应用安全管理工具；着力重点，扎实开展安全环保专项活动；推动节能减排与绿色低碳，实现安全环保的“零工亡、零重伤、零职业病、零感染、零环境事件”目标。此外，长沙院主持的“CO_2协同生物法处理铅锌选矿废水成套技术研究与应用”获中国有色金属工业科学技术奖一等奖。

四、科技创新

研发投入9545万元，研发投入强度6.16%；完成技术研发（业务建设）项目25项，在深地资源开采、有色清洁冶金、资源综合利用、废水治理等领域，取得6项关键核心技术的重大突破；新增政府重大科技项目5项、企业横向科研项目6项；获省部级科技进步一等奖4项、二等奖1项；专利授权48件（其中发明22件），外国专利授权2件，软件著作权登记3项，商标注册4项；论文发表登记审核89篇；主、参编国家标准7部、行业标准3部、团体标准4部；审查国家标准、行业标准4部；科技成果转化收入约2.5亿元。

五、改革发展

（一）持续完善公司治理体系，提升治理水平

完善法人治理结构。完成院本级及子企业董事会建设，配齐建强董事会班子；将党的领导融入企业治理各环节，持续推进董事会建设，落实董事会职权，厘清各治理主体权责边界。

积极稳妥推进混改。在子企业华楚项目管理公司先行试点混改，取得明显成效；在院本级开展混改与股权激励论证，稳妥推进本级改革。

（二）全面深化三项制度改革，健全市场化机制

推进干部能上能下。扎实推进经理层成员任期制和契约化管理，全面推行生产部门负责人任期制和契约化管理，实行管理部门负责人任期制、末等调整和不胜任退出管理。率先在华楚项目管理公司试点职业经理人管理制度。

推进用工市场化。健全劳动用工管理制度体系，完善考核退出机制，修订工程技术人员技术等级管理办法，制定员工职业发展通道管理办法等，开展管理部门定岗定责定编，创新岗评模式，进一步激发内部活力，提高劳动效率。

推进薪酬市场化。综合运用项目收益分红激励、科研成果应用奖励、专职经营人员业绩与薪酬挂钩等措施，分步探索实施员工持股、超额利润分享等中长期激励机制，分类分层不断健全薪酬分配机制，进一步做实任期制契约化管理激励与约束。

六、党建与企业文化

以习近平新时代中国特色社会主义思想为指导，认真学习宣贯党的十九大和十九届历次全会精神，巩固深化全国国企党建会精神和党史学习教育成果，积极弘扬伟大建党精神，基层党组织组织力持续增强，党建与中心工作双向融合质量持续提升。

紧扣中心，聚焦监督。抓实“科改示范行动”推动党委重大决策落地，进一步构建工程项目廉洁风险防控体系，紧盯“两金”清收、重大诉讼案件跟踪督办，推进风险防控措施落地落实。严肃执纪问责，一体推进“三不”体制机制建设，开展全级次警示教育，营造风清气正氛围，为企业健康高质量发展提供坚强保障。

推进企业文化建设。利用新媒体宣传平台，提升企业文化理念宣贯效果；创新文化活动载体，持续推动企业文化理念由虚入实。

维护职工合法权益。针对“科改示范行动”“数字化交付”等重大改革事项，广泛征求意见建议，充分发挥广大职工群众参与企业管理的积极性、主动性、创造性。完善职工福利政策，定期组织员工体检，注重职业病防护，倡导健康生活理念。对困难员工、新进员工给予一定补助，慰问烈士家属。做好离退休服务管理工作。

积极履行社会责任。派遣工作队入驻邵阳市隆回县荷香桥镇天马山村，扎实开展驻村帮扶，进一步巩固脱贫攻坚成果，助力乡村振兴。驻村工作队队长尹泽辉、队员陈明在中共湖南省委组织部2021年度省派驻村帮扶工作队考核中获得“优秀”等次评价。

撰稿／尹　恒

中色科技股份有限公司

一、基本情况

中色科技股份有限公司（简称中色科技）成立于2002年1月，注册资本1.2亿元，员工总数（在岗）1039人，资产总额19.26亿元，资产负债率98.33%。

主营业务范围：有色金属加工行业规划、工程咨询设计、装备研制、科研及科研成果产业化、工程总承包等。办公地址：中国（河南）自由贸易试验区洛阳片区高新开发区凌波路中段。

2021年，中色科技众志成城攻坚克难，市场开拓取得佳绩。在中孚3#冷轧线项目成功实施的基础上，多专业协同作战，成功签约中孚4#冷轧线项目，实现单个项目公司利益的最大化。面对海外疫情的严峻形势，以咨询设计为引领，各专业相互配合，成功签订印度BALCO板带总承包合同，取得印度市场重要突破，为国际市场后续业务开拓打下良好基础。

二、生产经营

紧盯上级下达的全年目标，按月逐个单位下达产值计划，坚持周、月、季生产例会制度，常态化通报公司生产经营情况，统筹安排生产计划，协调处理生产经营问题。西南铝2800冷轧机和中孚2300冷轧机项目顺利验收，印度BALCO项目强化前期策划工作，为后续项目实施奠定了基础。在建项目结算率、完工项目结算率均超额完成中铝国际考核目标。

主要经济指标一览表

表68

项目	单位	2020年	2021年	增长（%）
资产总额	亿元	20.02	19.26	−3.80
工业产值	亿元	9.42	8.52	−9.55
营业收入	亿元	8.35	7.08	−15.21
利润总额	亿元	−0.91	−0.71	21.99
税收贡献	亿元	0.23	0.29	26.1
全员劳动生产率	万元/人·年	0.0068	0.0114	67.70

三、安全环保

2021年，全面贯彻落实中铝集团、战略单元和地方政府各项安全环保质量工作要求，规范运行中铝集团职业健康安全环保精准管理体系，扎实开展安全生产专项整治三年行动，有序推进中铝集团安全管理工具应用，持续补强安全环保质量工作短板弱项。持续抓牢全员安全环保责任落实，修订制度23个，操作规程61个。开展职业健康安全环保精准体系抽查考评，完成年度危废管理计划和危废转移计划申报。全年生产安全责任事故为零，职业病例为零，中央生态环境保护督察反馈问题整改完成率 100%，无环境事件发生。

四、科技创新

2021 年，中色科技加强科研项目过程管控，定期检查通报，督促项目落实。年度实施公司级科研项目 18 项，按计划结题验收 9 项。西南铝 2800 冷轧机项目被列为洛阳市重大科技专项。有色金属加工工业互联网平台成功入选河南省工业互联网平台培育名单。《1200mm 锆板热轧机组关键技术及装备研发》等 2 个项目获 2021 年度中国有色工业科学技术奖三等奖，《高端铝合金带材连续退火生产线集成研发》等 3 个项目通过中国有色协会成果鉴定，评价结论为国际先进水平。新申请知识产权 55 件，授权知识产权 44 件，1 项专利技术被中华全国总工会推荐申报中国专利奖。修订并发布公司技术标准 52 项，主编国家标准 3 项、行业标准 1 项。共有 20 个项目获得有色建设行业优秀工程设计（咨询）成果奖，获奖数量创新高，其中一等奖 5 项、二等奖 10 项、三等奖 5 项。

五、改革发展

2021 年，中色科技新一届领导班子到任后，通过调研、访谈，摸清家底，找准问题，调整战略，明确方向，制定“1+3+8”市场化改革实施方案及配套制度，优化组织机构和岗位设置，管理部门优化调整精简至 9 个，生产单位（含控股公司）构建“2+1+N”的业务格局；深化选人用人机制，形成“干部能上能下、员工能进能出、工资能升能降”的良好局面；推进机制改革，对生产单位实行“放管结合”，实现管理部门从“管理型”向“服务型”的转变。以市场化为导向，聚焦价值创造，实施模拟法人制，全面推行“阿米巴”管理，开启全面深化改革新征程。

六、党建与企业文化建设

2021 年，中色科技党委坚持以习近平新时代中国特色社会主义思想为指导，贯彻落实全国国企党建工作会精神和习近平总书记重要指示批示精神，以党史学习教育为重点，以市场化改革为主线，着力提升党建与业务工作双向融合质量，为推进公司健康发展提供坚强的政治保证。学习贯彻习近平新时代中国特色社会主义思想，调整公司愿景为“建设国际领先的以咨询设计为引领的有色金属加工工程技术公司”。

公司高度重视技能人才队伍建设，坚持围绕公司长远发展战略，组织技术和技能人才参加各类职业技能竞赛，大力弘扬劳模精神和工匠精神，引导更多的劳动者特别是青年人走岗位成才、技能成才之路，努力实现人才强企目标，为公司高质量发展奠定了坚实的人才基础。

撰稿／赵一楠

中国有色金属长沙勘察设计研究院有限公司

一、基本情况

中国有色金属长沙勘察设计研究院有限公司（简称长勘院）成立时间于1964年4月，注册资本5亿元，员工总数（在岗）545人，资产总额11.98亿元，资产负债率76.01%。

主营业务范围：测绘服务；建设工程勘察，建设工程设计；建设工程施工；地质灾害治理工程施工；地质灾害治理工程设计；地质灾害治理工程监理；地质灾害治理工程勘查；地质灾害危险性评估；建设工程质量检测；国土空间规划编制；建设工程监理；检验检测服务；建筑劳务分包；矿产资源勘查。一般项目：软件开发；物联网技术研发；规划设计管理；基础地质勘查；地质勘查技术服务；土石方工程施工；工程管理服务；地理遥感信息服务；信息系统集成服务；信息技术咨询服务；信息咨询服务；数据处理和存储支持服务；计量技术服务；人防工程设计；工程造价咨询业务；住房租赁；租赁服务（不含许可类租赁服务）；建筑工程机械与设备租赁；打字复印；办公服务；技术进出口；货物进出口；对外承包工程；业务培训。产能规模：10.03亿元。办公地址：长沙市雨花区振华路579号康庭园1栋。

长勘院深入贯彻国企改革三年行动方案，积极推进深化改革，实现从“行政型”治理到“经济型”治理的转身，成功获评长沙市政府首批“总部企业”，加速在科研创新等方面的攻关，为企业高质量发展聚集强劲动能。

二、生产经营

长勘院综合勘察类共签订合同2181项，新签合同额13.05亿元，完成年度目标的84.35%，签订合同额同比下降22.73%；共完成各类工程项目1386项，完成合同额10.39亿元，完成合同额同比下降1.19%。铝应用新签订合同685.7万元。

长勘院先后承接有社会影响力的重大项目30余个，进一步夯实公司在业内的领先地位。房地产业务占比由去年的52.92%下降至48.88%，市政基础设施业务占比由去年的19.02%上升为27.32%，经营转型取得阶段性成效，较好应对房地产调控政策对勘察设计行业带来的生产经营影响。海外项目承接打开新局面，承接澳门轻轨延伸横琴线项目高压旋喷工程总合同额达5900澳币、印尼金瑞新能源边坡治理项目合同金额 4900 多万元人民币。

主要经济指标一览表

表 69

项目	单位	2020 年	2021 年	增长（%）
资产总额	亿元	11.98	11.98	0.00
工业产值	亿元	10.57	10.46	−1.04
营业收入	亿元	9.89	10.03	1.42
利润总额	亿元	0.09	−0.86	−1055.56
税收贡献	亿元	0.62	0.43	−30.65
全员劳动生产率	万元 / 人・年	117.86	83.29	−29.33

三、安全环保

长勘院全面签订安全环保承诺书和一岗双责责任清单；强化安全检查、隐患排查，发现安全隐患 45 处，已全部整改到位；全员安全生产继续教育培训覆盖率和考核达标率 100%；落实疫情防控责任和措施，无新冠肺炎疑似和确诊病例。

以环保为主题组织开展书画、漫画、摄影比赛等；加大科技研发及创新力度，不断拓展节能减排、绿色低碳的新思路。全年无安全环保事故事件发生。

四、科技创新

自主知识产权。申请专利 29 件，其中发明专利 14 件，实用新型专利 5 件；获得专利授权 17 件，其中发明专利 8 件，实用新型授权 9 件；申报软件著作权 5 项，获软件著作权 2 项。共获得专利 82 项，其中发明专利 28 项，实用新型专利 53 项，外观设计专利 1 项；软件著作权登记 34 项。

科研项目情况。自主研发的“灾害监测雷达实时预警技术应用云平台开发”“AL−DSR 工程灾害智能监控雷达系统”“有色行业矿渣堆场生态修复技术研究与推广”三个科研项目通过专家验收。

科研成果运用。继续推进“矿山安全在线监测与预警应急三维智能系统”产业化，持续开展尾矿库在线安全监测业务，组织实施西藏自治区自然资源厅地质灾害监测预警建设、江西武山铜矿尾矿库在线监测系统、西藏华泰龙矿业公司排水隧洞及井架自动化监测、中铝山东第一赤泥堆场闭库项目在线监测系统、中铝广西分公司氧化铝厂赤泥堆场在线监测系统等项目。地质灾害预警 InSAR 监测系统、OnlineSAR 圆弧雷达智能监测系统等科研成果成功运用到广西、西藏、江西、山东、广州等地的矿山、尾矿库、地铁、生态环境监测等领域。其中“Online−SAR 工程灾害智能监测雷达系统”成果在 2021 年已成功运用于西藏地灾监测、冰川监测等智能监测项目，累计合同额达 2000 多万元。

五、改革发展

资产盘活稳步推进。长勘院积极推进资产盘活工作，现长勘院、长勘商贸与新华书店拟联合建设文化地产项目，项目暂定名“惟楚文化广场”。

深化三项制度改革。以落实国有企业三项制度改革为契机，继续深入实施人员压减工作。

六、党建与企业文化

党的建设彰显新成效。大力开展党史学习教育，认真贯彻落实“第一议题”制度，开展党委理论学习中心组学习研讨 9 次，党史学习教育专题读书班学习 6 期，领导干部下基层讲党课 17 次，支部书记讲党史专题党课共 79 次。共解决落实职工群众“衣食住行娱”等各类急难愁盼问题 50 余项。

党风廉政呈现新气象。按计划有序开展监督工作 200 余次，完成 6 批次 14 人次的干部考察，对

19 名拟提拔干部进行任前廉政谈话；加强对中铝集团审计反馈问题整改的监督，审计发现 42 个问题已整改 36 项，整改率 85.71%。2021 年运用“第一种形态”问责处理 13 人次。

企业文化展现新常态。开设“百年党史”“党史学习教育”“学习故事绘”“长勘故事”等微信专栏，先后刊发了《我们的高光时刻》《做平凡岗位上最美的那颗星——长勘院测绘工作纪实二三则》等一批反映公司生产经营过程中涌现的先进典型人物事迹。积极探索宣传工作新方法，成立“铝铝青湘”新媒体工作室，依托抖音、斗鱼等直播平台，策划《半条被子》《庆建党一百周年》《长勘青年说》等一批唱响主旋律、弘扬正能量、彰显新时代青年风貌的新媒体作品，关注人数超 260 人，作品获 1600 余次播放量。

撰稿／刘　俐

中国有色金属工业第六冶金建设有限公司

一、基本情况

中国有色金属工业第六冶金建设有限公司（简称六冶）成立于1963年，注册资本25亿元，员工总数（在岗）2710人，资产总额122.5亿元，资产负债率75.65%。

主营业务范围：承包境外冶炼、房屋建筑、机电安装与公路工程和境内国际招标工程；上述境外工程所需的设备、材料出口；对外派遣实施上述境外工程所需的劳务人员；建筑工程施工总承包特级；建筑行业（建筑工程、人防工程）设计甲级；公路、矿山、冶金、市政、机电工程施工总承包壹级；水利水电、石油化工、电力工程施工总承包贰级；钢结构、输变电、建筑装修装饰、建筑幕墙工程专业承包贰级；园林绿化工程施工；非标准设备制作，钢模板，工程机械制造，设备租赁；建筑工程技术研究；压力容器（D1、D2级别）；压力管道（GB1、GC2级别）；起重机械（桥式起重机、门式起重机均为A级别）；进出口贸易；金属材料、有色金属、建材、机电产品的销售。办公地址：郑州市中原区淮河西路36号。

2021年，六冶深入贯彻中铝集团和中铝国际工作会议精神，坚持市场导向，对标国内一流企业，增强战略管控和价值管理，以企业管理信息化、施工管理标准化为抓手，提升七种能力，实现七个转变，强化精准管理，推动公司总体运营水平从“要好”向“好”升级，取得高质量发展新成效。

二、生产经营

2021年，六冶新签合同额150.75亿元，同比增长46.05%，产值100.6亿元，均完成考核目标；营业收入84.93亿元，完成91.74亿元目标的92.58%，同比增长3.2%；净利润3.29亿元，完成3.21亿元确保目标的102.5%；经营现金净流入6.14亿元，完成5.56亿元目标的110.43%；销售收现比74.14%，较72%的目标提升2.14个百分点；成费比93.66%，较94.66%的目标优化1个百分点；四科目“两金”月均余额71.62亿元，控制在72亿元目标以内，其中合同资产22.64亿元，较23.3亿元目标优化0.66亿元；年末带息负债16.47亿元，控制在17亿元目标以内，较年初减少8.48亿元；资产负债率75.69%，控制在78%的目标以内。各项指标协调优化。

主要经济指标一览表

表 70

项目	单位	2020 年	2021 年	增长（%）
资产总额	亿元	121.91	122.5	0.64
工业产值	亿元	101.93	100.6	−1.3
营业收入	亿元	85.44	84.93	−0.59
利润总额	亿元	6.26	3.29	−47.44
税收贡献	亿元	2.35	2.64	12.34
全员劳动生产率	万元 / 人・年	279.28	371.22	32.92

三、安全环保

修订安全文明施工标准化工地验收标准和激励办法，开展交叉检查和交流观摩。修订《安全生产风险抵押金管理办法》，兑现 345.77 万元。制订《承包商安全管理办法》，实行等同化管理和月度考核。以班组和作业岗位为单元，“安全四讲”视频教育每月覆盖约 7000 人次，落实操作规程，深化风险分级管控和隐患排查治理，重复性安全隐患明显减少。统筹做好新冠疫情防控、防灾减灾和稳定生产，实现境内项目零感染、境外项目归国人员零重症；积极参与救灾和灾后修复，最大程度争取政策、降低损失，趁势推动省内财政资金项目“两金”清收。

四、科技创新

在软岩大变形两台阶预留核心土开挖、无中导洞连拱隧道后行洞不对称分部开挖、装配式铝合金网壳结构建造等技术点位，形成 3 项行业领先的核心技术，新增 3 项国内先进水平专利。全年获政府科技研发后补助 538 万元，科技研发减税 6038.56 万元。本部获批设立河南省博士后创新实践基地，科技重工获批国家高新技术企业和郑州市高端金属桥梁工程研究中心。

五、改革发展

制定《深化改革三年行动任务台账》，明确 6 类 35 项改革举措，积极稳妥推进。

法人治理结构更加健全。修订《“三重一大”决策制度实施细则》，规范总经理办公会议，充分发挥部门专业辅助决策作用。《企业章程》修订备案，第一届董事会成立，《落实董事会职权实施方案》《党委会前置研究讨论重大经营管理事项清单》印发实施。完成中建铝河南公司股权转让、金属结构厂搬迁项目联合竣工验收、5 项二级资质平移等专项工作。

制度治企形成体系。制（修）订制度 31 项，初步形成基本制度、专用制度、规范标准、工作标准为组成的制度体系，树立制度至上理念。重点工作策划督办考核、大监督、内控和全面风险防控、业务系统督导服务，PDCA 循环质量进一步提升。

三项制度改革持续深化。收入能增能减：两级部门和二级单位月（季）度考核调整工资总额，个人绩效二次分配全覆盖，中层干部年薪极差达 2.8 倍，考核单元内部收入极差 10% 以上；在建项目签订“三制”责任书并缴纳风险抵押金；专项激励更加精准多元，全年兑现 2266.34 万元。干部能上能下：制定《领导干部责任目标与考核评价管理办法》《干部竞争上岗工作实施办法》，两级经理层签订任期制契约化责任书，中基层管理岗位推行竞聘制，每年末等调整比例不低于 2%。员工能进能出：市场化引进高端人才 4 人；招聘两级公司营销经理，限期“非签即走”；压减用工 325 人，其中压减长期不在岗 121 人。

六、党建与企业文化

六冶党委认真贯彻新时代党的建设总要求，以开展“学党史、悟思想、办实事、开新局”主题教育为契机，加强党的建设，强化政治监督，深入落实全面从严治党责任，聚焦建设“五好”六冶，着力“提升七种能力、实现七个转变”，推进党建与生产经营双向融合。

持续夯实“三基”建设。2021 年新成立基层党支部 9 个，指导机电公司党委及 20 个基层党支部完成换届选举。扎实开展标准化党支部创建工作，达标率 100%。严格落实党内政治生活制度，基层党支部开展党史学习教育专题组织生活会 53 次，完成“三会一课”共计 1572 次，开展主题党日活动 597 次。举办基层党支部书记履职能力提升培训班，不断提高基层党组织书记抓党建工作的意识和能力。

创新推行党建策划。成立党员责任区、攻关组、突击队、工作室等，引导党员攻坚克难，增强改革创新动力。持续深化“两带两创”、党员“双提升”等党建特色品牌，各单位设立“两带两创”课题 58 项，截至 2021 年 12 月底全部结项，其中“两金”压降、工程款清收合计 14 亿元，市场营销合计 8.7 亿元。

深化党建品牌创建。以“党建 + 新闻”推动宣传融入中心，在微信公众号共发稿 230 期，编发原创稿件近 700 篇,《中国六冶》视频号自 9 月份开通以来，共制作发布短视频 34 条。在中铝集团“学习强国”学习平台、中国铝业报、中国有色金属报等新闻媒体发稿 158 篇，3 篇新闻稿件获评全国有色金属行业全媒体好新闻奖。以“党建 + 对标”推进全要素对标工作为支撑，发挥党建融合作用。以“党建 + 互联网”夯实“智慧党建”信息化平台为载体，发挥组织保障作用。智慧党建 2.0 升级版本于去年 4 月正式上线，为打造数字党建、立体党建、价值党建提供支撑。公司党委选送的数字党建案例被中国施工企业管理协会评为工程建设企业党建工作最佳案例。

撰稿 / 王卫宏

九冶建设有限公司

一、基本情况

九冶建设有限公司（简称九冶）成立于1965年1月，注册资本3.33亿元，员工总数（在岗）2341人，资产总额88.76亿元，资产负债率78.54%。

主营业务范围：建筑工程施工总承包特级，工程设计（建筑工程、人防工程）甲级，市政、矿山、冶金、机电工程一级等17项施工总承包、工程设计以及专业承包施工资质，是“国家级高新技术企业”，拥有1个国家级企业技术中心、2个省级研发中心。主营业务：建筑工程、市政公用工程、公路工程、冶金工程、矿山工程、钢结构工程、环保工程、建筑设计等及上述境外工程所需设备材料的出口、对外派遣实施上述境外工程所需的工程技术和劳务人员及进出口业务。具有完成年产值100亿元的施工能力。办公地址：陕西西咸新区渭城东路。

2021年，在中铝集团党组、中铝国际党委的坚强领导下，九冶紧紧围绕以客户产品及服务需求为中心，以深化改革为动力，狠抓“八个坚持”，沉着应对疫情防控和复工达产挑战，实现了“两个确保”奋斗目标。完成营销量105.08亿元，施工产值53.93亿元，利润总额1.14亿元；获2020—2021年度建设工程鲁班奖。

二、生产经营

疫情施工取得双成效。面对疫情，九冶迅速成立组织机构、启动应急预案、调配物资和人员，并坚持属地差异化防控政策；同时积极组织复工达产工作，128个在建项目均按当地政府及公司要求第一时间复工复产。实现全公司未出现疑似或确诊病例，全年完成产值53.93亿元。

营销工作取得新突破。九冶紧扣“营销提升年”活动，以市场化为导向，集中优势资源对市场营销进行重点突破。一是专业化优势不断凸显，以“3+2+T”战略为引领，竞争性项目实现100亿新突破。二是区域市场开拓取得实质性进展，上海保集E智谷健康科创园项目开启九冶高端制造类工业厂房的新篇章。三是实施精准激励，调动全员营销积极性。

经营能力得到有效提升。一是以“两金”压控为抓手，成立专门机构化解经营风险。全年完成94个项目的竣工结算，定案造价31.47亿元，办理在建项目进度结算47.64亿元。合同资产压降较年初（11.4亿元）压降5808万元，超额5%完成年度收口目标。二是克服种种困难，申请永续债及注资工作，使企业资产负债率降至78.54%，提升了企业资信能力。三是融资总额与财务费用实现双压降。通过降低融资利率、调节借款结构、扩大非带息融资途径、减少现金持有量等方式，融资总额降低1800万元，财务费用降低1540万元。

主要经济指标一览表

表71

项目	单位	2020年	2021年	增长（%）
资产	亿元	86.63	94.23	8.77
产值	亿元	52.04	53.93	3.63
营业收入	亿元	46.14	52.42	13.61
利润总额	亿元	1.63	1.14	−30.06
税收贡献	亿元	1.78	1.75	−1.69
全员劳动生产率	万元/人·年	20.49	25.89	26.35

三、安全环保

九冶牢固树立安全环保理念，夯实"一岗双责"，落实安全生产责任考核，推行CAHSE体系运行等工作，全面推进中铝集团安全环保文化的执行和落地。持续开展安全生产专项整治三年行动、"五查五严"等工作，推进安全生产标准化。通过开展"安全生产月"、"安全干净班组"、应急演练等活动，全面提升全员安全意识。贯彻落实节地、节能、节水、节材和保护环境措施，减少污染、保证施工安全，减少施工活动对环境造成的不利影响。严格执行国家、行业、地方关于禁止与限制落后淘汰技术、工艺、产品的有关规定，积极采用新技术、新材料、新工艺和新产品。加强节能宣传和培训，提高全体员工节能降耗、保护环境的意识。制定下发《九冶危险废物污染防治管理规定》，重点对施工噪声、建筑垃圾及扬尘进行管控。加强车间的环保管控，保证收尘、除烟装置配备到位并有效运行，使车间固废（危废）和卫生条件得到管控并符合标准要求。九冶全年未发生安全或环境污染事件。

四、科技创新

九冶全年组织开展科技研发项目38项，科技投入共计16378万元，科技人才占比18.78%，形成工法关键技术16项，申报并获批省部级科技进步奖、科学技术奖、科技创新成果奖5项；组织申请受理专利23件，授权专利38件，申报并获得中施企协首届高推广价值专利大赛优胜奖3项。在科技成果产业化方面，工法、成果推广应用创造经济效益756万元。

五、改革发展

九冶结合行业形势变化，及时推进企业改革。一是结合市场开发和业务模式转型，将钢桥梁事业部升级为路桥分公司，成立华东分公司、华南分公司，把三维公司提级管理作为专业化公司打造，"4+3+N"的区域市场布局基本形成。二是按照国企深化改革三年行动方案要求，推进机构改革，压缩管理层级。两级公司职能部门精简比例28%，全部用工精减比例9.94%，超额完成中铝国际下达的压减指标。三是在部门职级以下人员中推行公开竞聘上岗，干部能上能下机制得到有效落实。四是实行项目集群管理，一个区域或一套项目班子同时管理多个项目，实现区域人力资源共享共用，盘活用工存量。

六、党建与企业文化

2021年，九冶党委以打赢"三大战役"为目标，以"树作风、正风纪、抓基层、创品牌、促提升”为主线，扎实开展党史学习教育、“脚手架上党旗扬”品牌活动，夯实管党治党政治责任，不断推动全面从严治党向纵深发展。

党建工作质量不断提升。九冶坚持将习近平新时代中国特色社会主义思想、习近平总书记重要讲话精神纳入“第一议题”，修订“三重一大”制度实施细则，形成公司“三重一大”决策事项清单，组织开展3次“赶超标杆，我能干什么”专题大讨论，推动公司内涵式高质量发展；推进“我为群众办实事”落实落细，共征集事项63项、办结62项，并认真开展“回头看”检视整改工作。

完善纪委监督工作体系。九冶两级公司均成立专门纪委，下设纪委工作部，设置专（兼）职纪委书记。采取纪委工作部与巡察办公室、监督委员会办公室、廉政办公室合署办公新模式。2021年，九冶成立大监督委员会，制定大监督工作规则和年度大监督计划，大监督体系正式建立和运行。开展领导干部亲属经商办企业以及靠企吃企、工程项目转包、违法分包以及招标采购、疫情防控专项监督。成立两个巡察组，对三个基层党委开展常规巡察和“两金”压降专项巡察。在警示教育工作中，选取工程项目易发的14起典型案例开展警示教育。

撰稿 / 南　溢

中色十二冶金建设有限公司

一、基本情况

中色十二冶金建设有限公司（简称十二冶）成立于 1964 年，注册资本 5.33 亿元，员工总数（在岗）1361 人，资产总额 42.22 亿元，资产负债率 90.19%。

主营业务范围：境内外冶炼、房屋建筑、矿山、市政公用、机电安装、公路、化工石油、钢结构、地基与基础、建筑装修装饰、炉窑、送变电工程施工和境内国际招标工程；工程检测试验；无损检测理化试验；自有房屋租赁；工程机械修理；设备租赁；建筑材料生产、销售，工程技术咨询服务；压力容器制造（仅限分支机构用）；以自有资金对矿业投资，矿产品、金属材料、装潢材料、五金、普通机械设备、机电设备、化工产品、煤制品、铁矿粉、铝矾土的销售。承装、承试、承修电力设施；特种设备安装；压力管道安装；道路普通货物运输；园林绿化工程：园林绿化工程施工；建设工程：冶金行业（金属冶炼工程、冶金矿山工程）专业甲级；特种设备：铝制产品及设备的研发、设计、加工、销售、租赁；雷电防护装置检测；节能管理服务；环境应急治理服务。产能规模：22.83 亿元。办公地址：山西省太原市杏花岭区胜利街 280 号。

2021 年是“十四五”开局之年，面对新冠疫情常态化、行业竞争日趋激烈的复杂局面，十二冶在中铝集团党组和中铝国际党委的坚强领导和大力支持下，坚持党建统领、文化引领、三线并行，对标先进企业、聚焦价值创造、狠抓生产经营、推进深化改革，企稳向好的态势得到巩固，实现“扭亏脱困”目标，迎来“改革发展”的新阶段。全年新签合同 85.56 亿元，“两金”存量压降 18.53 亿元，利润总额 2921.24 万元，剔除消化历史遗留因素 4593.26 万元，实际完成 7514.5 万元。

二、生产经营

2021 年，十二冶积极主动开拓市场，一批项目成功落地，冶金、建筑、矿山、公共设施、新能源等领域稳步拓展；全面加强项目管理，履约能力不断增强，大力实施“两制一化”“三个提前”“六个成本”，项目建设不断规范，成本管控再上台阶；“两金”清收攻坚克难，存量压降亮点纷呈，淮南、西咸等重难点项目实现突破；夯实提升基础管理，价值创造、全要素对标、依法治企、人才队伍建设等加快推进。

十二冶兴县中润项目电解、烟气净化、整流所三子项获得 2019—2020 年度中国有色金属工业优质工程；被认定为“2021 年度山西省骨干建筑企业”、获评 2021 年度太原市建筑业产值贡献奖，并连续三年获评以上两项荣誉；荣获“2021 年度全国建筑业 AAA 级信用企业”。

主要经济指标一览表

表 72

项目	单位	2020 年	2021 年	增长（%）
资产总额	亿元	45.36	42.22	−6.92
工业产值	亿元	21.56	22.83	5.89
营业收入	亿元	14.25	21.16	48.49
利润总额	亿元	−5.52	0.29	105.25
税收贡献	亿元	0.23	0.14	−39.13
全员劳动生产率	万元 / 人 · 年	−25.53	13.49	152.84

三、安全环保

2021 年，十二冶坚持“安全是最大的痛点、环保是最大的风险”理念，深入贯彻落实安全生产专项整治行动，不断夯实基层基础管理工作，实现安全环保事件、职业病发生率为零的目标。大力推广应用中铝集团 CARC、“葡萄图”等安全管理工具，动态辨识现场风险、形成风险四色图，有针对性地落实各项安全措施；举办安全环保工作座谈会，明确全年工作重难点，在项目现场召开安全管控交流会，提升一线人员安全管控水平；学习习近平生态文明思想，开展环保责任落实大检查和隐患排查治理，在建项目严格落实围挡、覆盖、冲洗、硬化、湿法作业、密闭运输“六个百分百”要求，积极主动做好环保各项工作。

四、科技创新

2021 年，十二冶技术创新投入 8969.99 万元。持续推进 BIM 技术应用，21 个项目在成果输出、3D 打印、碰撞报告等方面完成深化应用；共取得部级工法 7 项、专利授权 7 项（发明专利 1 项、实用新型 6 项），新申请专利 6 项、软件著作权 10 项；参编的《建筑工程质量管理标准》（T/CECS 844—2021）于 9 月份发布施行；云南金鼎锌业《提高尾矿库排洪隧洞钢拱架支护质量》荣获 2021 年中国有色金属建设协会（部级）工程建设质量管理小组成果竞赛一等奖，另获得二等奖 3 项。

五、改革发展

推进国企改革三年行动。安排部署 7 方面 32 项改革任务，明确每项任务的措施、成效、节点和责任人，已全部按要求完成。

构建现代企业治理体系。完善法人治理结构，12 月 22 日成立董事会，明确内部董事、外部董事、监事；制定下发相关制度，明确各治理主体的功能定位、职责作用，规范决策和行权方式。

不断优化内部控制。优化完善“十四五”发展规划，持续开展全要素对标，不断优化内部控制，下发工程管理、财务管理“十严禁”，深化以价值创造为目标的管理改革，规范化、精细化管理水平得到提升。

六、党建与企业文化

不断提升党建工作质量。十二冶党委以党的十九大和十九届历次全会精神为指引，落实从严治党责任，层层签订党建工作目标责任书；组织召开十二冶第五次党员代表大会，健全完善 10 个二级党委班子，45 个党支部应换尽换；以党建工作“大学习、大比武、大落实”为载体，开展“两对标、两抓好”工作；坚持以生产经营的重点难点作为党建工作的着力点，持续深化“两带两创”“党员双提升”等创先争优活动，落实党建工作从经营出发、经营工作从党建入手的双向融合发展格局。

充分利用各种载体。营造浓厚氛围，深入开展党史学习教育活动，编发党史学习教育和庆祝建党100周年活动简报22期；在中国井冈山干部学院举办首批中层干部政治能力提升培训班，51名中层干部及部分优秀年轻干部全方位接受红色文化熏陶；两级领导讲专题党课135场次，组织党员干部开展红色见学活动100余次，近距离接受红色教育；各级党组织把为群众办实事作为党史学习教育的重要内容，职工医院实现整体移交社会。

系统推进“大监督”工作。坚定不移开展“思想、纪律、作风”三大整顿，梳理问题清单87条、制定整改措施100条；对职能部门进行常规巡察，提升职能部门的管理能力和服务水平；以15项共性监督重点和44项个性监督要点为抓手，系统推进“大监督”工作；强化源头治理，组织开展“零上访、零诉讼、零事故”的“三零”单位创建工程。

开展“青年大学习大比武”。组织青年员工学习习近平总书记重要讲话，到八路军太行纪念馆开展团建活动，参加各层级技能培训、比武，增强青年员工的凝聚力和向心力。

积极承担社会责任，集中采购对口扶贫地区农产品，助力精准扶贫；积极投身驻地疫情防控和防洪防汛工作，用实际行动彰显央企责任担当。

撰稿／徐岱儒

中铝招标有限公司

一、基本情况

中铝招标有限公司（简称中铝招标）成立于2017年9月，注册资本5000万元，员工总数（在岗）53人，资产总额1.95亿元。

主营业务范围：工程招标及代理、工程造价咨询等。办公地址：北京市海淀区复兴路乙12号。

2021年，中铝招标有限公司（以下简称中铝招标）按照集团“一个服务平台、两级管理决策、三重监督管理”招投标管控要求，对管理制度和招标业务流程进行梳理完善，不断加强招投标过程管控，为建设项目招投标营造风清气正的阳光环境。

二、生产经营

完善制度管理体系建设。根据国家相关法律法规、集团规章制度要求，结合中铝招标自身实际工作先后制修订《关于进一步规范招投标行为的工作要求》《中铝招标有限公司采购管理办法》等规章制度，完善电子招投标平台相关流程，进一步完善公司制度体系。

提升风险控制管控能力。中铝招标进一步全面贯彻落实集团党组、中铝国际党委法治工作相关会议精神，勤练内功，查摆问题，对风险管理典型案例进行梳理；同时，严格落实重大风险事件报告制度，定期汇报全面风险管理监控表及监控报告，实现“去存量、防增量”的风险防控总目标，风险控制水平再上新台阶。

提质增效，开展全要素对标。结合“赶超标杆我能干什么”活动持续开展全要素对标。对外，深入开展同中化商务有限公司、中国神华国际工程有限公司、五矿国际招标有限公司等企业的“全要素”对标，招标业务质量稳步提高，同时，邀请中化商务专家讲师进行政府采购招标、外部市场发展等专题培训，为进一步承接政采项目、拓展外部市场夯实业务基础。

主要经济指标一览表

表73

项目	单位	2020年	2021年	增长（%）
资产总额	亿元	1.78	1.95	9.55
劳动总产值	亿元	0.7058	0.7043	0.21
营业收入	亿元	0.7508	0.7481	0.36
利润总额	亿元	0.4835	0.5057	−4.39
税收贡献	亿元	0.1694	0.1692	0.12
全员劳动生产率	万元/人·年	130.70	130.43	0.20

三、党建与企业文化

2021年中铝招标被评为中铝集团、中铝国际

“示范党组织”，1名党员获中铝集团直属党委“党员标兵”荣誉称号，1名党员获中铝国际党委“优秀党务工作者”荣誉称号。

中铝招标党支部充分发挥企业党组织的政治核心作用，探索企业运营中党建工作着力点，持续推进党建与业务工作“相融合，两促进”。通过结合规范招标流程、提高招标工作效率、创新工作方式方法等业务实际开展“两带两创”“党史学习教育”等系列党建活动。针对分公司、项目组阶段性开标任务集中的实际情况，充分发挥党员先锋模范作用，选派党员骨干业务人员，冲到一线去，带队伍带项目，加班加点，有效保证全年任务的超额完成，充分发挥党支部的战斗堡垒和党员先锋模范作用。中铝招标坚持把党的建设与公司治理、生产经营紧密结合，狠抓党风廉政建设，保证组织健康发展，为招标工作规范开展提供了坚强的政治保障，实现党建工作与业务工作同频共振。

撰稿／周孝宣

中铝西南建设投资有限公司

一、基本情况

中铝西南建设投资有限公司（简称西南公司）成立于2018年6月4日，注册资本10亿元，员工总数（在岗）17人，资产总额2.2亿元，资产负债率1.37%。

主营业务范围：项目投资，工程技术咨询、企业管理咨询、财务咨询、经济信息咨询，工程项目管理，工程机械设备租赁。办公地址：云南省昆明市西山区前卫街道办事处日新路与前兴路交叉口润城第二大道3号写字楼11层。

2021年，西南公司在中铝集团党组、中铝国际党委的正确领导和大力支持下，在12.86%工程量补足事项、弥玉股权退出、云南“1+3”条高速公路项目监管和项目融资、法务和风险防范等方面做了大量工作，圆满完成中铝国际安排的各项工作任务。

二、生产经营

2021年完成12.86%补充工程量总承包合同签订，补足工程量37.02亿元，对应收取管理费7.57亿元（暂定）；签订临沧至云县高速公路项目路面工程1.66亿元总包合同补充协议。完成“1+3”条路项目投资。

玉溪至弥勒高速公路项目。计划投资60.14亿元，投资完成71.3亿元，完成占比118.55%，其中六冶玉溪至弥勒高速公路项目总承包部建安投资计划27.25亿元，建安投资完成29.43亿元，完成占比108%，完成年度投资计划。

宁蒗至永胜高速公路项目。计划投资25.55亿元，其中中国六冶宁蒗至永胜高速公路项目总承包部建安投资计划13.88亿元，建安投资完成6.97亿元，完成占比55.23%。

临沧至云县高速公路项目。2021年计划投资20.79亿元，其中六冶临沧至云县高速公路项目总承包部建安投资计划12.25亿元，建安投资完成12.73亿元，完成占比103.91%，完成年度投资计划。

临沧至双江高速公路项目。2021年计划16.5亿元，其中六冶临沧至双江高速公路项目总承包部建安投资计划5.63亿元，建安投资完成8.12亿元，占比144.24%，完成年度投资计划。

三、安全环保

2021年，安全环保状况稳定良好、无安全环保事故发生，突发环境事件为零。全年落实安全环保、质量等重点工作安排，相继开展“安全月”“质量月”活动；配合中铝集团燃气等易燃易爆品危险源排查活动、持续每周五落实上报有毒有害气体、易燃易爆危化品管控清单（动态更新）；有限空间管控清单（动态更新），每日定时向中铝国际上报疫情防控情况、零报告事项，参建、监督管理的弥玉、宁永、临云、临双等高速公路项目已形成大干局面，在节能减排、绿色低碳方面，坚持“绿水青山就是金山银山”的环保理念，为云南经济社会发展做出央企贡献。

四、改革发展

深化国企改革三年行动。积极推行经理层任期制与契约化管理，同时制定相关管理工作方案，各级领导人员分别签订领导人员管理协议书及目标责任书，严格进行考核。严格落实上级要求的压减总量、盘活存量，严控增量、有序压降人工成本，严控工资总额发放，深化改革三年行动方案。

推进人才队伍建设。制定《中铝西南建设投资有限公司2021年人才培养计划》，2021年新提拔到集团部门处室副职干部1人，35岁以下占比为20%；已遴选出一批30岁以下优秀年轻干部进行多岗位锻炼和培养。

五、党建与企业文化

认真落实“第一议题”制度。一是党委把学习贯彻习近平新时代中国特色社会主义思想、习近平总书记最新重要讲话和重要指示批示精神列为党组织会议“第一议题”，第一时间学习传达、研究部署、推动落实。二是认真落实全国国企党建会议精神和集团党组《关于深入贯彻落实习近平总书记重要指示批示的实施办法》，切实增强党对国企的政治领导、思想领导、组织领导。

严格落实党建主体责任。一是修订和完善《党委会议事规则》《“三重一大”决策制度实施细则》《决策权限管理办法》《前置程序内容清单》等，严格落实党委研究讨论重大事项前置程序。二是进一步压实党建主体责任，严格落实“第一责任人”制度。三是将“双融合”工作开展情况纳入党建责任制考核，确保党建和业务工作相辅相成、相互促进。扎实开展巡察整改回头看工作，按照要求及时上报巡察整改报告，26项问题已全部整改完毕。

庆祝建党100周年系列活动。一是“七一”前夕，党委领导班子慰问弥玉高速公路项目一线党员员工。二是组织全体党员、员工观看庆祝中国共产党成立100周年大会实况。三是举办庆祝建党一百周年“学党史　跟党走　红歌颂”主题歌咏比赛活动等“七个一”主题活动。

深化工会群团工作。一是工会把职工普遍关心的热点问题、涉及职工切身利益的问题以职工大会为载体，拓宽民主参与渠道，及时反映职工心声。二是工会组织全体职工检查，在传统节日对全体职工进行慰问。三是团员青年开展“清捡垃圾　共建美丽家园”等特色志愿服务活动。四是在弥玉项目开展党建共建联建，联合沿线总包各党支部开展党史专题学习、红色观影、参观红色教育基地等活动，弘扬中铝特色文化，发挥引领作用。

撰稿／马　骁

中铝资产经营管理有限公司

一、基本情况

中铝资产经营管理有限公司（简称中铝资产）成立于2013年4月，注册资本211.63亿元，员工总数（在岗）9549人，资产总额209.86亿元，资产负债率40.99%。

主营业务范围：以水泥、氯碱、包装袋、润滑油、钢球、絮凝剂、劳保工装等为主的非铝制品，经营机修检修、工程建设、监理设计、信息科技等为主的工业服务，存量自有土地开发、自持物业、园区建设为主的不动产盘活，职业教育、宾馆酒店、贸易、资产租赁等其他产业。

产能规模：主要产品氮化硅砖产能5000吨、润滑油产能1.2万吨、水泥产能360万吨、铸轧卷产能7.56万吨、铝型材产能1.7万吨、液碱产能20万吨、液氯产能17.8万吨、衬板产能8000吨。办公地址：北京市昌平区未来科学城蓬莱苑南街。

2021年，在集团党组的坚强领导下，中铝资产坚持党建引领，以价值创造和全要素对标为主线，强化市场导向，聚焦做强做优，深化科技创新，扎实推动生产经营、改革创新、转型发展等各项工作，超额完成各项工作任务，实现“十四五”良好开局。2021年，实现营业收入98.27亿元，同比增加11.8亿元，增幅13.65%，其中集团外收入占比63.83%；实现利润8.3亿元，其中生产经营利润4.42亿元；考核口径净利润4.87亿元，超奋斗目标0.56亿元；“两金”规模控制在24.32亿元，较年初降低0.67亿元，“两金”规模实现“六年连降”，获得集团“两金”月均精准激励。

二、市场分析

（一）价格走势

水泥。2021年，水泥价格受限电、煤炭等因素影响，表现为先弱后强，水泥市场总体呈现先抑后扬的趋势。上半年受雨水、洪涝灾害影响，整体项目开工缓慢，行情普遍偏淡；下半年下游施工单位逐渐恢复，加之煤炭价格持续上涨，水泥价格持续保持高位运行。

铝型材。2021年，铝加工市场需求分化。铝棒市场均价19297元/吨，较2020年上涨32.46%；铝板市场均价21648元/吨，较2020年上涨28.98%。下游房地产行业低迷，建筑型材需求缩减，后期在成本、需求以及限电的共同作用下，铝棒生产企业产量不断走低，10—11月末铝棒大量去库，加工企业已停工放假，需求进一步下滑。

液碱。上半年，随着下游厂家逐步有减产表现，生产厂家产销失衡，各地价格多有下调。随着华东地区能耗双控政策出台，华东厂家纷纷有停产表现，同时氧化铝行业用碱需求势头增强，用碱订单上调幅度2000 ～ 3000元/吨。11月，因各地能耗双控管控均已恢复，液碱价格开始下行；12月，因下游增产、局部突发公共卫生事件等因素出现小幅回弹。2021年国内32%离子膜液碱市场平均价格在779元/吨，同比上涨35.95%。

（二）市场供求

水泥。2021年由于疫情依旧存在以及原材料价格高涨等影响，房地产市场呈现明显下滑趋势，固定资产投资增速有所放缓。

铝型材。2021年末，铝棒社会库存8.96万吨，淡季效应明显，下游需求不佳，铝棒整体累库。全年铝棒产量1290.8万吨，同比上涨2.34%。现货铝锭价格震荡偏弱，基本不会恢复到往年同期水平，淡季效应愈发凸显，需求直降。同时，下游铝加工企业已有提前放假停工的消息传出，需求延续疲软之态。长期来看，国内铝型材产量一直保持逐年上升的态势。

液碱。供应端，新增产能预计在100万—150万吨左右，主要集中在华东地区。需求端，2021年出口行情方面表现较好，累计出口约95.7万吨。从2021年供需平衡看，国内烧碱产能将达到4590万—4630万吨，而烧碱表观消费总量3699万吨。

三、生产经营

2021年，中铝资产制定“十四五”发展规划，明晰战略单元功能定位；坚持“践行新发展理念，实现高质量发展”的总体思路，明确打造集团不动产盘活平台和构建新型现代工业服务体系的战略目标；坚持目标导向，通过推进体制机制改革、科技创新驱动，强化精细化成本管控，加大激励考核力度，企业盈利能力不断增强。

扎实推动生产经营工作。实现经营性净现金流9.45亿元，同比增加1.6亿元；成费比94.48%，较年度目标优化1.87个百分点。资产总额209.86亿元，负债总额86.01亿元，资产负债率40.99%。优化劳动用工管理，全级次实现用工总量压减1985人，压减率12.53%。完成采购降本5978万元，超额完成目标；营销费用7910万元，同比降低22.1%，其中运输费用降低22.4%，其他营销费用降低20.5%。压减采购中间商150户，占比62%。

全面落实全要素对标工作。市场化、主业化、专业化理念深入人心，盈利能力、价值创造能力、资本回报水平站上新台阶。以净资产收益率ROE为统领，5C价值管理体系中净资产收益率、成费比、营业利润率等10项指标显著优化，优化率83%。优化筹资结构，带息融资规模64.38亿元，同比降低1.27亿元。压降融资成本，加权平均利率降至3.88%，较年初下降48个Bp。压降带息融资，提升资金效能，财务费用同比降低4697万元。

主要经济指标一览表

表74

项目	单位	2020年	2021年	增长（%）
资产总额	亿元	229.04	209.86	−8.37
工业产值	亿元	39.65	43.63	10.04
营业收入	亿元	86.47	98.09	13.44

续表 74

项目	单位	2020 年	2021 年	增长（%）
利润总额	亿元	5.16	6.22	20.54
净利润	亿元	4.15	4.83	16.39
税收贡献	亿元	5.71	5.15	−9.18
全员劳动生产率	万元 / 人 · 年	22.17	25.39	14.52
资产负债率	%	42.55	40.99	减少 1.56 个百分点
净资产收益率	%	3.02	4.04	增加 1.02 个百分点
总资产报酬率	%	2.56	2.92	增加 0.36 个百分点
研发投入强度	%	0.94	1.1	增加 0.16 个百分点

四、安全环保

安全环保督察考核。中铝资产未发生轻伤及以上安全生产事故和一般及以上突发环境事件。持续解决安全环保突出问题，从夯实 CAHS、CAE 体系入手，围绕重要危险源、承包商安全管控、易燃易爆危险化学品等开展专项整治。强化职业健康安全环保督察考核，全年组织两轮专项督查，发现 754 项安全环保问题，对其中 11 项问题启动事前问责。全力推动中央生态保护督察问题整改，38 项问题整改中，整改时限为 2021 年的 34 项全部整改完成。

强化质量指标管控。纳入重点管控的 29 项指标达标率 93%，超集团达标率目标值 13%。

统筹推进低碳减排。践行绿色低碳生产方式，制定《中铝资产碳达峰、碳中和工作实施方案》，进一步降低碳排放总量，助力实现碳达峰、碳中和目标。2021 年中铝资产二氧化碳排放总量为 225.2 万吨，与 2020 年相比，同比下降 7.01%。

五、科技创新

完善科技创新管理体系。制定《中铝资产经营管理有限公司科技研发项目管理办法》《中铝资产经营管理有限公司研发投入计划管理办法》等制度。通过制度建设，进一步完善科技创新管理工作架构，从资源保障、人事、财务、成本费用、监督考核等各个方面，构建各环节全面衔接、相互支撑、有机互动、资源高效配置的科技研发管理体系。

实施科技研发项目成果。2021 年，加快创新驱动，实施科技研发项目 65 项，科技研发投入 1.08 亿元；突破关键核心技术，获得授权专利 30 件。山东铝业堆取料机无人值守系统开发完成，实现年创效 100 多万元；中铝润滑 ZL−12 润滑油提升油膜强度项目完成攻关目标，取得第三方机构检测认证，“铝热轧乳化油 ZLR”“铝轧制油添加剂 ZLT”入选工信部《重点新材料首批次应用示范指导目录》，拥有自主核心技术的国产化铝热轧乳化液在中铝瑞闽、洛阳铝加工实现进口品牌“无痛替代”；贵州铝厂新一代铝水抬包车开发及应用完成前期设计。开展 QC 小组活动，实现多层级 29 项成果获奖，其中，平果铝业工服公司炉修 QC 小组、检修一车间 QC 小组荣获中国质量协会“全国 QC 成果发表赛全国专业奖”。

六、改革发展

全面推进国企改革三年行动。全年104项任务完成94项，完成三年任务的90%。落实任期制和契约化管理，纳入范围的61户企业全部完成经理层岗位聘任协议、经营业绩责任书的签订；纳入职业经理人改革的7户企业完成经营管理协议的签订，实现全级次企业全覆盖。加强法人治理体系建设，所属70户全资和控股公司中，应建必建董事会29户，完成率100%，实现外部董事占多数；连城铝业、兰州铝厂、包铝集团三家单位快速推进董事会建设。建立公司决策事项清单，坚持权责相统一、相匹配，厘清董事会、党委、经理层职责权限。指导山东铝业、贵州铝厂、山西铝业、郑州中铝建通过破产清算、关闭注销等方式，完成5户“两非”企业剥离，超计划进度2户。亏损户治理方面，完成国务院国资委督导的重点亏损企业苏州新长光阶段性扭亏目标。

七、党建与企业文化

落实“第一议题”制度。把践行“两个维护”作为党委工作的重中之重，抓紧抓实。健全建强党委领导班子，顺利完成党委换届工作。扎实开展党史学习教育，创新开展“领导干部上讲台”“我是党史讲解员”活动，开设“百年党史天天答”学习专栏，制定“我为群众办实事”实践活动任务清单43项，完成率100%。坚持加强党的领导与完善公司治理相统一，实现所属企业党建工作入章程全覆盖。“两带两创”立项29项，创效1.8亿元，推进党建带群团，持续发挥工会桥梁纽带作用。加强企业文化建设，增强企业发展信心。

强化政治监督工作。对贵州铝厂、山西铝业、长城铝业、青海铝业及中铝工服5家企业开展“两金”压降专项巡察，发现问题59个，整改完成39个，五家企业“两金”规模整体下降2.67亿元。开展“靠企吃企”问题专项治理，促进各级领导人员增强自我监督和廉洁从业意识。制定“大监督”体系实施细则，实现纪律检查监督与巡察、审计、财务、组织人事、法律合规、保密管理、信访维稳、风险控制等职能监督贯通融合，初步构建“大监督”工作格局。

履行社会责任。坚持节日慰问离退休老领导、老职工、生病住院职工。加强保密管理，严防失泄密事件发生。根据疫情防控形势变化，及时修订和启动疫情防控工作应急预案。全年未发生员工感染事件。

撰稿／柴悦迪

山东铝业有限公司

山东铝业有限公司（简称山东铝业）始建于1949年2月13日，1954年7月1日建成投产。2001年拆分优质资产成立中国铝业山东分公司，剩余部分存续为山东铝业公司，2017年改制为山东铝业有限公司。注册资本3.5亿元，员工总数（在岗）1532人，资产总额33.31亿元，资产负债率47.92%。

主营业务范围：医疗器械生产、常用有色金属冶炼、水泥制品制造、门窗制造加工、有色金属合金制造、新材料技术研发、化工产品生产、服饰制造、劳动保护用品生产、特种劳动防护用品生产、非常规水源利用技术研发等。

产能规模：水泥300万吨/年，折百液碱15.0万吨/年，液氯13.0万吨/年，铝型材（铝加工厂和青岛博信铝业）1.5万吨/年。办公地址：山东省淄博市南定镇五公里路一号。

2021年，山东铝业坚定“不吃老本、再立新功”理念，带领全员研讨攻坚措施，圆满完成年度经营任务，山东铝业全年报出利润3.06亿元，处理历史遗留问题后，实现考核利润2.53亿元，经营性现金流4.31亿元、净资产收益率13.09%、成费比90.39%、资产负债率47.93%。圆满完成年度经营任务。

二、生产经营

2021年，水泥完成268.4万吨、铝型材完成10812吨，分别比去年同期减少6.68%、4.00%。液碱、液氯分别完成194995吨、158840吨，分别同比增长1.35%、6.70%。水泥熟料标准煤耗完成每吨105.89公斤，同比降低1.68%；铝加工厂创新开展“一品一单”“双精双效”，劳动生产率、单机产量、挤压成品率均创新高。

主要经济指标一览表

表75

项目	单位	2020年	2021年	增长（%）
资产总额	亿元	35.45	33.31	−6.04
工业产值	亿元	18.94	17.60	7.57
营业收入	亿元	27.81	30.94	11.25
利润总额	亿元	2.04	3.07	50.49
税收贡献	亿元	1.80	1.39	−22.78

三、安全环保

安全排查。2021年，扎实开展“五查五严”专项排查，对18个重要危险源重新进行风险辨识评价，对排查出的37项重要危险源安全隐患全部整治完毕，实行闭环管理；规范完善员工手册，按照细化、量化、具体化要求，修订26个三大规程，并实现人手一册；严把准入关，强化承包商一体化管理，完善智能化人像识别系统，强化承包商一体化管理直线责任，对承包商队伍实行一项目一档案管理。

环境保护。扩大实施场长制、棚长制、库长制、路长制、区长制，专业对口设置各类“河长”共630人，强化源头治理；投入1500万元开展环保治理，二氧化硫、氮氧化物和颗粒物排放量分别较2020年同期降低15%、12%、8%；第二轮第二批中央生态环境保护督察期间涉及边督边改问题全部完成整改，反馈问题剩余1项“21个未批先建项目”问题，已履行集团、资产内部销号流程。

2021年4月，山东山铝环境新材料有限公司与山东柏坤节能环保科技有限公司签订合作开发水泥窑协同处置污染土等固体废物协议书，共同开发水泥窑协同处置污染土技术，项目实施后每年可处置污染土45000吨，进一步提升资源综合利用水平。氯碱厂降低电解电耗通过对二期电解槽D进行离子膜更换，二期电解电耗从2283度/吨折百烧碱降低到2244度/吨折百烧碱。

四、科技创新

2021年，山东铝业新立项研发项目27项，包括新产品研发的《高赤泥配比制备铁铝酸盐改性水泥的研究》项目、基础研究的《C60及以上混凝土专用水泥研究》项目等。山东铝业科技投入7223.24万元，占比2.33%，山铝环境新材料有限公司成功认定为高新技术企业。全年获得专利授权25件，均为实用新型专利。

氯碱厂规范研发项目管理制度，加大研发项目管理力度，和同行业进行技术交流，加大自动化、智能化的改造力度。

五、改革发展

深化体制改革。2021年10月，山东铝业坚持精简高效原则，进行职能部门改革，与中铝山东有限公司合署办公部门由5个增加至7个，提升公司职能部门专业管理效能，巩固优化管理流程成效，进一步推进全要素对标提升市场成本竞争力。

截至2021年12月底，山东铝业有限公司管理层级共分2级，公司下设9个职能部门，9家二级单位，2家全资子公司，4家控股子公司。山东铝业有限公司管理下的独立法人单位有6家，分别为：淄博东山实业有限公司、上海山铝工贸有限公司、山东山铝环境新材料有限公司、青岛博信铝业有限公司、中铝淄博工业园发展有限公司、淄博大地房地产开发有限公司。根据中铝集团优化法人治理结构的要求，注销山东山铝机电科技有限公司。

重大投资项目。2021年，山东铝业有限公司重大投资项目1项，为山铝环境新材料公司2号熟料窑节能减排技术改造项目。项目总投资3989万元项目，2021年7月12日批复开工。项目从生料粉磨系统至熟料输送系统的熟料烧成全系统的配套改造。主要通过改造预热器内部结构、加大分解炉炉容。提高入窑前水泥生料碳酸钙的分解率，从而达到充分利用热能和电能，降低吨熟料电耗、煤耗等指标的目的，同时通过增加污泥热解汽化炉系统达到降低NOx浓度、建设绿色工厂的目的。

六、党建与企业文化

开展党史学习教育。深入学习贯彻习近平总书记“七一”重要讲话和十九届六中全会精神，从百年光辉历程中汲取智慧力量。企业领导带头到基层讲党课，全公司举办学习班、宣讲会、专题党课320场次，受众7000余人次。扎实开展“我为群众办实事”实践活动，一批急难愁盼问题得到解决。精心组织开展建党100周年系列活动，开展“党旗高高飘扬”专项行动，举办“颂歌献给党”

歌咏比赛、文艺演出和快闪活动，组织“永远跟党走”征文和党史知识竞赛，举行“颂党恩”书画展和摄影展。

突出能力建设。做好党建“熔炉”、中层“雁翎”、青年人才“启明星”、青年“奋进”等特色培训。其中，党建“熔炉”培训被评为2021年度国有企业优秀党建类培训项目。落实中央企业“党建创新拓展年”要求，以“两对标、两抓好”促进党建与业务深度互融，做实做细“党员攀登双提升”“两带两创”等，组织开展“赶超标杆我能干成什么”大讨论，实现党建与业务“双提升”，党建考核蝉联中铝集团A级。

撰稿／刘绪睿

中国长城铝业有限公司

一、基本情况

中国长城铝业有限公司（简称长城铝业）成立于1958年，注册资本3亿元，员工总数（在岗）1674人，资产总额19.14亿元，资产负债率57.05%。

主营业务范围：水泥、铝酸钙粉生产；机械电器产品及配件的生产、加工；装饰材料生产；技术服务；瓶装燃气经营；金属材料、耐火材料、化工产品、矿产品的批发和零售；道路普通货物运输、货物专用运输（集装箱）；服务，住宿，餐饮；文化创作与表演，艺术表演场馆；健身休闲活动；房地产租赁经营。产能规模：普通硅酸盐水泥60万吨/年、铝酸钙粉40万吨/年、集装袋350万条/年、铝基复材11000吨/年、医用口罩日产10万只。办公地址：河南省郑州市上街区厂前路28号。

2021年，长城铝业积极应对化解疫情反复冲击、特大暴雨突袭以及前所未有的经济下行压力，坚持改革创新和转型发展“双驱动”，深化全面对标，夯实基础管理，强化风险防控，奋力开拓市场，推动提质增效，持续保持安全环保质量“三零”目标，超额完成全年业绩指标。

二、生产经营

生产经营情况。2021年以来，长城铝业坚持以深化全要素对标为抓手，有效应对疫情防控、“7·20”特大暴雨灾害以及严峻市场形势的重大挑战，持续深化改革创新和转型发展，全年完成营业收入18.5亿元，同比增加6.56亿元，实现利润总额9708万元，经营性净现金流1.17亿元，资产负债率较年初降幅8.89%，超额完成全年业绩指标，持续保持安全环保质量。

生产经营亮点。所属单位环保新材料厂利旧改造原水泥熟料窑生产线，顺利转产建成了铝酸钙粉项目，促进水泥厂向环保新材料产业转型。河南长兴实业微波煅烧项目入选第四批“智汇郑州·1125聚才计划”，产品进入客户试用阶段，作为自主研发科技项目属于国内首创，申请专利8项，其中发明专利2项，实用新型专利6项。

主要经济指标一览表

表 76

项目	单位	2020 年	2021 年	增长（%）
资产总额	亿元	19.89	19.14	−3.77
工业产值	亿元	7.6	6.48	−14.74
营业收入	亿元	11.94	18.5	54.94
利润总额	亿元	0.79	0.97	22.78
税收贡献	亿元	0.66	0.57	−13.64
全员劳动生产率	万元 / 人・年	19.78	17.91	−9.45

三、安全环保

安全管理。长城铝业认真贯彻落实习近平总书记关于安全生产的重要指示精神，坚持“党政同责、一岗双责”，完善安全责任清单，扎实推进全员安全自主管理“三步走”战略规划落地，有效运行风险隐患双重预防体系，通过强化安全教育培训、完善制度建设、精准开展风险管控、狠抓隐患排查治理，全面推广“葡萄图”安全管理工具，全员安全意识得到加强，安全技能得到巩固，安全责任有效压实；开展各类安全培训 8800 余人次，累计 60 人通过注册安全工程师考试；顺利完成全年安全生产目标任务，体系考评得分在中铝资产所属企业中名列前茅。

7 月中下旬，长城铝业积极应对河南地区多轮极端强降雨，第一时间启动应急预案，最大限度地减少经济损失；同时，积极配合政府做好危楼住户疏散、局部塌陷处理等工作，彰显国有企业的责任与担当。

环境保护。长城铝业紧盯中央生态环境保护督察问题整改，落实整改措施 18 项，精准实施生态环保激励考核，积极响应重污染天气应急管控，持续开展无组织排放深度治理，守住环保红线，被上街区授予“污染防治攻坚战三年行动计划团结奋进奖”。所属企业河南长兴实业、河南中铝工程通过河南省“环保绩效分级 B 级企业”验收。

四、科技创新

长城铝业坚持创新驱动发展，全年投入研发费用 1434 万元，开展科技项目 13 项，授权实用新型专利 9 个，下属企业河南长兴实业和河南长城信息顺利完成第二轮高新技术企业认定。长城铝业本部及下属 3 家子公司被纳入郑州市高技术、高成长、高附加值企业培育库。下属单位河南长兴实业入围郑州市专精特新中小企业；河南长城信息自主研发的“智能化电能表自动采集系统”获得郑州市“五小成果”二等奖；河南中铝装备获得郑州市企业技术中心认定；环保新材料厂高纯铝酸钙试验结果达到国家标准水平。

五、改革发展

2021 年，长城铝业持续推进任期制、契约化、职业经理人改革，实现干部能上能下、员工能进能出、收入能增能减；坚持严控用工总量提升人工成本利润率，持续推进人员分流和转岗安置，全口径压减用工 324 人，多项政策争取实现人力资源节支创效 3847 万元；进一步完善干部退出管理机制，加大年轻干部培养力度和三支队伍建设，逐步推动公司干部队伍年轻化、技术人才专精化；实施长铝幼儿园模拟市场化改革，完成开发公司31家厂办大集体企业关闭、注销，顺利完成郑州长城炭素清算注销工作，平稳推进河南长城众鑫建安公司改制，珠海郑铝非标审计意见整改取得阶段性进展。

六、党建与企业文化

提升党建工作质量。紧扣“学党史、悟思想、办实事、开新局”工作要求，围绕推动企业转型发展和增进职工福祉两个关键，全年创建党委示范点2个、标准化党支部示范点11个，“两带两创”立项297项，创效显著，选树年度十大暖心实事，发挥党委“把方向、管大局、促落实”的引领作用；形成政研课题研究成果24项，其中一项荣获集团二等奖，3篇工作案例入选集团案例选编。

深化党风廉政建设。压实“两个责任”，一体推进“三不”体系建设，创新廉政教育载体，开展巡视巡察，发现整改问题210项，党员干部纪律规矩意识持续增强。坚持从严精准执纪，给予问责处理36人，给予党纪政纪处分10人，案件查办质量在集团河南地区企业中名列首位；累计完成维检修、劳务外包项目审计580项，降本259万元。

发挥群团纽带作用。全面推进“四项工程”，开展岗位练兵技能竞赛27项，创新创效项目12项；评选合理化建议成果94项；救助各类困难职工176人次，发放救助款项22.56万元。共青团工作蓬勃开展，荣获集团“青年岗位能手”、亮相“青马工程”；环保新材料厂质量管理中心分析班组获全国总工会“工人先锋号”称号，一批先进集体和优秀个人获得集团及省市级荣誉。

撰稿／王世闯

贵州铝厂有限责任公司

一、基本情况

贵州铝厂有限责任公司（简称贵州铝厂）始建于1958年，原名贵州铝业公司，1972年更名为贵州铝厂。2002年2月，原贵州铝厂正式分离为上市公司和存续企业两个单位，上市公司为中国铝业贵州分公司，存续企业为贵州铝厂。2017年11月27日贵州铝厂更名为贵州铝厂有限责任公司。注册资本5.91亿元，员工总数（在岗）1531人，资产总额2.74亿元，资产负债率73.62%。

主营业务范围：现代工业服务、现代城市服务、现代物流（铁路专用线及公路）、房地产开发、职业教育学校、技术服务、安全护卫等业务。主营产品有铝型材、精细氧化铝、装备制造、机械加工等产品。产能规模：铝型材生产能力5500吨，精细氧化铝设计产能3000吨。办公地址：贵州省贵阳市白云区同心东路2号。

2021年，贵州铝厂全年实现考核利润5794万元。实现经营性现金流考核数7054万元，超年度目标3501万元。资金集中度76.5%，达到控制目标。实现亏损户为零治理目标。

二、生产经营

2021年实际完成产品产量1913.02吨，同比增12.41%；销售2035.41吨，同比增加8.08%。

职业教育提档升级。升级为贵州铝业技师学院，全年招生5547人，在册学生10234人，争取政策资金2314.69万元。

贵铝工服改革求变。贵铝工服在机构改革中先行先试，内生动力显著增强。重获遵义电解铝天车维保业务，增获重庆旗能大修维保业务，重启炉修业务，打入云南市场。全年获取各类服务合同405份，合同总价1.26亿元，实现销售收入1.4亿元，经营利润完成奋斗目标。

资金回收争取有力。全年清收氧化铝收储款、中天拆迁服务费、土地征收等资金共计11190万元，清收昆明电缆公司分红194万元。积极抓住各类政策机遇，争取帮扶资金、稳岗补贴、税收优惠等政策奖励。争取政策资金2725万元。

主要经济指标一览表

表77

项目	单位	2020年	2021年	增长（%）
资产总额	亿元	27.53	25.58	−7.07

续表 77

项目	单位	2020 年	2021 年	增长（%）
工业产值	亿元	1.09	0.61	-43.74
营业收入	亿元	5.45	4.34	-20.28
利润总额	亿元	0.85	0.36	-58.04
税收贡献	亿元	0.50	0.31	-39
全员劳动生产率	万元 / 人 · 年	20.13	19.60	-3

三、安全环保

总体目标实现。实现安全零重伤、环保零事件、职业健康零职业病的目标，疫情防控工作处于良好可控状态。

体系审核提升。中铝资产审核贵州铝厂 CAHS 得分 79.25，CAE 得分 82.1。

专项行动扎实。集中攻坚安全生产专项整治三年行动，全年共查纠一般违章行为 412 起，排查治理一般隐患 4344 项，修订三大规程 671 个，组织安全培训 1.67 万人次。

环保督察有效。各单位水、气、声、渣均达标排放，固危废处置合规率 100%。

疫情防控有力。落实落细常态化疫情防控措施，积极动员员工接种新冠疫苗。接种率达 95.45%，300 余人已接种加强针。

建设健康企业。落实主体责任，安排 603 名接触有毒有害岗位人员参加职业健康体检，实检率 99%，顺利完成年度职业健康申报。

四、科技创新

自主研发一批项目。全年实施研发项目 7 个，科研经费投入 499.13 万元，研发投入强度 1.15%。与中南大学合作的“电解槽智能感知巡检小车开发”进入样车制作阶段；“新一代铝水抬包车开发及应用”等 3 个自主研发项目完成合同签订进入实施阶段；“面向用户需求的铝工业装备快速设计实验室”项目完成全部研究内容；“一种新型焊接式铜渣包开发及应用”等两个项目实现结题验收。

成功申报一批专利。全年共申报实用新型专利 4 件，“一种用于真空抬包包体倾翻的传动机构”实用新型专利获得授权。

市场投入一批新品。全年贵铝工服在新型智能化阳极车等研发新品上共取得 412.6 万元销售订单。贵铝新材料高端新品系列门窗铝材实现销售收入 120 万元，高端汽车应用铝材销售收入 2430 万元。

整合开发一批应用。对贵州铝厂、贵州分公司两套信息平台进行整合，对 5 个应用平台、10 个应用进行优化。整合后平台用户数增加 1100 个，流程审批总量 1.2 万条，平台访问次数超过 8 万。

五、改革发展

现代企业制度更加完善。全年新增、修订《“三重一大”决策制度实施细则》等基础性管理制度 6 个。完善合同、项目等方面管理规定 27 个。召开党委会 40 次、总经理办公会 32 次。企业议事决策规范严谨，经营行为有章可循，过程管控流程清晰。

法人治理结构更加规范。制定印发《企业落实董事会职权实施方案》，专题研究并批复贵铝华颐、贵铝物流、贵铝工服、贵铝装备董事会调整事宜。贵州铝厂子公司董事会建设进一步完善和规范。

压减工作受到总部肯定。贵州铝厂通过吸收合并的方式，将铝兴物业并入贵铝城服，完成铝兴物业关闭注销。贵州铝厂工贸实业总公司于12月24日取得白云区法院破产清算受理通知书，如期完成厂办大集体改革破产清算受理。较好地解决了老国企多年存在的历史遗留问题。

三项制度改革有序推进。2021年8月23日启动管理改革，共减少机关职能部门50%，中层干部职数减少19%，优化管理人员64.4%，降低机关人工成本37%，二级单位管理机构精简17%～67%。贵州分公司用工总量压减284人。

任期制契约化管理启动实施。与10家生产经营单位主要负责人开展业绩沟通，设立“基础性＋成长性＋约束性”三类指标体系。2022年1月5日，贵州铝厂和分公司召开深化改革动员大会，执行董事、总经理与10家单位签订任期制契约化责任书。

六、党建与企业文化

高质量推进党史学习教育。扎实开展“八个一”系列活动，举办先进座谈会、建党100周年庆祝大会，推动党史学习教育走深走实。认真开展“我为群众办实事”实践活动，两级党组织为群众办实事117项。围绕庆祝建党100周年开展系列活动宣传，在外部媒体上发表稿件210篇。

党建工作融入生产经营。全年98个“三重一大”事项由党委会决策或前置研究，完成贯彻国企党建会精神“回头看”30项问题整改。落实党建对标，推进党员“双提升”，开展“赶超标杆我能干成什么”大讨论，坚持党建“双百分”考核，“两带两创”立项90个。全年发展新党员33名，支部星级达标率100%。

执纪监督提供坚强保障。完善“三不”体系建设，修订《贵州铝厂党委构建“大监督”体系实施意见》及三个工作规则。提升政治巡察质效，全年开展常规巡察2次，专项巡察4次，持续推进中铝集团巡视反馈问题整改，累计完成整改60项，完成率95.23%。强化廉洁警示教育，两级党委、纪委开展各类约谈900人次。

温暖群团构建纽带桥梁。职工集体福利费同比上涨14.65%。全年帮扶慰问4075人次，使用帮扶资金135.94万元，争取上级工会政策资金170.64万元。青年志愿者为周边居民办实事545人次。“铝合金扁锭铸造活动溜槽预热系统的节能优化”荣获中铝集团合理化建议“银点子”奖，游勇等10位员工荣获贵州省“最美劳动者”。

撰稿／阳文鸿

中铝山西铝业有限公司

一、基本情况

中铝山西铝业有限公司（简称山西铝业）前身为山西铝厂。2017 年 11 月，山西铝厂实行公司制改制更名为中铝山西铝业有限公司。注册资本 6 亿元，员工总数（在岗）1942 人，资产总额 29.01 亿元，资产负债率 38.32%。

主营业务范围：生产、销售氧化铝、氢氧化铝、电解铝及深加工产品，铝土矿、石灰岩（石）及其伴生矿的开采与销售，生产、销售耐磨材料、过滤材料、塑编袋、絮凝剂、化工产品、工业水处理剂，脱硫、脱硝除尘系统运行、维护、检修等业务。产能规模：粉煤灰砖年产 6000 万块；配电柜年生产加工能力 2500 万元。办公地址：山西省河津市龙门大道北段 10 号。

2021 年，山西铝业聚焦价值创造和价值管理，全要素对标先进，全方位提质增效，累计实现营业收入 12.66 亿元，同比增长 38%；累计实现利润 6702 万元，超额完成年度奋斗目标。运营质量持续提升，资产收益率 ROA3.66%，同比提高 3.43 个百分点；净资产收益率 ROE4.09%，同比提高 4.46 个百分点；资产负债率 37.38%，同比降低 3.18 个百分点。“5C” 价值管理荣获中铝资产 2021 年度总经理特别奖。

二、生产经营

2021 年实现营业收入 12.66 亿元，实现净利润 7406 万元，剔除三供一业补贴收入、消化历史遗留问题、晋铝房开等因素，企业实现考核利润 6702 万元，超奋斗目标 1452 万元。

主要经济指标一览表

表 78

项目	单位	2020 年	2021 年	增长（%）
资产总额	亿元	29.44	29.01	−1.46
工业产值	亿元	0.22	0.14	−36.36
营业收入	亿元	9.24	12.66	37.01
利润总额	亿元	−0.05	0.96	20.20
税收贡献	亿元	0.63	0.53	−15.87
全员劳动生产率	万元 / 人 · 年	11.33	15.94	40.69

三、安全环保

提升安全管理。持续完善制度，制定实施《驻外项目部安全管理办法》《承包商安全管理规定》等制度，进一步扎紧安全管理的制度笼子；强化安全培训，先后组织新《中华人民共和国安全生产法》、CAHS 和 CAE 体系等专题培训，持续推进“葡萄图” 安全管理工具应用，全年共培训 8970 人次，促进基层班组安全管理标准化；强化安全检查，组织对施工现场、重要危险源等进行专项检查，查处各类问题 1558 项并全部进行整改；实施正向激励，激励费用提高至100万元，进一步促进员工从“要我安全”到“我要安全”“我会安全”的转变。狠抓疫情防控，保障生产经营的有序运行。

绿色环保措施。扎实开展中央环保督察自查自改，进行了危废、环境因素辨识与评价、无组织排放等专项整治；着力节能减排，颗粒物排放量同比降低65.68%。2021年，山西铝业实现生产安全事故为零、一般及以上突发环境事件为零、新增职业病例为零，在中铝资产体系审核中，职业健康安全考评得分80.12分，环保考评得分82.07分，实现由严格管理到自主管理初级阶段的跨越。

四、科技创新

山西工服QC课题《热电厂锅炉空气预热器维修技术的开发》《降低荷兰泵跳停次数》获得山西省QC小组活动二等奖；山西工服QC课题《加强车辆点检维护　降低维修费用》获得中色质协QC小组活动二等奖；山西工服设备检修安装分公司安装二工区获得有色金属行业质量信得过班组；本年度专利申报专利项目6项，取得授权项目6项。

五、改革发展

不断深化改革。根据中铝集团整体部署，制定实施《山西铝业深化改革三年行动实施细则》，2021年累计完成70项改革任务，任务完成率达90.1%。“三供一业”、退休人员社会化等剥离企业办社会职能全面完成。通过跨企业转移、跨企业上岗、置换劳务派遣工、工伤病伤离岗、协商解除劳动关系等方式优化压减人员，全年累计优化员工895人，完成压减任务的123%。

推进公司治理。完成中铝工服所持山西工服、黄河电器、设计院及中铝投资所持晋铝房开的股权划转；晋正项目、黄河电器、设计院按照“外部董事占多数”要求完善董事会建设；对参股企业进行规范细化管理，有效防范了风险。

六、党建与企业文化

推进党史学习教育。着力开展“七个一”主题党日活动，引导广大党员干部学党史、悟思想、办实事、开新局。举办庆祝建党100周年千人歌咏比赛和百名英雄人物事迹展，营造在党知党、在党爱党的浓厚氛围。推进党建与业务工作“双向融合”，创新开展“党员价值创造”主题实践活动，持续激发全员创新创效热情。

强化党风廉政建设。推进“大监督”体系落实落地，注重廉洁文化宣传和警示教育，发挥巡察利剑作用，加大执纪问责力度，营造风清气正的政治生态。

发挥企业文化优势。举办第十届职工文化艺术节文艺演出和职工篮球赛等大型文体活动，组织“夏送清凉、金秋助学、冬送温暖、困难帮扶”等活动。山西铝业荣获“运城市文明单位”荣誉称号。《劲旅》报全年刊发各类稿件千余篇；晋铝广电播出700余条电视新闻;《劲旅风采》微信公众号发布信息400余条。外发新闻稿件108篇；5件新闻作品参加全国有色企业好新闻评选，全部获奖；两件作品入选中铝集团结集出版的《我与中铝共成长》一书；组织摄制的“我为中铝送祝福”快闪视频获中铝集团优秀奖；电视开办“习近平新时代中国特色社会主义思想学习问答”“献礼建党100周年百部国产优秀影片展播”栏目。全力支援抗洪救灾，第一时间组织人力、物力投入汾河河津段防汛抢险，赢得了地方政府和社会各界的一致肯定和赞扬。

撰稿／王成军

中铝资本控股有限公司

一、基本情况

中铝资本控股有限公司（简称中铝资本）成立于 2015 年 5 月，注册资本 41.25 亿元，员工总数（在岗）262 人，资产总额 604.84 亿元，资产负债率 79.80%。

主营业务范围：投资管理，项目投资，资产管理，投资咨询，企业管理咨询，出租商业用房，出租办公用房，会议服务（以上经营范围以公司登记机关核定为准）。办公地址：北京市西城区文兴街 1 号院 1 号楼。

2021 年，中铝资本全面推动深化改革和转型攻坚，深入实施价值管理和对标提升，主动优化服务模式，深耕内外两个市场，牢牢守住风险底线，实现“十四五”良好开局。

二、市场分析

从宏观形势来看，疫情影响边际减弱，全球经济回暖，通胀压力增加，美国退出 QE 步伐加快，全球央行货币政策正常化压力加大。中国经济尽管逐步恢复，但消费对需求的拉动不足，投资、消费增速均未恢复至疫情之前的正常增长水平。从有色行业看，随着新冠疫情得到有效控制，全球供应链将在一定程度上得到修复，供需错配、物流趋紧等现象将有所改善。为平抑大宗原材料价格过快上涨，促进产业链红利有效传导，夯实内循环基础，国家将采取积极多元化的调控手段，大宗商品价格运行重心或有所下移。对于金融企业来讲，金融产业发展环境发生深刻变化，中央企业金融业务的监管力度持续加大，传统利差盈利模式、常规发展路径亟须转型调整。

三、生产经营

2021 年，中铝资本紧盯改革发展目标，推动一批有代表性、有影响力的大事落地见效。资金集中度与人民币、本外币存款和结算规模再攀新高；创新开展买方信贷业务，投放规模 12.33 亿元，位列央企财务公司前 10 名。系统谋划推进有色供应链平台，获集团支持并取得实质性进展；E 信融在多个战略单元试点推广，供应链场景服务蹚出新路。深入产业链终端，实现铝模板投放达 22 万平方米，成为国内铝模板行业增长最快的新兴力量。服务中铜土地转让项目实现高溢价成交，落地华中铜、昆铜基差贸易业务，大幅为企业降本增利，产权经纪和风险管理专业服务主动作为见成效。首获公司债、中期票据主流融资工具注册额度，创新发行了有色行业首单资产支持商业票据，融资渠道再拓宽。全力协同集团“两个中心”信息化系统实现业务对接，首次自主研发会计核算自动化等 5 项功能，锤炼了信息技术自我开发能力。完成年度净资产收益率 ROE 对标任务，与标杆企业动态差距缩小 20% 以上。

中铝资本、中铝财务分别获评集团优秀财务管理企业和中国财协行业数据统计优秀单位。完成中铝资本“两委”换届工作；党史学习教育深入开展，党的建设全面加强，中铝资本党委获国务院国资委“中央企业先进基层党组织”荣誉称号。

主要经济指标一览表

表 79

项目	单位	2020 年	2021 年	增长（%）
资产总额	亿元	479.07	604.84	26.25
工业产值	亿元	—	—	—
营业收入	亿元	68.09	68.13	0.06
利润总额	亿元	10.16	8.78	−13.56
净利润	亿元	7.95	6.97	−12.28
税收贡献	亿元	2.85	3.42	20.04
全员劳动生产率	万元 / 人 · 年	465.95	482.21	3.49
资产负债率	%	74.85	79.80	增加 4.95 个百分点
净资产收益率	%	6.56	5.71	减少 0.85 个百分点
总资产报酬率	%	2.20	1.61	减少 0.59 个百分点
研发投入强度	%	—	—	—

四、安全环保

深化安全责任落实。强化安全底线思维，深入开展隐患巡查排查，实现全年安全事故零发生。积极应对新冠肺炎疫情反弹形势，严格按照集团及属地政府要求，细化处置方案，保障了干部职工健康安全。

服务低碳转型发展。规范运行中铝金融全铝环保智能楼宇，宣传引导资源节约意识，无纸办公、无烟区域、全铝用材进一步降低了折旧耗材，提升环保水平。积极筹划成立中铝绿色低碳基金，发力绿色建筑装备及轻量化物流领域，高效服务集团绿色转型发展。紧扣国家“双碳”目标，成立碳中和与绿色金融课题组，研究有色产业绿色发展策略，探索绿色金融服务集团低碳转型发展实践应用。中铝租赁围绕绿色建筑装备、轻量化物流等领域，积极布局换电重卡、新能源电站业务，打造资产运营管理平台，助力绿色低碳发展；依托特色产业，创新绿色金融服务，着力打造铝挂车、铝模板下游场景，助力铝应用推广。

五、科技创新

验收 EAST 等 4 项报送系统，确保监管数据及时报送；完善 E 信融、租赁系统等功能，实现业务全面上线运行；全力协同集团“两个中心”信息化系统实现业务对接，首次自主研发会计核算自动化等 5 项功能，锤炼了信息技术自我开发能力，大幅节省了开发成本。

六、改革发展

全面深化改革释放活力。深入实施国企改革三年行动，改革措施完成率 89%，提前达成预定考核目标。实现 8 家子企业董事会应建尽建，4 家单位职业经理人改革落实到位，管理层及中层 43 人任期制和契约化完成签约。制定完成云晨期货混改整体方案，顺利实施滇鑫浦慧股权变更等一揽子改革举措，初步实现了“1+1 > 2”的整合效果。

投资投行服务取得突破。围绕集团绿色低碳发展，筹划了有色行业首支服务国家“双碳”战略的产业基金；聚焦集团国有资产保值增值，为集团和内部企业设计的存量股票盘活方案获批，完成首支股票盘活资管产品设立。担任财务顾问推动项目实施，取得了良好财务收益；高效服务精细氧化铝、高纯金属项目，拓展了服务广度。

产融服务展现新作为。续签中铝国际等 4 家上市公司金融服务协议，关联交易存款限额提高至 240 亿元；国际业务代客结售汇超前四年总和，保障了集团海外业务支付结算。有力服务成员企业资金需求，日均信贷资产、承兑汇票金额创历史新高；加大减费让利力度，全年为成员企业压降外部贷款近 62 亿元，助力集团降本增效。全年银行授信额度及合作数量实现双提升；首次通过“银承＋贴现”模式融资近 7 亿元，开拓票据业务市场。保险经纪平台作用有力彰显，累计解决保险理赔案 1000 余件，为企业落实理赔金额 9200 余万元；为秘鲁铜等海外项目节约保费 113 万美元；协助 5 家企业申领补贴 6200 余万元；获产权交易组织金奖。

谋定“十四五”新路径。编制完成“十四五”整体规划及专项子规划，聚焦“助推器、引领者、新标杆”总体目标，确定打造服务有色产业生态的一流金融服务提供商的愿景，以“深化产融结合”为主线，持续推动金融业务转型。

培育转型发展新动能。中铝租赁着力开拓五大绿色租赁业务场景，全面发力资产运营型业务，铝模板投放 2.2 亿元，运营规模超过 33 万平方米，围绕集团生产场景落地了首个换电重卡融资租赁项目。中铝商业保理完成有色供应链平台建设方案，为集团合金促销、矿石保供制定特色化供应链金融服务，融资规模达到 2.3 亿元，获评行业创新案例奖。中铝基金单元积极布局私募资配基金管理人等新领域；成功落地备案扬州、南京两支基金，撬动社会资本 1 亿元，两个项目完成投资。云晨期货积极探索多元业务转型，做市商资格增至 4 个，获做市业务进步奖。中铝财务深化服务模式转型，客户经理制试点改革取得阶段成果。

风险防控护航新发展。统筹经营发展和风险管控，紧盯市场变化和风险苗头，从严开展业务审查审批。健全评级授信机制，完善风控政策体系，制定重大风险应急预案，常态化开展评价监督。落实法治央企建设要求，完善组织架构，法律审核实现两个“100%”全覆盖，法治建设水平进一步提升。系统推进违规责任追究，深化审计整改落实，完成专项及经济责任审计 7 项，审计监督力度进一步加大。

管理效能实现新提升。初步建立了符合金融企业运营特点的价值管理体系，搭建了五维价值评价模型。“对标提升行动工作清单”完成率达 80%，精益财务价值管理经验做法入选工信部管理会计案例集和集团管理提升标杆项目。深入推进成本精细化管控，成费比持续压降，活用政策累计节免退税 6400 万元。发挥协同增效作用，积极争取搬迁政策补贴 5900 余万元，盘活大厦底商创效 310 余万元。

七、党建与企业文化

强化党建工作。始终把政治建设摆在首位，认真落实“第一议题”制度和“不忘初心、牢记使命”常态化实施办法，进一步优化前置审议事项清单。高标准开展党史学习教育和庆祝建党百年系列活动，按时完成办实事 74 项。24 个“两带两创”项目直接创效过亿元。配强纪检工作干部队伍，完成集团巡视整改 58 项；进一步完善“大监督”机制，持续推进常态化、日常化特色廉洁文化建设。扎实开展党建带团建，中铝资本志愿服务队荣获集团“最美中铝人”称号。

履行社会责任。开展特色公益活动，品牌影响力稳步提升。组织“大手拉小手同心共防疫”志愿服务活动，向北京市海淀行知实验学校捐赠防护口罩、消毒液、红外测温仪、免洗手凝胶等防疫物资。开展“衣起行动传递温暖”冬衣捐赠联合公益活动，联合中车保理等同业力量，汇集北京、昆明、上海三地资源，募集衣物420余件，为偏远山区孩子送去寒冬温暖。2021年，中铝资本首次获评中铝集团社会责任“双先”荣誉。

撰稿／申江涛

中铝环保节能集团有限公司

一、基本情况

中铝环保节能集团有限公司（简称中铝环保）成立于2018年3月，注册资本10亿元，员工总数（在岗）656人，资产总额22.77亿元，资产负债率36.62%。

主营业务范围：在环境保护、节能、新能源、资源综合利用领域内从事工程承包、技术开发、技术咨询、技术服务、技术转让、检验检测，节能评估；合同能源管理；环境污染治理；碳排放交易；进出口业务。办公地址：北京市昌平区北七家镇未来科学城。

2021年，中铝环保坚持以“十四五”战略目标为引领，以推动高质量发展为主线，以实施“四个转变”和“3+1”业务布局为重点，以全面改革创新为动力，以全要素对标为手段，以大力开拓外部市场为关键，不断增强公司竞争力、创新力、控制力、影响力和抗风险能力，努力建设最具行业竞争力和市场影响力的科技型、创新型、服务型环保节能产业集团，为中铝集团加快建设具有全球竞争力的世界一流企业而奋力拼搏。

二、生产经营

2021年，中铝环保共新签订合同11.15亿元，同比提高92%，合同外向度82%。实现营业收入12.1亿元，同比提高4.3%；利润、净利润分别为7526万元、5538万元，同比提高64%、59%，完成集团下达的奋斗目标。营业收入利润率6.49%，同比提高2.73个百分点；资产负债率35.15%，优于年度控制目标2.61个百分点；净资产收益率ROE3.67%，同比提高1.28个百分点；全员劳动生产率56万元/人，同比提高23%。完成研发投入强度3.5%。向集团争取解决1.2亿元的历史遗留问题，实现轻装上阵。

主要经济指标一览表

表80

项目	单位	2020年	2021年	增长（%）
资产总额	亿元	23.82	22.77	−4.41
工业产值	亿元	7.13	6.25	−12.34
营业收入	亿元	11.61	12.11	4.30

续表 80

项目	单位	2020 年	2021 年	增长（%）
利润总额	亿元	0.46	−0.45	−197.83
净利润	亿元	0.35	−0.50	−242.86
税收贡献	亿元	0.64	0.77	20.31
全员劳动生产率	万元 / 人 · 年	45.57	36.25	−20.45
资产负债率	%	38.26	36.62	减少 1.64 个百分点
净资产收益率	%	2.39	−3.43	减少 5.82 个百分点
总资产报酬率	%	3.13	−0.65	减少 3.78 个百分点
研发投入强度	%	4.39	3.74	减少 0.65 个百分点

（一）制定“十四五”发展规划

围绕打造“有色行业最具影响力和市场竞争力的科技型、创新型、服务型环保节能产业集团”战略目标。一是以“价值创造、深化改革、全面创新”为原则，在深入调研和分析的基础上，形成公司“十四五”发展规划。二是以市场需求为导向，坚定走产业化发展路线，明确生态环保、资源综合利用、低碳节能、综合服务“3+1”业务方向。三是以价值创造为导向，坚定走内涵式发展路线，明确核心技术、经营方式、角色定位、业务结构的“四个转变”转型发展模式。四是以业务聚焦为导向，坚定走专业化发展路线，进一步厘清二级公司的主责主业，明确专业领域做强做优做精的产业化发展方向。

（二）推动公司高质量发展

坚决贯彻落实集团价值创造经营理念和要求，推动公司高质量发展的内涵更加明确、行动更加坚决。一是结合“赶超标杆我能干成什么”大讨论，在全级次企业深入学习价值管理理念、查摆价值创造短板、研究价值提升路径，“人人创造价值”的理念深入人心。二是以全要素对标为抓手，建立以净资产收益率 ROE 为核心的对标管理模型，全级次选定标杆企业 5 家，建立对标指标 24 个，明确对标事项 56 项，构建对标找差距、分析找原因、改进找措施的对标追标闭环流程，对标指标优化率达到 86%。三是以价值创造为导向，大力推进业务结构调整，内蒙古丰融减资退股，宁夏丰昊退出非主业贸易业务，收益较高的运营和综合服务业务得到提升。四是加大外部市场开拓力度，公司全年实现外部市场营业收入 4.6 亿元，同比提高 280%，弥补集团内部市场大幅下降的影响。公司在营业收入同比增加 4.3% 的情况下，利润同比增加 64%，价值创造能力初步显现。

三、科技创新

（一）坚持科技自立自强取得成效

组建中铝中央研究院环保节能研究所，引进 5 名科研人员，建立有别于行政职级的五级研究员岗位和薪酬序列。针对集团四大核心产业面临的环保节能问题，开展课题研究，结题 8 项，已推进 35 项，新获得授权专利 15 项，其中发明专利 3 项。

（二）探索环保节能领域新技术切入点

中铝环科攻克广西稀土矿山尾水氨氮治理“卡脖子”难题，在离子型稀土行业实现了技术引领，助力集团落实中央环保督察问题整改；铝能清新引进高炉煤气精脱硫技术，实现从源头对高炉煤气的深度减排治理，电解烟气半干法脱硫技术顺利通过科技部验收，形成自有核心技术；云南科力低品位难处理氧硫混合铅锌资源同步浮选技术通过专家评审，达到成果转化及产业化预期；中铝生态采用自主创新的“工业废渣堆场负压防渗”技术，助力金鼎锌业完成废渣库治理。

四、改革发展

（一）全力推动管理体制机制创新

一是大力推动国有企业改革三年行动实施方案，完成改革目标任务的76%；实现全级次企业任期制契约化管理和职业经理人改革全覆盖，市场化选人用人机制初步形成。二是按照“量力而行、尽力而为”的投资理念，加大项目投资优化力度，实现开工项目投资总额压减40%的目标，提升了项目未来竞争力。三是建立健全公司治理体系，完成董事会建设，完善风险监控体系和工作机制，编制合同示范文本，实现三项法律审核100%全覆盖，依法治企能力得到持续提升。四是以精准管理标准化体系为抓手，持续强化安全环保风险隐患排查治理，全年一般及以上生产安全事故、突发环境事件、职业病危害事故为零。

（二）加大资源整合、资质获取力度

一是不断补齐公司发展短板，全力搭建业务发展平台，能力建设取得新成效。与云南九州开展联合技术攻关和深度合作，完成广西华昇赤泥选铁项目中试和可研，为进一步推进赤泥综合利用奠定基础。二是完成水务分公司的组建和运营，实现万吨级污水处理厂运维，探索搭建联合经营商业模式。三是云南科力创新商业模式，成功托管运营了泓瑞冶金，填补公司在铜铅锌重有色危固废资源化利用领域的空白。四是固废事业部与云南德福全力推进贵州铝灰资源利用示范项目，实现公司首个铝灰项目的建成投产，宁夏丰昊成功实施中铝科学院屋顶光伏项目并顺利并网发电，转型发展迈出第一步。五是围绕打造环保数据化、智能化专业平台，全力推进金宇环保股权重组。六是铝能清新将烟气治理业务成功拓展至钢铁、炭素、电力行业。中铝环科、中铝生态、云南德福成功获得国家级高新技术企业认定，公司已有6家企业列入国家级高新技术企业；公司入选国家第三批服务型制造示范企业，成为集团内唯一获得此荣誉的单位。

五、党建与企业文化

以习近平新时代中国特色社会主义思想为指导，深入贯彻落实党的十九大和十九届历次全会精神，坚决贯彻“两个一以贯之”，扎实开展党史学习教育，深入推进党建与业务双向融合，不断优化“双百分”考核体系，持续强化党风廉政建设和反腐败工作，党组织的创造力、凝聚力、战斗力得到进一步提升，党员干部的先锋模范作用得到进一步发挥，干事创业氛围得到进一步营造，强化党的领导和完善公司治理体系相统一得到进一步巩固。中铝环保党委荣获中铝集团直属党委庆祝中国共产党建党100周年先进基层党组织称号。

撰稿／赵应平

中铝创新开发投资有限公司

一、基本情况

中铝创新开发投资有限公司（简称中铝开投）成立于2018年5月，注册资本18亿元，员工总数（在岗）142人，资产总额8.6亿元，资产负债率33.67%。

主营业务范围：投资兴办实业，股权投资，资产管理、投资管理，投资咨询、企业管理咨询，技术开发、技术咨询、技术服务，经营进出口业务。办公地址：深圳市南山区粤海街道科发路南山金融大厦。

2021年，中铝开投以打造现代一流新兴产业投资与运营平台为目标，深入推动全要素对标和管理改革创新，加快构建投资公司募投管退循环发展通道，“利润＋估值”相支撑、“投资收入＋孵化投入”相平衡的可持续发展模式初步形成。

二、生产经营

（一）制定“十四五”规划

围绕集团打造“全球有色金属产业排头兵、国家战略性矿产资源和军工材料保障主力军、行业创新和绿色发展引领者”目标定位，以党建引领推动高质量发展，充分发挥集团转型升级加速器作用，紧盯行业一流开展全要素对标，聚焦主业和国家、区域及地方重要规划建设，创新运用“直投＋基金投资”现代投资手段，抢抓新机遇，培育新产业，构造新业态，着力培育战略性新兴产业，带动集团传统产业向高端化、终端化、国际化方向迈进，助推集团产业转型升级、高质量发展。

商业模式上，充分发挥推动有色产业链升级和生态圈整合的战略单元作用，培育集聚人才、科技、创新、市场机制和商业模式五种竞争元素，提升行业洞察力、技术洞见力、资源整合力、价值创造力，以协同为主责，以投资为手段，逐步构建起直投和基金投资共生互动，资本型增长、运营型增长、协同型增长综合效益良好且可持续的发展模式。

主要经济指标一览表

表81

项目	2020年	2021年	增长（%）
资产总额（亿元）	7.20	8.60	19.44
营业收入（亿元）	7.38	29.24	296.21
利润总额（亿元）	−0.54	0.085	115.74
净利润（亿元）	−0.54	0.068	112.59
税收贡献（亿元）	0.03	0.07	133.33

续表 81

项目	2020 年	2021 年	增长（%）
全员劳动生产率（万元 / 人·年）	25.74	33.52	30.23
资产负债率（%）	21.72	33.67	增加 11.95 个百分点
净资产收益率（%）	−9.46	1.21	增加 10.67 个百分点
总资产报酬率（%）	−7.51	0.98	增加 8.49 个百分点
研发投入强度（%）	4.85	27.01	增加 22.16 个百分点

（二）推动高质量发展

以服务集团战略为着眼点，以创造价值回报为落脚点，基金投资聚焦主业领域，完成项目储备 40 项，立项 10 项，通过投资决策 7 项，投资完成 2.2 亿元。在提升技术洞察力方面，投资的 11 个项目中 4 个入选国家第三批专精特新“小巨人”企业名单。在提升产业洞察力方面，臻镭科技（射频芯片设计）项目在上交所科创板成功上市，3 个项目有未来 1 ~ 2 年独立上市的预期；3 个项目研究报告录入集团并购项目库。在提升协同发展力方面，已投资的西安兴航（航空机加工）为东北轻合金的下游客户，帕瓦莱斯（光伏跟踪系统）、驰宇空天（铝基碳化硅）、派尼尔（铝基合金发动机）等项目可有效助推铝在下游领域的高端应用，集迈科（氮化镓）有望补强集团的镓产业链。协同中铝国际、中铝股份，跟进长沙院旗下华楚智科、郑研院的科改，科改基金筹备工作顺利完成。多个基金投资项目估值增长显著，投资价值回报初步显现，为公司 2021 年带来净收益 7600 万元，成为公司扭亏为盈的关键支撑，初步树立中铝股权投资的品牌影响力。

着力强化投后管控、规范治理、分类施策，开投铝拓积极融入集团物商平台、数字化转型建设，面向市场构建大数据自营交易体系，成功实现商业模式创新，全年实现营收 23 亿元，同比增长近 9 倍；新增交易会员 223 个，同比增长 11 倍，加速对有色金属行业近终端市场的数据累积；赋能集团内部产业，协同中国铜业华中铜业打造数字化运营管理标杆，在集团实施有色产业数字化新基建战略中发挥“尖兵”作用，列入集团科改示范企业推荐名单，荣获“2021 年中国产业互联网优秀企业”30 强。开投烯铝加快拓展新的产业领域和销售场景，着力提升品牌影响力，通过国家高新技术企业认定，入选 2021“科创中国”之“新锐企业榜”公示名单。开投深圳铝程和浙江铝程搭建起智能铝挂车租赁平台，商业模式得到优化。对经营困难的开投美巢开展扭亏减亏专项治理，系统调研诊断经营问题，停止江西、福建子公司运营，关闭大连分公司，实行直营店转加盟店策略，聘请西南铝实业公司团队经营管理，亏损额同比下降 500 万元。2021 年，公司直投产业营业收入为 23.89 亿元，同比增长 917%；资产总额 6.18 亿元，同比增长 24%。

三、科技创新

中铝开投聚焦集团主责主业，重点拓展战略新能源新材料，高端制造，铝、铜等有色金属应用拓展，“互联网 + 有色”轻资产等四大产业。致力于推动集团高端化、终端化、国际化、绿色化发展。为充分发挥“集团转型升级加速器”的作用，确保“十四五”期间中铝开投实现良性和可持续发展。

产业互联网平台方面。创新商业模式，构建以交易为核心，联接起全产业链生态上下游的生产商、贸易商、物流服务商、金融服务商、仓储服务商、终端客户等，提高资源配置效率，助推传统产业转型升级，依托线下实体支撑，“线上”“线下”融合发展，为客户提供交易、物流、仓储加工、供应链金融等一体化服务，围绕“交易、货运物流、仓储加工、供应链金融”核心体系建设，通过技术赋能创新经营管理，强化数据运营和精细化系统管理，提高铝拓网的用户体验和业务扩展支撑能力，加强内外部信息协同并倒推内部流程优化，提升电商营销团队的工作效率和运营服务质量，加快公司对市场的快速反应，已逐步实现核心业务在线化、客户服务移动化、交易单据电子化。

新能源电池方面。致力于打造高性能铝空气电池的系列化研究与开发以及对已有技术的升级迭代。公司突破电源系统控制策略及系统集成技术，解决零度低温启动难题，启动时间缩短至原启动时间的六分之一。完成基础技术的迭代与升级；突破生产工艺、焊接密封工艺、长期使用寿命及循环使用寿命等问题。

四、改革发展

坚持市场化、专业化导向，推行以人才对标选用为核心的对标管理提升，通过优秀人才的组合来带动公司管理理念和管理水平的提升。规范治理体系基本建立，完成董事会建设，全级次实现外部董事占多数，公司党建、基本管理、业务管理制度体系建立完善，投资公司运营管控体系初步形成。组织和队伍建设动态跟进，投后管理部、纪委工作部、董事会办公室相继设立。投后管理得到强化，结合实际对子公司人力资源、财务、风控法务等业务实行垂直管理，立规则、强管控，守底线意识普遍增强。高度市场化机制有效运行，全年子公司经营班子成员、本部部门负责人不胜任退出5人，占中层人员的三分之一；全级次实行市场化用工，全员签订绩效考核责任书，约定调整岗位、解除劳动合同条款，员工退出率47.68%；实行工资总额管理强约束，建立子公司经理层人员工资核定规则，实现全级次全员绩效收入浮动化，切实做到干部能上能下、员工能进能出、收入能增能减。

五、党建与企业文化

坚持高质量党建引领高质量发展，突出政治建设，旗帜鲜明讲政治，中心组学习、专题学习研讨、党委会第一议题等精心准备，坚持不懈。抓好党史学习教育贯穿全年，高质量组织开展“七个一”主题活动、党的100周年庆祝活动。深入学习贯彻党的十九届六中全会精神。突出强基固本，狠抓党建工作标准化和党建责任落实，制定下发《中铝开投党建标准化实施办法》《党建工作计划》及《党建工作考核实施方案》，与支部书记签订《党建工作目标责任书》，建立起“一级抓一级、一级带一级、层层抓落实”的工作格局。把加强党的制度建设作为强基固本当务之急，增补及修订党建制度18项，建立包含党委决策、议事规则、党务管理、学习实践、廉洁建设的完整党建制度体系。突出经营发展中心，推动党建与业务深度融合，组织开展“两对标、两抓好”活动、“两带两创”活动、党员“双提升”活动，引导党员在攻难关、讲奋斗、开新局、为中铝做贡献方面选题立项，成为推动党建与业务深度融合的有效武器。突出持续改进理念，通过强化问题整改提升党建质量，共整改落实集团党组巡视组反馈的37个问题、95条整改措施，国企党建“回头看”38个短板问题、46项改进措施，整改效果得到集团肯定。

撰稿／张明阳

中铝海外发展有限公司

一、基本情况

中铝海外发展有限公司（简称中铝海外）成立于2018年6月26日，注册资本10亿元，员工总数（在岗）106人，资产总额1.8亿元，资产负债率6.9%。

主营业务范围：有色金属矿采选业。办公地址：1. 广东省广州市南沙区丰泽西路华梦街6号12层；2. 北京市海淀区西直门北大街62号中铝大厦11层南。

2021年，中铝海外以习近平新时代中国特色社会主义思想为指导，深入贯彻党的十九大和十九届历次全会精神，在中铝集团党组的正确领导下，全面落实中铝集团2021年工作会议要求，立足新发展阶段，服务新发展格局，以集团战略为统领，坚持党的领导和党的建设这个根本保证不动摇，坚持打赢国内外疫情防控战役这个使命不动摇，坚持以国际化思路开展海外资源开发和几内亚博法项目生产运营这个核心业务不动摇，坚持全要素对标用新思路谋划中铝海外新发展这个发展方向不动摇，坚持推进中铝海外核心竞争力建设，为把中铝集团建设为具有全球竞争力的世界一流企业做出贡献。

二、生产经营

博法矿山超额完成全年生产任务。中铝海外管理团队克服新冠疫情、几内亚“9·5”军事政变等多种因素的严重不利影响，积极履行安全生产“一岗双责”，实现全年安全零工亡，环保零事件，博法矿山全年完成采矿量1236万吨，超额完成全年生产任务。

矿产资源项目取得良好进展。重点分析研究全球铜、铝、锂行业的基本面情况，覆盖范围涉及5个洲23个国别，涉及铝项目20个，铜铅锌项目20个，战略性金属项目15个，超额完成年度任务指标。对全球重要的矿业公司进行研究，确定3批共18个重点海外资源获取项目清单，实现两个项目立项的年度工作目标。在铜资源项目方面，与中国铜业和云南铜业紧密合作，建立联合工作机制共同推进多个项目研究，协助完成R项目立项，首次实现咨询服务收入。在铝资源项目方面，突出重点，全力推进第二铝产业基地建设。在锂资源项目方面，开展锂行业专项行动，完成秋实项目立项。

中铝海外基础管理工作有进步。中铝海外全面落实中铝集团2021年工作会工作部署，制定《中铝海外治理体系现代化工作方案》，开展系列基础管理工作。在制度建设方面，制定《规章制度清单》，对制度的修订和编制进行计划和安排；同时，着眼于海外项目运营管理的需要，编制下发《运营管理体系建设方案》和《项目建设管理体系文件建设大纲》，并组织各部门完成运营管理体系55项制度、项目建设管理体系40项制度的编写。在依法合规经营方面，健全合规管理体系，成立合规管理委员会，全年审核规章制度33项，审查各类合同及法律文件174份，规章制度和经济合同法律审核率达到100%；加强对企业投资融资等重点领域的管理，为飞跃、秋实等多个项目提供法律咨询与支持，提出法律风险和应对措施。在全面风险管理体系建设方面，完成公司全面风险管理体系建设；开展对CFIUS、FIRB等美澳外资监管相关法律研究；完成赞比亚等6个国家法律政策研究指引编制工作，助力公司海外业务开拓。在内控体系建设方面，完成内部控制体系更新，进一步规范内部控制管理体系。

全方位对标先进矿山。中铝海外博法矿山管理团队按照建设海外矿山运营典范要求，通过对标管理规范、对标设计参数、对标先进矿山企业，查找和补齐管理短板，优化操作流程，加强员工培训，开展"立足岗位拼命干、献礼建党一百年"劳动竞赛活动，矿山运营管理步入正轨，全年完成采矿1236万吨，超额完成年度生产任务，实现安全零事故、环保零事件、防疫零感染。

海外项目开发工作取得进展。完成2个资源获取项目立项。组织开展锂行业专项行动，自主完成《锂产业发展思路与策略专题报告》编制，提出锂行业"十四五"开发思考建议。

主要经济指标一览表

表82

项目	单位	2020年	2021年	增长（%）
资产总额	亿元	1.8	1.79	−0.56
工业产值	亿元	—	—	—
营业收入	亿元	0.49	0.47	−4.08
利润总额	亿元	0.05	0.06	20
净利润	亿元	0.03	0.04	33.33
税收贡献	亿元	0.07	0.05	−28.57
全员劳动生产率	万元/人·年	31.2	37.9	21.47
资产负债率	%	8.94	6.9	减少2.04个百分点
净资产收益率	%	2.05	2.53	增加0.48个百分点
总资产报酬率	%	2.73	3.26	增加0.53个百分点

三、安全环保

2021年，中铝海外结合境外工程项目特点，编制9项安全环保管理制度，按照《中铝海外发展有限公司安全生产专项整治三年行动方案》要求，开展安全生产集中攻坚年整治行动。通过开展"五查五严"安全专项排查整治、重要危险源排查、有毒有害气体及易燃易爆危化品专项排查整治、电气作业工作票专项排查整治、操作标准化等工作，同时严格执行国家和中铝集团有关防疫规定，重点抓好员工出入境管理，为境外员工及时采购防疫物资及药品，取得全年安全生产零工亡、环保零事件、疫情零感染的优异成绩。

四、改革发展

2021年，中铝海外国企改革三年行动任务基本完成。全年完成17项改革台账任务中的15项。一是完成党建进章程和工商局备案工作。二是补充外部董事，实现外部董事占多数。三是结合董事会授权管理，厘清党委会、董事会、董事长专题会、总裁办公会、领导专题会的决策权限边界。四是通过三项制度改革，实现“员工能进能出、管理人员能上能下、收入能高能低”的改革目的。五是对中铝海外领导班子和下属子公司广州工服公司经理层成员实行任期制和契约化管理。

五、党建与企业文化

2021年，中铝海外全体干部员工上下一心，努力践行“严细实干好活，控风险干成事”的要求，党建和业务双向融合持续深化，改革发展各项工作取得重大进展，圆满完成集团各项考核指标。一是坚持第一议题制度，党的建设更加加强。认真开展理论学习，切实加强基础建设，正风肃纪持续发力，积极配合集团巡视。二是坚持党史学习教育，理想信念更加坚定。党史学习教育走深走实，“我为群众办实事”持续开展，宗旨意识不断提升。三是坚持履行责任使命，双向融合成效显著。海外运营典范基本建成，海外开发有序推进。四是积极履行社会责任。实现中几员工友好相处，2021年为当地居民累计培训3500余人次，得到几内亚政府的充分肯定和高度赞扬。

撰稿／罗　梅

中铝智能科技发展有限公司

一、基本情况

中铝智能科技发展有限公司（简称中铝智能）成立于2019年1月4日，注册资本10亿元，员工总数（在岗）252人，资产总额6.43亿元，资产负债率14.90%。

主营业务范围：智能装备、自动化设备、机械设备、检测设备、仪器仪表、机器人、飞行器、感应器的研发、生产、销售及技术咨询、技术服务、技术转让；智能化工程设计、施工及服务；应用软件、云计算、信息安全技术的开发及技术服务，计算机信息系统集成及相关服务；信息技术咨询；计算机、软件及辅助设备、电子产品、通信设备的销售；房屋、设备租赁；货物进出口业务。产能规模：18983.44万元。办公地址：浙江省杭州市临平区新城路南苑街道108号。

2021年，中铝智能赋能主责主业，商业模式有序拓展。参与和承担集团财务共享中心建设，独立承担主数据、蓝信、数据集成升级改造工作，参与财务共享平台接口开发、系统配置等工作，完成工业互联网平台的基础平台搭建，搭建容器云平台，并已进行硬件环境的部署，为后续开展智慧管理工作夯实基础。

智能工厂有序落地。重点开展云南文山铝业、广西华昇、云南普朗铜矿、云南易门铜业等中铝集团内部企业，和霍煤鸿俊、青铜峡宁东铝业、新疆众合等中铝集团外部企业的智能工厂／矿山设计；华昇智能工厂二期，开发出蒸发工序数字孪生系统，已在应用验证，可复制推广到其他工序和氧化铝企业。

产品领域有序拓展。在24个三级子类都有不同程度的产品覆盖，共计拥有93项产品和服务。在智慧管理领域，以系统运维服务为主，拥有19个产品和服务。在智能工厂领域，拥有70个产品和成功案例，在超过10家企业试点。

二、市场分析

中铝智能根据本部及所属单位项目建设的现实情况，对项目建设进行统一协调与管控，累计签订合同额超过5亿元。

价格走势。集成类产品随着人工成本增加、芯片短缺，成本持续升高；软件研发、重点装备研发前期投入过大，随着软件及装备应用的普及，部署成本大大降低。

市场供求。随着数字化、智能化技术的发展，市场需求在增长，但集团内新建企业较少、老企业智能化改造项目较多，老企业改造项目主要还是以集成类项目或常年难以解决的智能装备为主。

三、生产经营

2021年，中铝智能营业收入1.90亿元，纳税948万元，经营形势稳步上扬，后续发展潜力和核心竞争力不断增强，职工获得感、幸福感显著提升。

主要经济指标一览表

表83

项目	单位	2020年	2021年	增长（%）
资产总额	亿元	5.97	6.44	7.87
工业产值	亿元	1.73	1.90	9.83
营业收入	亿元	1.73	1.90	9.83
利润总额	亿元	0.06	0.17	183.33
净利润	亿元	0.04	0.15	275.00
税收贡献	亿元	0.05	0.09	80.00
全员劳动生产率	万元/人·年	28.23	36.27	28.48
资产负债率	%	11.08	14.90	3.82
净资产收益率	%	0.79	2.86	2.07
总资产报酬率	%	0.98	2.80	1.82
研发投入强度	%	8.17	8.22	0.05

四、安全环保

安全管理。2021年，贯彻新《中华人民共和国安全生产法》，组织开展预案演练6次，排查、整改安全隐患19项；建立承包商准入及评价管理体系，合格承包商库，从承包商准入、过程管控、评价、退出等过程，实行闭环管理。

疫情防控。严格执行杭州市和集团疫情防控规定，出台中铝智能疫情防控“十条规定”，常态化开展疫情警示教育，建立疫情信息平台，掌控出行人员信息及从事工作安全风险程度。

五、科技创新

科研项目。2021年，中铝智能瞄准前沿技术，科研工作有序推进。铝电解数字孪生项目，完成遵义铝业两水平在线监测项目设备制造，并进行现场测试。五标一控系统开发了v2.0，在多家企业上线应用，显著提高电解槽的评判效率和质量。阳光采购平台成功升级上线，实现了自主知识产权，实现42家企业实施，平台成交额22.73亿元，供应商2783家。

科研成果。参与2项国家标准及指南的编制，承担的3项工信部项目结题1项；中铝智能及所属单位中铝智安院获得高新企业认证。所属单位中铝智安院参与的“矿山地下采空区智能化精准探测装备研发与应用”，获得中国有色金属工业科学技术奖一等奖；所属单位智铜科技负责的《迪庆有色5G智慧矿山》项目获第四届“绽放杯”5G应用征集大赛云南赛区一等奖。

六、改革发展

制定《中铝智能科技发展有限公司深化改革三年行动实施方案（2020—2022年）》，共整理出3大类55条改革措施，截至2021年末，任务完成率达80%。改革三年行动的开展，进一步完善了中国特色现代企业制度，将党组织内嵌到公司章程，确立党组织在公司治理中的法定地位，厘清党委、董事会、经理层各治理主体权责边界，初步建立科学有效、相互制衡的公司治理机制。劳动用工制度、人事制度、分配制度等三项制度改革的深入推进，充分调动公司干部、职工的积极性和创新力，增强企业活力和市场竞争力。将加强党的领导与完善公司治理统一起来，不断推动党建工作与生产经营的深度融合，把党建工作成效转化为企业发展的优势。

七、党建与企业文化

高质量党建工作。中铝智能党委始终以习近平新时代中国特色社会主义思想为指导，按照中铝集团党组部署，以高质量党建引领高质量发展。坚持把党建工作摆在首位，坚持新设公司党建一律入章程，坚持党性培养和业务培养并行，扎实开展“不忘初心、牢记使命”主题教育，开展“两带两创”活动，层层落实党建工作责任，严格执行“双百分”考核体系，党组织凝聚力和向心力进一步增强。中铝智能共有党员 87 名，基层党组织 10 个。于 2021 年 5 月 26 日召开党员大会，选举产生党委委员会、纪委委员会，中铝集团直属党委于 2021 年 6 月 11 日批复同意选举结果。经常性开展党风廉政教育，常抓不懈，警钟长鸣。

积极履行社会责任。中铝智能为符合条件的优秀人才租赁人才公寓，让人才专心投入工作。为员工定期发放防护口罩、消毒液、洗手液等，坚持每天下班对办公区域清洁与消毒。及时帮助员工办理异地就医备案。开展“党建带群建”，在党员和员工生病住院、家庭发生重大变故时为他们提供帮助、排忧解难。全级次企业为员工购买生日蛋糕。为员工安排年度体检，关爱职工身体健康。高温季节，为职工“送清凉”。多种方式征求职工意见建议，完善职工活动室休闲运动设施，关爱职工身心健康。协助员工办理杭州市、余杭区人才认定及咨询，确保员工应享尽享政策红利，提升员工归属感、幸福感。

撰稿／吴　霜

中国铝业集团有限公司中央研究院

一、基本情况

中国铝业集团有限公司中央研究院（简称中铝中央研究院）成立于2010年5月19日，注册资本8.34亿元，员工总数（在岗）21人，资产总额28.59亿元，资产负债率32.29%。

主营业务范围：金属材料开发，技术转让，技术咨询、技术服务，材料技术研究与试验发展，检测金属及非金属材料，销售金属材料、机械设备。办公地址：北京市昌平区北七家镇未来科学城南区。

2021年，是中铝中央研究院初创之年，坚持聚焦主业、主责，抓重点、抓关键，以党史学习教育为主题主线，围绕规划研究、项目管理、成果转化、平台建设和聚集人才五大职能，锐意进取，砥砺前行，认真落实集团党组改革发展决策部署，完成组织机构构建，编制集团“十四五”科技发展规划，布局科技重大专项，推动技术成果应用，积极打造高端人才聚集地。

二、生产经营

2021年，中铝中央研究院贯彻落实党中央加快建设科技强国的战略部署，深入实施创新驱动发展战略，充分利用北京科技创新的优势做实中央研究院，重塑集团科技创新体系，构建协同高效的创新体制和机制，全面提升科技创新的价值创造能力，采取“一套人马，两块牌子”的模式，完成中央研究院改革组建并正式运行。

（一）搭建科技创新平台

中铝中央研究院作为集团科技创新的主责单位，聚焦于集团科技发展战略，搭建科技创新平台。负责组织协调集团科技项目管理工作，协调国家级创新平台建设，是集团的协同创新中心、科研项目管理中心、高端人才聚集高地、科技成果转化和产业孵化平台。按照“集团主导，各战略单元共建”的方式，各战略单元在中铝中央研究院建设专业研究院（所），同时作为中央研究院的分院（所），形成共同建设、共同管理、良性互动的协同创新格局。中铝科学院（中央研究院）设党委，隶属集团直属党委，各战略单元专业研究院（所）按规定设立相应的党群组织，组织关系转入中铝科学院（中央研究院），由中铝中央研究院党委统一管理。

（二）实行理事会制度及运营模式

实行理事会领导的院长负责制，理事长由集团主要领导担任，理事由各战略单元主要领导担任。理事会是中铝中央研究院的最高决策机构，主要负责决策研究院的发展战略和重大事项。中铝中央研究院与中铝资产签订资产委托运营管理协议。中铝中央研究院除自用办公区域外，其他全部资产委托中铝资产运营和建设。

三、科技创新

（一）高质量布局科技重大专项

落实集团“十四五”科技发展规划重点任务，中央研究院以集团科技重大专项方式推进重大关键核心技术的研发，谋划布局“十四五”科技重大专项 15 项。组织编制 2021 年度重点研发项目计划，全年重点项目计划 304 项，按计划完成 277 项，计划完成率达到 91.1%。推进科研项目管理机制改革，按照三级研发项目管理的架构，建立以诚信管理、价值创造为导向的研发项目管理机制。积极加强与政府相关部门对接，争取国家重点研发计划项目 4 项，国家自然科学基金 2 项，北京市科技重大专项 1 项，获批科研经费 1202 万元。

（二）高效率推动技术成果应用

发挥科技统筹作用，加速引导技术成果在集团内企业的应用，推动 20 余项技术成果的现场应用，助力企业实现提质增效。搭建对接平台，发挥“纽带”作用，促进技术成果在多领域、多场景下的应用。围绕企业需求，挖掘有潜力的内部相对成熟的技术或产品，搭建技术或产品的“供需”平台，形成科技成果月度推广机制，加快推动技术成果的应用。加强外部资源整合，与松山湖材料实验室签订联合研发中心的共建协议，加入“师昌绪先进材料创新中心”，先后与北京科技大学、北京工业大学、中国矿业大学建立技术推广的对接机制。主动融入国家科创新生态，推动集团加入中国科协“科创中国”平台，借助优势资源，加速构建创新链条，不断打造创新示范高地。

四、改革发展

（一）建章立制，高起点夯实管理基础

完成中央研究院自身组织机构建设并启动运行。同时，完成中铝绿色冶金研究院、中国铜业工程技术研究院、环保节能研究所 3 个分院（所）的组建。高效推动成立中央研究院理事会，召开中央研究院一届一次理事会议审议通过理事会章程、年度重点工作、财务预算与科研项目管理计划等重大事项，初步建立理事会运行机制，为中央研究院全年工作重点指明方向。全面、深入、有序推进中央研究院的规范运行，开展内部治理与制度建设，制定 26 项规章制度，规范内部管理活动，防范管理风险。

（二）高标准编制“十四五”科技发展规划

聚焦“十四五”时期集团科技改革发展的重点、热点和难点，汇众智聚众力，广泛组织开展调研，邀请 3 位院士、80 余位行业资深专家、百余位集团技术专家，组织召开 10 余场规划编制会和论证会，以全局思维系统谋划，广泛调动集团内外、产业链上下游的力量，提出创新性思路和举措，增强规划的前瞻性、引领性、科学性，形成中铝集团科技改革发展共识，以项目化、具体化、清单化凝练提出“四大领域，十大方向”重点任务，高标准高质量完成中铝集团“十四五”科技发展规划编制工作。

（三）精准引才，高标准打造高端人才聚集地

在供给侧解决高端人才“有谁”的问题，有的放矢吸引人才。以相关领域“高被引科学家”“获奖科学家”“关键领域专利科学家”等名单为基础，绘制高层次人才地图。借助中国科协等机构建立社

交平台，建设“高精尖缺”人才联系库。在需求侧解决高端人才“引谁”的问题，聚焦主责主业招揽科技人才，建立引进人才的类别清单。着眼实际，探索柔性引进方法，大力拓宽人才引进渠道，推进成果转化、项目合作、提供科技咨询服务、短期聘用等多种方式引进智力。2021年，柔性引进2名国家特聘专家，1名回国人员获批北京市高层次留学人才资助计划。

五、党建与企业文化

（一）党建引领为科研创新提供坚强保障

以庆祝中国共产党成立100周年为重大契机，扎实开展党史学习教育，为群众办实事、为企业解难题39项，公司党史学习教育测评群众满意度达99.5%。12月17日，召开党员大会，选举产生中铝中央研究院党委委员、纪委委员。坚持党建与科研深度融合，扎实开展“党建联建共建”、“两带两创”、党员“双提升”、党建“双百分”考核等特色活动，为中铝中央研究院改革发展、科研创新提供了坚强保障。

深入开展整治“靠企吃企”问题等专项工作，持续整治群众身边腐败和不正之风，认真开展“反腐倡廉宣传教育月”系列活动，营造风清气正的政治生态，为中铝中央研究院健康发展护航助力。

（二）强化企业文化和社会责任工作

积极参加集团深入贯彻落实全国国企党建会和习近平总书记对中铝党建重要指示批示精神案例选编活动，组织参加《国企》杂志社双百征文活动，创新制作“大国顶梁柱、永远跟党走”主题微电影，精心组织参加党史学习教育诵读会，荣获中铝集团红色经典诵读会二等奖，宣传中铝科研文化，为开启新征程凝聚奋进力量，宣传思想引领进一步彰显。

聚焦绿色低碳发展和资源高效综合利用，以科技重大专项为牵引加强战略前沿技术和重大关键技术研发，形成并应用一批具有自主知识产权的核心技术，支撑有色金属工业绿色可持续发展和“双碳”目标的实现。全力助推乡村振兴战略，将湖北省阳新县等地农产品纳入工会采购范围。关心生活困难职工，为一名患病员工捐款69982元。以弘扬科学家精神为己任，在青年科研工作中大力弘扬志愿服务精神，开展“科普志愿在行动”活动，青年党员和共青团员赴北京师范大学实验小学（未来科技城学校）开展科普志愿活动，并发放30余套科普知识绘本，助力培育小学生“努力学习，科研报国”的理想火种。

撰稿／曹忠升

中铝铁矿控股有限公司

一、基本情况

中铝铁矿控股有限公司（简称中铝铁矿）成立于2010年1月6日，注册资本2000港元，员工总数（在岗）15人，资产总额142.49亿元，资产负债率8.76%。

主营业务范围：铁矿采选。办公地址：北京市海淀区西直门北大街62号。

2021年，中铝铁矿坚持以习近平新时代中国特色社会主义思想为指导，坚决落实中铝集团党组对推进西芒杜项目的有关部署和要求，坚持稳中求进的总基调，沉着应对疫情和项目的新形势、新问题、新挑战，始终维护国家利益，维护资源安全，保护投资人利益，推动项目方案优化取得显著成果。

二、生产经营

截至2021年底，西芒杜项目处于投资决策前的筹备阶段，未正式开展生产运营。

主要经济指标一览表

表84

项目	单位	2020年	2021年	增长（%）
资产总额	亿元	145.3	142.49	−1.93
工业产值	亿元	—	—	—
营业收入	亿元	0	0	—
利润总额	亿元	−0.5	−0.32	36
税收贡献	亿元	—	—	—
全员劳动生产率	万元/人·年	—	—	—

三、安全环保

（一）高质量发展与生态保护

“十四五”时期，我国将生态文明建设纳入国家战略，提出降碳、生物多样性保护等重点战略方向，推动减污降碳协同增效、促进经济社会发展全面绿色转型。中铝铁矿积极响应国家号召，坚持企业高质量发展与生态保护相融合，在多层面多举措推行ESG（环境、社会和公司治理）可持续发展措施。

（二）优化研究和生物多样性

一是在优化研究层面，2021年新增“双产品”研究，与加拿大、英国实验室以及中南大学开展合作，将西芒杜矿石按照高低品位重新进行分级，结合中国钢厂实际需求，打造高纯净低杂质产品，从源头降低碳排放。二是在生物多样性层面，项目公司以生物多样性比矿产更有利于世界发展的不可再生资源为信念，自创建伊始，不仅就濒危植物开展保护性育种计划，而且针对濒危动物制定常年监测方案，随时监控如西非黑猩猩族群的动态。

四、改革发展

（一）进一步提升项目竞争力

一是补充完善地质数据，资源优化取得重大成果。2021年补充和完善西芒杜欧勒巴矿区221个钻孔的化验资料，新增资源量3.02亿吨，总资源量增至30.59亿吨，矿床平均品位TFe 65.3%。二是推动中国标准应用，工程优化取得重要成果。铁路可研以国内成熟的单线重载铁路为研究方向，在提高铁路运力和运营效率的同时，大幅降低铁路投资；港口可研将中铝博法项目成熟的海上过驳方案以及西方大驳船有效结合，显著提高港口通过能力和对海上环境变化的适应能力，大幅减少港口建设投资。从当前研究成果来看，在5000万吨开采规模下，基础设施共建共享方案的项目投资较2016年BFS方案下降约50%。三是主动应对全球气候变化，铁矿产品优化取得初步成果。中央经济工作会议指出，要正确认识和把握碳达峰、碳中和，尽早实现能耗“双控”向碳排放总量和强度“双控”转变。中铝铁矿积极推动加拿大SGA实验室、中南大学等国内外科研院所开展铁矿双产品研究，提高入炉品位，降低冶炼能耗。按照伍德麦肯兹分析，西芒杜矿溢价将超过20美元/吨，每年增收超过5亿美元。

（二）开展项目矿权评估

中铝铁矿与专业评估机构共同对西芒杜项目矿权价值和项目经济性进行测算。根据初步测算，西芒杜项目3、4号区块估值约在64亿～74亿美元之间，考虑债务融资的因素，项目的内部收益率为45.56%。项目估值和经济性的初步完成，为集团下一步战略决策提供了有力支持。

（三）科学实现项目管控

中铝铁矿按照集团“坚持战略引领，坚持创新商业模式引领，坚持价值导向”的指导思想，对项目2021年度拟开展的工作客观评估、逐项审核，精准编制工作计划和费用支出；采取苦练内功、借用“外脑”、学懂弄通西方概算体系等方式，向外方验证中国方案的科学性和合理性，成功将项目2021年整体预算从9840万美元降至4560万美元，工作方案得到显著优化，预算压缩幅度达53.7%。

（四）守住项目安全底线

一是多措并举，确保IFC股权回购资金安全接续。顺利完成续贷，确保中铝铁矿资金流动性安全。二是防范减值风险，保护股东利益，中铝铁矿在法律框架内反复与力拓谈判，最终实现中铝铁矿层面账面资产的保值。

五、党建与企业文化

（一）党建引领高质量发展

中铝铁矿党支部全面贯彻习近平新时代中国特色社会主义思想，坚决落实习近平总书记关于全面从严治党的重要论述和重要指示批示精神，深入推进党史学习教育，坚决落实党中央决策部署，强化政治建设，坚持党的领导，聚合党群力量，聚焦中心任务，夯实组织基础，打造清廉作风，全面提升党员队伍的素质能力，为推动西芒杜项目各项工作开展提供坚强保证。

（二）积极履行社会责任

2021 年，项目公司在践行社会责任层面，加强与利益相关方的沟通，了解其真实诉求，摒弃传统的捐款捐物方式，改以传授农、林、牧、副、渔等技能，配置扫盲人员、技术人员、改良育种、农用装备，与社区联手打造可持续发展生态圈。

撰稿 / 夏　慧

【荣誉篇】

List of Honors

集体荣誉

【国家级荣誉】

全国五一劳动奖状

呼伦贝尔驰宏矿业有限公司

云南文山铝业有限公司

全国工人先锋号

包头铝业有限公司电解四厂维检区工艺车工段

中国长城铝业有限公司水泥厂质量管理中心分析班组

中国铝业股份有限公司广西分公司氧化铝厂选铁车间

广西国盛稀土新材料有限公司生产管理部

驰宏荣达矿业选矿厂磨浮车间

全国五一巾帼标兵岗

广西平果铝业有限公司分析检验中心氧化铝分析室综合分析班

全国青年文明号

东北轻合金有限责任公司技术中心研发部

云南驰宏资源综合利用有限公司制液厂职能组

中铝国际工程股份有限公司沈阳分公司给排水组

一星级全国青年文明号

青海中铝铝板带生产部铸轧工区生产一班

六冶财务部

山西新材料铝加工事业部变形合金工区生产一班

中色科技工艺室压延组

驰宏综合利用熔炼厂艾萨炉主控岗位

贵阳院铝电解设计分院

东轻技术中心研发部

驰宏综合利用制液厂职能组

中铝国际沈阳分公司给排水组

贵阳院冶金工程分院工程装备所

国家技能人才培育突出贡献单位

中铝中州铝业有限公司

“第二届全球减贫案例征集活动”最佳减贫案例

《中国铜业“1+N”精准扶贫模式助脱贫》

【省部级荣誉】

2021 年中央企业先进基层党组织

云南驰宏锌锗股份有限公司党委

山东山铝环境新材料有限公司党委

中铝海外发展有限公司几内亚党支部

中国有色金属工业第六冶金建设有限公司党委

中铝资本控股有限公司党委

中铝瑞闽股份有限公司国际贸易党支部

2021 年中央企业五四红旗团委、团支部

云铝股份团委

中铝材料院团委

广西工服团总支

宁夏银星发电设备维护团支部

六冶云南分公司宁永项目团支部

2021 年中央企业青年文明号

山东山铝环境新材料有限公司生产运行部烧成工段

云南铜业股份有限公司西南铜业分公司安全环境健康部安全管理组

青海中铝铝板带有限公司生产管理部冷轧班

中铝中州铝业有限公司第二氧化铝厂磨浮车间磨浮甲班

兰州铝业有限公司机修厂导杆维修班

2021 年中央企业工业文化遗产（军工行业）

东北轻合金加工厂工业遗产

洛阳铜加工厂苏式建筑群

贵州省工人先锋号

遵义铝业热电厂热力车间丙班

陕西省工人先锋号

九冶黄春波焊工班组

【集团级荣誉】

中国铝业集团有限公司先进集体

中铝山东新材料有限公司

中州铝业能源管理中心

青海分公司碳素厂

兰州铝业电解一厂

抚顺铝业有限公司财务部

遵义铝业电解铝厂

连城分公司碳素厂成型区域

山西中润电解铝生产部

广西华磊发电厂

云铝股份鹤庆溢鑫铝业有限公司

郑州研究院氧化铝研究所

宁能宁夏银星发电有限责任公司

楚雄滇中有色熔炼分厂

赤峰云铜电解厂槽面一班

云南迪庆有色动力厂

驰宏锌锗新材料厂副产品式样化验班

驰宏锌锗荣达矿业选矿厂磨浮作业区

云铜锌业质量检验分析中心化一室

中稀依诺威提质增效团队

沈阳院电解室

长勘院深圳公司

九冶三维机械化有限公司技术研发部

十二冶矿山市政工程公司

广西中铝工业服务有限公司炉修车间 1 班

中铝矿业有限公司氧化铝厂

贵州铝厂职业教育学院（贵州铝业技师学院）

山西铝厂黄河电器设备有限公司

西南铝熔铸厂

东轻熔铸厂

中铝河南洛阳铝箔有限公司

个人荣誉

【国家级荣誉】

全国技术能手

胡　波　西南铝

李小波　文山铝业

牛占锋　洛阳铜加工

黄秋霜　广西分公司

班　实　广西分公司

孟　军　广西分公司

潘　煜　广西分公司

程　朝　广西分公司

金荣敞　云铝股份

全国青年岗位能手

陈本松　云铝润鑫铝业

闫　良　东南铜业

全国优秀共青团干部

吴中越　中国铜业

陆国雄　中国铜业

全国青马学员

孟　晔　中国铜业

【省部级荣誉】

2021年中央企业优秀共产党员

齐利娟　（女）郑研院

韩　帅　东轻

牛占锋　洛阳铜加工

谭金娥　（女）云铝股份

2021年中央企业优秀党务工作者

李　彤　贵阳院

尧世文　西南铜业分公司

许劲峰　宁夏银星能源

云南省劳动模范

刘祥顺　彝良驰宏

杨　柳　金鼎锌业

张　龙　驰宏锌锗

陆国雄　西南铜业

云南省五一劳动奖章

普兴亮　西南铜业

杨东旭　西南铜业

沈永明　西南铜业

河南省五一劳动奖章

杜治国　中铝矿业

福建省五一劳动奖章

谢琪建　中铝瑞闽

广西壮族自治区五一劳动奖章

廖　雄　广西分公司

黑龙江省五一劳动奖章

任伟才　东轻

甘肃省巾帼建功标兵

徐春玲　（女）兰州铝业

甘肃省脱贫攻坚先进个人

颜万金　兰州铝业

安顺清　西北铝

福建省国资委优秀共产党员、优秀党务工作者

陈丽闽　中铝瑞闽

陈新敏　中铝瑞闽

宋　驰　中铝瑞闽

宁夏回族自治区优秀共产党员

张　虎　宁夏能源

河南省优秀共青团干部

王志军　中州铝业

黑龙江省“龙江工匠”

贯春成　东轻

陕西省“三秦工匠”

袁培东　九冶

【集团级荣誉】

中国铝业集团有限公司劳动模范

王丙刚　中铝山东氧化铝厂生产二区丙班班长

赵淑霞　（女）中铝矿业总经理助理，矿山事业部党委书记、总经理

贺振中　山西新材料建安公司经理助理

李国政　山西新材料第一氧化铝厂配料工区工区长

农世富　广西分公司炭素厂副厂长

张　辉　中州铝厂第二氧化铝厂党委书记、厂长

谢　冰　山西华兴氧化铝热电动力部煤制气车间检修大班长

黄刚珠　广西华昇 装备保障中心业务主管

游　璞　贵州分公司合金事业部生产管控中心经理

刘小梁　青海分公司电解厂生产二部五工区工区长

徐东平　包头铝业内蒙古华云电解一厂电解南区主管

张　冲　兰州铝业碳素厂厂长

刘学平　甘肃华鹭生产运营中心成型工区班组长

陈　荣　连城分公司电解厂冶金区域工程师

金荣启　云铝文山水电铝检修部电解检修班值班长

尹　剑　云铝溢鑫电解生产管控中心副经理、党总支副书记

左会敏　郑州研究院河南华慧总设计师

张国虎　宁能王洼煤业王洼煤矿掘进二队班长

马元忠　宁夏银星煤业综采一队队长

董会岭　中铝物质中部陆港六盘山铁路公司经理

任明林　山西交口兴华科技股份有限公司总经理

都　吉　迪庆矿业人力资源部业务经理

刘　伟　云铜股份西南铜业副总经理

代　勇　凉山矿业选矿厂磨浮工段202班班长

代红坤　东南铜业生产技术中心经理

梁　嘉　秘鲁矿业公司生产中心经理

谢庭芳　呼伦贝尔驰宏制液厂厂长

赵　云　驰宏锌锗会泽矿业选矿厂技术组组长

欧四弟　金鼎锌业三选厂副厂长

施颖娜　中铜国贸原料业务中心进口原料主管

赵德顺　中铜资源技术中心副经理

吴占磊　洛阳铜加工电子带厂设备管理模块业务主管

包崇军　昆明冶金研究院副总工程师、材料研究所所长

邱光怀　江苏国源稀土新材料有限公司副总经理

李　彤　贵阳院物业管理部副部长

刘福春　长沙院科技管理部部长

马保钦　中色科技洛阳佛阳装饰工程有限公司总经理

伍　波　昆勘院恒基岩土工程公司工程师、项目经理

罗建学　六冶风控与成本管理部总经理

巩建力　山东山铝环境新材料生产运行部丙班班长

高　扬　长城铝业企业管理部经理，水泥厂党委书记、厂长

杨本峰　山西铝业工贸公司总经理

罗　芬（女）北京中铝联合物业金融项目部经理

余永洲　中铝财务信贷业务部总经理

龙　渝　西南铝锻造厂磨压电工班班长

王嘉君　东轻特材公司 HK 工区区域技师

汪　强　西北铝挤压制造部工具班班长

陈国生　中铝瑞闽总调度长，制造二部党总支书记

王宏岩　中铝深加板带制造中心钳工班长

冯尔先　中铝海外几内亚矿山部检修班班长

2022

中国铝业集团有限公司年鉴

The Yearbook of Aluminum Corporation of China

【附　录】

Appendices

CHINALCO

中国铝业集团有限公司所属企业全称和规范简称

表 1

一、各板块事业部及直管单位

序号	企业类别	企业（单位）全称	规范简称
1	铝板块	中国铝业股份有限公司	中铝股份
2	铜板块	中国铜业有限公司	中国铜业
3	铝加工	中国铝业集团高端制作股份有限公司	中铝高端制造
4	工程板块	中铝国际工程股份有限公司	中铝国际
5	资产板块	中铝资产经营管理有限公司	中铝资产
6	金融板块	中铝资本控股有限公司	中铝资本
7	直管单位	中铝环保节能集团有限公司	中铝环保
8		中铝创新开发投资有限公司	中铝开投
9		中铝海外发展有限公司	中铝海外
10		中铝智能科技发展有限公司	中铝智能
11		中国铝业集团有限公司中央研究院	中铝中央研究院
12		中铝材料应用研究院有限公司	中铝材料院
13		中铝铁矿控股有限公司	中铝铁矿

二、中国铝业股份有限公司

序号	企业（单位）全称	规范简称
1	中铝山东有限公司	中铝山东
2	中铝矿业有限公司	中铝矿业
3	中铝山西新材料有限公司	山西新材料
4	中国铝业广西分公司	广西分公司
5	中铝中州铝业有限公司	中州铝业
6	中国铝业重庆分公司	重庆分公司
7	山西华兴铝业有限公司	山西华兴
8	广西华昇新材料有限公司	广西华昇
9	中国铝业贵州分公司	贵州分公司
10	中国铝业青海分公司	青海分公司

续表 1

序号	企业（单位）全称	规范简称
11	包头铝业有限公司	包头铝业
12	兰州铝业有限公司	兰州铝业
13	山西华圣铝业有限公司	山西华圣
14	抚顺铝业有限公司	抚顺铝业
15	遵义铝业股份有限公司	遵义铝业
16	山东华宇合金材料有限公司	山东华宇
17	甘肃华鹭铝业有限公司	甘肃华鹭
18	中国铝业连城分公司	连城分公司
19	山西中铝华润有限公司	山西中润
20	广西华磊新材料有限公司	广西华磊
21	云南铝业股份有限公司	云铝股份
22	中铝（云南）华江铝业有限公司	云南华江
23	中国铝业郑州有色金属研究院有限公司	郑州研究院
24	中铝宁夏能源集团有限公司	宁夏能源
25	中铝国际贸易集团有限公司中铝（上海）有限公司	中铝国贸集团（中铝上海）
26	中铝能源有限公司	中铝能源
27	中国铝业香港有限公司	中铝香港
28	中铝物流集团有限公司	中铝物流
29	中铝物资有限公司	中铝物资
30	中铝山西吕梁矿业有限公司	吕梁矿业
31	甘肃华阳矿业开发有限责任公司	甘肃华阳
32	中铝山西工作推进办公室	山西推进办
33	北方沿海铝工业基地项目筹建工作组	北方沿海工作组
34	中铝股份山西区域铝土矿采购统筹协询工作组	山西区域工作组
35	广西华银银业有限公司	广西华银
36	贵州华锦铝业有限公司	贵州华锦
37	中铝集团山西交口兴华科技股份有限公司	兴华科技
38	贵州华仁新材料有限公司	贵州华仁

续表 1

三、中国铜业有限公司

序号	企业（单位）全称	规范简称
1	云南铜业股份有限公司	云铜股份
2	中铝矿业国际	中矿国际
3	中铝矿产资源有限公司	中铝资源
4	中铜国际贸易有限公司	中铜国贸
5	中铝洛阳铜业有限公司	洛阳铜业
6	中铝上海铜业有限公司	上海铜业
7	中铝华中铜业有限公司	华中铜业
8	中铝洛阳铜加工有限公司	洛阳铜加工
9	中铜（昆明）铜业有限公司	昆明铜业
10	云南铜业房地产开发有限公司	云铜地产
11	云南铜业科技发展股份有限公司	云铜科技
12	云南铜业矿产资源勘查开发有限公司	云铜勘查
13	中国云南国际经济技术合作有限公司	云南国际
14	云南铜业（集团）钛业有限公司	云铜钛业
15	云南驰宏锌锗股份有限公司	驰宏锌锗
16	云南金鼎锌业有限公司	金鼎锌业
17	云南冶金新立钛业有限公司	新立钛业
18	云南冶金云芯硅材股份有限公司	云芯硅材
19	云南文山斗南锰业股份有限公司	斗南锰业
20	云南永昌硅业股份有限公司	永昌硅业
21	云南冶金昆明重工有限公司	昆明重工
22	昆明有色冶金设计研究院股份公司	昆明有色院
23	昆明冶金研究院	昆明冶研院
24	云南冶金集团财务有限公司	云冶财务
25	云南冶金资源股份有限公司	云冶资源
26	云南冶金集团投资有限公司	云冶投资
27	云南冶金集团金水资产经营有限公司	金水资产
28	云南冶金仁达信息科技产业有限公司	云冶仁达信息
29	云南冶金高级技工学校	云南冶金技校

续表 1

四、中国铝业集团高端制造股份有限公司

序号	企业（单位）全称	规范简称
1	西南铝业（集团）有限责任公司	西南铝
2	东北轻合金有限责任公司	东轻
3	西北铝业有限责任公司	西北铝
4	中铝瑞闽股份有限公司	中铝瑞闽
5	中铝铝箔有限公司	中铝铝箔
6	中铝萨帕特种铝材（重庆）有限公司	中铝萨帕
7	中铝河南洛阳铝加工有限公司	洛阳铝加工
8	中铝沈阳有色金属加工有限公司	中铝沈加
9	中建铝新材料有限公司	中建铝

五、中铝国际工程股份有限公司

序号	企业（单位）全称	规范简称
1	沈阳铝镁设计研究院有限公司	沈阳院
2	中铝国际工程股份有限公司沈阳分公司	中铝国际沈阳分公司
3	贵阳铝镁设计研究院有限公司	贵阳院
4	中铝国际工程股份有限公司贵阳分公司	中铝国际贵阳分公司
5	长沙有色冶金设计研究院有限公司	长沙院
6	中铝国际工程股份有限公司长沙分公司	中铝国际长沙分公司
7	中色科技股份有限公司	中色科技
8	中铝国际工程股份有限公司洛阳分公司	中铝国际洛阳分公司
9	中国有色金属长沙勘察设计研究院有限公司	长勘院
10	中铝国际工程股份有限公司长勘分公司	中铝国际长勘分公司
11	中国有色金属工业昆明勘察设计研究院有限公司	昆勘院
12	中铝国际工程股份有限公司昆明分公司	中铝国际昆明分公司
13	中国有色金属工业第六冶金建设有限公司	六冶

续表 1

序号	企业（单位）全称	规范简称
14	九冶建设有限公司	九冶
15	中色十二冶金建设有限公司	十二冶
16	中铝西南建设投资有限公司	西南公司
17	中铝国际（天津）建设有限公司	天津建设
18	中铝山东工程技术有限公司	山东工程
19	中铝招标有限公司	中铝招标

六、中铝资产经营管理有限公司

序号	企业（单位）全称	规范简称
1	山东铝业有限公司	山东铝业
2	中国长城铝业有限公司	长城铝业
3	贵州铝厂有限责任公司	贵州铝厂
4	中铝山西铝业有限公司	山西铝业
5	平果铝业有限公司	平果铝业
6	河南中州铝厂有限公司	中州铝厂
7	青海铝业有限责任公司	青海铝业
8	包头铝业（集团）有限责任公司	包铝集团
9	兰州铝厂有限公司	兰州铝厂
10	兰州连城铝业有限责任公司	连城铝业
11	郑州轻金属研究院有限公司	郑研院
12	沈阳华汇资产管理有限公司	沈阳华汇
13	贵阳铝镁资产管理有限公司	贵阳铝镁
14	珠海长冶资产经营管理有限责任公司	珠海长冶
15	洛阳有色金属加工设计研究院有限公司	洛阳院
16	湖南长勘商贸发展有限公司	长勘商贸
17	郑州中铝建设开发有限公司	郑州中铝建
18	山西十二冶资产管理有限公司	十二冶资产
19	中铝润滑科技有限公司	中铝润滑

续表 1

序号	企业（单位）全称	规范简称
20	中铝工业服务有限公司	中铝工服
21	中铝投资发展有限公司	中铝投资
22	中铝河南铝业有限公司	河南铝业
23	中铝科学技术研究院有限公司	中铝科学院
24	苏州有色金属研究院有限公司	苏研院

七、中铝资本控股有限公司

序号	企业（单位）全称	规范简称
1	中铝财务有限责任公司	中铝财务
2	中铝融资租赁有限公司	中铝租赁
3	中铝商业保理（天津）有限公司	中铝商业保理
4	中铝保险经纪（北京）股份有限公司	中铝保险经纪
5	中铝建信投资基金管理（北京）有限公司	中铝建信基金
6	中铝创新发展股权投资基金管理（北京）有限公司	中铝创投基金
7	云晨期货有限责任公司	云晨期货

中国铝业集团有限公司主要经济指标表（2001—2021年）

表2

序号	年份 指标名称	2001	2002	2003	2004	2005	2006	2007	2008	2009	2010
1	氧化铝产量（万吨）	469.70	541.00	604.70	681.00	787.00	962.00	1046.00	1100.00	846.67	1089.75
2	电解铝产量（万吨）	70.70	75.10	96.40	106.70	142.00	297.00	356.00	340.00	346.67	431.73
3	铝加工材产量（万吨）	1.41	17.20	20.00	27.60	41.00	56.00	79.80	93.00	58.00	71.79
4	矿山铜金属含量（万吨）	—	—	—	—	—	—	—	8.95	9.52	9.18
5	精炼铜产量（万吨）	—	—	—	—	—	—	—	38.40	29.08	32.99
6	铜加工材产量（万吨）	—	—	—	—	—	—	—	—	—	—
7	铅精矿产量（万吨）	—	—	—	—	—	—	—	—	—	—
8	锌精矿产量（万吨）	—	—	—	—	—	—	—	—	—	—
9	电锌产量（万吨）	—	—	—	—	—	—	—	—	—	—
10	电铅产量（万吨）	—	—	—	—	—	—	—	—	—	—
11	稀土分离产品产量（万吨）	—	—	—	—	—	—	—	—	—	—
12	稀土矿产量（万吨）	—	—	—	—	—	—	—	—	—	—
13	稀土磁材（万吨）	—	—	—	—	—	—	—	—	—	—
14	销售收入（亿元）	169.45	207.92	310.04	465.53	611.78	1031.22	1063.60	1291.21	1356.07	1954.33
15	上缴税金（亿元）	26.20	25.15	37.48	63.84	94.12	183.64	138.93	180.15	67.94	70.08
16	利润总额（亿元）	21.55	12.24	43.49	99.53	150.13	225.05	166.82	−67.57	−72.51	20.96
17	净利润（亿元）	−10.59	2.08	11.55	32.05	58.35	76.43	132.65	−68.16	−69.67	12.32
18	资产总额（亿元）	431.84	502.03	563.84	834.85	1078.52	1523.99	1776.46	3465.90	3548.50	3742.19
19	资产负债率（%）	52.37	49.68	47.66	48.47	46.08	46.43	50.01	75.83	78.70	79.63
20	净资产收益率（%）	−8.52	1.57	8.06	20.71	22.71	22.10	15.39	−8.35	−8.81	14.82
21	工业总产值（亿元）	174.58	285.29	404.85	496.24	682.33	1096.12	1208.54	1427.77	1049.36	1406.88
22	国有资本保值增值率（%）	—	—	107.60	118.40	—	126.60	113.10	82.70	86.10	93.00

2011	2012	2013	2014	2015	2016	2017	2018	2019	2020	2021
1179.40	1273.00	1372.00	1374.00	1454.30	1469.67	1437.00	1969	1719	1771	1967.70
442.50	421.95	422.00	384.00	362.20	303.37	360.70	574.7	613	652	672.06
68.80	84.50	73.00	100.50	102.46	146.31	167.70	178	186	138.3	176.73
9.08	9.40	9.40	8.60	26.79	24.92	27.98	31.82	30.38	130.9	33.5
43.74	45.00	44.00	52.00	53.90	58.31	62.68	68.04	111.51	32.7	134.73
16.52	31.00	31.00	32.00	29.10	26.23	30.41	28.52	28.55	32.9	36.55
—	—	—	—	—	—	—	9.47	11.5	11.3	11.24
—	—	—	—	—	—	—	27.48	36.6	35.4	35.73
—	—	—	—	—	—	—	53.76	59.3	11.7	10.92
—	—	—	—	—	—	—	7.57	9.8	60.6	56.16
—	0.45	0.45	0.66	0.71	0.60	0.67	—	1.35	0.25	2500
—	0.08	0.07	0.07	0.19	0.25	0.25	—	0.11	1.27	1.74
—	—	—	—	—	—	0.19	0.16	0.17	0.14	—
2317.02	2449.40	2794.19	2800.08	2387.79	2675.80	3155.15	3002	3568.17	3670.2	5186.48
87.70	84.30	79.94	75.61	74.51	81.68	104.44	108.38	120	122.87	191.31
29.06	−96.60	−65.47	−197.46	−44.27	1.67	20.50	50.39	50.62	67.83	263.04
18.20	−99.86	−78.86	−212.16	−50.49	−5.80	0.0012	29.55	30.25	41.88	199.75
3966.20	4284.15	4662.85	4864.49	4868.44	5218.31	5313.37	6413.14	6544.11	6345.72	6244.4
80.35	83.25	84.94	88.57	85.62	83.88	63.26	66.52	64.04	64.13	63.31
2.37	−13.33	−11.11	−34.38	−8.53	−0.75	0.00	1.44	1.34	3.64	8.79
1439.67	1614.01	1682.29	1664.31	1543.12	1411.67	2134.14	2162.4	2783.58	3035.47	4165.83
96.80	74.10	70.30	18.00	12.50	135.35	77.60	130.18	113.60	100.64	130.23

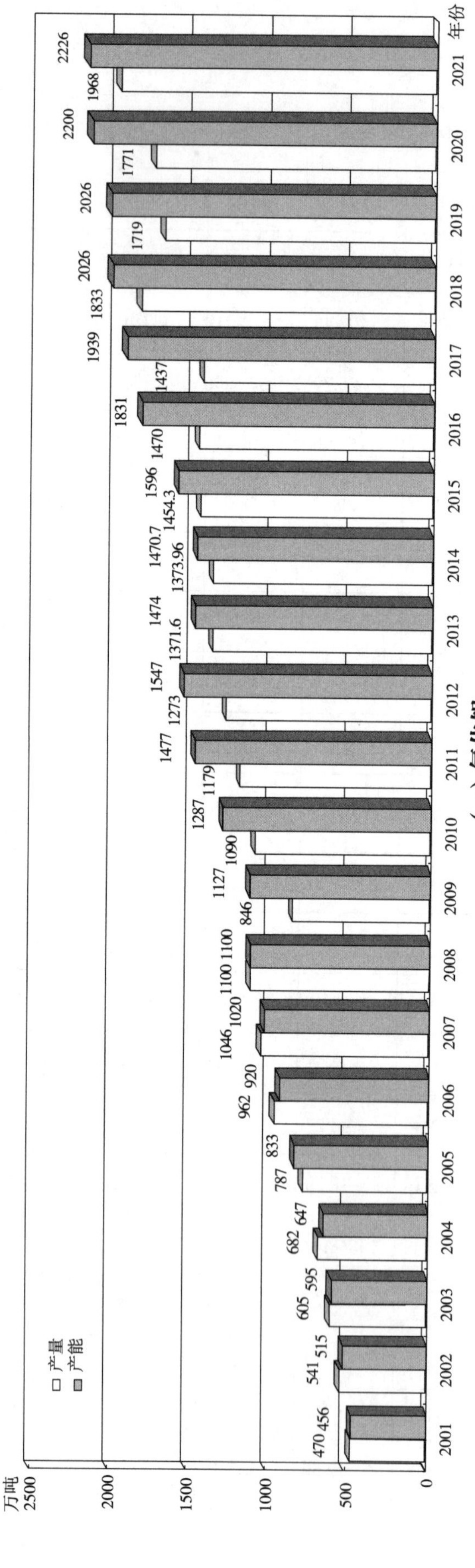

（a）氧化铝

图 1 中国铝业集团有限公司主要产品产能、产量图（2001—2021 年）

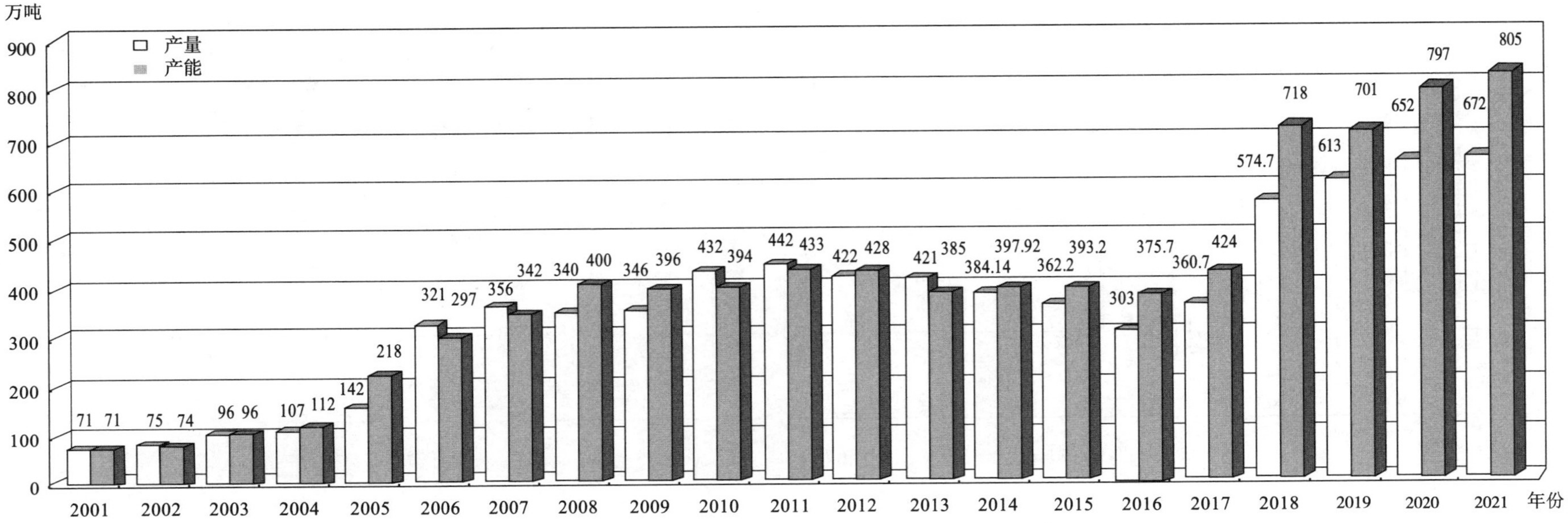

（b）电解铝

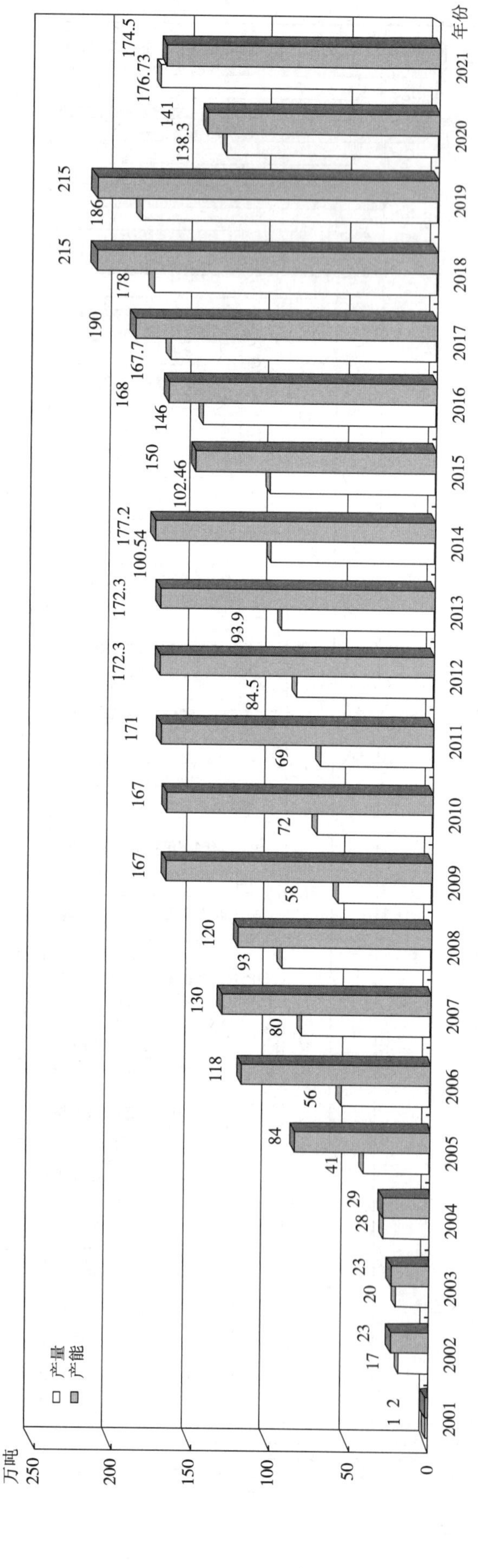
万吨
250
200
150
100
50
0
□ 产量
■ 产能
年份
2001 1 2
2002 17 23
2003 20 23
2004 28 29
2005 41 84
2006 56 118
2007 80 130
2008 93 120
2009 58 167
2010 72 167
2011 69 171
2012 84.5 172.3
2013 93.9 172.3
2014 100.54 177.2
2015 102.46 150
2016 146 168
2017 167.7 190
2018 178 215
2019 186 215
2020 138.3 141
2021 176.73 174.5

（c）铝加工材

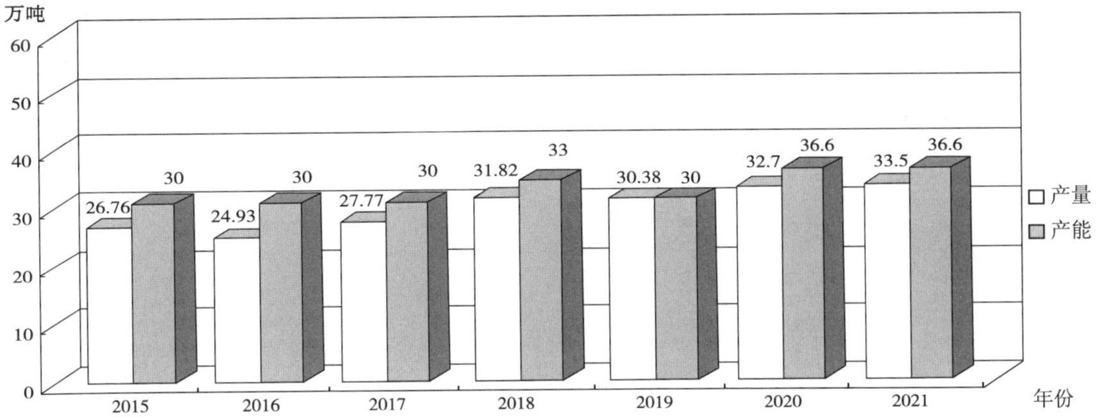

（d）铜精矿

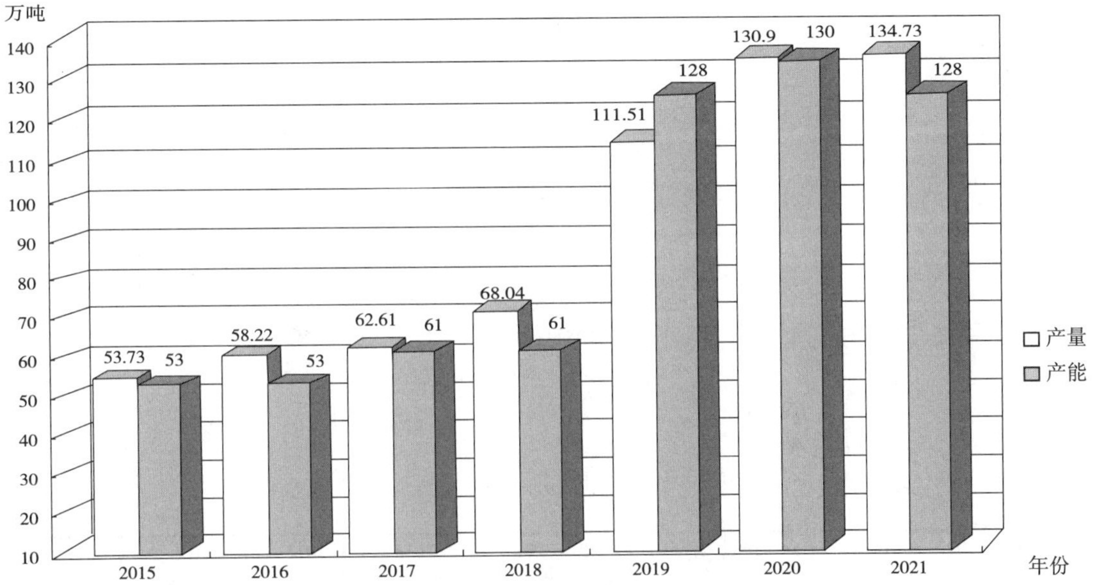

（e）电铜

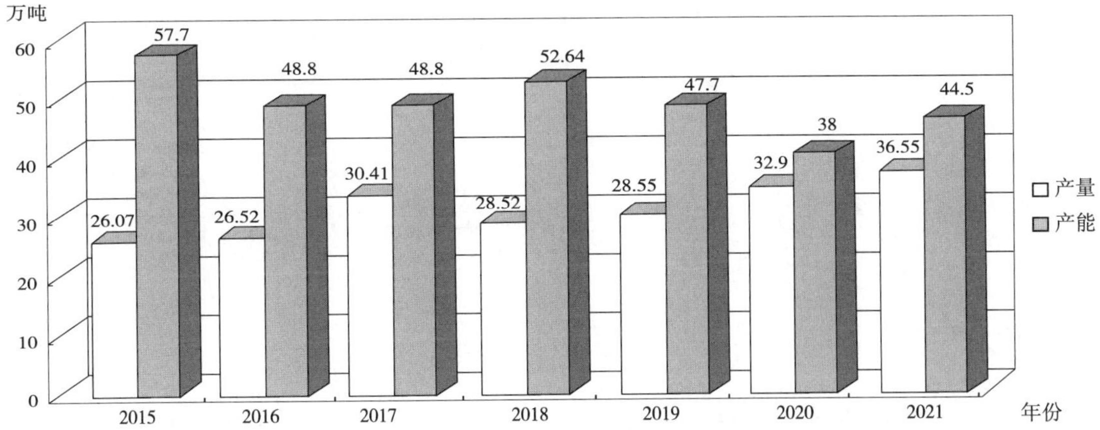

（f）铜加工材

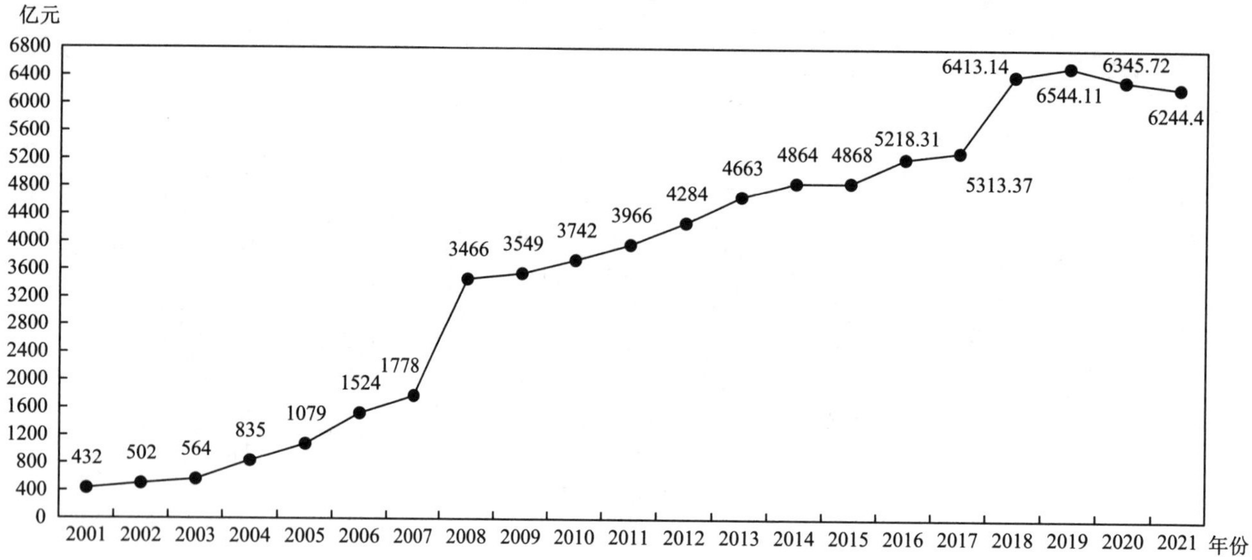

（a）资产总额

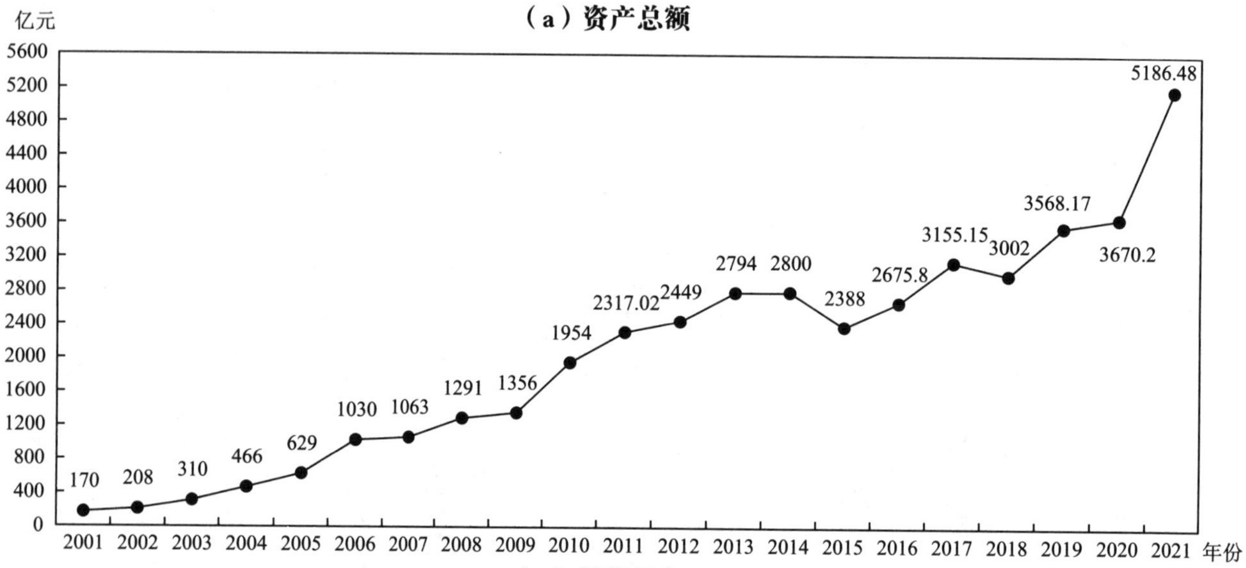

（b）销售收入

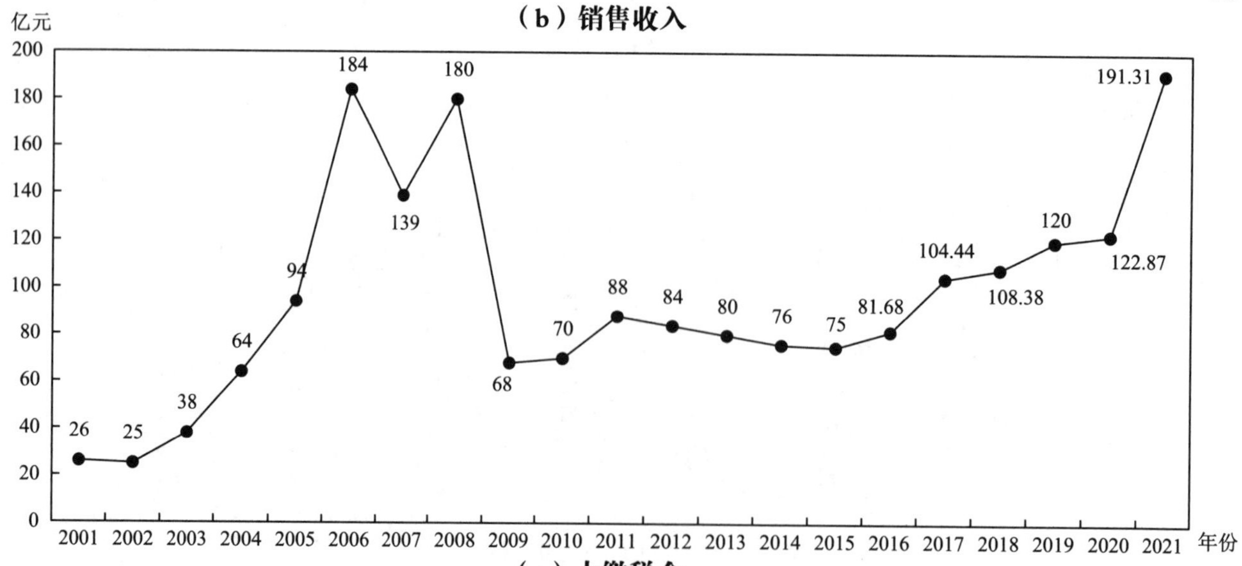

（c）上缴税金

图 2　中国铝业集团有限公司主要经济指标图（2001—2021 年）

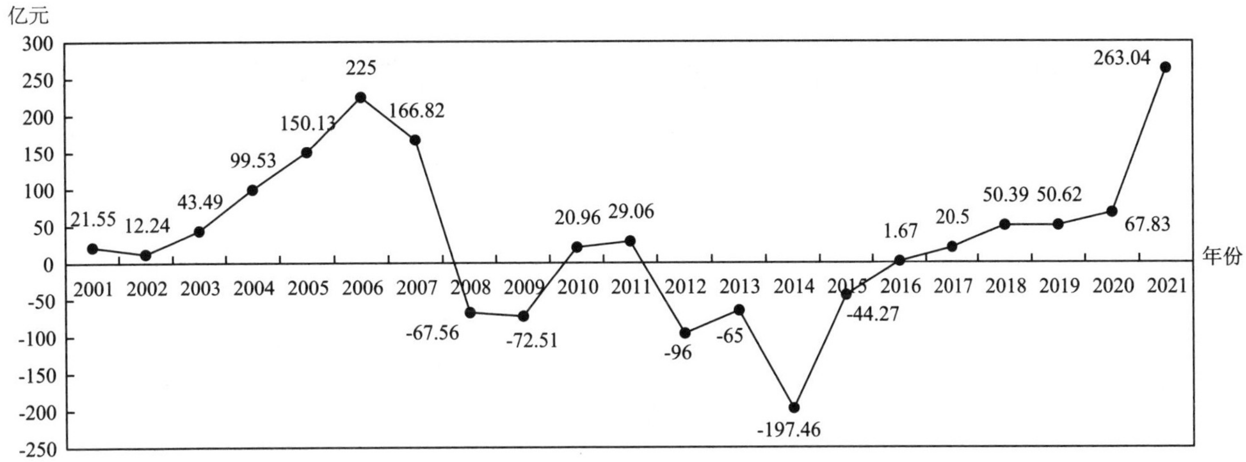

（d）利润总额

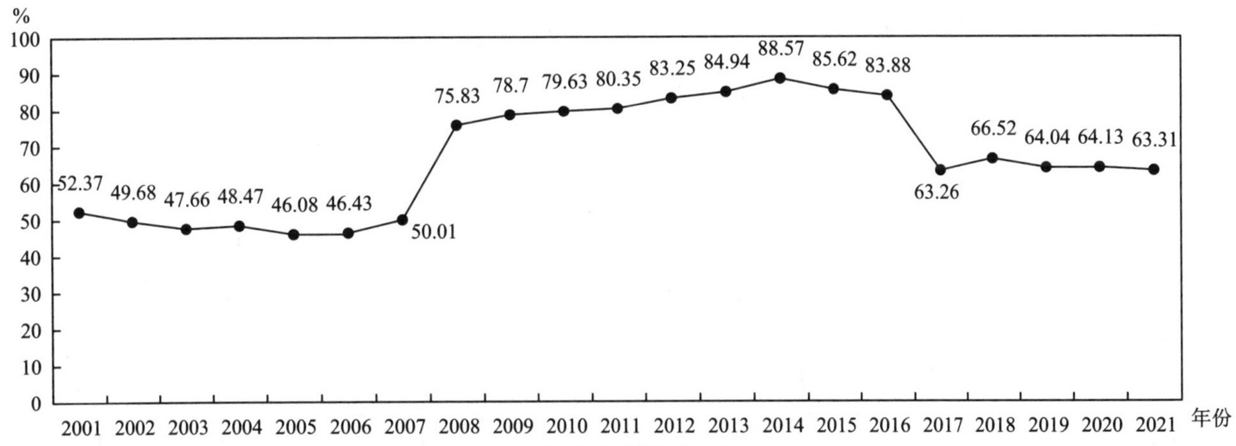

（e）资产负债率

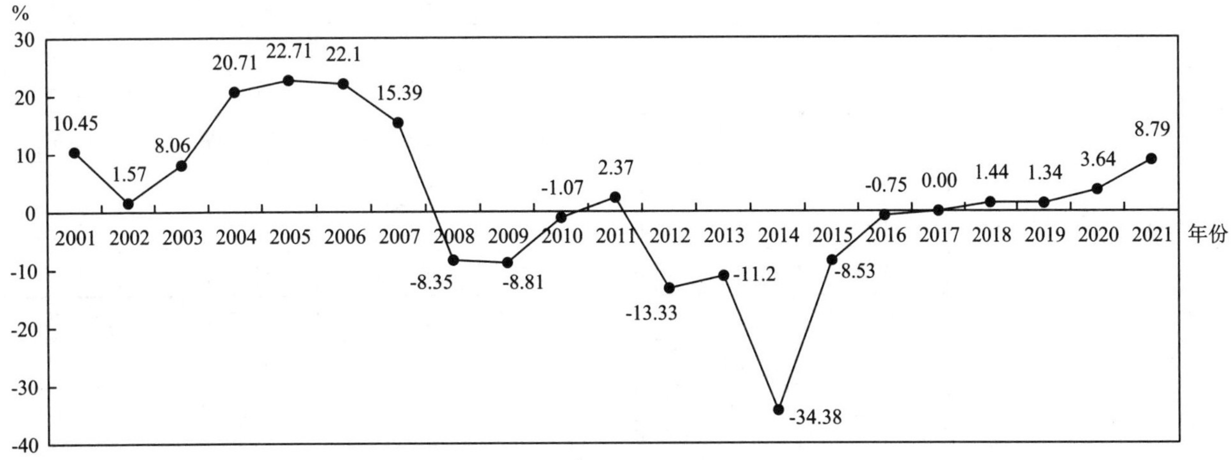

（f）净资产收益率

1953—2021 年全国氧化铝、电解铝、铝加工材产量表

表3

单位：万吨

年份	氧化铝	电解铝	铝加工材	年份	氧化铝	电解铝	铝加工材
1953	—	0.04	—	1988	126.48	71.81	41.61
1954	2.66	0.19	0.016	1989	131.81	75.83	42.69
1955	5，12	2.07	0.02	1990	146.38	85.43	39.38
1956	6.39	2.16	0.55	1991	152.22	96.25	50.51
1957	9.07	2.92	1.23	1992	158.3	109.64	65.74
1958	10.98	4.85	3.93	1993	182.39	125.45	77.26
1959	18.51	7.14	3.44	1994	184.69	149.84	85.52
1960	18.24	12.06	4.28	1995	219.94	186.97	174.23
1961	12.45	6.62	1.7	1996	254.62	190.07	162.01
1962	16.81	7.73	2.21	1997	293.61	217.85	176.12
1963	19.5	9.01	4.08	1998	334	243.53	147.15
1964	21.75	10.78	5.23	1999	383.74	280.89	176.55
1965	27.71	13.21	5.72	2000	432.81	298.92	217.15
1966	45.76	16.84	3.55	2001	474.65	357.58	234.16
1967	43.39	18.93	4.22	2002	544.96	451.11	298.79
1968	29.45	12.32	3.81	2003	611.21	596.2	399.74
1969	38.69	18.34	6.09	2004	699	669	440
1970	52.73	23.52	6.76	2005	851	781	596
1971	63.02	28.77	7.45	2006	1369.98	935.84	814.78
1972	70.88	28.65	7.99	2007	1945.65	1257.11	1176
1973	60.13	28.56	8.67	2008	2278.41	1317.66	1427.41
1974	32.88	21.4	7.34	2009	2379.23	1296.43	1650.35
1975	56.37	22.13	7.09	2010	2895.91	1619.45	2026.05
1976	40.75	21.61	7.3	2011	3407	1755.5	2345.5
1977	55.86	21.46	8.13	2012	3769.8	2026.7	3039.5
1978	77.87	30.01	10.56	2013	4460.48	2264.02	4086.53
1979	80.43	36.6	13.63	2014	4777.42	2438.2	4845.52
1980	85.45	39.92	18.14	2015	5897.84	3151.81	4426.9
1981	85.94	39.5	24.16	2016	6090.73	3187.32	5706.09
1982	92.28	40.13	25.65	2017	6901.67	3227.33	5832.39
1983	95.03	44.48	28.14	2018	7253.06	3580.19	4554.61
1984	98.01	47.97	30.26	2019	7247.4166	3504.3604	5252.2426
1985	102.49	52.47	30.98	2020	7285.13	3725.30	4452.42
1986	106.55	56.15	33.54	2021	7747.54	3850.32	6105.17
1987	113.51	61.62	37.4				

1953—2021年全国铜精矿、电铜、铜加工材产量表

表4 单位：万吨

年份	铜精矿	电铜	铜加工材	年份	铜精矿	电铜	铜加工材
1953	0.06	0.04	1.08	1988	28.18	52.5	44.26
1954	0.74	4.68	1	1989	29.91	56.16	44.33
1955	1.26	4.91	0.7	1990	29.59	55.87	45.19
1956	1.67	7.03	2.41	1991	30.4	56	47.45
1957	2.45	5.28	2.63	1992	33.42	65.92	61.59
1958	3.78	7.11	5.65	1993	34.57	73.03	72.04
1959	5.61	11.69	8.16	1994	39.56	73.61	77.82
1960	8.74	10.03	8.29	1995	44.52	107.97	157.19
1961	4.21	5.34	3.4	1996	43.91	111.91	135.1
1962	4.48	5.84	2.84	1997	49.55	111.94	146.32
1963	5.75	7.83	3.53	1998	48.68	121.13	125.2
1964	7.23	10.58	4.73	1999	52.01	117.42	128.19
1965	9.7	13.31	6.82	2000	59.26	137.11	159.66
1966	12.89	15.9	8.49	2001	58.74	152.33	184.88
1967	8.05	10.42	7.55	2002	56.81	163.25	251.16
1968	4.85	7.51	7.62	2003	60.44	183.63	319.6
1969	10.37	12.58	11.02	2004	74.22	219.87	471.61
1970	14.58	16.53	13.25	2005	76.16	260.04	502.48
1971	19.07	20.69	16.5	2006	87.29	300.32	532.44
1972	19.25	24.12	16.14	2007	92.8	349.94	630.21
1973	18.95	27.23	17.76	2008	93.08	377.93	748.6
1974	15.41	23.47	17.38	2009	96.74	411.08	888.42
1975	18.02	25.77	15.57	2010	115.58	457.35	1009.27
1976	15.63	23.68	14.83	2011	127.2	517.9	1028.2
1977	17.65	26.45	15.15	2012	162.6	582	1153.9
1978	21.34	29.89	18.28	2013	181.97	699.81	1573.96
1979	21.7	33.71	21.15	2014	192.33	795.86	1783.58
1980	22.13	38.36	22.85	2015	166.71	796.89	1618.83
1981	19.84	38.62	23.03	2016	185.07	843.63	2095.99
1982	19.65	35.13	26.87	2017	165.64	888.948	1861.67
1983	19.8	37	26	2018	150.6	902.86	1715.54
1984	21.39	39.23	31.61	2019	162.7751	978.4238	2017.1856
1985	23.97	41.26	38.38	2020	167.33	1003.10	1842.55
1986	25.35	45.6	42.74	2021	185.48	1048.67	2123.51
1987	27.82	51.64	44.39				